이렇게 막힌 등률

# 컴퓨터활용능력 2급
# 실기 기본서

## 2권 · 문제집

**"이" 한 권으로 합격의 "기적"을 경험하세요!**

YoungJin.com **Y.**
영진닷컴

PART

01

# 상시 기출 문제

# 상시 기출 문제 01회

| 시험 시간 | 풀이 시간 | 합격 점수 | 내 점수 |
|---|---|---|---|
| 40분 | 분 | 70점 | 점 |

▶ 합격 강의

작업파일  [2025컴활2급₩상시기출문제] 폴더의 '상시기출문제1회' 파일을 열어서 작업하시오.

---

**문제 ❶  기본작업 | 주어진 시트에서 다음 과정을 수행하고 저장하시오.**  20점

**01** '기본작업-1' 시트에 다음의 자료를 주어진 대로 입력하시오. (5점)

| ▲ | A | B | C | D | E |
|---|---|---|---|---|---|
| 1 | 3~5월 봄꽃 축제 | | | | |
| 2 | | | | | |
| 3 | 축제명 | 장소 | 지역 | 날짜 | |
| 4 | 수국축제 | 휴애리 | 제주도 서귀포시 | 04.05 ~ 06.16 | |
| 5 | 수선화 축제 | 화담숲 | 경기도 광주시 | 03.29 ~ 04.28 | |
| 6 | 매화 축제 | 광양 | 전라남도 광양시 | 03.08 ~ 03.17 | |
| 7 | 유채꽃 축제 | 웨이뷰 | 제주도 제주시 | 03.15 ~ 05.31 | |
| 8 | 목련 축제 | 천리포수목원 | 충청남도 태안군 | 03.29 ~ 04.21 | |
| 9 | 튤립 트래블 | 이월드 | 대구 달서구 | 04.06 ~ 04.25 | |
| 10 | 군항제 | 진해 | 경상남도 창원시 | 03.22 ~ 04.01 | |
| 11 | 벚꽃 축제 | 에덴벚꽃길 | 경기도 가평군 | 04.06 ~ 04.14 | |
| 12 | 산수유꽃 축제 | 구례 | 전라남도 구례군 | 03.09 ~ 03.27 | |
| 13 | | | | | |

**02** '기본작업-2' 시트에 대하여 다음의 지시사항을 처리하시오. (각 2점)

① [A1:G1] 영역은 '선택 영역의 가운데로', 셀 스타일 '제목 2', 행의 높이를 27로 지정하시오.

② [C4:C9], [C10:C13] 영역은 '병합하고 가운데 맞춤'을 지정하고, [A3:G3] 영역은 셀 스타일 '황금색, 강조색4'로 지정하시오.

③ [C3] 셀의 '구분'을 한자 '區分'으로 변환하시오.

④ [E4:E13] 영역은 사용자 지정 표시 형식을 이용하여 문자 뒤에 "요일"을 [표시 예]와 같이 표시하시오. [표시 예 : 화 → 화요일]

⑤ [A3:G13] 영역은 '모든 테두리'를 적용한 후 '굵은 바깥쪽 테두리'를 적용하여 표시하시오.

**03** '기본작업-3' 시트에서 다음의 지시사항을 처리하시오. (5점)

[A3:A11] 영역의 데이터를 텍스트 나누기를 실행하여 나타내시오.

▶ 데이터는 쉼표(,)로 구분되어 있음

**문제 ❷** | **계산작업** | '계산작업' 시트에서 다음 과정을 수행하고 저장하시오. **40점**

**01** [표1]에서 종료시간[C3:C10]에서 시작시간[B3:B10]을 뺀 이용시간[D3:D10]를 [표시 예]와 같이 표시하시오. (8점)

▶ 종료시간에서 시작시간을 뺀 시간 단위에서 30분을 초과한 경우 한 시간을 더하여 뒤에 '시간'을 붙여 표시 [표시 예 : 2시간]

▶ HOUR, MINUTE, IF 함수 사용

**02** [표2]에서 지점명이 '광화문'인 계약건수와 계약총액의 평균을 일의 자리에서 내림하여 [H10:I10] 영역에 표시하시오. (8점)

▶ 조건은 [K8:K9] 영역에 입력

▶ DAVERAGE, ROUND, ROUNDUP, ROUNDDOWN 함수 중 사용

**03** [표3]에서 영어점수[C14:C21]가 60점 이상이고, 과학점수[D14:D21]가 60점 이상인 학생이 전체 학생 중에 차지하는 비율을 [D23] 셀에 표시하시오. (8점)

▶ 비율 = 영어점수 60점 이상이고 과학점수 60점 이상인 학생수 / 전체 학생수

▶ COUNTIFS, COUNTA 함수 사용

**04** [표4]에서 기준일[I12]과 입사일[G14:G22]을 이용하여 근무년수를 구하고, 지역[H14:H22]에 따른 연차일수를 더한 휴가일수[I14:I22]를 계산하시오. (8점)

▶ 휴가일수 = (기준년도 - 입사년도) × 3 + 지역이 서울이면 5일, 그 외 지역은 7일

▶ IF, YEAR 함수 사용

**05** [표5]에서 학번[A27:A33]를 이용하여 학과코드표[F28:G30]를 참조하여 학과[D27:D33]를 표시하시오. (8점)

▶ 학과코드는 학번의 왼쪽 2글자를 이용하고, 〈학과코드표〉에 없을 경우에는 '코드오류'로 표시

▶ IFERROR, VLOOKUP, LEFT 함수 사용

---

**문제 ❸** | **분석작업** | 주어진 시트에서 다음 작업을 수행하고 저장하시오. **20점**

**01** '분석작업-1' 시트에 대하여 다음의 지시사항을 처리하시오. (10점)

[정렬] 기능을 이용하여 '구분'을 '노트북-TV-컴퓨터' 순으로 정렬하고, 동일한 구분인 경우 '판매이익'의 글꼴색이 'RGB(255, 0, 0)'인 값이 위에 표시되도록 정렬하시오.

**02** '분석작업-2' 시트에 대하여 다음의 지시사항을 처리하시오. (10점)

'판매 현황' 표에서 '일반[B12]'와 '골드[B13]' 셀이 다음과 같이 변동하는 경우 '이익금합계[H10]' 셀의 변동 시나리오를 작성하시오.

▶ [B12] 셀의 이름은 '일반', [B13] 셀의 이름은 '골드', [H10] 셀의 이름은 '판매이익합계'로 정의하시오.

▶ 시나리오1 : 시나리오 이름은 '인상', 일반은 15%, 골드 20%로 설정하시오.

▶ 시나리오2 : 시나리오 이름은 '인하', 일반은 10%, 골드 15%로 설정하시오.

▶ 시나리오 요약 시트는 '분석작업-2' 시트의 바로 앞에 위치시키시오.

※ 시나리오 요약 보고서 작성 시 정답과 일치하여야 하며, 오자로 인한 부분 점수는 인정하지 않음

## 문제 ❹ 기타작업 | 주어진 시트에서 다음 작업을 수행하고 저장하시오. 20점

**01** '매크로작업' 시트의 [표1]에서 다음과 같은 기능을 수행하는 매크로를 현재 통합 문서에 작성하고 실행하시오. (각 5점)

① [G4:G10] 영역에 1월, 2월, 3월의 평균을 계산하는 매크로를 생성하여 실행하시오.

    ▶ 매크로 이름 : 평균

    ▶ AVERAGE 함수 사용

    ▶ [개발 도구] → [삽입] → [양식 컨트롤]의 '단추'(□)를 동일 시트의 [I3:J4] 영역에 생성하고, 텍스트를 '평균'으로 입력한 후 단추를 클릭할 때 '평균' 매크로가 실행되도록 설정하시오.

② [G4:G10] 영역에 채우기 색 '표준 색 – 노랑'을 적용하는 매크로를 생성하여 실행하시오.

    ▶ 매크로 이름 : 서식

    ▶ [도형] → [기본 도형]의 '정육면체'(⬦)를 동일 시트의 [I6:J7] 영역에 생성하고, 텍스트를 '서식'으로 입력한 후 도형을 클릭할 때 '서식' 매크로가 실행되도록 설정하시오.

    ※ 셀 포인터의 위치에 상관없이 현재 통합 문서에서 매크로가 실행되어야 정답으로 인정됨

**02** '차트작업' 시트의 차트를 지시사항에 따라 아래 그림과 같이 수정하시오. (각 2점)

※ 차트는 반드시 문제에서 제공한 차트를 사용하여야 하며, 신규로 작성 시 0점 처리됨

① '2024년'과 '2025년' 계열만 표시되도록 데이터 범위를 수정하고 행과 열을 전환하여 표시하시오.

② 차트 종류를 '3차원 묶은 세로 막대형'으로 변경하고 세로 막대 모양은 '원통형'으로 변경하시오.

③ 범례는 '위쪽'에 배치한 후 세로 축 제목 '금액'을 입력하고, 텍스트 방향을 '세로'로 표시하시오.

④ 최소 경계는 '500,000'으로 지정하고, 2025년 '상여금' 요소에 항목 이름과 값을 데이터 설명선과 함께 추가하시오.

⑤ 차트 영역은 도형 스타일을 '색 윤곽선 – 녹색, 강조 6'으로 지정하시오.

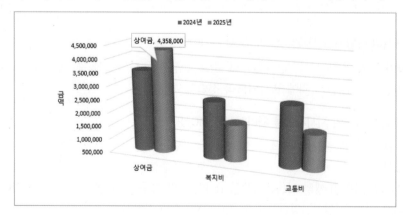

## 문제 ❶ 기본작업

### 01 자료 입력

| | A | B | C | D | E |
|---|---|---|---|---|---|
| 1 | 3~5월 봄꽃 축제 | | | | |
| 2 | | | | | |
| 3 | 축제명 | 장소 | 지역 | 날짜 | |
| 4 | 수국축제 | 휴애리 | 제주도 서귀포시 | 04.05 ~ 06.16 | |
| 5 | 수선화 축제 | 화담숲 | 경기도 광주시 | 03.29 ~ 04.28 | |
| 6 | 매화 축제 | 광양 | 전라남도 광양시 | 03.08 ~ 03.17 | |
| 7 | 유채꽃 축제 | 웨이브 | 제주도 제주시 | 03.15 ~ 05.31 | |
| 8 | 목련 축제 | 천리포수목원 | 충청남도 태안군 | 03.29 ~ 04.21 | |
| 9 | 튤립 트래블 | 이월드 | 대구 달서구 | 04.06 ~ 04.25 | |
| 10 | 군항제 | 진해 | 경상남도 창원시 | 03.22 ~ 04.01 | |
| 11 | 벚꽃 축제 | 에덴벚꽃길 | 경기도 가평군 | 04.06 ~ 04.14 | |
| 12 | 산수유꽃 축제 | 구례 | 전라남도 구례군 | 03.09 ~ 03.27 | |
| 13 | | | | | |

### 02 서식 지정

| | A | B | C | D | E | F | G | H |
|---|---|---|---|---|---|---|---|---|
| 1 | | | 연계전공 가능 전공 | | | | | |
| 2 | | | | | | | | |
| 3 | 과목코드 | 과목명 | 區分 | 모집인원 | 수업요일 | 학점 | 담당교수 | |
| 4 | KJ230 | 국제통상학 | | 120 | 월요일 | 3 | 이철호 | |
| 5 | YD124 | 융합디자인학 | | 70 | 화요일 | 3 | 김갑수 | |
| 6 | PT642 | 핀테크 | 미래 | 90 | 수요일 | 2 | 오대국 | |
| 7 | GH988 | 지역혁신인재 | | 60 | 목요일 | 2 | 송정수 | |
| 8 | YH187 | 의료융합전공 | | 80 | 화요일 | 3 | 강호찬 | |
| 9 | EG563 | 에너지융합전공 | | 50 | 수요일 | 3 | 최한국 | |
| 10 | IG643 | 인지과학 | | 95 | 월요일 | 2 | 전부강 | |
| 11 | GG912 | 공공리더십 | 서울 | 85 | 화요일 | 2 | 황태호 | |
| 12 | DG982 | 디지털예술학 | | 75 | 수요일 | 2 | 박가수 | |
| 13 | IT347 | 외교통상학 | | 100 | 목요일 | 3 | 유보순 | |
| 14 | | | | | | | | |

### 03 텍스트 나누기

| | A | B | C | D | E | F | G |
|---|---|---|---|---|---|---|---|
| 1 | 건강관리센터 회원명단 | | | | | | |
| 2 | | | | | | | |
| 3 | 회원번호 | 회원명 | 회원구분 | 종목 | 등록일 | 회비 | |
| 4 | ST-9980 | 홍민영 | 정회원 | 골프 | 3월 1일 | 110000 | |
| 5 | QW-1597 | 박진형 | 준회원 | 수영 | 2월 10일 | 55000 | |
| 6 | BN-7541 | 이소라 | 정회원 | 테니스 | 4월 4일 | 70000 | |
| 7 | QW-5784 | 이나영 | 준회원 | 수영 | 5월 2일 | 55000 | |
| 8 | ST-6543 | 송성례 | 정회원 | 골프 | 7월 5일 | 115000 | |
| 9 | BN-2589 | 민상준 | 준회원 | 테니스 | 9월 13일 | 75000 | |
| 10 | OP-5556 | 최영찬 | 정회원 | 헬스 | 10월 19일 | 80000 | |
| 11 | OP-6363 | 황부영 | 준회원 | 헬스 | 11월 11일 | 81000 | |
| 12 | | | | | | | |

**01 이용시간**

| ⊿ | A | B | C | D | E |
|---|---|---|---|---|---|
| 1 | [표1] | | | | |
| 2 | 고객번호 | 시작시간 | 종료시간 | 이용시간 | |
| 3 | T-1235 | 10:10 | 12:40 | 2시간 | |
| 4 | S-5871 | 13:00 | 16:50 | 4시간 | |
| 5 | T-9874 | 11:20 | 12:10 | 1시간 | |
| 6 | S-1258 | 12:10 | 15:30 | 3시간 | |
| 7 | T-7410 | 14:20 | 16:20 | 2시간 | |
| 8 | S-8522 | 15:50 | 17:40 | 2시간 | |
| 9 | S-9654 | 16:20 | 19:00 | 3시간 | |
| 10 | T-5478 | 9:20 | 13:50 | 4시간 | |
| 11 | | | | | |

[D3] 셀에 「=IF(MINUTE(C3-B3))30,HOUR(C3-B3)+1,HOUR(C3-B3))&"시간"」를 입력하고 [D10] 셀까지 수식 복사

**02 광화문 지점 평균**

| ⊿ | F | G | H | I | J | K | L |
|---|---|---|---|---|---|---|---|
| 1 | [표2] | | | | | | |
| 2 | 성명 | 지점명 | 계약건수 | 계약총액 | | | |
| 3 | 구현서 | 영등포 | 125 | 32,565,411 | | | |
| 4 | 김경화 | 광화문 | 172 | 49,545,125 | | | |
| 5 | 최준기 | 남양주 | 132 | 39,887,110 | | | |
| 6 | 유근선 | 영등포 | 127 | 20,100,095 | | | |
| 7 | 김은혜 | 남양주 | 211 | 57,998,011 | | <조건> | |
| 8 | 허윤기 | 영등포 | 101 | 19,885,445 | | 지점명 | |
| 9 | 유제관 | 광화문 | 97 | 35,225,440 | | 광화문 | |
| 10 | 광화문 지점 평균 | | 130 | 42,385,280 | | | |
| 11 | | | | | | | |

① [K8:K9] 영역에 조건을 입력

② [H10] 셀에 「=ROUNDDOWN(DAVERAGE($F$2:$I$9,H2,$K$8:$K$9),-1)」를 입력하고 [I10] 셀까지 수식 복사

**03 영어, 과학 우수 학생비율**

| ⊿ | A | B | C | D | E |
|---|---|---|---|---|---|
| 12 | [표3] | | | | |
| 13 | 이름 | 국어점수 | 영어점수 | 과학점수 | |
| 14 | 유제관 | 80 | 80 | 80 | |
| 15 | 허윤기 | 70 | 55 | 85 | |
| 16 | 이은정 | 85 | 60 | 55 | |
| 17 | 박홍석 | 95 | 75 | 90 | |
| 18 | 고수정 | 65 | 85 | 50 | |
| 19 | 최재석 | 100 | 50 | 95 | |
| 20 | 한성일 | 90 | 45 | 100 | |
| 21 | 이원섭 | 75 | 40 | 75 | |
| 22 | | | | | |
| 23 | 영어, 과학 우수 학생비율 | | | 25% | |
| 24 | | | | | |

[D23] 셀에 「=COUNTIFS(C14:C21,")=60",D14:D21,")=60")/COUNTA(A14:A21)」를 입력

## 04 휴가일수

| | F | G | H | I | J |
|---|---|---|---|---|---|
| 12 | [표4] | | 기준일 | 2025-10-10 | |
| 13 | 이름 | 입사일 | 지역 | 휴가일수 | |
| 14 | 강호빈 | 2013-10-01 | 서울 | 41 | |
| 15 | 김소진 | 2014-11-10 | 경기 | 40 | |
| 16 | 최한나 | 2012-09-05 | 대전 | 46 | |
| 17 | 전미자 | 2015-05-07 | 서울 | 35 | |
| 18 | 황구연 | 2017-04-03 | 부산 | 31 | |
| 19 | 이보준 | 2019-06-07 | 광주 | 25 | |
| 20 | 유승하 | 2018-07-03 | 대구 | 28 | |
| 21 | 박준미 | 2011-12-12 | 서울 | 47 | |
| 22 | 오조국 | 2020-01-16 | 인천 | 22 | |
| 23 | | | | | |

[I14] 셀에 「=(YEAR($I$12)−YEAR(G14))*3+IF(H14="서울",5,7)」을 입력하고 [I22] 셀까지 수식 복사

## 05 학과

| | A | B | C | D | E | F | G | H |
|---|---|---|---|---|---|---|---|---|
| 25 | [표5] | | | | | | | |
| 26 | 학번 | 성명 | 평가점수 | 학과 | | <학과코드표> | | |
| 27 | DE101 | 고승수 | 465 | 디자인 | | 학과코드 | 학과 | |
| 28 | MT203 | 구만리 | 604 | 코드오류 | | DE | 디자인 | |
| 29 | CO303 | 노상식 | 383 | 컴퓨터 | | MI | 미디어 | |
| 30 | DE202 | 나잘난 | 465 | 디자인 | | CO | 컴퓨터 | |
| 31 | MI404 | 마고수 | 382 | 미디어 | | | | |
| 32 | CO214 | 박홍철 | 391 | 컴퓨터 | | | | |
| 33 | DE981 | 사수해 | 572 | 디자인 | | | | |
| 34 | | | | | | | | |

[D27] 셀에 「=IFERROR(VLOOKUP(LEFT(A27,2),$F$28:$G$30,2,0),"코드오류")」를 입력하고 [D33] 셀까지 수식 복사

---

**문제 ❸   분석작업**

## 01 정렬

| | A | B | C | D | E | F | G |
|---|---|---|---|---|---|---|---|
| 1 | | | 전자제품 판매현황 | | | | |
| 2 | | | | | | | |
| 3 | 판매일자 | 구분 | 판매단가 | 판매량 | 판매금액 | 판매이익 | |
| 4 | 6월1일 | 노트북 | 920,000 | 18 | 16,560,000 | 4,968,000 | |
| 5 | 6월4일 | 노트북 | 1,260,000 | 7 | 8,820,000 | 2,646,000 | |
| 6 | 6월2일 | 노트북 | 1,020,000 | 19 | 19,380,000 | 5,814,000 | |
| 7 | 6월3일 | 노트북 | 1,070,000 | 23 | 24,610,000 | 7,383,000 | |
| 8 | 6월2일 | TV | 1,560,000 | 9 | 14,040,000 | 4,212,000 | |
| 9 | 6월3일 | TV | 1,460,000 | 11 | 16,060,000 | 4,818,000 | |
| 10 | 6월1일 | TV | 1,850,000 | 13 | 24,050,000 | 7,215,000 | |
| 11 | 6월4일 | TV | 1,120,000 | 22 | 24,640,000 | 7,392,000 | |
| 12 | 6월1일 | 컴퓨터 | 1,220,000 | 20 | 24,400,000 | 7,320,000 | |
| 13 | 6월2일 | 컴퓨터 | 1,180,000 | 25 | 29,500,000 | 8,850,000 | |
| 14 | 6월3일 | 컴퓨터 | 1,420,000 | 21 | 29,820,000 | 8,946,000 | |
| 15 | 6월4일 | 컴퓨터 | 1,250,000 | 17 | 21,250,000 | 6,375,000 | |
| 16 | | | | | | | |

## 02 시나리오

| | A | B | C | D | E | F | G |
|---|---|---|---|---|---|---|---|
| 1 | | | | | | | |
| 2 | | 시나리오 요약 | | | | | |
| 3 | | | | 현재 값: | 인상 | 인하 | |
| 5 | | 변경 셀: | | | | | |
| 6 | | | 일반 | 12% | 15% | 10% | |
| 7 | | | 골드 | 18% | 20% | 15% | |
| 8 | | 결과 셀: | | | | | |
| 9 | | | 판매이익합계 | 9,633,600 | 7,461,000 | 11,853,000 | |
| 10 | | 참고: 현재 값 열은 시나리오 요약 보고서가 작성될 때의 | | | | | |
| 11 | | 변경 셀 값을 나타냅니다. 각 시나리오의 변경 셀들은 | | | | | |
| 12 | | 회색으로 표시됩니다. | | | | | |
| 13 | | | | | | | |

## 문제 ❹  기타작업

### 01 매크로

| | A | B | C | D | E | F | G | H | I | J | K |
|---|---|---|---|---|---|---|---|---|---|---|---|
| 1 | | | [표1]1/4분기 영업현황표(우수자) | | | | | | | | |
| 2 | | | | | | | 단위 : 천 | | | | |
| 3 | 지점 | 직책 | 성명 | 1월 | 2월 | 3월 | 평균 | | | 평균 | |
| 4 | 분당 | 과장 | 안유경 | 12,563 | 21,512 | 36,000 | 23,358 | | | | |
| 5 | 일산 | 과장 | 이원섭 | 12,541 | 32,100 | 32,120 | 25,587 | | | | |
| 6 | 분당 | 대리 | 금일영 | 21,231 | 25,125 | 12,100 | 19,485 | | | 서식 | |
| 7 | 남양주 | 대리 | 최재석 | 23,561 | 19,875 | 12,254 | 18,563 | | | | |
| 8 | 일산 | 차장 | 최영석 | 21,452 | 30,020 | 22,365 | 24,612 | | | | |
| 9 | 일산 | 차장 | 홍지원 | 12,564 | 10,558 | 31,230 | 18,117 | | | | |
| 10 | 남양주 | 대리 | 김경신 | 18,954 | 16,554 | 21,100 | 18,869 | | | | |
| 11 | | | | | | | | | | | |

### 02 차트

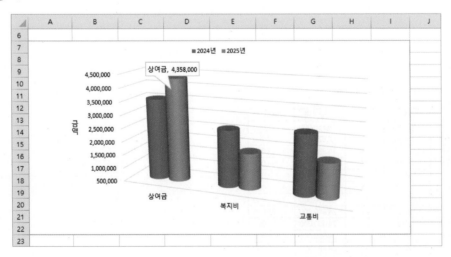

## 상시 기출 문제 01회 / 해설

**문제 ①** **기본작업**

### 01 자료 입력('기본작업-1' 시트)

[A3:D12] 셀까지 문제를 보고 오타 없이 작성한다.

### 02 서식 지정('기본작업-2' 시트)

① [A1:G1] 영역을 범위 지정한 후 Ctrl + 1 을 눌러 [맞춤] 탭에서 가로의 '선택 영역의 가운데로'를 선택하고 [확인]을 클릭한다.

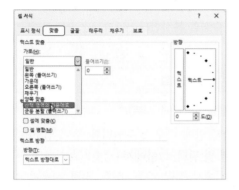

② [A1:G1] 영역이 범위 지정된 상태에서 [홈] 탭의 [스타일] 그룹의 [셀 스타일]을 클릭하여 '제목 2'를 선택한다.

③ 1행 머리글에서 마우스 오른쪽 버튼을 눌러 [행 높이]를 클릭하여 27을 입력한다.

④ [C4:C9], [C10:C13] 영역을 범위 지정한 후 [홈]-[맞춤] 그룹에서 [병합하고 가운데 맞춤] (圖)을 클릭한다.

⑤ [A3:G3] 영역을 범위 지정한 후 [홈] 탭의 [스타일] 그룹의 [셀 스타일]을 클릭하여 '황금색, 강조색 4'를 선택한다.

⑥ [C3] 셀의 '구분'을 범위 지정한 후 한자를 눌러 한자 '區分'을 선택하고 [변환]을 클릭한다.

⑦ [E4:E13] 영역을 범위 지정한 후 Ctrl + 1 을 눌러 '사용자 지정'에 @"요일"을 입력하고 [확인]을 클릭한다.

⑧ [A3:G13] 영역을 범위 지정한 후 [홈]-[글꼴] 그룹에서 [테두리](⊞▾) 도구의 [모든 테두리] (⊞)를 클릭한 후 [굵은 바깥쪽 테두리](⊡)를 클릭한다.

### 03 텍스트 나누기('기본작업-3' 시트)

① [A3:A11] 영역을 범위 지정한 후 [데이터]-[데이터 도구] 그룹에서 [텍스트 나누기](⊞)를 클릭한다.

② [텍스트 마법사 – 3단계 중 1단계]에서 '구분 기호로 분리됨'을 선택하고 [다음]을 클릭한다.

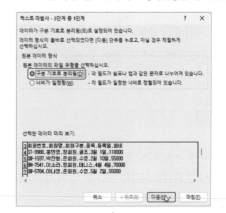

③ [텍스트 마법사 – 3단계 중 2단계]에서 '쉼표'를 선택하고 [다음]을 클릭한다.

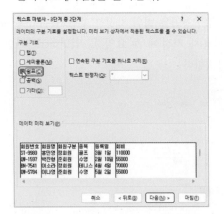

④ [텍스트 마법사 – 3단계 중 3단계]에서 [마침] 을 클릭한다.

문제 ② **계산작업('계산작업' 시트)**

### 01 이용시간 [D3:D10]

[D3] 셀에 =IF(MINUTE(C3−B3)>30,HOUR(C3− B3)+1,HOUR(C3−B3))&"시간"를 입력하고 [D10] 셀까지 수식을 복사한다.

### 02 광화문 지점 평균 [H10:I10]

① [K8:K9] 영역에 다음과 같이 조건을 입력한다.

② [H10] 셀에 =ROUNDDOWN(DAVERAGE($F $2:$I$9,H2,$K$8:$K$9),−1)를 입력하고 [I10] 셀까지 수식을 복사한다.

### 03 영어, 과학 우수 학생비율 [D23]

[D23] 셀에 =COUNTIFS(C14:C21,">=60",D14:D21, ">=60")/COUNTA(A14:A21)를 입력한다.

### 04 휴가일수[I14:I22]

[I14] 셀에 =(YEAR($I$12)−YEAR(G14))*3+IF (H14="서울",5,7)를 입력하고 [I22] 셀까지 수식을 복사한다.

### 05 학과 [D27:D33]

[D27] 셀에 =IFERROR(VLOOKUP(LEFT(A27,2), $F$28:$G$30,2,0),"코드오류")를 입력하고 [D33] 셀까지 수식을 복사한다.

문제 ③ **분석작업**

### 01 정렬('분석작업-1' 시트)

① 데이터 안에 마우스 포인터를 두고, [데이터]− [정렬 및 필터] 그룹에서 [정렬](📊)을 클릭한다.
② [정렬]에서 정렬 기준 '구분', 정렬 '사용자 지정 목록'을 선택한다.

③ [사용자 지정 목록]에서 **노트북, TV, 컴퓨터**를 입력한 후 [추가]를 클릭하고 [확인]을 클릭한다.

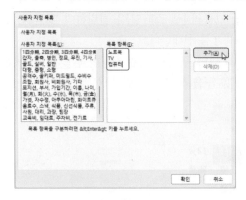

④ [정렬]에서 [기준 추가]를 추가한 후 다음 기준 '판매이익', '글꼴 색', 'RGB(255,0,0)', '위에 표시'를 선택하고 [확인]을 클릭한다.

## ⑫ 시나리오('분석작업-2' 시트)

① [B12] 셀을 선택한 후 '이름 상자'에 **일반**을 입력한다.

② [B13] 셀을 선택한 후 '골드', [H10] 셀을 선택한 후 '판매이익합계'로 이름을 정의한다.

③ [B12:B13] 영역을 범위 지정한 후 [데이터]-[예측] 그룹의 [가상 분석]-[시나리오 관리자]를 클릭한 후 [추가]를 클릭한다.

④ [시나리오 추가]에서 시나리오 이름에 **인상**을 입력하고 [확인]을 클릭한다.

⑤ [시나리오 값]에 일반은 15%, 골드는 20%를 입력하고 [추가]를 클릭한다.

⑥ [시나리오 추가]에 **인하**를 입력하고, [시나리오 값]에 일반은 10%, 골드는 15%를 입력하고 [확인]을 클릭한다.

⑦ [시나리오 관리자]에서 [요약]을 클릭한다.

⑧ [시나리오 요약]에서 결과 셀에 [H10] 셀을 지정하고 [확인]을 클릭한다.

## ⑪ 매크로('매크로작업' 시트)

① [개발 도구]-[컨트롤] 그룹의 [삽입]-[단추(양식 컨트롤)](□)을 클릭한다.

② 마우스 포인터가 '+'로 바뀌면 [I3:J4] 영역에 드래그한다.

③ [매크로 지정]의 '매크로 이름'에 **평균**을 입력하고 [기록]을 클릭한다.

④ [매크로 기록]에 자동으로 '평균'으로 매크로 이름이 표시되면 [확인]을 클릭한다.

⑤ [G4] 셀에 =AVERAGE(D4:F4)를 입력하고 [G10] 셀까지 수식을 복사한다.

⑥ 임의의 셀을 클릭한 후 매크로 기록을 종료하기 위해 [개발 도구]-[코드] 그룹의 [기록 중지](□)를 클릭한다.

⑦ 단추에 텍스트를 수정하기 위해서 단추에서 마우스 오른쪽 버튼을 눌러 [텍스트 편집]을 클릭한다.

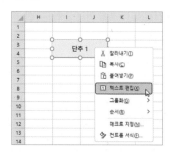

⑧ 단추에 입력된 '단추 1'을 지우고 **평균**을 입력한다.

⑨ [삽입]-[일러스트레이션] 그룹에서 [도형]-[기본 도형]의 '정육면체'(⬚)를 클릭한다.

⑩ 마우스 포인터가 '+'로 바뀌면 [I6:J7] 영역에 드래그한 후 **서식**을 입력한다.

⑪ 정육면체(⬚) 도형에서 마우스 오른쪽 버튼을 눌러 [매크로 지정]을 클릭한다.

⑫ [매크로 지정]에 **서식**을 입력하고 [기록]을 클릭한다.

⑬ [매크로 기록]에 자동으로 '서식'으로 매크로 이름이 표시되면 [확인]을 클릭한다.

⑭ [G4:G10] 영역을 범위 지정한 후 [홈]-[글꼴] 그룹에서 [채우기 색]에서 '표준 색 - 노랑'을 선택한다.

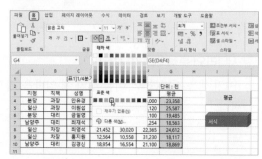

⑮ 임의의 셀을 클릭한 후 매크로 기록을 종료하기 위해 [개발 도구]-[코드] 그룹의 [기록 중지](□)를 클릭한다.

### 02 차트('차트작업' 시트)

① 차트에서 마우스 오른쪽 버튼을 눌러 [데이터 선택]을 클릭한다.

② 기존 '차트 데이터 범위'를 지운 후 [A2:A5], [D2:E5] 영역으로 수정하고 [행/열 전환]을 클릭한 후 [확인]을 클릭한다.

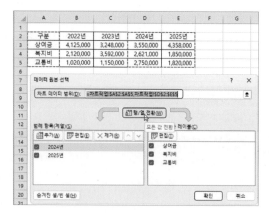

③ 차트에서 마우스 오른쪽 버튼을 눌러 [차트 종류 변경]을 클릭한 후 '세로 막대형'의 '3차원 묶은 세로 막대형'을 선택하고 [확인]을 클릭한다.

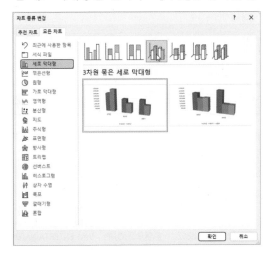

④ '2024년'계열을 선택한 후 마우스 오른쪽 버튼을 눌러 [데이터 계열 서식]을 클릭한 후 세로 막대 모양에서 '원통형'을 선택한다.

⑤ 같은 방법으로 '2025년'계열도 세로 막대 모양을 '원통형'으로 변경한다.

⑥ [차트 요소](⊞)-[범례]-[위쪽]을 선택한다.

⑦ [차트 요소](⊞)-[축 제목]-[기본 세로]을 선택하고 금액을 입력한다.

⑧ 세로 축 제목을 선택한 후 [축 제목 서식]을 선택하고 텍스트 방향을 '세로'로 선택한다.

⑨ 세로(값) 축을 선택한 후 [축 서식]의 '축 옵션'에서 최소값 500000을 입력한다.

⑩ '2025년'계열의 '상여금' 요소를 천천히 2번 클릭한 후 마우스 오른쪽 버튼을 눌러 [데이터 레이블 추가]-[데이터 설명선 추가]를 클릭한다.

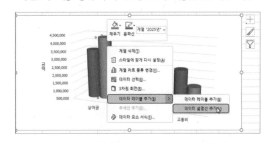

⑪ 차트 영역을 선택한 후 [서식] 탭의 '테마 스타일'에서 '색 윤곽선 - 녹색, 강조 6'을 선택한다.

# 상시 기출 문제 02회

| 시험 시간 | 풀이 시간 | 합격 점수 | 내 점수 |
|---|---|---|---|
| 40분 | 분 | 70점 | 점 |

▶ 합격 강의

작업파일 [2025컴활2급₩상시기출문제] 폴더의 '상시기출문제2회' 파일을 열어서 작업하시오.

---

문제 ❶ **기본작업** | 주어진 시트에서 다음 과정을 수행하고 저장하시오. **20점**

**01** '기본작업-1' 시트에 다음의 자료를 주어진 대로 입력하시오. (5점)

| | A | B | C | D | E | F |
|---|---|---|---|---|---|---|
| 1 | 4월 출시 음악앨범 | | | | | |
| 2 | | | | | | |
| 3 | 발매사 | 출시일 | 장르 | 노래제목 | | 기획사 |
| 4 | 카카오엔터테인먼트 | 2024-04-13 | 트로트 | 미투리 | 박서진 | BSTAR COMPANY |
| 5 | 카카오엔터테인먼트 | 2024-04-08 | 댄스, 발라드 | Beautiful Shadow | 온앤오프(ONF) | WM ENTERTAINMENT |
| 6 | NHN벅스 | 2024-04-06 | 발라드 | 눈물의 여왕 | 폴킴 | 소리날리 |
| 7 | 지니뮤직 | 2024-04-07 | 발라드 | 단 | 노을 | IK PRODUCTION, GTMNY |
| 8 | 카카오엔터테인먼트 | 2024-04-08 | 발라드 | 고백하는 거 맞아 | 남규리 | 뮤직카우 |
| 9 | 카카오엔터테인먼트 | 2024-04-12 | R&B/Soul | 눈치 | 김민석 | STUDIO SOON |
| 10 | 카카오엔터테인먼트 | 2024-04-12 | 발라드 | 여우야 | 설인아 | by the winter, 캐슬뮤직 |
| 11 | Stone Music Entertainment | 2024-04-09 | 국내드라마, 발라드 | 야한 사진관 | 승민(Stay Kids) | 지니뮤직 |
| 12 | 카카오엔터테인먼트 | 2024-04-09 | 댄스, 랩/힙합, 발라드 | 소화 | EPEX(이펙스) | C9 Entertainment |
| 13 | | | | | | |

**02** '기본작업-2' 시트에 대하여 다음의 지시사항을 처리하시오. (각 2점)

① [A1:I1] 영역은 '병합하고 가운데 맞춤', 글꼴 '궁서', 크기 18, 글꼴 스타일 '굵게', 밑줄 '실선'으로 지정하시오.

② [A1] 셀의 제목 앞뒤에 특수문자 "♠"을 삽입하시오.

③ [A3:A4], [B3:B4], [C3:C4], [D3:G3], [H3:H4], [I3:I4] 영역은 '병합하고 가운데 맞춤'을 지정하고, [A3:I4] 영역은 셀 스타일 '녹색, 강조색6'을 지정하시오.

④ [I5:I14] 영역은 사용자 지정 표시 형식을 이용하여 천 단위 구분 기호와 숫자 뒤에 "원"을 [표시 예]와 같이 표시하시오. [표시 예 : 134000 → 134,000원, 0 → 0원]

⑤ [A3:I14] 영역은 '모든 테두리'를 적용한 후 '굵은 바깥쪽 테두리'를 적용하여 표시하시오.

**03** '기본작업-3' 시트에서 다음의 지시사항을 처리하시오. (5점)

[A4:G16] 영역에서 대출금액이 대출금액 평균보다 큰 경우 행 전체에 대하여 글꼴 색을 '표준 색 – 파랑', 글꼴 스타일을 '굵은 기울임꼴'로 지정하는 조건부 서식을 작성하시오.

▶ AVERAGE 함수 사용

▶ 단, 규칙 유형은 '수식을 사용하여 서식을 지정할 셀 결정'을 사용하고, 한 개의 규칙으로만 작성하시오.

**문제 ❷** | **계산작업** | '계산작업' 시트에서 다음 과정을 수행하고 저장하시오.　　**40점**

**01** [표1]에서 회원ID[B3:B8]에 동일한 ID가 2개 이상이면 '우수회원', 그렇지 않으면 '일반'을 회원구분[B11:E11]에 표시하시오. (8점)

　▶ IF, COUNTIF 함수 사용

**02** [표2]에서 출발일자[I3:I11]를 이용하여 출발요일[J3:J11]을 표시하시오. (8점)

　▶ 요일번호는 '일요일'이 1로 시작하는 방법으로 지정 [표시 예 : 월요일]

　▶ CHOOSE, WEEKDAY 함수 사용

**03** [표3]에서 중간고사[D15:D22]가 90점 이상이고, 기말고사[E15:E22]이 90 이상인 성적 우수 장학생 수[E23]를 계산하시오. (8점)

　▶ 계산된 장학생 수 뒤에는 '명'을 포함하여 표시 [표시 예 : 2명]

　▶ SUMIFS, AVERAGEIFS, COUNTIFS 함수 중 알맞은 함수와 & 연산자 사용

**04** [표4]에서 전월매출액[J15:J22] 중 세 번째로 큰 값과 두 번째로 작은 값의 차이를 [J23] 셀에 계산하시오. (8점)

　▶ LARGE, SMALL 함수 사용

**05** [표5]에서 지점명[A27:A34]과 제품코드[B27:B34]의 마지막 한 문자, 가격표[G27:J29]를 이용하여 판매가를 구한 후 판매금액[D27:D34]을 계산하시오. (8점)

　▶ 판매금액 : 판매수량 × 판매가

　▶ HLOOKUP, RIGHT 함수와 & 연산자 사용

---

**문제 ❸** | **분석작업** | 주어진 시트에서 다음 작업을 수행하고 저장하시오.　　**20점**

**01** '분석작업-1' 시트에 대하여 다음의 지시사항을 처리하시오. (10점)

[부분합] 기능을 이용하여 [표1]에서 '업무부서'별로 '기본급', '수당', '식대', '교통비'의 최대를 계산한 후, 최소를 계산하시오.

　▶ 정렬은 '업무부서'를 기준으로 오름차순으로 정렬하시오.

　▶ 최대와 최소는 위에 명시된 순서대로 처리하시오.

　▶ 부분합에 '녹색, 표 스타일 보통 7' 서식을 적용하시오.

　▶ 개요는 지우시오.

**02** '분석작업-2' 시트에 대하여 다음의 지시사항을 처리하시오. (10점)

[피벗 테이블] 기능을 이용하여 '급여대장' 표의 직급은 '필터', 지점명은 '행', 근무부서는 '열'로 처리하고, '값'에 인센티브와 총지급액의 평균을 계산하시오.

　▶ 피벗 테이블 보고서는 동일 시트의 [A22] 셀에서 시작하시오.

　▶ 'Σ' 기호를 '행' 영역으로 이동하시오.

　▶ 피벗 테이블 보고서는 열의 총합계만 설정하시오.

**01** '매크로작업' 시트의 [표]에서 다음과 같은 기능을 수행하는 매크로를 현재 통합 문서에 작성하고 실행하시오. (각 5점)

① [G4:G12] 영역에 판매코드별 이익률을 계산하는 매크로를 생성하여 실행하시오.

▶ 매크로 이름 : 이익률

▶ 이익률 = 순이익 / 판매금액

▶ [개발 도구] → [삽입] → [양식 컨트롤]의 '단추'(□)를 동일 시트의 [B14:C15] 영역에 생성하고, 텍스트를 '이익률'로 입력한 후 단추를 클릭할 때 '이익률' 매크로가 실행되도록 설정하시오.

② [B4:B12] 영역은 '간단한 날짜'로 표시하는 매크로를 생성하여 실행하시오.

▶ 매크로 이름 : 서식

▶ [도형] → [사각형]의 '사각형: 둥근 모서리'(▢)를 동일 시트의 [E14:F15] 영역에 생성하고, 텍스트를 '서식'으로 입력한 후 도형을 클릭할 때 '서식' 매크로가 실행되도록 설정하시오.

※ 셀 포인터의 위치에 상관없이 현재 통합 문서에서 매크로가 실행되어야 정답으로 인정됨

**02** '차트작업' 시트의 차트를 지시사항에 따라 아래 그림과 같이 수정하시오. (각 2점)

※ 차트는 반드시 문제에서 제공한 차트를 사용하여야 하며, 신규로 작성 시 0점 처리됨

① '평균' 계열이 차트에 표시되도록 데이터 범위를 추가하고, '행/열 전환'을 지정하시오.

② '평균' 계열의 차트 종류를 '표식이 있는 꺾은선형'으로 변경하고, 선은 너비 '4pt', 선 스타일 '완만한 선'으로 지정하시오.

③ '평균' 계열만 데이터 레이블 '값'을 표시하고, 레이블의 위치를 '위쪽'으로 지정하시오.

④ 범례는 '위쪽'에 배치한 후 도형 스타일을 '미세 효과 – 파랑, 강조 5'로 지정하시오.

⑤ 세로(값) 축의 기본 단위는 10, 표시 형식은 '숫자', 소수 자릿수는 1로 지정하시오.

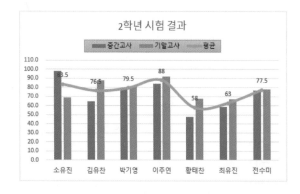

# 상시 기출 문제 02회 / 정답

## 문제 ❶ 기본작업

### 01 자료 입력

| | A | B | C | D | E | F | G |
|---|---|---|---|---|---|---|---|
| 1 | 4월 출시 음악앨범 | | | | | | |
| 2 | | | | | | | |
| 3 | 발매사 | 출시일 | 장르 | 노래제목 | | 기획사 | |
| 4 | 카카오엔터테인먼트 | 2024-04-13 | 트로트 | 미투리 | 박서진 | BSTAR COMPANY | |
| 5 | 카카오엔터테인먼트 | 2024-04-08 | 댄스, 발라드 | Beautiful Shadow | 온앤오프(ONF) | WM ENTERTAINMENT | |
| 6 | NHN벅스 | 2024-04-06 | 발라드 | 눈물의 여왕 | 폴킴 | 소리날리 | |
| 7 | 지니뮤직 | 2024-04-07 | 발라드 | 단 | 노을 | IK PRODUCTION, GTMNY | |
| 8 | 카카오엔터테인먼트 | 2024-04-08 | 발라드 | 고백하는 거 맞아 | 남규리 | 뮤직카우 | |
| 9 | 카카오엔터테인먼트 | 2024-04-12 | R&B/Soul | 눈치 | 김민석 | STUDIO SOON | |
| 10 | 카카오엔터테인먼트 | 2024-04-12 | 발라드 | 여우야 | 설인아 | by the winter, 캐슬뮤직 | |
| 11 | Stone Music Entertainment | 2024-04-09 | 국내드라마, 발라드 | 야한 사진관 | 승민(Stay Kids) | 지니뮤직 | |
| 12 | 카카오엔터테인먼트 | 2024-04-09 | 댄스, 랩/힙합, 발라드 | 소화 | EPEX(이펙스) | C9 Entertainment | |
| 13 | | | | | | | |

### 02 서식 지정

| | A | B | C | D | E | F | G | H | I | J |
|---|---|---|---|---|---|---|---|---|---|---|
| 1 | | | | ♠직원별 영업 실적 현황♠ | | | | | | |
| 2 | | | | | | | | | | |
| 3 | 직원명 | 근무지 | 직급 | 분기 | | | | 합계 | 영업총액 | |
| 4 | | | | 1분기 | 2분기 | 3분기 | 4분기 | | | |
| 5 | 최맹규 | 지사 | 사원 | 118 | 111 | 125 | 286 | 640 | 13,440,000원 | |
| 6 | 강범서 | 지사 | 사원 | 198 | 119 | 162 | 259 | 738 | 15,498,000원 | |
| 7 | 이서연 | 본사 | 대리 | 269 | 156 | 261 | 105 | 791 | 16,611,000원 | |
| 8 | 김숙현 | 지사 | 대리 | 145 | 285 | 119 | 109 | 658 | 13,818,000원 | |
| 9 | 박준우 | 본사 | 과장 | 119 | 146 | 279 | 266 | 810 | 17,010,000원 | |
| 10 | 김도연 | 지사 | 과장 | 271 | 285 | 102 | 282 | 940 | 19,740,000원 | |
| 11 | 황정연 | 본사 | 차장 | 276 | 236 | 122 | 281 | 915 | 19,215,000원 | |
| 12 | 임정은 | 지사 | 차장 | 222 | 121 | 149 | 245 | 737 | 15,477,000원 | |
| 13 | 방지성 | 본사 | 부장 | 341 | 219 | 282 | 145 | 987 | 20,727,000원 | |
| 14 | 전경민 | 지사 | 부장 | 285 | 271 | 182 | 169 | 907 | 19,047,000원 | |
| 15 | | | | | | | | | | |

### 03 조건부 서식

| | A | B | C | D | E | F | G | H |
|---|---|---|---|---|---|---|---|---|
| 1 | | | 1사분기 대출 현황 | | | | | |
| 2 | | | | | | | | |
| 3 | 고객코드 | 대출일 | 대출종류 | 금리 | 우대 | 대출금액 | 기간(월) | |
| 4 | TS65-023 | 01월 07일 | 청년대출 | 변동 | 우대 | 22,500,000 | 36 | |
| 5 | TS04-652 | 01월 25일 | 버팀목대출 | 고정 | 일반 | 15,000,000 | 48 | |
| 6 | TS11-002 | 01월 31일 | 신혼부부대출 | 변동 | 우대 | 12,000,000 | 50 | |
| 7 | TS10-021 | 02월 02일 | 전세대출 | 고정 | 우대 | 9,750,000 | 72 | |
| 8 | TS09-655 | 02월 05일 | 주택담보대출 | 변동 | 일반 | 36,000,000 | 80 | |
| 9 | TS13-007 | 02월 08일 | 청년대출 | 고정 | 우대 | 14,250,000 | 82 | |
| 10 | TS06-659 | 02월 22일 | 신혼부부대출 | 고정 | 우대 | 30,000,000 | 92 | |
| 11 | TS08-004 | 02월 27일 | 신용대출 | 변동 | 일반 | 27,000,000 | 100 | |
| 12 | TS12-031 | 03월 02일 | 전세대출 | 변동 | 우대 | 11,700,000 | 64 | |
| 13 | TS12-652 | 03월 07일 | 주택담보대출 | 변동 | 일반 | 18,000,000 | 48 | |
| 14 | TS13-003 | 03월 16일 | 청년대출 | 고정 | 일반 | 13,500,000 | 72 | |
| 15 | TS09-065 | 03월 21일 | 버팀목대출 | 변동 | 우대 | 12,300,000 | 75 | |
| 16 | TS12-982 | 03월 27일 | 주택담보대출 | 고정 | 일반 | 5,000,000 | 65 | |
| 17 | | | | | | | | |

## 01 회원구분

| | A | B | C | D | E |
|---|---|---|---|---|---|
| 1 | [표1] | | | | |
| 2 | 대여일자 | 회원ID | 이름 | 분류 | 코드 |
| 3 | 6월1일 | TS-12 | 김채원 | 어문 | TS-1123 |
| 4 | 6월2일 | UO-12 | 이현정 | 취미 | SS-1205 |
| 5 | 6월3일 | TS-12 | 강현주 | 소설 | KQ-1234 |
| 6 | 6월7일 | UO-12 | 박소연 | 수필 | TY-0987 |
| 7 | 6월13일 | RB-12 | 최소진 | 여행 | ZY-4356 |
| 8 | 6월15일 | WE-12 | 황준서 | 자기개발 | BN-1498 |
| 9 | | | | | |
| 10 | 회원ID | TS-12 | RB-12 | WE-12 | UO-12 |
| 11 | 회원구분 | 우수회원 | 일반 | 일반 | 우수회원 |
| 12 | | | | | |

[B11] 셀에 「=IF(COUNTIF($B$3:$B$8,B10))=2,"우수회원","일반")」를 입력하고 [E11] 셀까지 수식 복사

## 02 출발요일

| | G | H | I | J |
|---|---|---|---|---|
| 1 | [표2] | | | |
| 2 | 이름 | 출장지 | 출발일자 | 출발요일 |
| 3 | 이차돌 | 두바이 | 2025-07-22 | 화요일 |
| 4 | 차독진 | 스페인 | 2025-09-20 | 토요일 |
| 5 | 오차희 | 미국 | 2025-10-10 | 금요일 |
| 6 | 김국진 | 프랑스 | 2025-11-12 | 수요일 |
| 7 | 서오진 | 이탈리아 | 2025-12-13 | 토요일 |
| 8 | 김서연 | 영국 | 2025-09-09 | 화요일 |
| 9 | 배한나 | 핀란드 | 2025-08-28 | 목요일 |
| 10 | 전은주 | 스웨덴 | 2025-06-06 | 금요일 |
| 11 | 강우경 | 덴마크 | 2025-04-14 | 월요일 |
| 12 | | | | |

[J3] 셀에 「=CHOOSE(WEEKDAY(I3,1),"일요일","월요일","화요일","수요일","목요일","금요일","토요일")」를 입력하고 [J11] 셀까지 수식 복사

## 03 성적 우수 장학생 수

| | A | B | C | D | E | F |
|---|---|---|---|---|---|---|
| 13 | [표3] | | | | | |
| 14 | 학번 | 이름 | 학과코드 | 중간고사 | 기말고사 | |
| 15 | 25B208 | 김수진 | B2 | 98 | 98 | |
| 16 | 24B111 | 최한나 | B1 | 66 | 87 | |
| 17 | 25C212 | 이소정 | C2 | 70 | 59 | |
| 18 | 23C201 | 장진경 | C2 | 59 | 53 | |
| 19 | 25A202 | 김민진 | A2 | 87 | 98 | |
| 20 | 24B110 | 서우찬 | B1 | 90 | 92 | |
| 21 | 25B225 | 박이슬 | B2 | 64 | 76 | |
| 22 | 25C123 | 신성우 | C1 | 99 | 75 | |
| 23 | 성적 우수 장학생 수 | | | | 2명 | |
| 24 | | | | | | |

[E23] 셀에 「=COUNTIFS(D15:D22,">=90",E15:E22,">=90")&"명"」를 입력

## 04 전월매출액 차이

| | G | H | I | J | K |
|---|---|---|---|---|---|
| 13 | [표4] | | | | |
| 14 | 기기종류 | 판매량 | 매출액 | 전월매출액 | |
| 15 | 식기세척기 | 870 | 31,200,150 | 31,450,110 | |
| 16 | 세탁기 | 129 | 45,981,000 | 38,746,900 | |
| 17 | 냉장고 | 107 | 43,540,000 | 41,240,000 | |
| 18 | TV | 202 | 21,743,220 | 25,453,980 | |
| 19 | 에어컨 | 976 | 94,581,600 | 85,974,210 | |
| 20 | 청소기 | 546 | 20,090,000 | 19,864,540 | |
| 21 | 전자레인지 | 233 | 16,780,000 | 13,259,830 | |
| 22 | 컴퓨터 | 570 | 78,896,450 | 68,794,380 | |
| 23 | 전월매출액 차이 | | | 21,375,460 | |
| 24 | | | | | |

[J23] 셀에 「=LARGE(J15:J22,3)-SMALL(J15:J22,2)」를 입력

**05** 판매금액

| | A | B | C | D | E | F | G | H | I | J | K |
|---|---|---|---|---|---|---|---|---|---|---|---|
| 25 | [표5] | | | | | | | | | | |
| 26 | 지점명 | 제품코드 | 판매수량 | 판매금액 | | <가격기준표> | | | | | |
| 27 | 경기 | TT123-S | 11 | 8,470,000 | | 구분 | 서울T | 서울S | 경기T | 경기S | |
| 28 | 서울 | SS980-T | 8 | 7,440,000 | | 원가 | 750,000 | 670,000 | 450,000 | 580,000 | |
| 29 | 경기 | Y1234-S | 6 | 4,620,000 | | 판매가 | 930,000 | 890,000 | 610,000 | 770,000 | |
| 30 | 서울 | R1012-S | 7 | 6,230,000 | | | | | | | |
| 31 | 서울 | HD156-T | 5 | 4,650,000 | | | | | | | |
| 32 | 경기 | P0981-T | 9 | 5,490,000 | | | | | | | |
| 33 | 경기 | OI123-S | 12 | 9,240,000 | | | | | | | |
| 34 | 서울 | RO123-T | 13 | 12,090,000 | | | | | | | |
| 35 | | | | | | | | | | | |

[D27] 셀에 「=HLOOKUP(A27&RIGHT(B27,1),$G$27:$J$29,3,0)*C27,을 입력하고 [D34] 셀까지 수식 복사

**문제 ③ 분석작업**

**01** 부분합

| | A | B | C | D | E | F | G | H | I |
|---|---|---|---|---|---|---|---|---|---|
| 1 | [표1] | | | | | | | | |
| 2 | 사원번호 | 근무지 | 업무부서 | 기본급 | 수당 | 시간외근무 | 식대 | 교통비 | |
| 3 | CH-33 | 제주지사 | 관리부서 | 3,700,000 | 280,000 | * | 90,000 | 60,000 | |
| 4 | GC-15 | 인천본사 | 관리부서 | 2,900,000 | 280,000 | 2 | 60,000 | 130,000 | |
| 5 | IA-73 | 충청지사 | 관리부서 | 2,200,000 | 446,000 | 5 | 100,000 | 50,000 | |
| 6 | DF-93 | 경기지사 | 관리부서 | 2,500,000 | 200,000 | 7 | 60,000 | 100,000 | |
| 7 | | | 관리부서 최소 | 2,200,000 | 200,000 | | 60,000 | 50,000 | |
| 8 | | | 관리부서 최대 | 3,700,000 | 446,000 | | 100,000 | 130,000 | |
| 9 | GH-81 | 충청지사 | 생산부서 | 2,300,000 | 228,000 | 2 | 90,000 | 100,000 | |
| 10 | IB-86 | 경기지사 | 생산부서 | 3,600,000 | 228,000 | 2 | 150,000 | 80,000 | |
| 11 | CE-55 | 충청지사 | 생산부서 | 2,900,000 | 260,000 | 6 | 90,000 | 70,000 | |
| 12 | AB-80 | 경기지사 | 생산부서 | 3,600,000 | 428,000 | 2 | 90,000 | 110,000 | |
| 13 | HD-75 | 인천본사 | 생산부서 | 2,400,000 | 420,000 | 4 | 100,000 | 120,000 | |
| 14 | | | 생산부서 최소 | 2,300,000 | 228,000 | | 90,000 | 70,000 | |
| 15 | | | 생산부서 최대 | 3,600,000 | 428,000 | | 150,000 | 120,000 | |
| 16 | BA-85 | 경기지사 | 연구팀 | 3,600,000 | 200,000 | * | 140,000 | 50,000 | |
| 17 | HI-34 | 경기지사 | 연구팀 | 1,600,000 | 246,000 | * | 150,000 | 90,000 | |
| 18 | EK-21 | 충청지사 | 연구팀 | 2,000,000 | 228,000 | 5 | 70,000 | 50,000 | |
| 19 | HO-90 | 경기지사 | 연구팀 | 1,700,000 | 440,000 | 3 | 90,000 | 130,000 | |
| 20 | AK-63 | 제주지사 | 연구팀 | 3,300,000 | 220,000 | 8 | 150,000 | 130,000 | |
| 21 | FK-81 | 충청지사 | 연구팀 | 2,900,000 | 380,000 | 6 | 90,000 | 140,000 | |
| 22 | FG-80 | 충청지사 | 연구팀 | 2,900,000 | 370,000 | 2 | 150,000 | 130,000 | |
| 23 | | | 연구팀 최소 | 1,600,000 | 200,000 | | 70,000 | 50,000 | |
| 24 | | | 연구팀 최대 | 3,600,000 | 440,000 | | 150,000 | 140,000 | |
| 25 | GC-99 | 인천본사 | 영업부서 | 3,300,000 | 460,000 | 3 | 120,000 | 120,000 | |
| 26 | AB-52 | 경기지사 | 영업부서 | 2,300,000 | 240,000 | 4 | 150,000 | 60,000 | |
| 27 | CD-67 | 경기지사 | 영업부서 | 1,600,000 | 228,000 | * | 90,000 | 120,000 | |
| 28 | BC-18 | 인천본사 | 영업부서 | 1,900,000 | 270,000 | * | 100,000 | 100,000 | |
| 29 | EE-88 | 인천본사 | 영업부서 | 2,800,000 | 420,000 | 3 | 150,000 | 60,000 | |
| 30 | | | 영업부서 최소 | 1,600,000 | 228,000 | | 90,000 | 60,000 | |
| 31 | | | 영업부서 최대 | 3,300,000 | 460,000 | | 150,000 | 120,000 | |
| 32 | | | 전체 최소값 | 1,600,000 | 200,000 | | 60,000 | 50,000 | |
| 33 | | | 전체 최대값 | 3,700,000 | 460,000 | | 150,000 | 140,000 | |
| 34 | | | | | | | | | |

## 02 피벗 테이블

| | A | B | C | D | E |
|---|---|---|---|---|---|
| 19 | | | | | |
| 20 | 직급 | (모두) ▾ | | | |
| 21 | | | | | |
| 22 | | | 열 레이블 ▾ | | |
| 23 | 행 레이블 ▾ | 관리팀 | 연구팀 | 영업팀 | |
| 24 | 광화문 | | | | |
| 25 | 평균 : 인센티브 | 400000 | 626000 | 1374000 | |
| 26 | 평균 : 총지급액 | 4240000 | 4631000 | 5874000 | |
| 27 | 서대문 | | | | |
| 28 | 평균 : 인센티브 | 495200 | 900000 | | |
| 29 | 평균 : 총지급액 | 4225200 | 4640000 | | |
| 30 | 을지로 | | | | |
| 31 | 평균 : 인센티브 | | | 855000 | |
| 32 | 평균 : 총지급액 | | | 4777500 | |
| 33 | 전체 평균 : 인센티브 | 457120 | 808666.6667 | 1028000 | |
| 34 | 전체 평균 : 총지급액 | 4231120 | 4637000 | 5143000 | |
| 35 | | | | | |

---

문제 ❹  **기타작업**

## 01 매크로

| | A | B | C | D | E | F | G | H |
|---|---|---|---|---|---|---|---|---|
| 1 | | | **5월 판매 이익률 현황** | | | | | |
| 2 | | | | | | | | |
| 3 | 판매코드 | 날짜 | 판매가 | 판매수량 | 판매금액 | 순이익 | 이익률 | |
| 4 | TSB-001 | 2025-05-02 | 25,870 | 325 | 8,407,750 | 3,078,500 | 37% | |
| 5 | TSB-002 | 2025-05-07 | 29,870 | 311 | 9,289,570 | 2,158,700 | 23% | |
| 6 | TSB-003 | 2025-05-11 | 26,780 | 279 | 7,471,620 | 2,368,750 | 32% | |
| 7 | TSB-004 | 2025-05-16 | 27,120 | 284 | 7,702,080 | 2,968,700 | 39% | |
| 8 | TSB-005 | 2025-05-18 | 25,930 | 292 | 7,571,560 | 1,897,000 | 25% | |
| 9 | TSB-006 | 2025-05-21 | 24,740 | 198 | 4,898,520 | 1,144,500 | 23% | |
| 10 | TSB-007 | 2025-05-23 | 21,650 | 211 | 4,568,150 | 1,369,870 | 30% | |
| 11 | TSB-008 | 2025-05-28 | 28,630 | 247 | 7,071,610 | 3,148,790 | 45% | |
| 12 | TSB-009 | 2025-05-31 | 23,570 | 264 | 6,222,480 | 2,698,700 | 43% | |
| 13 | | | | | | | | |
| 14 | | 이익률 | | | 서식 | | | |
| 15 | | | | | | | | |
| 16 | | | | | | | | |

## 02 차트

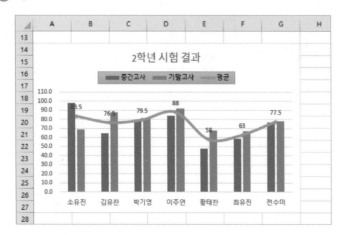

# 상시 기출 문제 02회 해설

## 문제 ① 기본작업

### 01 자료 입력('기본작업-1' 시트)

[A3:F12] 셀까지 문제를 보고 오타 없이 작성한다.

### 02 서식 지정('기본작업-2' 시트)

① [A1:I1] 영역을 범위 지정한 후 [홈]-[맞춤] 그룹에서 [병합하고 가운데 맞춤](🗗)을 클릭한 후 [글꼴] 그룹에서 글꼴 '궁서', 크기 '18', 굵게, 밑줄을 선택한다.

② [A1] 셀의 '직' 앞에 커서를 두고 ㅁ을 입력한 후 [한자]를 눌러 목록에서 '♠'을 선택한다. 같은 방법으로 '황' 뒤에 '♠'를 입력한다.

③ [A3:A4], [B3:B4], [C3:C4], [D3:G3], [H3:H4], [I3:I4] 영역을 범위 지정한 후 [홈]-[맞춤] 그룹에서 [병합하고 가운데 맞춤](🗗)을 클릭한다.

④ [A3:I4] 영역을 범위 지정한 후 [홈]-[스타일] 그룹에서 [셀 스타일]에서 '녹색, 강조색 6'을 선택한다.

⑤ [I5:I14] 영역을 범위 지정한 후 [Ctrl]+[1]을 눌러 [표시 형식] 탭의 '사용자 지정'에 #,##0"원"를 입력하고 [확인]을 클릭한다.

⑥ [A3:I14] 영역을 범위 지정한 후 [홈]-[글꼴] 그룹에서 [테두리](⊞ ▾) 도구의 [모든 테두리](⊞)를 클릭한 후 [굵은 바깥쪽 테두리](⬚)를 클릭한다.

### 03 조건부 서식('기본작업-3' 시트)

① [A4:G16] 영역을 범위 지정한 후 [홈]-[스타일] 그룹에서 [조건부 서식]-[새 규칙]을 클릭한다.

② '▶ 수식을 사용하여 서식을 지정할 셀 결정'을 선택하여 =$F4>AVERAGE($F$4:$F$16)을 입력하고 [서식]을 클릭한다.

③ [글꼴] 탭에서 '굵은 기울임꼴', 글꼴 색은 '표준 색 – 파랑'을 선택하고 [확인]을 클릭한다.

문제 ❷ 계산작업('계산작업' 시트)

**01 회원구분[B11:E11]**

[B11] 셀에 =IF(COUNTIF($B$3:$B$8,B10)>=2, "우수회원","일반")를 입력하고 [E11] 셀까지 수식을 복사한다.

**02 출발요일[J3:J11]**

[J3] 셀에 =CHOOSE(WEEKDAY(I3,1),"일요일", "월요일","화요일","수요일","목요일","금요일","토요일")를 입력하고 [J11] 셀까지 수식을 복사한다.

**03 성적 우수 장학생 수[E23]**

[E23] 셀에 =COUNTIFS(D15:D22,">=90",E15:E22,">=90")&"명"를 입력한다.

**04 전월매출액 차이[J23]**

[J23] 셀에 =LARGE(J15:J22,3)-SMALL(J15:J22,2)를 입력한다.

**05 판매금액[D27:D34]**

[D27] 셀에 =HLOOKUP(A27&RIGHT(B27,1),$G$27:$J$29,3,0)*C27을 입력하고 [D34] 셀까지 수식을 복사한다.

문제 ❸ 분석작업

**01 부분합('분석작업-1' 시트)**

① '업무부서'[C2] 셀을 클릭한 후 [데이터]-[정렬 및 필터] 그룹에서 [텍스트 오름차순 정렬](급↓)을 클릭한다.
② 데이터 안에 마우스 포인터를 두고, [데이터]-[개요] 그룹의 [부분합](📊)을 클릭한다.

③ 다음과 같이 지정하고 [확인]을 클릭한다.

- **그룹화할 항목** : 업무부서
- **사용할 함수** : 최대
- **부분합 계산 항목** : 기본급, 수당, 식대, 교통비

④ 다시 한 번 [데이터]-[개요] 그룹의 [부분합](📊)을 클릭하여 다음과 같이 [확인]을 클릭한다.

- **그룹화할 항목** : 업무부서
- **사용할 함수** : 최소
- **부분합 계산 항목** : 기본급, 수당, 식대, 교통비
- **'새로운 값으로 대치' 체크 해제**

⑤ [A2:H33] 영역을 범위 지정한 후 [홈] 탭의 [스타일] 그룹의 [표 서식]을 클릭하여 '녹색, 표 스타일 보통 7'을 선택한다.
⑥ 부분합 영역 밖을 클릭한 후 [데이터] 탭의 [개요] 그룹에서 [그룹 해제]-[개요 지우기]를 클릭한다.

**02 피벗 테이블('분석작업-2' 시트)**

① [A3:H17] 영역 안에 커서를 두고 [삽입]-[표] 그룹의 [피벗 테이블](📋)을 클릭한다.
② [피벗 테이블 만들기]에서 '기존 워크시트'의 [A22] 셀을 지정하고 [확인]을 클릭한다.

③ 다음과 같이 필터, 열, 행, 값을 지정하고, Σ
값을 행으로 드래그한다.

④ '합계: 인센티브'[A25] 셀에서 마우스 오른쪽
버튼을 눌러 [값 요약 기준]-[평균]을 클릭한
다. 같은 방법으로 '합계: 총지급액'[A26] 셀의
총지급액도 '평균'으로 변경한다.

⑤ [디자인] 탭의 [레이아웃] 그룹의 [총합계]-[열
의 총합계만 설정]을 클릭한다.

### 문제 ④ 기타작업

#### 01 매크로('매크로작업' 시트)

① [개발 도구]-[컨트롤] 그룹의 [삽입]-[단추(양
식 컨트롤)](□)을 클릭한다.

② 마우스 포인터가 '+'로 바뀌면 [B14:C15] 영역
에 드래그한다.

③ [매크로 지정]의 '매크로 이름'에 **이익률**을 입력
하고 [기록]을 클릭한다.

④ [매크로 기록]에 자동으로 '이익률'로 매크로 이
름이 표시되면 [확인]을 클릭한다.

⑤ [G4] 셀에 **=F4/E4**를 입력하고 [G12] 셀까지
수식을 복사한다.

⑥ 임의의 셀을 클릭한 후 매크로 기록을 종료하
기 위해 [개발 도구]-[코드] 그룹의 [기록 중지]
(□)를 클릭한다.

⑦ 단추에 텍스트를 수정하기 위해서 단추에서 마
우스 오른쪽 버튼을 눌러 [텍스트 편집]을 클릭
한다.

⑧ 단추에 입력된 '단추 1'을 지우고 **이익률**을 입력
한다.

⑨ [삽입]-[일러스트레이션] 그룹에서 [도형]-[사각형]의 '사각형: 둥근 모서리'(⬜)를 클릭한다.

⑩ 마우스 포인터가 '+'로 바뀌면 [E14:F15] 영역에 드래그한 후 서식을 입력한다.

⑪ '사각형: 둥근 모서리'(⬜) 도형에서 마우스 오른쪽 버튼을 눌러 [매크로 지정]을 클릭한다.

⑫ [매크로 지정]에 **서식**을 입력하고 [기록]을 클릭한다.

⑬ [매크로 기록]에 자동으로 '서식'으로 매크로 이름이 표시되면 [확인]을 클릭한다.

⑭ [B4:B12] 영역을 범위 지정한 후 [홈]-[표시 형식] 그룹에서 '간단한 날짜'를 선택한다.

⑮ 임의의 셀을 클릭한 후 매크로 기록을 종료하기 위해 [개발 도구]-[코드] 그룹의 [기록 중지](⬜)를 클릭한다.

### 02 차트('차트작업' 시트에서 작성)

① 차트에서 마우스 오른쪽 버튼을 눌러 [데이터 선택]을 클릭한다.

② 기존 '차트 데이터 범위'를 지운 후 [A3:D10] 영역으로 수정한 후 [행/열 전환]을 클릭한 후 [확인]을 클릭한다.

③ '평균' 계열을 선택한 후 마우스 오른쪽 버튼을 눌러 [계열 차트 종류 변경]을 클릭한다.

④ [차트 종류 변경]에서 '혼합'을 선택하고, 평균은 '표식이 있는 꺾은선형'을 선택하고 [확인]을 클릭한다.

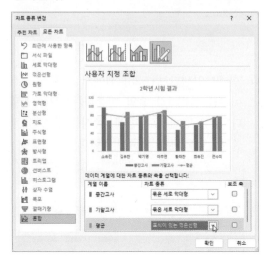

⑤ '평균' 계열을 선택한 후 마우스 오른쪽 버튼을 클릭한 후 [데이터 계열 서식]을 클릭한 후 너비는 4로 지정하고, '완만한 선'을 체크한다.

⑥ '평균' 계열을 선택한 후 [차트 요소]( ⊞ )–[데이터 레이블]–[위쪽]을 선택한다.

⑦ [차트 요소]( ⊞ )–[범례]–[위쪽]을 클릭한 후 '범례'를 선택한 후 [서식] 탭의 '도형 스타일'에서 '미세 효과 – 파랑, 강조5'를 선택한다.

⑧ 세로(값) 축을 선택한 후 축 옵션에서 단위 '기본'에 10을 입력한다.

⑨ 세로(값) 축을 선택한 후 '표시 형식'에서 범주 '숫자'를 선택하고, 소수 자릿수는 1을 입력한다.

| 시험 시간 | 풀이 시간 | 합격 점수 | 내 점수 |
|---|---|---|---|
| 40분 | 분 | 70점 | 점 |

▶합격 강의

**문제 ❶**  **기본작업** | 주어진 시트에서 다음 과정을 수행하고 저장하시오.  **20점**

**01** '기본작업-1' 시트에 다음의 자료를 주어진 대로 입력하시오. (5점)

|  | A | B | C | D | E | F | G |
|---|---|---|---|---|---|---|---|
| 1 | 교원확보율 | | | | | | |
| 2 | | | | | | | |
| 3 | 학과코드 | 학과명 | 전체 학생수 | 전체교원 | 정원/전임(겸임) | 전임비율 | |
| 4 | KA-45267 | 경영정보과 | 140 | 6명 | 6/3(3) | 50.00% | |
| 5 | SQ-89163 | 사회복지과 | 150 | 7명 | 7/4(3) | 57.14% | |
| 6 | TB-37245 | 유아교육과 | 210 | 9명 | 9/6(3) | 66.67% | |
| 7 | AV-32896 | 정보통신과 | 150 | 8명 | 8/3(5) | 37.50% | |
| 8 | CT-92578 | 컴퓨터공학과 | 105 | 4명 | 7/3(1) | 75.00% | |
| 9 | PW-41283 | 식품생명공학과 | 120 | 7명 | 7/5(2) | 71.43% | |
| 10 | | | | | | | |

**02** '기본작업-2' 시트에 대하여 다음의 지시사항을 처리하시오. (각 2점)

① [A1:F1] 영역은 '병합하고 가운데 맞춤', 글꼴 '맑은 고딕', 글꼴 크기 '16', 글꼴 스타일 '굵게', 밑줄 '이중 실선'으로 지정하시오.

② [A4:A6], [A7:A9], [B4:B6], [F4:F6], [F7:F9] 영역은 '병합하고 가운데 맞춤'을 지정하고, [A3:F3] 영역은 셀 스타일 '파랑, 강조색5'를 적용하시오.

③ [C4:C6] 영역은 사용자 지정 표시 형식을 이용하여 문자 뒤에 '%'를 [표시 예]와 같이 표시하시오. [표시 예 : 80~90 → 80~90%]

④ [D4:D9] 영역의 이름을 '배점'으로 정의하시오.

⑤ [A3:F9] 영역에 '모든 테두리'(⊞)를 적용한 후 '굵은 바깥쪽 테두리'(🔲)를 적용하여 표시하시오.

**03** '기본작업-3' 시트에서 다음의 지시사항을 처리하시오. (5점)

[A4:H18] 영역에서 학번이 '2019'로 시작하는 행 전체에 대하여 글꼴 색을 '표준 색-빨강'으로 지정하는 조건부 서식을 작성하시오.

▶ LEFT 함수 사용

▶ 단, 규칙 유형은 '수식을 사용하여 서식을 지정할 셀 결정'을 사용하고, 한 개의 규칙으로만 작성하시오

**문제 ❷** **계산작업** | '계산작업' 시트에서 다음 과정을 수행하고 저장하시오. **40점**

**01** [표1]에서 응시일[C3:C9]이 월요일부터 금요일이면 '평일', 그 외에는 '주말'로 요일[D3:D9]에 표시하시오. (8점)

　▶ 단, 요일 계산 시 월요일이 1 인 유형으로 지정

　▶ IF, WEEKDAY 함수 사용

**02** [표2]에서 중간고사[G3:G9], 기말고사[H3:H9]와 학점기준표[G12:K14]를 참조하여 학점[I3:I9]을 계산하시오. (8점)

　▶ 평균은 각 학생의 중간고사와 기말고사로 구함

　▶ AVERAGE, HLOOKUP 함수 사용

**03** [표3]에서 학과[A14:A21]가 '경영학과'인 학생들의 평점에 대한 평균을 [D24] 셀에 계산하시오. (8점)

　▶ 평균은 소수점 이하 셋째자리에서 반올림하여 둘째자리까지 표시 [표시 예: 3.5623 → 3.56]

　▶ 조건은 [A24:A25] 영역에 입력하시오.

　▶ DAVERAGE, ROUND 함수 사용

**04** [표4]에서 커뮤니케이션[B29:B35], 회계[C29:C35], 경영전략[D29:D35]이 모두 70 이상인 학생 수를 [D37] 셀에 계산하시오. (8점)

　▶ COUNT, COUNTIF, COUNTIFS 함수 중 알맞은 함수 사용

**05** [표5]에서 학과[F29:F36]의 앞 세 문자와 입학일자[G29:G36]의 연도를 이용하여 입학코드[H29:H36]를 표시하시오. (8점)

　▶ 학과의 첫 글자만 대문자로 표시
　　[표시 예 : 학과가 'HEALTHCARE', 입학일자가 '2021-03-01'인 경우 → Hea2021]

　▶ LEFT, PROPER, YEAR 함수와 & 연산자 사용

01 '분석작업-1' 시트에 대하여 다음의 지시사항을 처리하시오. (10점)

[부분합] 기능을 이용하여 '소양인증포인트 현황' 표에 과 같이 학과별 '합계'의 최대를 계산한 후 '기본영역', '인성봉사', '교육훈련'의 평균을 계산하시오.

▶ 정렬은 '학과'를 기준으로 오름차순으로 처리하시오.

▶ 최대와 평균은 위에 명시된 순서대로 처리하시오.

| | A | B | C | D | E | F | G |
|---|---|---|---|---|---|---|---|
| 1 | 소양인증포인트 현황 | | | | | | |
| 2 | | | | | | | |
| 3 | 학과 | 성명 | 기본영역 | 인성봉사 | 교육훈련 | 합계 | |
| 4 | 경영정보 | 정소영 | 85 | 75 | 75 | 235 | |
| 5 | 경영정보 | 주경철 | 85 | 85 | 75 | 245 | |
| 6 | 경영정보 | 한기철 | 90 | 70 | 85 | 245 | |
| 7 | 경영정보 평균 | | 87 | 77 | 78 | | |
| 8 | 경영정보 최대 | | | | | 245 | |
| 9 | 유아교육 | 강소미 | 95 | 65 | 65 | 225 | |
| 10 | 유아교육 | 이주현 | 100 | 90 | 80 | 270 | |
| 11 | 유아교육 | 한보미 | 80 | 70 | 90 | 240 | |
| 12 | 유아교육 평균 | | 92 | 75 | 78 | | |
| 13 | 유아교육 최대 | | | | | 270 | |
| 14 | 정보통신 | 김경호 | 95 | 75 | 95 | 265 | |
| 15 | 정보통신 | 박주영 | 85 | 50 | 80 | 215 | |
| 16 | 정보통신 | 임정민 | 90 | 80 | 60 | 230 | |
| 17 | 정보통신 평균 | | 90 | 68 | 78 | | |
| 18 | 정보통신 최대 | | | | | 265 | |
| 19 | 전체 평균 | | 89 | 73 | 78 | | |
| 20 | 전체 최대값 | | | | | 270 | |
| 21 | | | | | | | |

02 '분석작업-2' 시트에 대하여 다음의 지시사항을 처리하시오. (10점)

데이터 도구 [통합] 기능을 이용하여 [표1], [표2], [표3]에 대한 학과별 '정보인증', '국제인증', '전공인증'의 합계를 [표4]의 [G5:I8] 영역에 계산하시오.

**문제 ❹** **기타작업** | 주어진 시트에서 다음 작업을 수행하고 저장하시오. **20점**

**01** '매크로작업' 시트의 [표]에서 다음과 같은 기능을 수행하는 매크로를 현재 통합 문서에 작성하고 실행하시오. (각 5점)

① [E4:E8] 영역에 총점을 계산하는 매크로를 생성하여 실행하시오.
   ▶ 매크로 이름: 총점
   ▶ 총점 = 소양인증 + 직무인증
   ▶ [개발 도구]-[컨트롤]-[삽입]-[양식 컨트롤]의 '단추'(□)를 동일 시트의 [G3:H4] 영역에 생성하고, 텍스트를 '총점'으로 입력한 후 단추를 클릭할 때 '총점' 매크로가 실행되도록 설정하시오.

② [A3:E3] 영역에 채우기 색으로 '표준 색-노랑'을 적용하는 매크로를 생성하여 실행하시오.
   ▶ 매크로 이름: 채우기
   ▶ [삽입]-[일러스트레이션]-[도형]-[기본 도형]의 '사각형: 빗면'(□)을 동일 시트의 [G6:H7] 영역에 생성하고, 텍스트를 '채우기'로 입력한 후 도형을 클릭할 때 '채우기' 매크로가 실행되도록 설정하시오.

   ※ 셀 포인터의 위치에 상관없이 현재 통합문서에서 매크로가 실행되어야 정답으로 인정됨

**02** '차트작업' 시트의 차트를 지시사항에 따라 아래 그림과 같이 수정하시오. (각 2점)

   ※ 차트는 반드시 문제에서 제공한 차트를 사용하여야 하며, 신규로 작성 시 0점 처리됨

① '합계' 계열과 '2020년' 요소가 제거되도록 데이터 범위를 수정하시오.
② 차트 종류를 '누적 세로 막대형'으로 변경하시오.
③ 차트 제목은 '차트 위'로 지정한 후 [A1] 셀과 연동되도록 설정하시오.
④ '근로장학' 계열에만 데이터 레이블 '값'을 표시하고, 레이블의 위치를 '안쪽 끝에'로 설정하시오.
⑤ 차트 영역의 테두리에는 '둥근 모서리'를 설정하시오.

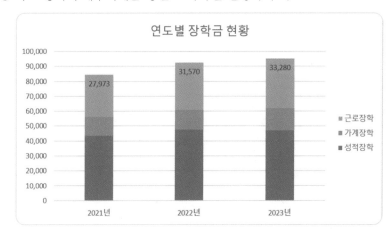

## 문제 ❶  기본작업

### 01  자료 입력

| | A | B | C | D | E | F | G |
|---|---|---|---|---|---|---|---|
| 1 | 교원확보율 | | | | | | |
| 2 | | | | | | | |
| 3 | 학과코드 | 학과명 | 전체 학생수 | 전체교원 | 정원/전임(겸임) | 전임비율 | |
| 4 | KA-45267 | 경영정보과 | 140 | 6명 | 6/3(3) | 50.00% | |
| 5 | SQ-89163 | 사회복지과 | 150 | 7명 | 7/4(3) | 57.14% | |
| 6 | TB-37245 | 유아교육과 | 210 | 9명 | 9/6(3) | 66.67% | |
| 7 | AV-32896 | 정보통신과 | 150 | 8명 | 8/3(5) | 37.50% | |
| 8 | CT-92578 | 컴퓨터공학과 | 105 | 4명 | 7/3(1) | 75.00% | |
| 9 | PW-41283 | 식품생명공학과 | 120 | 7명 | 7/5(2) | 71.43% | |
| 10 | | | | | | | |

### 02  서식 지정

| | A | B | C | D | E | F | G |
|---|---|---|---|---|---|---|---|
| 1 | | | 인성인증 항목 및 배점표 | | | | |
| 2 | | | | | | | |
| 3 | 인증영역 | 인증항목 | 내용 | 배점 | 회수 | 최대배점 | |
| 4 | | | 95~100% | 45 | 2 | | |
| 5 | 기본영역 | 출석률 | 90~95% | 40 | 2 | 90 | |
| 6 | | | 80~89% | 40 | 2 | | |
| 7 | | 문화관람 | 영화/연극/전시회 | 3 | 10 | | |
| 8 | 인성점수 | 헌혈 | 헌혈참여 | 10 | 5 | 30 | |
| 9 | | 교외봉사 | 봉사시간 | 2 | 35 | | |
| 10 | | | | | | | |

### 03  조건부 서식

| | A | B | C | D | E | F | G | H | I |
|---|---|---|---|---|---|---|---|---|---|
| 1 | 컴퓨터활용 성적 | | | | | | | | |
| 2 | | | | | | | | | |
| 3 | 학번 | 이름 | 중간 | 중간(40) | 기말 | 기말(40) | 출석(20) | 합계 | |
| 4 | 201713056 | 김대훈 | 25 | 63 | 15 | 58 | 18 | 66 | |
| 5 | 201809060 | 김세인 | 68 | 84 | 10 | 55 | 16 | 72 | |
| 6 | 201621010 | 김송희 | 38 | 69 | 8 | 54 | 18 | 67 | |
| 7 | 201618036 | 김은지 | 30 | 65 | 30 | 65 | 20 | 72 | |
| 8 | 201915093 | 김지수 | 88 | 94 | 90 | 95 | 20 | 96 | |
| 9 | 201714036 | 박병재 | 44 | 72 | 5 | 53 | 18 | 68 | |
| 10 | 201830056 | 박준희 | 43 | 71 | 20 | 60 | 16 | 69 | |
| 11 | 201809025 | 박하늘 | 25 | 63 | 20 | 60 | 16 | 65 | |
| 12 | 201906050 | 윤경문 | 88 | 94 | 50 | 75 | 16 | 84 | |
| 13 | 201618046 | 이다정 | 88 | 94 | 80 | 90 | 20 | 94 | |
| 14 | 201915058 | 이종희 | - | 50 | 10 | 55 | 18 | 60 | |
| 15 | 201915087 | 임천규 | 50 | 75 | 40 | 70 | 20 | 78 | |
| 16 | 201702075 | 임태헌 | 20 | 60 | 15 | 58 | 20 | 67 | |
| 17 | 201915065 | 최서현 | 50 | 75 | 40 | 70 | 20 | 78 | |
| 18 | 201820030 | 홍주희 | 34 | 67 | 10 | 55 | 16 | 65 | |
| 19 | | | | | | | | | |

**문제 ②  계산작업**

## 01 요일

| | A | B | C | D | E |
|---|---|---|---|---|---|
| 1 | [표1] 자격증 응시일 | | | | |
| 2 | **응시지역** | **성명** | **응시일** | **요일** | |
| 3 | 광주 | 김종민 | 2022-12-06 | 평일 | |
| 4 | 서울 | 강원철 | 2023-05-14 | 주말 | |
| 5 | 안양 | 이진수 | 2022-09-26 | 평일 | |
| 6 | 부산 | 박정민 | 2023-03-09 | 평일 | |
| 7 | 인천 | 한수경 | 2023-06-03 | 주말 | |
| 8 | 제주 | 유미진 | 2023-05-12 | 평일 | |
| 9 | 대전 | 정미영 | 2022-09-17 | 주말 | |
| 10 | | | | | |

[D3] 셀에 「=IF(WEEKDAY(C3,2)<=5,"평일","주말")」를 입력하고 [D9] 셀까지 수식 복사

## 02 학점

| | F | G | H | I | J | K | L |
|---|---|---|---|---|---|---|---|
| 1 | [표2] | | | | | | |
| 2 | **성명** | **중간고사** | **기말고사** | **학점** | | | |
| 3 | 김미정 | 85 | 90 | B | | | |
| 4 | 서진수 | 65 | 70 | D | | | |
| 5 | 박주영 | 70 | 95 | B | | | |
| 6 | 원영현 | 90 | 75 | B | | | |
| 7 | 오선영 | 60 | 75 | D | | | |
| 8 | 최은미 | 95 | 85 | A | | | |
| 9 | 박진희 | 70 | 85 | C | | | |
| 10 | | | | | | | |
| 11 | 학점기준표 | | | | | | |
| 12 | **평균** | 0 이상 | 60 이상 | 70 이상 | 80 이상 | 90 이상 | |
| 13 | | 60 미만 | 70 미만 | 80 미만 | 90 미만 | 100 이하 | |
| 14 | **학점** | F | D | C | B | A | |
| 15 | | | | | | | |

[I3] 셀에 「=HLOOKUP(AVERAGE(G3:H3),$G$12:$K$14,3,TRUE)」를 입력하고 [I9] 셀까지 수식 복사

## 03 경영학과 평균 평점

| | A | B | C | D | E |
|---|---|---|---|---|---|
| 12 | [표3] | | | | |
| 13 | **학과** | **성명** | **생년월일** | **평점** | |
| 14 | 컴퓨터학과 | 유창상 | 2005-10-20 | 3.45 | |
| 15 | 경영학과 | 김현수 | 2004-03-02 | 4.02 | |
| 16 | 경영학과 | 한경수 | 2004-08-22 | 3.67 | |
| 17 | 컴퓨터학과 | 정수연 | 2002-01-23 | 3.89 | |
| 18 | 정보통신과 | 최경철 | 2005-05-12 | 3.12 | |
| 19 | 정보통신과 | 오태환 | 2006-07-05 | 3.91 | |
| 20 | 컴퓨터학과 | 임장미 | 2005-10-26 | 4.15 | |
| 21 | 경영학과 | 이민호 | 2003-06-27 | 3.52 | |
| 22 | | | | | |
| 23 | 조건 | | | | |
| 24 | **학과** | **경영학과 평균 평점** | | 3.74 | |
| 25 | 경영학과 | | | | |
| 26 | | | | | |

[D24] 셀에 「=ROUND(DAVERAGE(A13:D21,D13,A24:A25),2)」를 입력

## 04 모든 과목이 70 이상인 학생 수

| | A | B | C | D | E |
|---|---|---|---|---|---|
| 27 | [표4] | | | | |
| 28 | **학생명** | **커뮤니케이션** | **회계** | **경영전략** | |
| 29 | 유창상 | 77 | 75 | 88 | |
| 30 | 김현수 | 58 | 76 | 78 | |
| 31 | 한경수 | 68 | 70 | 80 | |
| 32 | 정수연 | 53 | 69 | 94 | |
| 33 | 최경철 | 73 | 75 | 91 | |
| 34 | 오태환 | 55 | 67 | 88 | |
| 35 | 임장미 | 95 | 89 | 79 | |
| 36 | | | | | |
| 37 | **모든 과목이 70 이상인 학생 수** | | | 3 | |
| 38 | | | | | |

[D37] 셀에 「=COUNTIFS(B29:B35,">=70",C29:C35,">=70",D29:D35,">=70")」를 입력

## 05 입학코드

| | F | G | H | I |
|---|---|---|---|---|
| 27 | [표5] | | | |
| 28 | **학과** | **입학일자** | **입학코드** | |
| 29 | HEALTHCARE | 2021-03-01 | Hea2021 | |
| 30 | HEALTHCARE | 2023-03-02 | Hea2023 | |
| 31 | COMPUTER | 2021-03-01 | Com2021 | |
| 32 | COMPUTER | 2023-03-01 | Com2023 | |
| 33 | DESIGN | 2020-03-01 | Des2020 | |
| 34 | DESIGN | 2022-03-02 | Des2022 | |
| 35 | ARTS-THERAPY | 2020-03-01 | Art2020 | |
| 36 | ARTS-THERAPY | 2022-03-02 | Art2022 | |
| 37 | | | | |

[H29] 셀에 「=PROPER(LEFT(F29,3))&YEAR(G29)」를 입력하고 [H36] 셀까지 수식 복사

**문제 ❸ 분석작업**

**① 부분합**

| | A | B | C | D | E | F | G |
|---|---|---|---|---|---|---|---|
| 1 | 소양인증포인트 현황 | | | | | | |
| 2 | | | | | | | |
| 3 | 학과 | 성명 | 기본영역 | 인성봉사 | 교육훈련 | 합계 | |
| 4 | 경영정보 | 정소영 | 85 | 75 | 75 | 235 | |
| 5 | 경영정보 | 주경철 | 85 | 85 | 75 | 245 | |
| 6 | 경영정보 | 한기철 | 90 | 70 | 85 | 245 | |
| 7 | 경영정보 평균 | | 87 | 77 | 78 | | |
| 8 | 경영정보 최대 | | | | | 245 | |
| 9 | 유아교육 | 강소미 | 95 | 65 | 65 | 225 | |
| 10 | 유아교육 | 이주현 | 100 | 90 | 80 | 270 | |
| 11 | 유아교육 | 한보미 | 80 | 70 | 90 | 240 | |
| 12 | 유아교육 평균 | | 92 | 75 | 78 | | |
| 13 | 유아교육 최대 | | | | | 270 | |
| 14 | 정보통신 | 김경호 | 95 | 75 | 95 | 265 | |
| 15 | 정보통신 | 박주영 | 85 | 50 | 80 | 215 | |
| 16 | 정보통신 | 임정민 | 90 | 80 | 60 | 230 | |
| 17 | 정보통신 평균 | | 90 | 68 | 78 | | |
| 18 | 정보통신 최대 | | | | | 265 | |
| 19 | 전체 평균 | | 89 | 73 | 78 | | |
| 20 | 전체 최대값 | | | | | 270 | |
| 21 | | | | | | | |

**② 데이터 통합**

| | A | B | C | D | E | F | G | H | I | J |
|---|---|---|---|---|---|---|---|---|---|---|
| 1 | 학과별 인증 점수 취득 총점 | | | | | | | | | |
| 2 | | | | | | | | | | |
| 3 | [표1] 2021년 | | | | | [표4] | | | | |
| 4 | 학과 | 정보인증 | 국제인증 | 전공인증 | | 학과 | 정보인증 | 국제인증 | 전공인증 | |
| 5 | 컴퓨터정보과 | 10,800 | 9,000 | 9,140 | | 컴퓨터정보과 | 31,520 | 21,860 | 36,200 | |
| 6 | 유아교육과 | 9,200 | 13,780 | 13,080 | | 컴퓨터게임과 | 25,320 | 26,200 | 24,000 | |
| 7 | 컴퓨터게임과 | 9,060 | 9,160 | 9,140 | | 유아교육과 | 22,500 | 32,040 | 25,600 | |
| 8 | 특수교육과 | 3,780 | 3,680 | 2,840 | | 특수교육과 | 13,440 | 26,520 | 34,100 | |
| 9 | | | | | | | | | | |
| 10 | [표2] 2022년 | | | | | | | | | |
| 11 | 학과 | 정보인증 | 국제인증 | 전공인증 | | | | | | |
| 12 | 컴퓨터정보과 | 11,360 | 5,780 | 17,940 | | | | | | |
| 13 | 컴퓨터게임과 | 9,560 | 13,960 | 11,560 | | | | | | |
| 14 | 특수교육과 | 3,960 | 9,140 | 19,700 | | | | | | |
| 15 | 유아교육과 | 3,740 | 3,300 | 2,840 | | | | | | |
| 16 | | | | | | | | | | |
| 17 | [표3] 2023년 | | | | | | | | | |
| 18 | 학과 | 정보인증 | 국제인증 | 전공인증 | | | | | | |
| 19 | 컴퓨터정보과 | 9,360 | 7,080 | 9,120 | | | | | | |
| 20 | 특수교육과 | 5,700 | 13,700 | 11,560 | | | | | | |
| 21 | 컴퓨터게임과 | 6,700 | 3,080 | 3,300 | | | | | | |
| 22 | 유아교육과 | 9,560 | 14,960 | 9,680 | | | | | | |
| 23 | | | | | | | | | | |

## 01 매크로

| | A | B | C | D | E | F | G | H | I |
|---|---|---|---|---|---|---|---|---|---|
| 1 | **소양직무인증점수** | | | | | | | | |
| 2 | | | | | | | | | |
| 3 | **학과** | **성명** | **소양인증** | **직무인증** | **총점** | | 총점 | | |
| 4 | 컴퓨터정보과 | 김영우 | 5,780 | 17,940 | 23,720 | | | | |
| 5 | 컴퓨터게임과 | 강주찬 | 13,960 | 11,560 | 25,520 | | | | |
| 6 | 특수교육과 | 이홍주 | 9,140 | 19,700 | 28,840 | | 채우기 | | |
| 7 | 유아교육과 | 박상아 | 3,300 | 2,840 | 6,140 | | | | |
| 8 | 정보통신과 | 정성준 | 4,580 | 4,650 | 9,230 | | | | |
| 9 | | | | | | | | | |

## 02 차트

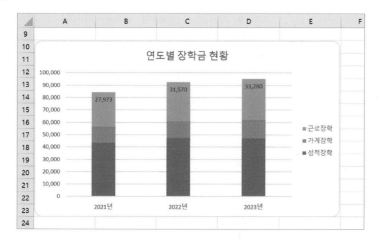

### 문제 ❶ 기본작업

**01 자료 입력('기본작업-1' 시트)**

① [A3:F9] 영역에 문제에서 주어진 내용을 입력한다.

**02 서식 지정('기본작업-2' 시트)**

① [A1:F1] 영역을 범위 지정한 후 [홈]-[맞춤] 그룹에서 [병합하고 가운데 맞춤](🔲)을 클릭한 후 [홈]-[글꼴] 그룹에서 '맑은 고딕', 크기 '16', '굵게', '이중 밑줄'을 지정한다.

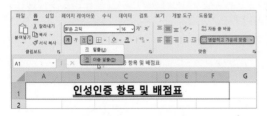

② [A4:A6], [A7:A9], [B4:B6], [F4:F6], [F7:F9] 영역을 범위 지정한 후 [홈]-[맞춤] 그룹에서 [병합하고 가운데 맞춤](🔲)을 클릭한다.

③ [A3:F3] 영역을 범위 지정한 후 [홈]-[스타일] 그룹의 '셀 스타일'에서 '파랑, 강조색5'를 선택한다.

④ [C4:C6] 영역을 범위 지정한 후 Ctrl + 1 을 눌러 '사용자 지정'에 @"%"를 입력하고 [확인]을 클릭한다.

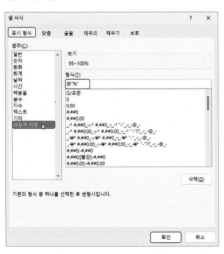

⑤ [D4:D9] 영역을 범위 지정한 후 '이름 상자'에 **배점**을 입력한다.

⑥ [A3:F9] 영역을 범위 지정한 후 [홈]-[글꼴] 그룹에서 [테두리](🔲 ▾) 도구의 [모든 테두리](🔲)를 클릭한 후 [굵은 바깥쪽 테두리](🔲)를 클릭한다.

**03 조건부 서식('기본작업-3' 시트)**

① [A4:H18] 영역을 범위 지정한 후 [홈]-[스타일] 그룹에서 [조건부 서식]-[새 규칙]을 클릭한다.

② '▶ 수식을 사용하여 서식을 지정할 셀 결정'을 선택하고, =LEFT($A4,4)="2019"를 입력하고 [서식]을 클릭한다.

③ [글꼴] 탭에서 글꼴 색은 '표준 색 – 빨강'을 선택하고 [확인]을 클릭하고 [새 서식 규칙]에서 [확인]을 클릭한다.

### 문제 ❷ 계산작업('계산작업' 시트)

**01 요일[D3:D9]**

[D3] 셀에 =IF(WEEKDAY(C3,2)<=5,"평일","주말")를 입력하고 [D9] 셀까지 수식을 복사한다.

> 🔵 **함수 설명**
>
> ① **WEEKDAY(C3,2)** : [C3] 셀의 요일 번호를 반환함(월요일 1, 화요일 2, ....)
> **=IF(①<=5,"평일","주말")** : ①의 값이 5이하이면 '평일', 그 외는 '주말'로 표시

## 02 학점[I3:I9]

[I3] 셀에 =HLOOKUP(AVERAGE(G3:H3),\$G\$12:\$K\$14,3,TRUE)를 입력하고 [I9] 셀까지 수식을 복사한다.

> **함수 설명**
> ① AVERAGE(G3:H3) : [G3:H3] 영역의 평균을 구함
> =HLOOKUP(①,\$G\$12:\$K\$14,3,TRUE) : ①의 값을 [G12:K14] 영역의 첫 번째 행에서 찾아 같은 열의 3번째 행에서 값을 추출함

## 03 경영학과 평점 평균[D24]

① [A24:A25] 영역에 조건을 입력한다.

② [D24] 셀에 =ROUND(DAVERAGE(A13:D21, D13,A24:A25),2)를 입력한다.

> **함수 설명**
> ① DAVERAGE(A13:D21,D13,A24:A25) : [A13:D21] 영역에서 학과가 '경영학과'[A24:A25] 조건에 만족한 D열의 평균을 구함
> =ROUND(①,2) : ①의 값을 반올림하여 소수 이하 2자리까지 표시

## 04 모든 과목이 70 이상인 학생 수[D37]

[D37] 셀에 =COUNTIFS(B29:B35,">=70",C29:C35,">=70",D29:D35,">=70")를 입력한다.

## 05 입학코드[H29:H36]

[H29] 셀에 =PROPER(LEFT(F29,3))&YEAR(G29)를 입력하고 [H36] 셀까지 수식을 복사한다.

> **함수 설명**
> ① LEFT(F29,3) : [F29] 셀 값에서 왼쪽의 3글자를 추출함
> ② YEAR(G29) : [G29] 셀의 년도를 구함
> =PROPER(①)&② : ①의 값을 첫 글자만 대문자로 표시하고 ②를 붙여서 표시

---

**문제 ③ 분석작업**

## 01 부분합('분석작업-1' 시트)

① '학과' [A3] 셀을 클릭한 후 [데이터]-[정렬 및 필터] 그룹에서 [텍스트 오름차순 정렬](홍↓)을 클릭한다.

② 데이터 안에 마우스 포인터를 두고 [데이터]-[개요] 그룹의 [부분합](🔲)을 클릭한다.

③ 다음과 같이 지정하고 [확인]을 클릭한다.

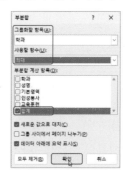

- **그룹화할 항목** : 학과
- **사용할 함수** : 최대
- **부분합 계산 항목** : 합계

④ 다시 한 번 [데이터]-[개요] 그룹의 [부분합](🔲)을 클릭하여 다음과 같이 지정하고 [확인]을 클릭한다.

- **그룹화할 항목** : 학과
- **사용할 함수** : 평균
- **부분합 계산 항목** : 기본영역, 인성봉사, 교육훈련
- '새로운 값으로 대치' 체크 해제

## 02 데이터 통합('분석작업-2' 시트)

① [F4:I8] 영역을 범위 지정한 후 [데이터]-[데이터 도구] 그룹의 [통합](🔲)을 클릭한다.

② 함수는 '합계', 모든 참조 영역에 [A4:D8], [A11:D15], [A18:D22] 영역을 드래그하여 추가한 후 '첫 행', '왼쪽 열'을 체크하고 [확인]을 클릭한다.

문제 ❹ **기타작업**

### 01 매크로('매크로작업' 시트)

① [개발 도구]-[컨트롤] 그룹의 [삽입]-[단추(양식 컨트롤)](□)을 클릭한다.

② 마우스 포인트가 '+'로 바뀌면 Alt 를 누른 상태에서 [G3:H4] 영역에 드래그하면 [매크로 지정] 대화상자가 나타난다.

③ [매크로 지정]에 **총점**을 입력하고 [기록]을 클릭한다.

④ [매크로 기록]에 자동으로 '총점'으로 매크로 이름이 표시되면 [확인]을 클릭한다.

⑤ [E4] 셀에 =C4+D4를 입력하고 [E8] 셀까지 수식을 복사한다.

⑥ 임의의 셀을 클릭한 후 매크로 기록을 종료하기 위해 [개발 도구]-[코드] 그룹의 [기록 중지](□)를 클릭한다.

⑦ 단추에 텍스트를 수정하기 위해서 단추에서 마우스 오른쪽 버튼을 눌러 [텍스트 편집]을 클릭한다.

⑧ 단추에 입력된 '단추 1'을 지우고 **총점**을 입력한다.

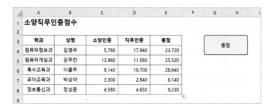

⑨ [삽입]−[일러스트레이션] 그룹에서 [도형]−[기본 도형]의 '사각형: 빗면'(□)을 클릭한다.

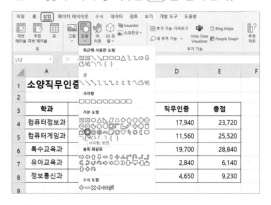

⑩ 마우스 포인트가 '+'로 바뀌면 Alt 를 누른 상태에서 [G6:H7] 영역에 드래그한다.

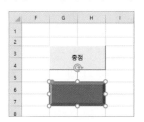

⑪ '사각형: 빗면'(□) 도형에서 마우스 오른쪽 버튼을 눌러 [매크로 지정]을 클릭한다.

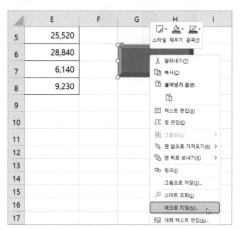

⑫ [매크로 지정]의 '매크로 이름'에 **채우기**를 입력하고 [기록]을 클릭한다.

⑬ [매크로 기록]에 자동으로 '채우기'로 매크로 이름이 표시되면 [확인]을 클릭한다.

⑭ [A3:E3] 영역을 범위 지정한 후 [홈]−[글꼴] 그룹의 [채우기 색](◇▾) 도구를 클릭하여 '표준색 − 노랑'을 선택한다.

⑮ 매크로 기록을 종료하기 위해 [개발 도구]−[코드] 그룹의 [기록 중지](□)를 클릭한다.

⑯ '사각형: 빗면'(□) 도형에서 마우스 오른쪽 버튼을 눌러 [텍스트 편집]을 클릭하여 **채우기**를 입력한다.

## 02 차트('차트작업' 시트)

① 차트에서 마우스 오른쪽 버튼을 눌러 [데이터 선택]을 클릭한다.

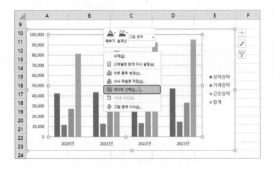

② 기존 '차트 데이터 범위'를 지운 후 [A3:A6], [C3:E6] 영역으로 수정한 후 [확인]을 클릭한다.

③ 차트에서 마우스 오른쪽 버튼을 눌러 [차트 종류 변경]을 클릭한 후 '세로 막대형'에서 '누적 세로 막대형'을 선택하고 [확인]을 클릭한다.

④ 차트를 선택하고 [차트 요소](┼)–[차트 제목]을 체크한 후 차트 제목이 선택된 상태에서 수식 입력줄에 =을 입력한 후 [A1] 셀을 클릭하고 Enter 를 누른다.

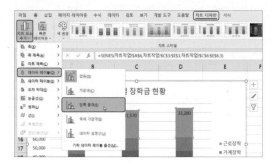

⑤ '근로장학' 계열을 선택한 후 [차트 디자인]–[차트 요소 추가]–[데이터 레이블]–[안쪽 끝에]를 클릭한다.

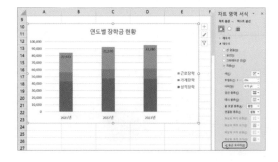

⑥ 차트에서 마우스 오른쪽 버튼을 눌러 [차트 영역 서식]을 클릭한 후 [채우기 및 선]에서 '테두리'의 '둥근 모서리'를 체크한다.

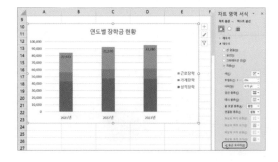

| 시험 시간 | 풀이 시간 | 합격 점수 | 내 점수 |
|---|---|---|---|
| 40분 | 분 | 70점 | 점 |

▶ 합격 강의

작업파일 [2025컴활2급₩상시기출문제] 폴더의 '상시기출문제4회' 파일을 열어서 작업하시오.

## 문제 ❶ 기본작업 | 주어진 시트에서 다음 과정을 수행하고 저장하시오. 20점

**01** '기본작업-1' 시트에 다음의 자료를 주어진 대로 입력하시오. (5점)

| | A | B | C | D | E | F | G | H |
|---|---|---|---|---|---|---|---|---|
| 1 | 상공마트 인사기록 | | | | | | | |
| 2 | | | | | | | | |
| 3 | 사번 | 성명 | 부서 | 입사일자 | 직통번호 | 주소지 | 실적 | |
| 4 | Jmk-3585 | 김충희 | 경리부 | 2015-05-18 | 02) 302-4915 | 강북구 삼양동 | 12,530 | |
| 5 | Gpc-2273 | 박선종 | 식품부 | 2017-02-18 | 02) 853-1520 | 도봉구 쌍문동 | 35,127 | |
| 6 | Aud-3927 | 이국명 | 총무부 | 2016-03-01 | 02) 652-4593 | 마포구 도화동 | 65,238 | |
| 7 | Sbu-4528 | 최미란 | 가전부 | 2018-11-15 | 02) 526-2694 | 성북구 본암동 | 58,260 | |
| 8 | | | | | | | | |

**02** '기본작업-2' 시트에 대하여 다음의 지시사항을 처리하시오. (각 2점)

① [A5:A6], [A7:A9], [A10:A12], [A13:B13] 영역은 '병합하고 가운데 맞춤'을 지정하고, [C4:G4] 영역은 글꼴 스타일 '굵게', 채우기 색 '표준 색-노랑'으로 지정하시오.

② [C5:H13] 영역은 사용자 지정 표시 형식을 이용하여 1000 단위 구분 기호와 숫자 뒤에 '개'를 표시 예와 같이 표시하시오. [표시 예 : 3456 → 3,456개, 0 → 0개]

③ [A3:H13] 영역에 '모든 테두리(田)'를 적용한 후 '굵은 바깥쪽 테두리(田)'를 적용하여 표시하시오.

④ [B5:B12] 영역의 이름을 '제품명'으로 정의하시오.

⑤ [H7] 셀에 '최고인기품목'이라는 메모를 삽입한 후 항상 표시되도록 지정하고, 메모 서식에서 맞춤 '자동 크기'를 설정하시오.

**03** '기본작업-3' 시트에서 다음의 지시사항을 처리하시오. (5점)

[A4:G15] 영역에 대하여 직위가 '주임'이면서 총급여가 4,000,000 미만인 행 전체에 대하여 글꼴 스타일을 '굵게', 글꼴 색을 '표준 색-파랑'으로 지정하는 조건부 서식을 작성하시오.

▶ AND 함수 사용

▶ 단, 규칙 유형은 '수식을 사용하여 서식을 지정할 셀 결정'을 사용하고, 한 개의 규칙으로만 작성하시오.

**문제 ②** **계산작업** | '계산작업' 시트에서 다음 과정을 수행하고 저장하시오. **40점**

**01** [표1]에서 지점[A3:A10]이 동부인 매출액[C3:C10]의 합계를 [C13] 셀에 계산하시오. (8점)
- ▶ 동부지점 합계는 백의 자리에서 올림하여 천의 자리까지 표시 [표시 예 : 1,234,123 → 1,235,000]
- ▶ 조건은 [A12:A13] 영역에 입력하시오.
- ▶ DSUM, ROUND, ROUNDUP, ROUNDDOWN 함수 중 알맞은 함수들을 선택하여 사용

**02** [표2]에서 상여금[J3:J10]이 1,200,000 보다 크면서 기본급이 기본급의 평균 이상인 인원수를 [J12] 셀에 표시하시오. (8점)
- ▶ 계산된 인원 수 뒤에 '명'을 포함하여 표시 [표시 예: 2명]
- ▶ AVERAGE, COUNTIFS 함수와 & 연산자 사용

**03** [표3]에서 주민등록번호[C17:C24]의 왼쪽에서 8번째 문자가 '1' 또는 '3' 이면 '남', '2' 또는 '4' 이면 '여'를 성별[D17:D24]에 표시하시오. (8점)
- ▶ CHOOSE, MID 함수 사용

**04** [표4]에서 총점[I17:I24]이 첫 번째로 높은 사람은 '최우수', 두 번째로 높은 사람은 '우수', 그렇지 않은 사람은 공백을 순위[J17:J24]에 표시하시오. (8점)
- ▶ IF, LARGE 함수 사용

**05** [표5]에서 원서번호[A29:A36]의 왼쪽에서 첫 번째 문자와 [B38:D39] 영역을 참조하여 지원학과[D29:D36]를 표시하시오. (8점)
- ▶ 단, 오류발생시 지원학과에 '코드오류'로 표시
- ▶ IFERROR, HLOOKUP, LEFT 함수 사용

**문제 ③** **분석작업** | 주어진 시트에서 다음 작업을 수행하고 저장하시오. **20점**

**01** '분석작업-1' 시트에 대하여 다음의 지시사항을 처리하시오. (10점)

[시나리오 관리자] 기능을 이용하여 [표1]에서 집행률계[D10]가 다음과 같이 변동하는 경우 집행액합계 [C10]의 변동 시나리오를 작성하시오.
- ▶ [C10] 셀의 이름은 '집행액합계', [D10] 셀의 이름은 '집행률계'로 정의하시오.
- ▶ 시나리오1: 시나리오 이름은 '비율인상', 집행률계를 80으로 설정하시오.
- ▶ 시나리오2: 시나리오 이름은 '비율인하', 집행률계를 50으로 설정하시오.
- ▶ 시나리오 요약 시트는 '분석작업-1' 시트의 바로 왼쪽에 위치해야 함
- ※ 시나리오 요약 보고서 작성 시 정답과 일치하여야 하며, 오자로 인한 부분점수는 인정하지 않음

**02** '분석작업-2' 시트에 대하여 다음의 지시사항을 처리하시오. (10점)

[정렬] 기능을 이용하여 [표1]에서 '포지션'을 투수-포수-내야수-외야수 순으로 정렬하고, 동일한 포지션인 경우 '가입기간'의 셀 색이 'RGB(219,219,219)'인 값이 위에 표시되도록 정렬하시오.

**문제 ④** **기타작업** | 주어진 시트에서 다음 작업을 수행하고 저장하시오. **20점**

**01** '매크로작업' 시트의 [표1]에서 다음과 같은 기능을 수행하는 매크로를 현재 통합 문서에 작성하고 실행하시오. (각 5점)

① [N4:N14] 영역에 1월부터 12월까지의 평균을 계산하는 매크로를 생성하여 실행하시오.
  ▶ 매크로 이름: 평균
  ▶ AVERAGE 함수 사용
  ▶ [개발 도구]−[삽입]−[양식 컨트롤]의 '단추'를 동일 시트의 [C17:D19] 영역에 생성하고, 텍스트를 '평균'으로 입력한 후 단추를 클릭할 때 '평균' 매크로가 실행되도록 설정하시오.

② [B3:B14], [D3:D14] 영역에 글꼴 색을 '표준 색−빨강'으로 적용하는 매크로를 생성하여 실행하시오.
  ▶ 매크로 이름: 서식
  ▶ [삽입]−[일러스트레이션]−[도형]−[기본 도형]의 '사각형: 빗면(▣)'을 동일 시트의 [F17:G19] 영역에 생성하고, 텍스트를 '서식'으로 입력한 후 도형을 클릭할 때 '서식' 매크로가 실행되도록 설정하시오.
  ※ 셀 포인터의 위치에 상관없이 현재 통합문서에서 매크로가 실행되어야 정답으로 인정됨

**02** '차트작업' 시트의 차트를 지시사항에 따라 아래 그림과 같이 수정하시오. (각 2점)
  ※ 차트는 반드시 문제에서 제공한 차트를 사용하여야 하며, 신규로 작성 시 0점 처리됨
① '별정통신서비스' 계열이 제거되도록 데이터 범위를 수정하시오.
② 차트 종류를 '누적 세로 막대형'으로 변경하시오.
③ 차트 제목은 '차트 위'로 지정한 후 [A1] 셀과 연동되도록 설정하시오.
④ '부가통신서비스' 계열의 '2023년' 요소에만 데이터 레이블 '값'을 표시하고, 레이블의 위치를 '안쪽 끝에'로 설정하시오.
⑤ 전체 계열의 계열 겹치기와 간격 너비를 각각 0%로 설정하시오.

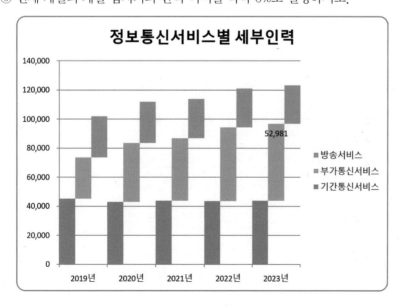

## 문제 ❶ 기본작업

### 01 자료 입력

| | A | B | C | D | E | F | G | H |
|---|---|---|---|---|---|---|---|---|
| 1 | 상공마트 인사기록 | | | | | | | |
| 2 | | | | | | | | |
| 3 | 사번 | 성명 | 부서 | 입사일자 | 직통번호 | 주소지 | 실적 | |
| 4 | Jmk-3585 | 김충희 | 경리부 | 2015-05-18 | 02) 302-4915 | 강북구 삼양동 | 12,530 | |
| 5 | Gpc-2273 | 박선종 | 식품부 | 2017-02-18 | 02) 853-1520 | 도봉구 쌍문동 | 35,127 | |
| 6 | Aud-3927 | 이국명 | 총무부 | 2016-03-01 | 02) 652-4593 | 마포구 도화동 | 65,238 | |
| 7 | Sbu-4528 | 최미란 | 가전부 | 2018-11-15 | 02) 526-2694 | 성북구 돈암동 | 58,260 | |
| 8 | | | | | | | | |

### 02 서식 지정

| | A | B | C | D | E | F | G | H | I | J |
|---|---|---|---|---|---|---|---|---|---|---|
| 1 | 상공유통 3월 라면류 매출현황 | | | | | | | | | |
| 2 | | | | | | | | | | |
| 3 | 제품군 | 제품명 | 강북 | | 강서 | 경기 | | 제품별합계 | | |
| 4 | | | 삼양마트 | 수유마트 | 화곡마트 | 김포마트 | 강화마트 | | | |
| 5 | 짜장 | 왕짜장면 | 25개 | 58개 | 56개 | 32개 | 24개 | 195개 | | |
| 6 | | 첨짜장면 | 52개 | 36개 | 27개 | 47개 | 36개 | 198개 | 최고인기품목 | |
| 7 | 짬뽕 | 왕짬뽕면 | 125개 | 156개 | 204개 | 157개 | 347개 | 989개 | | |
| 8 | | 첨짬뽕면 | 34개 | 62개 | 62개 | 34개 | 82개 | 274개 | | |
| 9 | | 핫짬뽕면 | 85개 | 36개 | 75개 | 64개 | 28개 | 288개 | | |
| 10 | 비빔면 | 열무비빔면 | 68개 | 92개 | 51개 | 73개 | 54개 | 338개 | | |
| 11 | | 고추장면 | 31개 | 30개 | 42개 | 17개 | 25개 | 145개 | | |
| 12 | | 메밀면 | 106개 | 88개 | 124개 | 64개 | 72개 | 454개 | | |
| 13 | 마트별합계 | | 526개 | 558개 | 641개 | 488개 | 668개 | 2,881개 | | |
| 14 | | | | | | | | | | |

### 03 조건부 서식

| | A | B | C | D | E | F | G | H |
|---|---|---|---|---|---|---|---|---|
| 1 | 상공상사 3월분 급여지급명세서 | | | | | | | |
| 2 | | | | | | | | |
| 3 | 사번 | 성명 | 직위 | 기본급 | 제수당 | 상여금 | 총급여 | |
| 4 | SJ01-023 | 민제필 | 부장 | 4,273,000 | 882,000 | 1,068,250 | 6,223,250 | |
| 5 | SJ04-012 | 나일형 | 과장 | 3,697,000 | 724,000 | 924,250 | 5,345,250 | |
| 6 | SJ11-002 | 제선영 | 주임 | 2,856,000 | 430,000 | 714,000 | 4,000,000 | |
| 7 | SJ10-021 | 박민준 | 대리 | 3,047,000 | 524,000 | 761,750 | 4,332,750 | |
| 8 | SJ09-015 | 최세연 | 대리 | 3,140,000 | 480,000 | 785,000 | 4,405,000 | |
| 9 | SJ13-007 | 장태현 | 사원 | 2,510,000 | 320,000 | 627,500 | 3,457,500 | |
| 10 | SJ06-019 | 추양선 | 과장 | 3,506,000 | 542,000 | 876,500 | 4,924,500 | |
| 11 | SJ08-004 | 피종현 | 대리 | 3,200,000 | 360,000 | 800,000 | 4,360,000 | |
| 12 | SJ12-031 | 김나리 | 주임 | 2,734,000 | 324,000 | 683,500 | 3,741,500 | |
| 13 | SJ12-012 | 이정선 | 사원 | 2,473,000 | 268,000 | 618,250 | 3,359,250 | |
| 14 | SJ13-003 | 박청국 | 주임 | 2,810,000 | 302,000 | 702,500 | 3,814,500 | |
| 15 | SJ09-001 | 김평순 | 대리 | 2,980,000 | 347,000 | 745,000 | 4,072,000 | |
| 16 | | | | | | | | |

**문제 ❷**  **계산작업**

## ① 동부지점 합계

| | A | B | C | D | E |
|---|---|---|---|---|---|
| 1 | [표1] | | | | |
| 2 | 지점 | 이름 | 매출액 | 순위 | |
| 3 | 동부 | 김연주 | 28,561,500 | | |
| 4 | 서부 | 홍기민 | 38,651,200 | | |
| 5 | 남부 | 채동식 | 19,560,000 | | |
| 6 | 북부 | 이민섭 | 32,470,000 | | |
| 7 | 서부 | 길기훈 | 56,587,200 | 1위 | |
| 8 | 남부 | 남재영 | 36,521,700 | | |
| 9 | 동부 | 민기영 | 52,438,600 | 2위 | |
| 10 | 북부 | 박소연 | 37,542,300 | | |
| 11 | | | | | |
| 12 | 지점 | | 동부지점 합계 | | |
| 13 | 동부 | | 81,001,000 | | |
| 14 | | | | | |

[C13] 셀에 「=ROUNDUP(DSUM(A2:D10,C2,A12:A13), –3)」를 입력

## ② 평균기본급이상인 인원수

| | F | G | H | I | J | K |
|---|---|---|---|---|---|---|
| 1 | [표2] | | | | | |
| 2 | 이름 | 부서 | 직위 | 기본급 | 상여금 | |
| 3 | 박영덕 | 영업부 | 부장 | 3,560,000 | 2,512,000 | |
| 4 | 주민경 | 생산부 | 과장 | 3,256,000 | 1,826,000 | |
| 5 | 태진형 | 총무부 | 사원 | 2,560,000 | 1,568,000 | |
| 6 | 최민수 | 생산부 | 대리 | 3,075,000 | 1,568,000 | |
| 7 | 김평주 | 생산부 | 주임 | 2,856,000 | 1,240,000 | |
| 8 | 한서라 | 영업부 | 사원 | 2,473,000 | 1,195,000 | |
| 9 | 이국선 | 총무부 | 사원 | 2,372,000 | 1,153,000 | |
| 10 | 송나정 | 영업부 | 주임 | 2,903,000 | 1,200,000 | |
| 11 | | | | | | |
| 12 | 상여금이 1,200,000원 보다 크면서, | | | | 3명 | |
| 13 | 평균기본급이상인 인원수 | | | | | |
| 14 | | | | | | |

[J12] 셀에 「=COUNTIFS(J3:J10,">1200000", I3:I10,">="&AVERAGE(I3:I10))&"명"」를 입력

## ③ 성별

| | A | B | C | D | E |
|---|---|---|---|---|---|
| 15 | [표3] | | | | |
| 16 | 학번 | 이름 | 주민등록번호 | 성별 | |
| 17 | M1602001 | 이민영 | 990218-2304567 | 여 | |
| 18 | M1602002 | 도홍진 | 010802-3065821 | 남 | |
| 19 | M1602003 | 박수진 | 011115-4356712 | 여 | |
| 20 | M1602004 | 최만수 | 980723-1935645 | 남 | |
| 21 | M1602005 | 조용덕 | 991225-1328650 | 남 | |
| 22 | M1602006 | 김태훈 | 021222-3264328 | 남 | |
| 23 | M1602007 | 편승주 | 010123-3652942 | 남 | |
| 24 | M1602008 | 곽나래 | 001015-4685201 | 여 | |
| 25 | | | | | |

[D17] 셀에 「=CHOOSE(MID(C17,8,1),"남","여","남","여")」를 입력하고 [D24] 셀까지 수식 복사

## ④ 순위

| | F | G | H | I | J | K |
|---|---|---|---|---|---|---|
| 15 | [표4] | | | | | |
| 16 | 이름 | 국사 | 상식 | 총점 | 순위 | |
| 17 | 이후정 | 82 | 94 | 176 | 우수 | |
| 18 | 백천경 | 63 | 83 | 146 | | |
| 19 | 민경배 | 76 | 86 | 162 | | |
| 20 | 김태하 | 62 | 88 | 150 | | |
| 21 | 이사랑 | 92 | 96 | 188 | 최우수 | |
| 22 | 곽난영 | 85 | 80 | 165 | | |
| 23 | 장채리 | 62 | 77 | 139 | | |
| 24 | 봉전미 | 73 | 68 | 141 | | |
| 25 | | | | | | |

[J17] 셀에 「=IF(LARGE($I$17:$I$24,1)=I17,"최우수",IF(LARGE($I$17:$I$24,2)=I17,"우수",""))」를 입력하고 [J24] 셀까지 수식 복사

## ⑤ 지원학과

| | A | B | C | D | E |
|---|---|---|---|---|---|
| 27 | [표5] | | | | |
| 28 | 원서번호 | 이름 | 거주지 | 지원학과 | |
| 29 | M-120 | 이민수 | 서울시 강북구 | 멀티미디어 | |
| 30 | N-082 | 김병훈 | 대전시 대덕구 | 네트워크 | |
| 31 | S-035 | 최주영 | 인천시 남동구 | 소프트웨어 | |
| 32 | M-072 | 길미라 | 서울시 성북구 | 멀티미디어 | |
| 33 | S-141 | 나태후 | 경기도 김포시 | 소프트웨어 | |
| 34 | N-033 | 전영태 | 경기도 고양시 | 네트워크 | |
| 35 | M-037 | 조영선 | 강원도 춘천시 | 멀티미디어 | |
| 36 | A-028 | 박민혜 | 서울시 마포구 | 코드오류 | |
| 37 | | | | | |
| 38 | 학과코드 | S | N | M | |
| 39 | 학 과 명 | 소프트웨어 | 네트워크 | 멀티미디어 | |
| 40 | | | | | |

[D29] 셀에 「=IFERROR(HLOOKUP(LEFT(A29,1),$B$38:$D$39,2,FALSE),"코드오류")」를 입력하고 [D36] 셀까지 수식 복사

**01** 시나리오

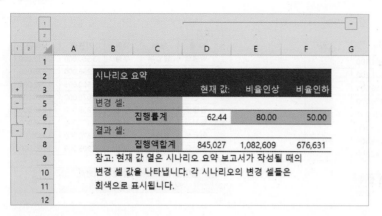

**02** 데이터 정렬

| | A | B | C | D | E | F | G | H |
|---|---|---|---|---|---|---|---|---|
| 1 | [표1] 상공상사 야구동호회 회원명부 | | | | | | | |
| 2 | | | | | | | | |
| 3 | **포지션** | **이름** | **부서** | **나이** | **가입기간** | **참여도** | **비고** | |
| 4 | 투수 | 이해탁 | 총무부 | 32 | 6년 | A급 | | |
| 5 | 투수 | 왕전빈 | 경리부 | 26 | 1년 | C급 | | |
| 6 | 투수 | 주병선 | 생산부 | 28 | 2년 | B급 | | |
| 7 | 포수 | 김신수 | 생산부 | 30 | 6년 | B급 | | |
| 8 | 포수 | 허웅진 | 구매부 | 34 | 8년 | A급 | 감독 | |
| 9 | 내야수 | 박평천 | 총무부 | 43 | 8년 | A급 | 회장 | |
| 10 | 내야수 | 갈문주 | 생산부 | 31 | 4년 | C급 | | |
| 11 | 내야수 | 민조항 | 영업부 | 27 | 3년 | B급 | | |
| 12 | 내야수 | 최배훈 | 영업부 | 26 | 1년 | A급 | | |
| 13 | 외야수 | 길주병 | 생산부 | 41 | 8년 | C급 | | |
| 14 | 외야수 | 김빈우 | 경리부 | 32 | 5년 | A급 | 총무 | |
| 15 | 외야수 | 한민국 | 구매부 | 33 | 7년 | B급 | | |
| 16 | 외야수 | 나대영 | 생산부 | 26 | 2년 | A급 | | |
| 17 | 외야수 | 편대민 | 영업부 | 28 | 4년 | B급 | | |
| 18 | | | | | | | | |

## 01 매크로

| | A | B | C | D | E | F | G | H | I | J | K | L | M | N | O |
|---|---|---|---|---|---|---|---|---|---|---|---|---|---|---|---|
| 1 | [표1] 발화요인에 대한 월별 화재 발생건수 현황 | | | | | | | | | | | | | | |
| 2 | | | | | | | | | | | | | | | |
| 3 | 발화요인 | 1월 | 2월 | 3월 | 4월 | 5월 | 6월 | 7월 | 8월 | 9월 | 10월 | 11월 | 12월 | 평균 | |
| 4 | 전기적요인 | 1,239 | 1,006 | 853 | 786 | 795 | 835 | 1,156 | 924 | 683 | 664 | 763 | 959 | 889 | |
| 5 | 기계적요인 | 537 | 372 | 332 | 330 | 306 | 265 | 313 | 289 | 306 | 320 | 292 | 410 | 339 | |
| 6 | 화학적요인 | 26 | 26 | 22 | 28 | 19 | 36 | 28 | 26 | 26 | 14 | 30 | 18 | 25 | |
| 7 | 가스누출 | 26 | 22 | 8 | 19 | 13 | 16 | 17 | 17 | 11 | 23 | 23 | 22 | 18 | |
| 8 | 교통사고 | 55 | 33 | 43 | 42 | 43 | 47 | 42 | 40 | 41 | 45 | 47 | 54 | 44 | |
| 9 | 부주의 | 2,306 | 2,173 | 3,210 | 2,470 | 1,468 | 1,399 | 738 | 704 | 1,269 | 1,397 | 1,258 | 1,846 | 1,687 | |
| 10 | 기타(실화) | 103 | 79 | 96 | 84 | 53 | 52 | 52 | 54 | 50 | 66 | 69 | 103 | 72 | |
| 11 | 자연적요인 | 4 | 2 | 3 | 102 | 22 | 36 | 101 | 81 | 14 | 14 | 4 | 3 | 32 | |
| 12 | 방화 | 38 | 43 | 56 | 48 | 54 | 29 | 38 | 29 | 38 | 42 | 38 | 35 | 41 | |
| 13 | 방화의심 | 148 | 149 | 209 | 198 | 167 | 132 | 98 | 102 | 125 | 144 | 166 | 124 | 147 | |
| 14 | 미상 | 521 | 420 | 430 | 428 | 313 | 327 | 247 | 221 | 306 | 345 | 344 | 455 | 363 | |
| 15 | | | | | | | | | | | | | | | |
| 16 | | | | | | | | | | | | | | | |
| 17 | | | | | | | | | | | | | | | |
| 18 | | | | 평균 | | 서식 | | | | | | | | | |
| 19 | | | | | | | | | | | | | | | |
| 20 | | | | | | | | | | | | | | | |

## 02 차트

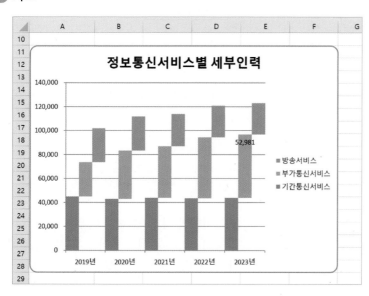

## 문제 ① 기본작업

### 01 자료 입력('기본작업-1' 시트)

① [A3:G7] 영역에 문제에서 주어진 내용을 입력한다.

### 02 서식 지정('기본작업-2' 시트)

① [A5:A6], [A7:A9], [A10:A12], [A13:B13] 영역을 범위 지정한 후 [홈]-[맞춤] 그룹에서 [병합하고 가운데 맞춤](⊞)을 클릭한다.

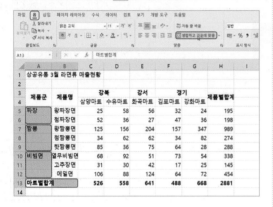

② [C4:G4] 영역을 범위 지정한 후 [홈]-[글꼴] 그룹에서 '굵게', [채우기 색](⬥▾) 도구를 클릭하여 '표준 색 - 노랑'을 선택한다.

③ [C5:H13] 영역을 범위 지정한 후 Ctrl+1을 눌러 '사용자 지정'에 #,##0개를 입력하고 [확인]을 클릭한다.

④ [A3:H13] 영역을 범위 지정한 후 [홈]-[글꼴] 그룹에서 [테두리](⊞▾) 도구의 [모든 테두리](⊞)를 클릭한 후 [굵은 바깥쪽 테두리](⬚)를 클릭한다.

⑤ [B5:B12] 영역을 범위 지정한 후 '이름 상자'에 제품명을 입력한다.

⑥ [H7] 셀을 클릭한 후 마우스 오른쪽 버튼을 눌러 [메모 삽입]을 클릭한 후 최고인기품목을 입력하고, [H7] 셀에서 마우스 오른쪽 버튼을 눌러 [메모 표시/숨기기]를 클릭한다.

> 💡 버전 TIP
>
> [H7] 셀에서 마우스 오른쪽 버튼을 클릭하여 [새 노트]를 클릭하거나, [메뉴 검색]에 「메모 삽입」을 입력하여 검색해도 된다.

⑦ 메모 상자의 경계라인에서 마우스 오른쪽 버튼을 눌러 [메모 서식]을 클릭한 후 [맞춤] 탭에서 '자동 크기'를 체크하고 [확인]을 클릭한다.

### 03 조건부 서식('기본작업-3' 시트)

① [A4:G15] 영역을 범위 지정한 후 [홈]-[스타일] 그룹에서 [조건부 서식]-[새 규칙]을 클릭한다.

② '▶ 수식을 사용하여 서식을 지정할 셀 결정'을 선택하고, =AND($C4="주임",$G4<4000000)를 입력하고 [서식]을 클릭한다.

③ [글꼴] 탭에서 '굵게', 글꼴 색은 '표준 색 – 파랑'을 선택하고 [확인]을 클릭하고 [새 서식 규칙]에서 [확인]을 클릭한다.

---

문제 ② **계산작업('계산작업' 시트)**

### 01 동부지점 합계[C13]

① [A12:A13] 영역에 조건을 입력한다.

② [C13] 셀에 =ROUNDUP(DSUM(A2:D10,C2, A12:A13),-3)를 입력한다.

> 💬 **함수 설명**
>
> ① DSUM(A2:D10,C2,A12:A13) : [A2:D10] 영역에서 지점이 '동부'[A12:A13] 조건에 만족한 데이터의 C열의 합계를 구함
> =ROUNDUP(①,-3) : ①의 값을 올림하여 백의 자리까지 0으로 표시

### 02 평균기본급이상인 인원수[J12]

[J12] 셀에 =COUNTIFS(J3:J10,">1200000", I3:I10,">="&AVERAGE(I3:I10))&"명"를 입력한다.

> 💬 **함수 설명**
>
> ① AVERAGE(I3:I10) : [I3:I10] 영역의 평균을 구함
> ② COUNTIFS(J3:J10,">1200000", I3:I10,">="&①) : [J3:J10] 영역이 '1200000' 보다 크고, [I3:I10] 영역의 ① 이상인 셀의 개수를 구함
> =②&"명" : ②의 값이 '명'을 붙여서 표시

### 03 성별[D17:D24]

[D17] 셀에 =CHOOSE(MID(C17,8,1),"남","여", "남","여")를 입력하고 [D24] 셀까지 수식을 복사한다.

> 💬 **함수 설명**
>
> ① MID(C17,8,1) : [C17] 셀에서 왼쪽에서 8번째부터 시작하여 1글자를 추출함
> =CHOOSE(①,"남","여","남","여") : ①의 값이 1이면 '남', 2이면 '여', 3이면 '남', 4이면 '여'로 표시

### 04 순위[J17:J24]

[J17] 셀에 =IF(LARGE($I$17:$I$24,1)=I17,"최우수",IF(LARGE($I$17:$I$24,2)=I17,"우수",""))를 입력하고 [J24] 셀까지 수식을 복사한다.

> 💬 **함수 설명**
>
> ① LARGE($I$17:$I$24,1) : [I17:I24] 영역에서 첫 번째로 큰 값을 구함
> ② LARGE($I$17:$I$24,2) : [I17:I24] 영역에서 두 번째로 큰 값을 구함
> =IF(①=I17,"최우수",IF(②=I17,"우수","")) : ①의 값이 [I17] 셀과 같으면 '최우수', ②의 값이 [I17] 셀과 같으면 '우수'로 그 외는 공백으로 표시

**05 지원학과[D29:D36]**

[D29] 셀에 =IFERROR(HLOOKUP(LEFT(A29, 1),$B$38:$D$39,2,FALSE),"코드오류")를 입력하고 [D36] 셀까지 수식을 복사한다.

> 💬 함수 설명
>
> ① LEFT(A29,1) : [A29] 셀 값의 왼쪽에 한 글자를 추출
> ② HLOOKUP(①,$B$38:$D$39,2,FALSE) : ①의 값을 [B38:D39] 영역의 첫 번째 행에서 찾아 같은 열의 2번째 행에서 정확하게 일치하는 값을 추출함
> =IFERROR(②,"코드오류") : ②의 값에 오류 값이 있다면 '코드오류'로 표시

**문제 ③   분석작업**

**01 시나리오('분석작업-1' 시트)**

① [C10] 셀을 클릭한 후 '이름 상자'에 **집행액합계**를 입력하고 Enter를 누른다.
② [D10] 셀을 클릭한 후 '이름 상자'에 **집행률계**를 입력하고 Enter를 누른다.
③ [D10] 셀을 클릭한 후 [데이터]-[예측] 그룹에서 [가상 분석]-[시나리오 관리자]를 클릭한다.
④ [시나리오 관리자]에서 [추가]를 클릭한 후 '시나리오 이름'에 **비율인상**을 입력하고 [확인]을 클릭한다.

⑤ [시나리오 값]에 80을 입력하고 [추가]를 클릭한다.

⑥ '시나리오 이름'에 **비율인하**를 입력하고 [확인]을 클릭하고 '시나리오 값'을 50을 입력하고 [확인]을 클릭한다.
⑦ [시나리오 관리자]에서 [요약]을 클릭한 후 '결과 셀'에 커서를 두고 [C10] 셀을 클릭하여 지정한 후 [확인]을 클릭한다.

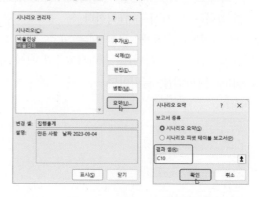

**02 데이터 정렬('분석작업-2' 시트)**

① [A3:G17] 영역을 범위 지정한 후 [데이터]-[정렬 및 필터] 그룹의 [정렬](🔲)을 클릭한다.
② '정렬 기준'은 '포지션', '정렬'에서 '사용자 지정 목록...'을 선택하고 **투수, 포수, 내야수, 외야수**를 입력하고 [추가] 클릭하고 [확인]을 클릭한다.

③ [기준 추가]를 클릭한 후 다음 기준에서 '가입 기간', 정렬 기준에서 '셀 색', 정렬에서 'RGB (219, 219, 219)'을 선택하고, '위에 표시'를 선택하고 [확인]을 클릭한다.

## 문제 ④ 기타작업

### 01 매크로('매크로작업' 시트)

① [개발 도구]-[컨트롤] 그룹의 [삽입]-[단추(양식 컨트롤)](□)을 클릭한다.
② 마우스 포인트가 '+'로 바뀌면 Alt 를 누른 상태에서 [C17:D19] 영역에 드래그하면 [매크로 지정] 대화상자가 나타난다.

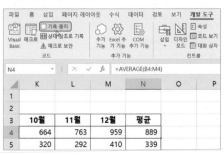

③ [매크로 지정]에 **평균**을 입력하고 [기록]을 클릭한다.
④ [매크로 기록]에 자동으로 '평균'으로 매크로 이름이 표시되면 [확인]을 클릭한다.
⑤ [N4] 셀에 =AVERAGE(B4:M4)를 입력하고 [N14] 셀까지 수식을 복사한다.
⑥ 임의의 셀을 클릭한 후 매크로 기록을 종료하기 위해 [개발 도구]-[코드] 그룹의 [기록 중지](□)를 클릭한다.

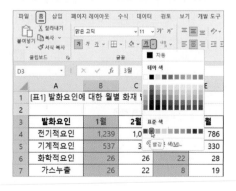

⑦ 단추에 텍스트를 수정하기 위해서 단추에서 마우스 오른쪽 버튼을 눌러 [텍스트 편집]을 클릭한다.
⑧ 단추에 입력된 '단추 1'을 지우고 **평균**을 입력한다.

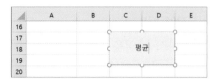

⑨ [삽입]-[일러스트레이션] 그룹에서 [도형]-[기본 도형]의 '사각형: 빗면'(□)을 클릭한다.
⑩ 마우스 포인트가 '+'로 바뀌면 Alt 키를 누른 상태에서 [F17:G19] 영역에 드래그한다.
⑪ '사각형: 빗면'(□) 도형에서 마우스 오른쪽 버튼을 눌러 [매크로 지정]을 클릭한다.
⑫ [매크로 지정]의 '매크로 이름'에 **서식**을 입력하고 [기록]을 클릭한다.

⑬ [매크로 기록]에 자동으로 '서식'으로 매크로 이름이 표시되면 [확인]을 클릭한다.
⑭ [B3:B14], [D3:D14] 영역을 범위 지정한 후 [홈]-[글꼴] 그룹의 [글꼴 색](가 ▾) 도구를 클릭하여 '표준 색 – 빨강'을 선택한다.

⑮ 매크로 기록을 종료하기 위해 [개발 도구]–[코드] 그룹의 [기록 중지](☐)를 클릭한다.

⑯ '사각형: 빗면'(☐) 도형에서 마우스 오른쪽 버튼을 눌러 [텍스트 편집]을 클릭하여 **서식**을 입력한다.

## 02 차트('차트작업' 시트)

① '별정통신서비스' 계열을 선택한 후 마우스 오른쪽 버튼을 눌러 [삭제]를 클릭한다.

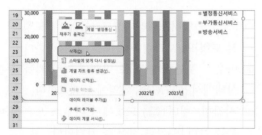

② 차트에서 마우스 오른쪽 버튼을 눌러 [차트 종류 변경]을 클릭한 후 '세로 막대형'에서 '누적 세로 막대형'을 선택하고 [확인]을 클릭한다.

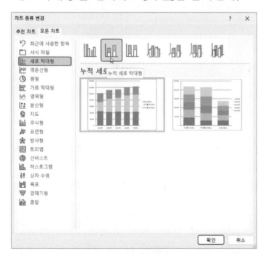

③ [차트 디자인]–[차트 레이아웃] 그룹의 [차트 요소 추가]–[차트 제목]–[차트 위]를 클릭한다.

④ 차트 제목을 선택한 후 수식 입력줄에 =을 입력하고 [A1] 셀을 클릭한다.

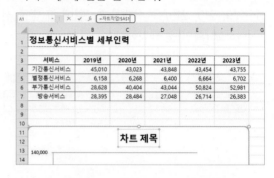

⑤ '부가통신서비스'의 '2023년' 요소를 천천히 2번 클릭한 후 [차트 디자인]–[차트 레이아웃] 그룹의 [차트 요소 추가]–[데이터 레이블]–[안쪽 끝에]를 클릭한다.

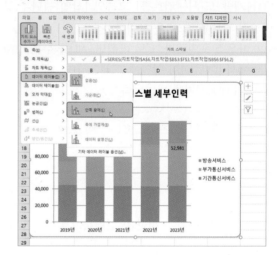

⑥ 데이터 막대에서 마우스 오른쪽 버튼을 눌러 [데이터 계열 서식]을 클릭하여 '계열 겹치기'는 0, '간격 너비'는 0을 입력한다.

# 상시 기출 문제 05회

| 시험 시간 | 풀이 시간 | 합격 점수 | 내 점수 |
|---|---|---|---|
| 40분 | 분 | 70점 | 점 |

▶ 합격 강의

작업파일 [2025컴활2급₩상시기출문제] 폴더의 '상시기출문제5회' 파일을 열어서 작업하시오.

---

**문제 ❶ 기본작업 | 주어진 시트에서 다음 과정을 수행하고 저장하시오.** **20점**

**01** '기본작업-1' 시트에 다음의 자료를 주어진 대로 입력하시오. (5점)

| | A | B | C | D | E | F | G | H |
|---|---|---|---|---|---|---|---|---|
| 1 | 대학로 연극 공연 일정 | | | | | | | |
| 2 | | | | | | | | |
| 3 | 공연코드 | 공연명 | 장소 | 러닝타임 | 관람료 | 장르 | 평점 | |
| 4 | OPS-150-D | 오펀스 | 아트원씨어터 | 150분 | 66000 | 드라마극 | 9.8 | |
| 5 | BOBO-90-C | 보잉보잉 | 아트하우스 | 90분 | 18000 | 코미디극 | 10 | |
| 6 | HPSI-100-R | 한뼘 사이 | 라온아트홀 | 100분 | 19900 | 로멘스극 | 9.9 | |
| 7 | HK-90-D | 헝키 | 스튜디오블루 | 90분 | 66000 | 드라마극 | 9.9 | |
| 8 | OWDS-150-D | 올드위키드송 | 스테이지 | 150분 | 60000 | 드라마극 | 9.7 | |
| 9 | BTPSDI-110-D | 뷰티풀 선데이 | 아트원씨어터 | 110분 | 33000 | 드라마극 | 9.3 | |
| 10 | GG-90-D | 가족 | 해오름예술공원 | 90분 | 30000 | 드라마극 | 9.2 | |
| 11 | | | | | | | | |

**02** '기본작업-2' 시트에 대하여 다음의 지시사항을 처리하시오. (각 2점)

① [A1:G1] 영역은 '병합하고 가운데 맞춤', 셀 스타일 '제목 1', 행의 높이를 27로 지정하시오.

② [A4:A6], [A7:A8], [A9:A11] 영역은 '병합하고 가운데 맞춤'을, [A3:G3] 영역은 '가로 가운데 맞춤', 채우기 색을 '표준 색 – 노랑'으로 지정하시오.

③ [E7] 셀에 '인기 상품'이라는 메모를 삽입한 후 항상 표시되도록 지정하고, 메모 서식에서 맞춤 '자동 크기'를 지정하시오.

④ [E4:E11] 영역은 사용자 지정 표시 형식을 이용하여 숫자 뒤에 "명"을 [표시 예]와 같이 표시하시오. [표시 예 : 12 → 12명, 0 → 0명]

⑤ [A3:G11] 영역은 '모든 테두리'(⊞)를 적용한 후 '굵은 바깥쪽 테두리'(⊡)를 적용하여 표시하시오.

**03** '기본작업-3' 시트에서 다음의 지시사항을 처리하시오. (5점)

[A4:G14] 영역에서 성이 '이' 씨인 행 전체에 대하여 글꼴 색을 '표준 색 – 파랑', 글꼴 스타일을 '굵은 기울임꼴'로 지정하는 조건부 서식을 작성하시오.

▶ LEFT 함수 사용

▶ 단, 규칙 유형은 '수식을 사용하여 서식을 지정할 셀 결정'을 사용하고, 한 개의 규칙으로만 작성하시오.

---

**문제 ❷ 계산작업 | '계산작업' 시트에서 다음 과정을 수행하고 저장하시오.** **40점**

**01** [표1]에서 사원번호[A3:A12]의 첫 번째 문자가 "B"이면 "본사", 그 외는 "지사"를 소속[G3:G12]에 표시하시오. (8점)

▶ IF, LEFT 함수 사용

**02** [표1]에서 사원번호[A3:A12]의 세 번째 문자와 지역코드표[B15:D16]를 이용하여 근무지[H3:H12]을 표시하시오. (8점)

▶ HLOOKUP, MID 함수 사용

**03** [표1]에서 부서[C3:C12]가 '생산'인 사원의 인사평가[E3:E12] 중 최저 점수와 부서[C3:C12]가 '영업'인 사원의 인사평가[E3:E12] 중 최저 점수의 평균을 [J3] 셀에 계산하시오. (8점)

▶ 조건은 [F15:G16] 영역에 입력          ▶ AVERAGE, DMIN 함수 사용

**04** [표1]에서 근무년수[D3:D12]가 5년 이상 10년 미만인 사원의 비율을 [J6] 셀에 계산하시오. (8점)

▶ 비율 = 5년 이상 10년 미만인 사원수 / 전체 사원수
▶ COUNTIFS, COUNT 함수 사용

**05** [표1]에서 출근시간[F3:F12]이 가장 빠른 사원의 기록을 찾아 [J9] 셀에 계산하시오. (8점)

▶ [표시 예 : 8:23:12 → 8시23분12초]
▶ HOUR, MINUTE, SECOND, SMALL 함수와 & 연산자 사용

---

**문제 ❸  분석작업 |** 주어진 시트에서 다음 작업을 수행하고 저장하시오.          **20점**

**01** '분석작업-1' 시트에 대하여 다음의 지시사항을 처리하시오. (10점)

[부분합] 기능을 이용하여 '거래업체별 거래현황' 표에 〈그림〉과 같이 거래업체명별로 '실지급액'의 최대값을 계산한 후 '거래금액', '할인액'의 평균을 계산하시오.

▶ 정렬은 '거래업체명'을 기준으로 오름차순으로 처리하시오.

▶ 최대값과 평균은 위에 명시된 순서대로 처리하시오.

| | A | B | C | D | E | F |
|---|---|---|---|---|---|---|
| 1 | | | 거래업체별 거래현황 | | | |
| 2 | | | | | | |
| 3 | 거래일자 | 거래업체명 | 거래금액 | 할인액 | 실지급액 | |
| 4 | 09월 01일 | 미래상사 | 11,250,000 | 1,350,000 | 9,900,000 | |
| 5 | 09월 08일 | 미래상사 | 12,400,000 | 1,480,000 | 10,920,000 | |
| 6 | 09월 11일 | 미래상사 | 13,950,000 | 1,670,000 | 12,280,000 | |
| 7 | 09월 14일 | 미래상사 | 14,420,000 | 1,730,000 | 12,690,000 | |
| 8 | 09월 22일 | 미래상사 | 14,780,000 | 1,770,000 | 13,010,000 | |
| 9 | 09월 23일 | 미래상사 | 13,580,000 | 1,100,000 | 12,480,000 | |
| 10 | | 미래상사 평균 | 13,396,667 | 1,516,667 | | |
| 11 | | 미래상사 최대 | | | 13,010,000 | |
| 12 | 09월 03일 | 영재상사 | 12,990,000 | 1,550,000 | 11,440,000 | |
| 13 | 09월 07일 | 영재상사 | 15,000,000 | 1,800,000 | 13,200,000 | |
| 14 | 09월 12일 | 영재상사 | 16,040,000 | 1,920,000 | 14,120,000 | |
| 15 | 09월 15일 | 영재상사 | 13,680,000 | 1,640,000 | 12,040,000 | |
| 16 | 09월 20일 | 영재상사 | 13,000,000 | 1,560,000 | 11,440,000 | |
| 17 | | 영재상사 평균 | 14,142,000 | 1,694,000 | | |
| 18 | | 영재상사 최대 | | | 14,120,000 | |
| 19 | 09월 02일 | 우리상사 | 14,360,000 | 1,720,000 | 12,640,000 | |
| 20 | 09월 13일 | 우리상사 | 13,300,000 | 1,590,000 | 11,710,000 | |
| 21 | 09월 16일 | 우리상사 | 15,550,000 | 1,860,000 | 13,690,000 | |
| 22 | 09월 19일 | 우리상사 | 11,990,000 | 1,430,000 | 10,560,000 | |
| 23 | 09월 25일 | 우리상사 | 15,970,000 | 1,250,000 | 14,720,000 | |
| 24 | | 우리상사 평균 | 14,234,000 | 1,570,000 | | |
| 25 | | 우리상사 최대 | | | 14,720,000 | |
| 26 | | 전체 평균 | 13,891,250 | 1,588,750 | | |
| 27 | | 전체 최대값 | | | 14,720,000 | |
| 28 | | | | | | |

02 '분석작업-2' 시트에 대하여 다음의 지시사항을 처리하시오. (10점)

데이터 도구 [통합] 기능을 이용하여 [표1]의 이마트, 홈플러스, 롯데마트의 제품별 1~4분기 판매량의 평균을 [표2]의 [I3:L7] 영역에 계산하시오.

---

**문제 ④** **기타작업** | 주어진 시트에서 다음 작업을 수행하고 저장하시오. **20점**

01 '매크로작업' 시트의 [표]에서 다음과 같은 기능을 수행하는 매크로를 현재 통합 문서에 작성하고 실행하시오. (각 5점)

① [G4:G9] 영역에 학교별로 1~5차의 평균을 계산하는 매크로를 생성하여 실행하시오.
  ▶ 매크로 이름 : 평균
  ▶ AVERAGE 함수 사용
  ▶ [도형] → [기본 도형]의 '사각형: 빗면'(□)을 동일 시트의 [I3:J4] 영역에 생성하고, 텍스트를 '평균'으로 입력한 후 도형을 클릭할 때 '평균' 매크로가 실행되도록 설정하시오.

② [A3:G3] 영역에 글꼴 색 '표준 색 – 파랑', 채우기 색 '표준 색 – 주황'을 적용하는 매크로를 생성하여 실행하시오.
  ▶ 매크로 이름 : 서식
  ▶ [개발 도구] → [삽입] → [양식 컨트롤]의 '단추'(□)를 동일 시트의 [I6:J7] 영역에 생성하고, 텍스트를 '서식'으로 입력한 후 단추를 클릭할 때 '서식' 매크로가 실행되도록 설정하시오.

  ※ 셀 포인터의 위치에 상관없이 현재 통합 문서에서 매크로가 실행되어야 정답으로 인정됨

02 '차트작업' 시트의 차트를 지시사항에 따라 아래 그림과 같이 수정하시오. (각 2점)

※ 차트는 반드시 문제에서 제공한 차트를 사용하여야 하며, 신규로 작성 시 0점 처리됨

① '합계' 계열과 '2021년' 요소가 제거되도록 데이터 범위를 수정하시오.
② 세로(값) 축의 최대 경계는 200, 기본 단위는 40으로 지정하시오.
③ '수채화' 계열에만 데이터 레이블 '값'을 표시하고, 레이블의 위치를 '바깥쪽 끝에'로 지정하시오.
④ 범례는 '위쪽'에 배치한 후 도형 스타일을 '미세 효과 – 황금색, 강조 4'로 지정하시오.
⑤ 차트 영역에 그림자는 '안쪽 : 가운데', 테두리는 '둥근 모서리'로 지정하시오.

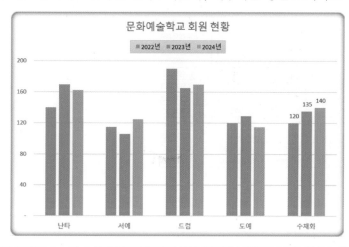

## 문제 ① 기본작업

### 01 자료 입력

| | A | B | C | D | E | F | G | H |
|---|---|---|---|---|---|---|---|---|
| 1 | 대학로 연극 공연 일정 | | | | | | | |
| 2 | | | | | | | | |
| 3 | 공연코드 | 공연명 | 장소 | 러닝타임 | 관람료 | 장르 | 평점 | |
| 4 | OPS-150-D | 오펀스 | 아트원씨어터 | 150분 | 66000 | 드라마극 | 9.8 | |
| 5 | BOBO-90-C | 보잉보잉 | 아트하우스 | 90분 | 18000 | 코미디극 | 10 | |
| 6 | HPSI-100-R | 한뼘 사이 | 라온아트홀 | 100분 | 19900 | 로맨스극 | 9.9 | |
| 7 | HK-90-D | 헝키 | 스튜디오블루 | 90분 | 66000 | 드라마극 | 9.9 | |
| 8 | OWDS-150-D | 올드위키드송 | 스테이지 | 150분 | 60000 | 드라마극 | 9.7 | |
| 9 | BTPSDI-110-D | 뷰티풀 선데이 | 아트원씨어터 | 110분 | 33000 | 드라마극 | 9.3 | |
| 10 | GG-90-D | 가족 | 해오름예술공원 | 90분 | 30000 | 드라마극 | 9.2 | |
| 11 | | | | | | | | |

### 02 서식 지정

| | A | B | C | D | E | F | G | H |
|---|---|---|---|---|---|---|---|---|
| 1 | | | 집합형 디지털 새싹 캠프 현황 | | | | | |
| 2 | | | | | | | | |
| 3 | 지역 | 참여대상 | 프로그램명 | 학교 | 접수인원 | 교육 일시 | 시간 | |
| 4 | 서울 | 초3 | 자율주행차 캠프 | 서울교육대학교 | 30명 | 2/17 ~ 2/18 | 13:30 ~ 17:00 | |
| 5 | | 초3 | 재미있는 피지컬 컴퓨팅 캠프 | 서울교육대학교 | 45명 | 2/15 ~ 2/16 | 09:00 ~ 12:30 | |
| 6 | | 초3-4 | 둠칫둠칫 AI 아뜰리에 | 국민대학교 | 20명 | 2/20 ~ 2/23 | 14:00 ~ 16:00 | |
| 7 | 경기 | 초4-6 | 화성에서 식물 키우기 | 한국항공대 | 50명 | 2/11 ~ 2/12 | 09:00 ~ 14:00 | |
| 8 | | 초4-6 | 아두이노로 식물 키워봐요! | 가천대학교 | 31명 | 2/10 ~ 2/11 | 10:00 ~ 13:30 | |
| 9 | 서울 | 중학교 | 로봇을 활용한 인공지능 학습 | 한성대학교 | 18명 | 2/13 ~ 2/14 | 13:00 ~ 17:00 | |
| 10 | | 중학교 | 영상분석기반 자율주행자동차 | 한양대학교 | 27명 | 2/23 ~ 2/24 | 09:00 ~ 16:00 | |
| 11 | | 고등학교 | 오렌지데이터마이닝 캠프 | 성균관대학교 | 21명 | 2/25 ~ 2/26 | 09:00 ~ 16:00 | |
| 12 | | | | | | | | |

### 03 조건부 서식

| | A | B | C | D | E | F | G | H |
|---|---|---|---|---|---|---|---|---|
| 1 | 지역별 미수금 현황 | | | | | | | |
| 2 | | | | | | | | |
| 3 | 지역 | 담당자 | 매출액 | 결제방식 | 할인액 | 수금액 | 미수금 | |
| 4 | 인천 | 이형중 | 45,000,000 | 현금 | 3,600,000 | 30,000,000 | 11,400,000 | |
| 5 | 대구 | 김성운 | 34,000,000 | 현금 | 2,700,000 | 30,000,000 | 1,300,000 | |
| 6 | 부산 | 한채영 | 49,800,000 | 현금 | 3,900,000 | 45,000,000 | 900,000 | |
| 7 | 광주 | 이은주 | 28,600,000 | 현금 | 2,200,000 | 25,000,000 | 1,400,000 | |
| 8 | 울산 | 채진아 | 36,800,000 | 현금 | 2,900,000 | 30,000,000 | 3,900,000 | |
| 9 | 강원도 | 하지율 | 54,500,000 | 현금 | 4,300,000 | 50,000,000 | 200,000 | |
| 10 | 전라도 | 김정은 | 28,000,000 | 현금 | 2,200,000 | 20,000,000 | 5,800,000 | |
| 11 | 경상도 | 이동현 | 38,500,000 | 현금 | 3,000,000 | 33,000,000 | 2,500,000 | |
| 12 | 서울 | 민방식 | 50,000,000 | 카드 | 1,500,000 | 45,000,000 | 3,500,000 | |
| 13 | 대전 | 안병욱 | 52,000,000 | 카드 | 1,500,000 | 40,000,000 | 10,500,000 | |
| 14 | 충청도 | 이찬성 | 46,800,000 | 카드 | 1,400,000 | 42,000,000 | 3,400,000 | |
| 15 | | | | | | | | |

**문제 ❷ 계산작업**

| | A | B | C | D | E | F | G | H | I | J | K | L | M |
|---|---|---|---|---|---|---|---|---|---|---|---|---|---|
| 1 | [표1] | | | | | | | | | | | | |
| 2 | 사원번호 | 이름 | 부서 | 근무년수 | 인사평가 | 출근시간 | 소속 | 근무지 | | 생산, 영업 인사평가 최저 점수 평균 | | | |
| 3 | G-S890 | 최예솔 | 생산 | 13 | 87 | 8:30:20 | 지사 | 서울 | | 78.5 | | | |
| 4 | B-K247 | 신동민 | 영업 | 5 | 94 | 8:45:35 | 본사 | 경기 | | | | | |
| 5 | G-I679 | 김국자 | 생산 | 3 | 78 | 7:59:21 | 지사 | 인천 | | 근무년수가 5년 이상 10년 미만 비율 | | | |
| 6 | B-S247 | 이옥희 | 영업 | 8 | 84 | 8:22:54 | 본사 | 서울 | | 30% | | | |
| 7 | G-K375 | 강성민 | 관리 | 12 | 78 | 7:45:35 | 지사 | 경기 | | | | | |
| 8 | G-S614 | 우재호 | 관리 | 16 | 91 | 8:05:56 | 지사 | 서울 | | 가장 빠른 출근 시간 | | | |
| 9 | B-K978 | 곽정우 | 생산 | 7 | 82 | 8:12:38 | 본사 | 경기 | | 7시45분35초 | | | |
| 10 | B-I140 | 유전수 | 영업 | 20 | 79 | 8:55:10 | 본사 | 인천 | | | | | |
| 11 | G-S124 | 오수민 | 생산 | 18 | 82 | 8:05:25 | 지사 | 서울 | | | | | |
| 12 | G-S852 | 박기찬 | 생산 | 2 | 95 | 7:51:30 | 지사 | 서울 | | | | | |
| 13 | | | | | | | | | | | | | |

01. 소속[G3:G12]

[G3] 셀에 「=IF(LEFT(A3,1)="B","본사","지사")」를 입력하고 [G12] 셀까지 수식 복사

02. 근무지[H3:H12]

[H3] 셀에 「=HLOOKUP(MID(A3,3,1),$B$15:$D$16,2,0)」를 입력하고 [H12] 셀까지 수식 복사

03. 생산, 영업 인사평가 최저 점수 평균[J3]

[J3] 셀에 「=AVERAGE(DMIN(A2:E12,E2,F15:F16),DMIN(A2:E12,E2,G15:G16))」를 입력

04. 근무년수가 5년 이상 10년 미만 비율[J6]

[J6] 셀에 「=COUNTIFS(D3:D12,">=5",D3:D12,"<10")/COUNT(D3:D12)」를 입력

05. 가장 빠른 출근 시간[J9]

[J9] 셀에 「=HOUR(SMALL(F3:F12,1))&"시"&MINUTE(SMALL(F3:F12,1))&"분"&SECOND(SMALL(F3:F12,1))&"초"」를 입력

**01 부분합**

| | | A | B | C | D | E | F |
|---|---|---|---|---|---|---|---|
| | 1 | | | 거래업체별 거래현황 | | | |
| | 2 | | | | | | |
| | 3 | 거래일자 | 거래업체명 | 거래금액 | 할인액 | 실지급액 | |
| | 4 | 09월 01일 | 미래상사 | 11,250,000 | 1,350,000 | 9,900,000 | |
| | 5 | 09월 08일 | 미래상사 | 12,400,000 | 1,480,000 | 10,920,000 | |
| | 6 | 09월 11일 | 미래상사 | 13,950,000 | 1,670,000 | 12,280,000 | |
| | 7 | 09월 14일 | 미래상사 | 14,420,000 | 1,730,000 | 12,690,000 | |
| | 8 | 09월 22일 | 미래상사 | 14,780,000 | 1,770,000 | 13,010,000 | |
| | 9 | 09월 23일 | 미래상사 | 13,580,000 | 1,100,000 | 12,480,000 | |
| | 10 | | 미래상사 평균 | 13,396,667 | 1,516,667 | | |
| | 11 | | 미래상사 최대 | | | 13,010,000 | |
| | 12 | 09월 03일 | 영재상사 | 12,990,000 | 1,550,000 | 11,440,000 | |
| | 13 | 09월 07일 | 영재상사 | 15,000,000 | 1,800,000 | 13,200,000 | |
| | 14 | 09월 12일 | 영재상사 | 16,040,000 | 1,920,000 | 14,120,000 | |
| | 15 | 09월 15일 | 영재상사 | 13,680,000 | 1,640,000 | 12,040,000 | |
| | 16 | 09월 20일 | 영재상사 | 13,000,000 | 1,560,000 | 11,440,000 | |
| | 17 | | 영재상사 평균 | 14,142,000 | 1,694,000 | | |
| | 18 | | 영재상사 최대 | | | 14,120,000 | |
| | 19 | 09월 02일 | 우리상사 | 14,360,000 | 1,720,000 | 12,640,000 | |
| | 20 | 09월 13일 | 우리상사 | 13,300,000 | 1,590,000 | 11,710,000 | |
| | 21 | 09월 16일 | 우리상사 | 15,550,000 | 1,860,000 | 13,690,000 | |
| | 22 | 09월 19일 | 우리상사 | 11,990,000 | 1,430,000 | 10,560,000 | |
| | 23 | 09월 25일 | 우리상사 | 15,970,000 | 1,250,000 | 14,720,000 | |
| | 24 | | 우리상사 평균 | 14,234,000 | 1,570,000 | | |
| | 25 | | 우리상사 최대 | | | 14,720,000 | |
| | 26 | | 전체 평균 | 13,891,250 | 1,588,750 | | |
| | 27 | | 전체 최대값 | | | 14,720,000 | |
| | 28 | | | | | | |

**02 통합**

| | H | I | J | K | L | M |
|---|---|---|---|---|---|---|
| 1 | [표2] | 마트 판매량 평균 | | | | |
| 2 | 제품 | 1분기 | 2분기 | 3분기 | 4분기 | |
| 3 | 맛김치 | 243 | 202 | 210 | 197 | |
| 4 | 포기김치 | 150 | 188 | 172 | 229 | |
| 5 | 총각김치 | 143 | 104 | 115 | 110 | |
| 6 | 백김치 | 75 | 80 | 76 | 78 | |
| 7 | 열무김치 | 105 | 90 | 97 | 74 | |
| 8 | | | | | | |

**문제 ❹ 기타작업**

**① 매크로**

| | A | B | C | D | E | F | G | H | I | J | K |
|---|---|---|---|---|---|---|---|---|---|---|---|
| 1 | | **디지털 새싹 참여 현황** | | | | | | | | | |
| 2 | | | | | | | | | | | |
| 3 | 학교명 | 1차 | 2차 | 3차 | 4차 | 5차 | 평균 | | | | |
| 4 | 서울교육대학교 | 150 | 180 | 160 | 200 | 210 | 180 | | | 평균 | |
| 5 | 한양대학교 | 130 | 150 | 200 | 120 | 220 | 164 | | | | |
| 6 | 항공대학교 | 250 | 300 | 280 | 260 | 320 | 282 | | | | |
| 7 | 성균관대학교 | 220 | 190 | 200 | 150 | 190 | 190 | | | 서식 | |
| 8 | 상명대학교 | 180 | 200 | 210 | 250 | 130 | 194 | | | | |
| 9 | 가천대학교 | 160 | 150 | 170 | 200 | 250 | 186 | | | | |
| 10 | | | | | | | | | | | |

**② 차트**

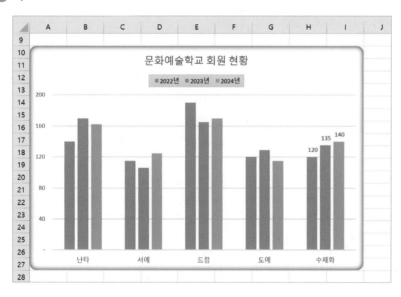

## 상시 기출 문제 05회 / 해설

### 문제 ❶ 기본작업

#### 01 자료 입력('기본작업-1' 시트)

[A3:G10] 셀까지 문제를 보고 오타 없이 작성한다.

#### 02 서식 지정('기본작업-2' 시트)

① [A1:G1] 영역을 범위 지정한 후 [홈]-[맞춤] 그룹에서 [병합하고 가운데 맞춤](🔳)을 클릭한 후 [홈]-[스타일] 그룹에서 [셀 스타일]을 클릭하여 '제목 1'을 선택한다.

② 1행 머리글에서 마우스 오른쪽 버튼을 눌러 [행 높이]를 클릭한 후 27을 입력하고 [확인]을 클릭한다.

③ [A4:A6], [A7:A8], [A9:A11] 영역을 범위 지정한 후 [홈]-[맞춤] 그룹에서 [병합하고 가운데 맞춤](🔳)을 클릭한다.

④ [A3:G3] 영역을 범위 지정한 후 [홈]-[맞춤] 그룹에서 [가운데 맞춤](☰)을 클릭한 후 [홈]-[글꼴] 그룹에서 [채우기 색](⬥▾) 도구를 클릭하여 '표준 색 - 노랑'을 지정한다.

⑤ [E7] 셀에서 마우스 오른쪽 버튼을 눌러 [메모 삽입]을 클릭하여 기존 사용자 이름을 지우고, **인기 상품**을 입력한다.

> 💡 버전 TIP
>
> [E7] 셀에서 마우스 오른쪽 버튼을 클릭하여 [새 노트]를 클릭하거나, [메뉴 검색]에 「메모 삽입」을 입력하여 검색해도 된다.

⑥ [E7] 셀에서 마우스 오른쪽 버튼을 눌러 [메모 표시/숨기기]를 클릭한다.

⑦ 메모 상자 경계라인에서 마우스 오른쪽 버튼을 눌러 [메모 서식]을 클릭한 후 [맞춤] 탭에서 '자동 크기'를 체크하고 [확인]을 클릭한다.

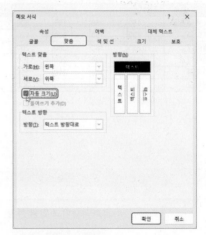

⑧ [E4:E11] 영역을 범위 지정한 후 Ctrl + 1 을 눌러 '사용자 지정'에 0"명"을 입력하고 [확인]을 클릭한다.

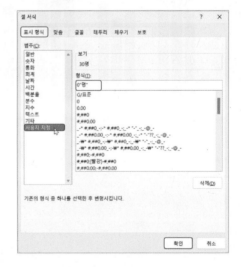

⑨ [A3:G11] 영역을 범위 지정한 후 [홈]-[글꼴] 그룹에서 [테두리](⊞▾) 도구의 [모든 테두리](⊞)를 클릭한 후 [굵은 바깥쪽 테두리](⬛)를 클릭한다.

### 03 조건부 서식('기본작업-3' 시트)

① [A4:G14] 영역을 범위 지정한 후 [홈]-[스타일] 그룹에서 [조건부 서식]-[새 규칙]을 클릭한다.

② '▶ 수식을 사용하여 서식을 지정할 셀 결정'을 선택하고, =LEFT($B4,1)="이"를 입력하고 [서식]을 클릭한다.

③ [글꼴] 탭에서 '굵은 기울임꼴', 글꼴 색은 '표준색 - 파랑'을 선택하고 [확인]을 클릭한다.

---

### 문제 ② 계산작업('계산작업' 시트)

### 01 소속[G3:G12]

[G3] 셀에 =IF(LEFT(A3,1)="B","본사","지사")를 입력하고 [G12] 셀까지 수식을 복사한다.

### 02 근무지[H3:H12]

[H3] 셀에 =HLOOKUP(MID(A3,3,1),$B$15:$D$16,2,0)를 입력하고 [H12] 셀까지 수식을 복사한다.

### 03 생산, 영업 인사평가 최저 점수 평균[J3]

① [F15:G16] 영역에 다음과 같이 조건을 입력한다.

| | F | G | H |
|---|---|---|---|
| 14 | <조건> | | |
| 15 | 부서 | 부서 | |
| 16 | 생산 | 영업 | |
| 17 | | | |

② [J3] 셀에 =AVERAGE(DMIN(A2:E12,E2,F15:F16),DMIN(A2:E12,E2,G15:G16))를 입력한다.

---

### 04 근무년수가 5년 이상 10년 미만 비율[J6]

[J6] 셀에 =COUNTIFS(D3:D12,">=5",D3:D12,"<10")/COUNT(D3:D12)를 입력한다.

### 05 가장 빠른 출근 시간[J9]

[J9] 셀에 =HOUR(SMALL(F3:F12,1))&"시"&MINUTE(SMALL(F3:F12,1))&"분"&SECOND(SMALL(F3:F12,1))&"초"를 입력한다.

### 문제 ③ 분석작업

### 01 부분합('분석작업-1' 시트)

① '거래업체명' [B3] 셀을 클릭한 후 [데이터]-[정렬 및 필터] 그룹에서 [텍스트 오름차순 정렬] (긔↓)을 클릭한다.

② 데이터 안에 마우스 포인터를 두고, [데이터]-[개요] 그룹의 [부분합](⊞)을 클릭한다.

③ [부분합]에서 다음과 같이 지정하고 [확인]을 클릭한다.

- **그룹화할 항목** : 거래업체명
- **사용할 함수** : 최대
- **부분합 계산 항목** : 실지급액

④ 다시 [데이터]-[개요] 그룹의 [부분합](⊞)을 클릭하여 다음과 같이 지정하고 [확인]을 클릭한다.

- **그룹화할 항목** : 거래업체명
- **사용할 함수** : 평균
- **부분합 계산 항목** : 거래금액, 할인액
- '새로운 값으로 대치' 체크 해제

## 02 통합('분석작업-2' 시트)

① [H2:L7] 영역을 범위 지정한 후 [데이터]–[데이터 도구] 그룹의 [통합](📋)을 클릭한다.

② [통합]에서 다음과 같이 지정하고 [확인]을 클릭한다.

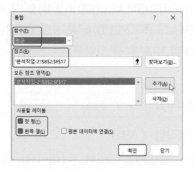

• **함수** : 평균
• **모든 참조 영역** : [B2:F17]
• **사용할 레이블** : 첫 행, 왼쪽 열

---

문제 ❹ **기타작업**

## 01 매크로('매크로작업' 시트)

① [삽입]–[일러스트레이션] 그룹에서 [도형]–[기본 도형]의 '사각형: 빗면'(📋)을 클릭한다.

② 마우스 포인트가 '+'로 바뀌면 [I3:J4] 영역에 **Alt**를 누르고 드래그한 후 **평균**을 입력한다.

③ '사각형: 빗면'(📋) 도형에서 마우스 오른쪽 버튼을 눌러 [매크로 지정]을 클릭한다.

④ [매크로 지정]의 '매크로 이름'에 **평균**을 입력하고 [기록]을 클릭한다.

⑤ [매크로 기록]에 자동으로 '평균'으로 매크로 이름이 표시되면 [확인]을 클릭한다.

⑥ [G4] 셀에 =AVERAGE(B4:F4)을 입력하고 [G9] 셀까지 수식을 복사한다.

⑦ 임의의 셀을 클릭한 후 매크로 기록을 종료하기 위해 [개발 도구]–[코드] 그룹의 [기록 중지](⬜)를 클릭한다.

⑧ [개발 도구]–[컨트롤] 그룹의 [삽입]–[단추(양식 컨트롤)](⬜)을 클릭한다.

⑨ 마우스 포인트가 '+'로 바뀌면 [I6:J7] 영역에 드래그하면 [매크로 지정] 대화상자가 나타난다.

⑩ [매크로 지정]에 **서식**을 입력하고 [기록]을 클릭한다.

⑪ [매크로 기록]에서 자동으로 '서식'으로 매크로 이름이 표시되면 [확인]을 클릭한다.

⑫ [A3:G3] 영역을 범위 지정한 후 [홈]–[글꼴] 그룹에서 [글꼴 색](가 ˅) 도구에서 '표준 색 – 파랑'을 선택하고 [채우기 색](◇ ˅) 도구에서 '표준 색 – 주황'을 선택한다.

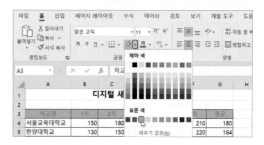

⑬ 임의의 셀을 클릭한 후 매크로 기록을 종료하기 위해 [개발 도구]–[코드] 그룹의 [기록 중지](⬜)를 클릭한다.

⑭ 단추에 텍스트를 수정하기 위해서 단추에서 마우스 오른쪽 버튼을 눌러 [텍스트 편집]을 클릭한다.

⑮ 단추에 입력된 '단추 1'을 지우고 **서식**을 입력한다.

**⑫ 차트('차트작업' 시트)**

① 차트에서 마우스 오른쪽 버튼을 눌러 [데이터 선택]을 클릭한다.

② 기존 '차트 데이터 범위'를 지운 후 [A3:A8], [C3:E8] 영역으로 수정한 후 [확인]을 클릭한다.

③ 세로(값) 축에서 마우스 오른쪽 버튼을 눌러 [축 서식]을 클릭하여 '축 옵션'에서 최대값은 200, 단위 '기본'은 40을 입력한다.

④ '2022년' 계열의 '수채화' 요소를 천천히 2번 클릭하여 하나의 요소만 클릭한 후 [차트 요소] (⊞)-[데이터 레이블]-[바깥쪽 끝에]를 클릭한다.

⑤ 같은 방법으로 '2023년', '2024년' 계열의 '수채화' 요소에 '바깥쪽 끝에' 데이터 레이블을 표시한다.

⑥ [차트 요소]-[범례]-[위쪽]을 클릭한 후 '범례'를 선택한 후 [서식] 탭의 '도형 스타일'에서 '미세 효과 - 황금색, 강조 4'를 선택한다.

⑦ 차트를 선택한 후 [서식]-[도형 스타일] 그룹의 [도형 효과]-[그림자]에서 '안쪽 : 가운데'를 선택한다.

⑧ [차트 영역 서식]의 [채우기 및 선]에서 '테두리'의 '둥근 모서리'를 체크한다.

# 상시 기출 문제 06회

| 시험 시간 | 풀이 시간 | 합격 점수 | 내 점수 |
|---|---|---|---|
| 40분 | 분 | 70점 | 점 |

▶ 합격 강의

作업파일 [2025컴활2급₩상시기출문제] 폴더의 '상시기출문제6회' 파일을 열어서 작업하시오.

---

**문제 ①** **기본작업** | 주어진 시트에서 다음 과정을 수행하고 저장하시오. **20점**

**01** '기본작업-1' 시트에 다음의 자료를 주어진 대로 입력하시오. (5점)

| | A | B | C | D | E | F | G |
|---|---|---|---|---|---|---|---|
| 1 | 어린이 체험 프로그램 | | | | | | |
| 2 | | | | | | | |
| 3 | 체험코드 | 체험명 | 분류 | 체험비 | 신청인원 | 담당자 | |
| 4 | TK-010 | 킨텍스 상상체험 키즈월드 | 테마/놀이동산 | 14500 | 15 | 고한나 | |
| 5 | AH-210 | 초등역사체험 | 액티비티 체험 | 34900 | 21 | 최준수 | |
| 6 | TS-340 | 실내썰매 | 테마/놀이동산 | 14500 | 27 | 강현미 | |
| 7 | TT-279 | 수목원 테마파크 | 테마/놀이동산 | 11000 | 28 | 박은수 | |
| 8 | AA-535 | 플루이드 아트 클래스 | 액티비티 체험 | 50000 | 17 | 김미영 | |
| 9 | AD-876 | 도예공방체험 | 액티비티 체험 | 20000 | 12 | 이호영 | |
| 10 | TK-458 | 백스코 상상체험 키즈월드 | 테마/놀이동산 | 14500 | 31 | 황소민 | |
| 11 | AK-243 | 키즈런 퍼포먼스 | 액티비티 체험 | 29000 | 29 | 장지연 | |
| 12 | | | | | | | |

**02** '기본작업-2' 시트에 대하여 다음의 지시사항을 처리하시오. (각 2점)

① [A1:G1] 영역은 '선택 영역의 가운데로', 크기 14, 글꼴 스타일 '굵은 기울임꼴', 밑줄 '이중 실선(회계용)', 행의 높이를 30으로 지정하시오.

② [A4:A6], [A7:A9], [A10:A11] 영역은 '병합하고 가운데 맞춤'을, [A3:G3] 영역은 셀 스타일을 '연한 녹색, 60% – 강조색6'으로 지정하시오.

③ [D4:F11] 영역은 사용자 지정 표시 형식을 이용하여 천 단위 구분 기호를 [표시 예]와 같이 표시하시오. [표시 예 : 258963 → 258,963, 0 → 0]

④ [F7] 셀에 "판매1위"라는 메모를 삽입한 후 항상 표시되도록 지정하고, 메모 서식에서 맞춤 '자동 크기'를 지정하시오.

⑤ [A3:G11] 영역은 '모든 테두리'(⊞)를 적용한 후 '굵은 바깥쪽 테두리'(⊡)를 적용하여 표시하시오.

③ '기본작업-3' 시트에서 다음의 지시사항을 처리하시오. (5점)

'보건복지부 종사자 현황' 표에서 장애인복지시설이 300 이상이거나 지역자활센터 200 이상인 데이터인 고급 필터를 사용하여 검색하시오.

▶ 고급 필터 조건은 [A15:B17] 영역 내에 알맞게 입력하시오.
▶ 고급 필터 결과는 '지역', '장애인복지시설', '지역자활센터' 만 순서대로 표시하시오.
▶ 고급 필터 결과 복사 위치는 동일 시트의 [A19] 셀에서 시작하시오.

**문제 ❷ 계산작업** | '계산작업' 시트에서 다음 과정을 수행하고 저장하시오.　　　**40점**

① [표1]에서 상품코드[C3:C9], 주문시간[G3:G9], 도착시간[H3:H9]을 이용하여 배송시간[I3:I9]을 계산하시오. (8점)

▶ 배송시간 = 도착시간 − 주문시간
▶ 상품코드의 오른쪽 한 문자가 '1'이면 배송시간에 1시간을 빼서 계산
▶ IF, RIGHT, TIME 함수 사용

② [표1]에서 상품코드[C3:C9]의 마지막 끝 글자가 "1"이면 "음식", "2"이면 "화장품", "3"이면 "의류", "4"이면 "과일"로 분류[J3:J9]에 표시하시오. (8점)

▶ CHOOSE, RIGHT 함수 사용

③ [표1]에서 회원ID[A3:A9]에 동일한 회원ID가 2개 이상이면 "우수", 그렇지 않으면 "일반"을 회원구분[B12:E12]에 표시하시오. (8점)

▶ IF, COUNTIF 함수 사용

④ [표1]에서 성별[D3:D9]이 "남"인 회원의 최대 적립포인트[F3:F9]와 성별이 "여"인 회원의 최대 적립포인트[F3:F9]의 평균을 [G12] 셀에 계산하시오. (8점)

▶ 조건은 [A15:B16] 영역에 입력하시오.
▶ 적립포인트 평균은 소수점 이하 둘째 자리에서 올림하여 첫째 자리까지 표시
　[표시 예 : 96.12 → 96.2]
▶ ROUNDUP, AVERAGE, DMAX 함수 사용

⑤ [표1]에서 구매횟수[E3:E9], 적립포인트[F3:F9]가 모두 3위 이내인 우수회원의 수를 [G15] 셀에 계산하시오. (8점)

▶ COUNTIFS, LARGE 함수와 & 연산자 사용

**문제 ❸** **분석작업** | 주어진 시트에서 다음 작업을 수행하고 저장하시오. **20점**

**01** '분석작업-1' 시트에 대하여 다음의 지시사항을 처리하시오. (10점)

[피벗 테이블] 기능을 이용하여 '제품 생산현황' 표의 제품코드는 '필터', 생산공장은 '행'으로 처리하고, '값'에는 불량수량의 합계와 목표수량, 생산수량의 평균을 계산하시오.

▶ 피벗 테이블 보고서는 동일 시트의 [A24] 셀에서 시작하시오.

▶ 값 영역의 목표수량과 생산수량의 평균은 '셀 서식' 대화상자에서 '숫자' 범주의 천단위 구분 기호와 소수 자릿수를 이용하여 소수점 이하 2자리까지 지정하시오.

▶ 피벗 테이블에 '연한 파랑, 피벗 스타일 보통 16' 서식을 지정하시오.

**02** '분석작업-2' 시트에 대하여 다음의 지시사항을 처리하시오. (10점)

[시나리오 관리자] 기능을 이용하여 '가전제품 판매현황' 표에서 순이익율[I4]이 다음과 같이 변동되는 경우 순이익합계[G16]의 변동 시나리오를 작성하시오.

▶ [I4] 셀의 이름은 '순이익율', [G16] 셀의 이름은 '순이익합계'로 정의하시오.

▶ 시나리오1 : 시나리오 이름은 '순이익율증가', 순이익율은 25%로 설정하시오.

▶ 시나리오2 : 시나리오 이름은 '순이익율감소', 순이익율은 15%로 설정하시오.

▶ 시나리오 요약 시트는 '분석작업-2' 시트 바로 왼쪽에 위치해야 함

※ 시나리오 요약 보고서 작성 시 정답과 일치하여야 하며, 오자로 인한 부분 점수는 인정하지 않음

**문제 ❹** **기타작업** | 주어진 시트에서 다음 작업을 수행하고 저장하시오. **20점**

**01** '매크로작업' 시트의 [표]에서 다음과 같은 기능을 수행하는 매크로를 현재 통합 문서에 작성하고 실행하시오. (각 5점)

① [F3:F11] 영역에 애견용품 달성률을 계산하는 매크로를 생성하여 실행하시오.

▶ 매크로 이름 : 달성률

▶ 달성률 = 판매량/목표량

▶ [도형] → [기본 도형]의 '사각형: 빗면'(▢)을 동일 시트의 [H2:I3] 영역에 생성하고, 텍스트를 '달성률'로 입력한 후 도형을 클릭할 때 '달성률' 매크로가 실행되도록 설정하시오.

② [A2:F2] 영역에 채우기 색을 '표준 색 - 주황', [F3:F11] 영역을 '백분율 스타일'로 지정하는 매크로를 생성하여 실행하시오.

▶ 매크로 이름 : 서식

▶ [개발 도구] → [삽입] → [양식 컨트롤]의 '단추'(▢)를 동일 시트의 [H5:I6] 영역에 생성하고, 텍스트를 '서식'으로 입력한 후 단추를 클릭할 때 '서식' 매크로가 실행되도록 설정하시오.

※ 셀 포인터의 위치에 상관없이 현재 통합 문서에서 매크로가 실행되어야 정답으로 인정됨

**02** '차트작업' 시트의 차트를 지시사항에 따라 아래 그림과 같이 수정하시오. (각 2점)

※ 차트는 반드시 문제에서 제공한 차트를 사용하여야 하며, 신규로 작성 시 0점 처리됨

① '분기평균' 계열과 '평균' 요소가 제거되도록 데이터 범위를 수정하시오.

② 차트 종류를 '100% 기준 누적 세로 막대형'으로 변경하시오.

③ 차트 제목은 '차트 위'로 지정한 후 [A1] 셀과 연동되도록 설정하시오.

④ 차트에 '기본 주 세로' 눈금선을 표시하시오.

⑤ 차트 스타일의 '색 변경'을 '단색 색상표 1'로 지정하시오.

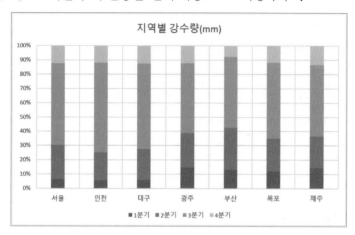

## 문제 ❶ 기본작업

### 01 자료 입력

| | A | B | C | D | E | F | G |
|---|---|---|---|---|---|---|---|
| 1 | 어린이 체험 프로그램 | | | | | | |
| 2 | | | | | | | |
| 3 | 체험코드 | 체험명 | 분류 | 체험비 | 신청인원 | 담당자 | |
| 4 | TK-010 | 킨텍스 상상체험 키즈월드 | 테마/놀이동산 | 14500 | 15 | 고한나 | |
| 5 | AH-210 | 초등역사체험 | 액티비티 체험 | 34900 | 21 | 최준수 | |
| 6 | TS-340 | 실내썰매 | 테마/놀이동산 | 14500 | 27 | 강현미 | |
| 7 | TT-279 | 수목원 테마파크 | 테마/놀이동산 | 11000 | 28 | 박은수 | |
| 8 | AA-535 | 플루이드 아트 클래스 | 액티비티 체험 | 50000 | 17 | 김미영 | |
| 9 | AD-876 | 도예공방체험 | 액티비티 체험 | 20000 | 12 | 이호영 | |
| 10 | TK-458 | 백스코 상상체험 키즈월드 | 테마/놀이동산 | 14500 | 31 | 황소민 | |
| 11 | AK-243 | 키즈런 퍼포먼스 | 액티비티 체험 | 29000 | 29 | 장지연 | |
| 12 | | | | | | | |

### 02 서식 지정

| | A | B | C | D | E | F | G | H |
|---|---|---|---|---|---|---|---|---|
| 1 | | | *반려동물용품 판매 현황* | | | | | |
| 2 | | | | | | | | |
| 3 | 분류 | 상품명 | 단위 | 판매가 | 판매량 | 총액 | 순위 | |
| 4 | | 짜먹는 츄르 | 10개 | 17,900 | 15 | 268,500 | 8 | |
| 5 | 고양이용품 | 로얄캐닌 키튼 | 2kg | 24,000 | 20 | 480,000 | 5 | |
| 6 | | 두부두부 고양이모래 | 7L x 6 | 26,820 | 18 | 482,760 | 4 | |
| 7 | | 애견패드 | 20g x 400매 | 32,900 | 37 | 1,217,300 | 판매1위 1 | |
| 8 | 강아지용품 | 미니 인도어 어덜트 | 8.7kg | 73,900 | 12 | 886,800 | 2 | |
| 9 | | 무무 스테이크 | 100g x 5팩 | 10,900 | 34 | 370,600 | 6 | |
| 10 | 관상어 | 거북이수족관 | 기본세트 | 74,600 | 10 | 746,000 | 3 | |
| 11 | | 안핑크 LED 어항 조명 | 30큐브용 | 19,500 | 19 | 370,500 | 7 | |
| 12 | | | | | | | | |

### 03 고급 필터

| | A | B | C | D |
|---|---|---|---|---|
| 14 | | | | |
| 15 | 장애인복지시설 | 지역자활센터 | | |
| 16 | >=300 | | | |
| 17 | | >=200 | | |
| 18 | | | | |
| 19 | 지역 | 장애인복지시설 | 지역자활센터 | |
| 20 | 서울 | 450 | 300 | |
| 21 | 경기 | 295 | 310 | |
| 22 | 인천 | 350 | 190 | |
| 23 | 대전 | 280 | 250 | |
| 24 | | | | |

| | A | B | C | D | E | F | G | H | I | J | K |
|---|---|---|---|---|---|---|---|---|---|---|---|
| 1 | [표1] | | | | | | | | | | |
| 2 | 회원ID | 성명 | 상품코드 | 성별 | 구매횟수 | 적립포인트 | 주문시간 | 도착시간 | 배송시간 | 분류 | |
| 3 | TG-01 | 강나리 | DU-091 | 여 | 15 | 98.2 | 16:30:20 | 17:55:40 | 0:25:20 | 음식 | |
| 4 | VB-03 | 김윤진 | DV-083 | 남 | 13 | 78.6 | 8:20:30 | 19:20:20 | 10:59:50 | 의류 | |
| 5 | TG-05 | 황태준 | DD-072 | 남 | 10 | 85.4 | 11:30:20 | 18:30:40 | 7:00:20 | 화장품 | |
| 6 | VB-06 | 이나준 | DA-061 | 남 | 12 | 85.9 | 12:20:40 | 13:59:20 | 0:38:40 | 음식 | |
| 7 | TG-01 | 강나리 | DY-082 | 여 | 9 | 79.1 | 9:30:20 | 17:20:40 | 7:50:20 | 화장품 | |
| 8 | VB-06 | 이나준 | DP-094 | 남 | 7 | 95.4 | 13:34:14 | 20:25:10 | 6:50:56 | 과일 | |
| 9 | TG-01 | 강나리 | DR-053 | 여 | 18 | 93.2 | 9:41:20 | 18:30:20 | 8:49:00 | 의류 | |
| 10 | | | | | | | | | | | |
| 11 | 회원ID | TG-01 | TG-05 | VB-03 | VB-06 | | 남여최대평균점수 | | | | |
| 12 | 회원구분 | 우수 | 일반 | 일반 | 우수 | | 96.8 | | | | |
| 13 | | | | | | | | | | | |
| 14 | <조건> | | | | | | 우수회원 수 | | | | |
| 15 | 성별 | 성별 | | | | | 2 | | | | |
| 16 | 남 | 여 | | | | | | | | | |
| 17 | | | | | | | | | | | |

1. 배송시간[I3:I9]

[I3] 셀에 「=IF(RIGHT(C3,1)="1",(H3-G3)-TIME(1,,),H3-G3)」를 입력하고 [I9] 셀까지 수식 복사

2. 분류[J3:J9]

[J3] 셀에 「=CHOOSE(RIGHT(C3,1),"음식","화장품","의류","과일")」를 입력하고 [J9] 셀까지 수식 복사

3. 회원구분[B12:E12]

[B12] 셀에 「=IF(COUNTIF($A$3:$A$9,B11)>=2,"우수","일반")」를 입력하고 [E12] 셀까지 수식 복사

4. 남여최대평균점수[G12]

[G12] 셀에 「=ROUNDUP(AVERAGE(DMAX(A2:F9,F2,A15:A16),DMAX(A2:F9,F2,B15:B16)),1)」를 입력

5. 우수회원 수[G15]

[G15] 셀에 「=COUNTIFS(E3:E9,">="&LARGE(E3:E9,3),F3:F9,">="&LARGE(F3:F9,3))」를 입력

**01 피벗 테이블**

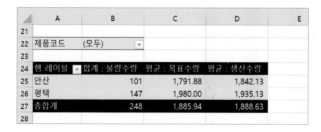

| | A | B | C | D | E |
|---|---|---|---|---|---|
| 21 | | | | | |
| 22 | 제품코드 | (모두) | | | |
| 23 | | | | | |
| 24 | 행 레이블 | 합계 : 불량수량 | 평균 : 목표수량 | 평균 : 생산수량 | |
| 25 | 안산 | 101 | 1,791.88 | 1,842.13 | |
| 26 | 평택 | 147 | 1,980.00 | 1,935.13 | |
| 27 | 총합계 | 248 | 1,885.94 | 1,888.63 | |
| 28 | | | | | |

**02 시나리오**

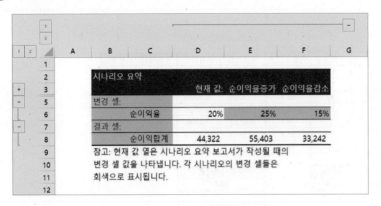

**문제 ④ 기타작업**

**01 매크로**

| | A | B | C | D | E | F | G | H | I | J |
|---|---|---|---|---|---|---|---|---|---|---|
| 1 | [표] 애견용품 판매현황 | | | | | | | | | |
| 2 | 상품명 | 가격 | 목표량 | 판매량 | 총판매액 | 달성률 | | | | |
| 3 | 강아지패드 | 24,450 | 150 | 120 | 2,934,000 | 80% | | 달성률 | | |
| 4 | 스킨파우더 | 35,000 | 100 | 110 | 3,850,000 | 110% | | | | |
| 5 | 기관지 영양제 | 23,900 | 65 | 58 | 1,386,200 | 89% | | | | |
| 6 | 강아지 유산균 | 49,100 | 50 | 37 | 1,816,700 | 74% | | 서식 | | |
| 7 | 로얄캐닌 | 25,630 | 250 | 350 | 8,970,500 | 140% | | | | |
| 8 | 오라틴 치약 | 12,890 | 80 | 100 | 1,289,000 | 125% | | | | |
| 9 | 노령견 관절 미펫넬름 | 59,000 | 40 | 26 | 1,534,000 | 65% | | | | |
| 10 | 배변봉투 리필 | 190 | 1,000 | 1,190 | 226,100 | 119% | | | | |
| 11 | 새밀린 | 33,850 | 95 | 87 | 2,944,950 | 92% | | | | |
| 12 | | | | | | | | | | |

**02 차트**

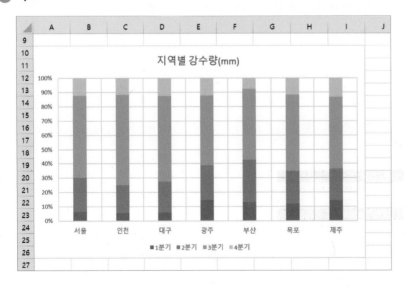

## 상시 기출 문제 06회 / 해설

---

### 문제 ① 기본작업

#### ① 자료 입력('기본작업-1' 시트)

[A3:F11] 셀까지 문제를 보고 오타 없이 작성한다.

#### ② 서식 지정('기본작업-2' 시트)

① [A1:G1] 영역을 범위 지정한 후 Ctrl+1을 눌러 [맞춤] 탭에서 가로 '선택 영역의 가운데로'를 선택한다.

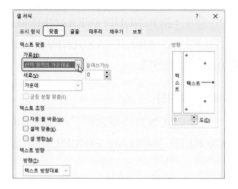

② [글꼴] 탭에서 '굵은 기울임꼴', 크기 '14', 밑줄 '이중 실선(회계용)'을 지정하고 [확인]을 클릭한다.

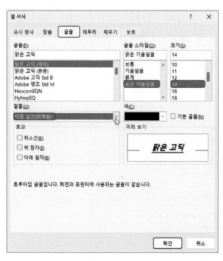

③ 1행 머리글에서 마우스 오른쪽 버튼을 눌러 [행 높이]를 클릭한 후 30을 입력하고 [확인]을 클릭한다.

④ [A4:A6], [A7:A9], [A10:A11] 영역을 범위 지정한 후 [홈]-[맞춤] 그룹에서 [병합하고 가운데 맞춤]을 클릭한다.

⑤ [A3:G3] 영역을 범위 지정한 후 [홈]-[스타일] 그룹에서 [셀 스타일]의 '연한 녹색, 60% - 강조색6'을 선택한다.

⑥ [D4:F11] 영역을 범위 지정한 후 Ctrl+1을 눌러 '사용자 지정'에 #,##0을 입력하고 [확인]을 클릭한다.

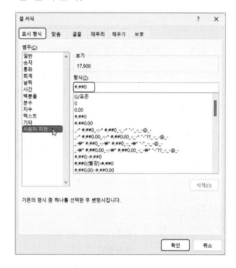

⑦ [F7] 셀에서 마우스 오른쪽 버튼을 눌러 [메모 삽입]을 클릭하여 기존 사용자 이름을 지우고, **판매1위**를 입력한다.

> 💡 버전 TIP
>
> [F7] 셀에서 마우스 오른쪽 버튼을 클릭하여 [새 노트]를 클릭하거나, [메뉴 검색]에 「메모 삽입」을 입력하여 검색해도 된다.

⑧ [F7] 셀에서 마우스 오른쪽 버튼을 눌러 [메모 표시/숨기기]를 클릭한다.

⑨ 메모 상자 경계라인에서 마우스 오른쪽 버튼을 눌러 [메모 서식]을 클릭한 후 [맞춤] 탭에서 '자동 크기'를 체크하고 [확인]을 클릭한다.

⑩ [A3:G11] 영역을 범위 지정한 후 [홈]-[글꼴] 그룹에서 [테두리](⊞ ▾) 도구의 [모든 테두리](⊞)를 클릭한 후 [굵은 바깥쪽 테두리](⊡)를 클릭한다.

### 03 고급필터('기본작업-3' 시트)

① 다음 그림과 같이 [A15:B17] 영역에 '조건'을 입력하고, [A19:C19] 영역에 추출할 필드를 작성한다.

|   | A | B | C | D |
|---|---|---|---|---|
| 14 |  |  |  |  |
| 15 | 장애인복지시설 | 지역자활센터 |  |  |
| 16 | >=300 |  |  |  |
| 17 |  | >=200 |  |  |
| 18 |  |  |  |  |
| 19 | 지역 | 장애인복지시설 | 지역자활센터 |  |
| 20 |  |  |  |  |

② [데이터]-[정렬 및 필터] 그룹의 [고급](🔽)을 클릭한다.

③ [A3:F13] 영역을 범위 지정하고 [고급 필터]에서 그림과 같이 지정한 후 [확인]을 클릭한다.

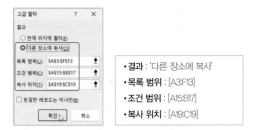

- **결과** : '다른 장소에 복사'
- **목록 범위** : [A3:F13]
- **조건 범위** : [A15:B17]
- **복사 위치** : [A19:C19]

---

**문제 ②**  **계산작업('계산작업' 시트)**

### 01 배송시간[I3:I9]

[I3] 셀에 =IF(RIGHT(C3,1)="1",(H3-G3)-TIME(1,,),H3-G3)를 입력하고 [I9] 셀까지 수식을 복사한다.

### 02 분류[J3:J9]

[J3] 셀에 =CHOOSE(RIGHT(C3,1),"음식","화장품","의류","과일")를 입력하고 [J9] 셀까지 수식을 복사한다.

### 03 회원구분[B12:E12]

[B12] 셀에 =IF(COUNTIF($A$3:$A$9,B11)>=2,"우수","일반")를 입력하고 [E12] 셀까지 수식을 복사한다.

### 04 남여최대평균점수[G12]

① [A15:B16] 영역에 다음과 같이 조건을 입력한다.

|   | A | B | C |
|---|---|---|---|
| 14 | <조건> |  |  |
| 15 | 성별 | 성별 |  |
| 16 | 남 | 여 |  |
| 17 |  |  |  |

② [G12] 셀에 =ROUNDUP(AVERAGE(DMAX(A2:F9,F2,A15:A16),DMAX(A2:F9,F2,B15:B16)),1)를 입력한다.

### 05 우수회원 수[G15]

[G15] 셀에 =COUNTIFS(E3:E9,">="&LARGE(E3:E9,3),F3:F9,">="&LARGE(F3:F9,3))를 입력한다.

---

**문제 ③**  **분석작업**

### 01 피벗 테이블('분석작업-1' 시트)

① 데이터 안쪽에 커서를 두고 [삽입]-[표] 그룹에서 [피벗 테이블](📊)을 클릭한다.

② [피벗 테이블 만들기]에서 '기존 워크시트'를 클릭한 후 [A24] 셀로 지정한 후 [확인]을 클릭한다.

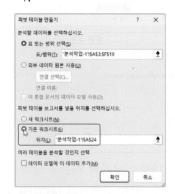

💡 버전 TIP

[표 또는 범위의 피벗 테이블]에서 '기존 워크시트'를 클릭한 후 [A24] 셀을 지정한 후 [확인]을 클릭한다.

③ [피벗 테이블 필드]에서 다음과 같이 지정한다.

④ [C24] 셀을 더블클릭하여 [값 필드 설정]에서 '평균'을 선택하고 [표시 형식]을 클릭한다.

⑤ [셀 서식]의 범주 '숫자'에서 '1000 단위 구분 기호(,) 사용'을 체크하고, 소수 자릿수는 '2'로 지정하고 [확인]을 클릭한다.

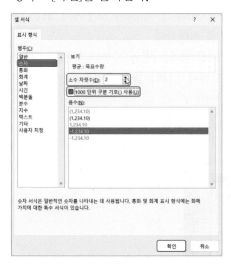

⑥ 같은 방법으로 '평균 : 생산수량' [D24] 셀도 함수는 '평균', '1000 단위 구분 기호' 표시와 소수 자릿수는 '2'로 지정한다.

⑦ [디자인] 탭의 '피벗 테이블 스타일'에서 '연한 파랑, 피벗 스타일 보통 16'을 선택한다.

## 02 시나리오('분석작업-2' 시트)

① [I4] 셀을 클릭한 후 '이름 상자'에 **순이익율**을 입력하고 Enter 를 누른다.

② [G16] 셀을 클릭한 후 '이름 상자'에 **순이익합계**를 입력하고 Enter 를 누른다.

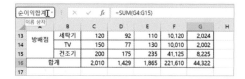

③ [I4] 셀을 클릭한 후 [데이터]-[예측] 그룹에서 [가상 분석]-[시나리오 관리자]를 클릭한다.

④ [시나리오 관리자]에서 [추가]를 클릭한 후 '시나리오 이름'에 **순이익율증가**를 입력하고 [확인]을 클릭한다.

⑤ [시나리오 값]에서 '순이익율'은 **25%**를 입력하고 [추가]를 클릭한다.

⑥ '시나리오 이름'에 **순이익율감소**를 입력하고 [확인]을 클릭하고 '시나리오 값'을 **15%**를 입력하고 [확인]을 클릭한다.

⑦ [시나리오 관리자]에서 [요약]을 클릭한 후 '결과 셀'에 커서를 두고 [G16] 셀을 클릭하여 지정한 후 [확인]을 클릭한다.

### 문제 ④  기타작업

#### 01 매크로('매크로작업' 시트)

① [삽입]-[일러스트레이션] 그룹에서 [도형]-[기본 도형]의 '사각형: 빗면'(▱)을 클릭한다.
② 마우스 포인트가 '+'로 바뀌면 [H2:I3] 영역에 드래그한 후 **달성률**을 입력한다.
③ '사각형: 빗면'(▱) 도형에서 마우스 오른쪽 버튼을 눌러 [매크로 지정]을 클릭한다.

④ [매크로 지정]의 '매크로 이름'에 **달성률**을 입력하고 [기록]을 클릭한다.

⑤ [매크로 기록]에 자동으로 '달성률'로 매크로 이름이 표시되면 [확인]을 클릭한다.

⑥ [F3] 셀에 **=D3/C3**을 입력하고 [F11] 셀까지 수식을 복사한다.
⑦ 임의의 셀을 클릭한 후 매크로 기록을 종료하기 위해 [개발 도구]-[코드] 그룹의 [기록 중지](▢)를 클릭한다.
⑧ [개발 도구]-[컨트롤] 그룹의 [삽입]-[단추(양식 컨트롤)](▢)을 클릭한다.
⑨ 마우스 포인트가 '+'로 바뀌면 [H5:I6] 영역에 드래그하면 [매크로 지정] 대화상자가 나타난다.
⑩ [매크로 지정]에 **서식**을 입력하고 [기록]을 클릭하고 [매크로 기록]에 자동으로 '서식'이 매크로 이름이 표시되면 [확인]을 클릭한다.
⑪ [A2:F2] 영역을 범위 지정한 후 [홈]-[글꼴] 그룹에서 [채우기 색](◇ ▾) 도구에서 '표준 색 – 주황'을 선택한다.
⑫ [F3:F11] 영역을 범위 지정한 후 [홈]-[표시 형식] 그룹에서 [백분율 스타일](%)을 클릭한다.

⑬ 임의의 셀을 클릭한 후 매크로 기록을 종료하기 위해 [개발 도구]–[코드] 그룹의 [기록 중지] (□)를 클릭한다.

⑭ 단추에 텍스트를 수정하기 위해서 단추에서 마우스 오른쪽 버튼을 눌러 [텍스트 편집]을 클릭한다.

⑮ 단추에 입력된 '단추 1'을 지우고 **서식**을 입력한다.

### 02 차트('차트작업' 시트)

① 차트에서 마우스 오른쪽 버튼을 눌러 [데이터 선택]을 클릭한다.

② 기존 '차트 데이터 범위'를 지운 후 [A3:H7] 영역으로 수정한 후 [확인]을 클릭한다.

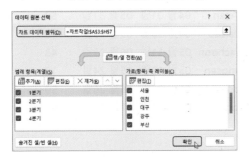

③ 차트에서 마우스 오른쪽 버튼을 눌러 [차트 종류 변경]을 클릭한다.

④ [차트 종류 변경]에서 '세로 막대형'의 '100% 기준 누적 세로 막대형'을 선택하고 [확인]을 클릭한다.

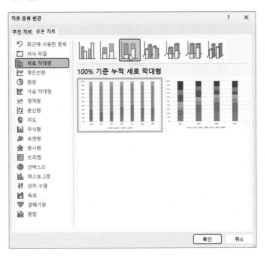

⑤ 차트를 선택하고 [차트 요소](⊞)–[차트 제목]을 체크한 후 수식 입력줄에 =을 입력하고 [A1] 셀을 클릭한 후 Enter를 누른다.

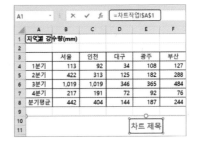

⑥ 차트를 선택하고 [차트 요소](⊞)–[눈금선]–[기본 주 세로]를 체크한다.

⑦ 차트를 선택한 후 [차트 디자인]–[차트 스타일] 그룹 [색 변경]에서 '단색 색상표 1'을 선택한다.

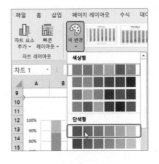

# 상시 기출 문제 07회

작업파일 [2025컴활2급₩상시기출문제] 폴더의 '상시기출문제7회' 파일을 열어서 작업하시오.

---

**문제 ❶ 기본작업 |** 주어진 시트에서 다음 과정을 수행하고 저장하시오. **20점**

**01** '기본작업-1' 시트에 다음의 자료를 주어진 대로 입력하시오. (5점)

| | A | B | C | D | E | F | G | H |
|---|---|---|---|---|---|---|---|---|
| 1 | 꽃축제 현황 | | | | | | | |
| 2 | | | | | | | | |
| 3 | 축제행사명 | 테마 | 지역 | 지자체 | 시작일 | 종료일 | 행사기간 | |
| 4 | 수선화 튤립 축제 | 수선화 | 충청남도 | Asan | 04월 01일 | 05월 31일 | 60 | |
| 5 | 유채한 봄 | 유채꽃 | 대구광역시 | Dalseo | 04월 30일 | 05월 15일 | 15 | |
| 6 | 장미원축제 | 장미 | 경기도 | Gwacheon | 05월 11일 | 06월 23일 | 43 | |
| 7 | 천성산 철쭉제 | 철쭉 | 경상남도 | Yangsan | 05월 12일 | 05월 24일 | 12 | |
| 8 | 라벤더가든 | 라벤더 | 전라북도 | Gochang | 05월 27일 | 06월 26일 | 30 | |
| 9 | 여름 수국축제 | 수국 | 제주특별자치도 | Seogwipo | 05월 27일 | 07월 20일 | 54 | |
| 10 | | | | | | | | |

**02** '기본작업-2' 시트에 대하여 다음의 지시사항을 처리하시오. (각 2점)

① [A1:F1] 영역은 '병합하고 가운데 맞춤', 글꼴 '돋움', 글꼴 크기 '16', 글꼴 스타일 '굵게', 행의 높이를 24로 지정하시오.

② [C4:C7], [C8:C11], [C12:C15] 영역은 '병합하고 가운데 맞춤'을 지정하고, [A3:F3] 영역은 글꼴 스타일 '굵게', 채우기 색 '표준 색 − 연한 녹색'으로 지정하시오.

③ [C3] 셀의 "등급"을 한자 "等級"으로 변환하시오.

④ [F4:F15] 영역은 사용자 지정 표시 형식을 이용하여 숫자 뒤에 "명"을 [표시 예]와 같이 표시하시오.
[표시 예 : 0 → 0명, 25 → 25명]

⑤ [A3:F15] 영역은 '모든 테두리'(⊞)를 적용한 후 '굵은 바깥쪽 테두리'(⊡)를 적용하여 표시하시오.

**03** '기본작업-3' 시트에서 다음의 지시사항을 처리하시오. (5점)

'상공물류센터 지역별 관리현황' 표에서 면적(제곱미터)가 9000 이상이면서 근무인원이 300 이상인 데이터를 고급필터를 사용하여 검색하시오.

▶ 고급 필터 조건은 [A20:B21] 범위 내에 알맞게 입력하시오.

▶ 고급 필터 결과 복사 위치는 동일 시트의 [A24] 셀에서 시작하시오.

**문제 ❷** | **계산작업** | '계산작업' 시트에서 다음 과정을 수행하고 저장하시오. **40점**

**01** [표1]에서 대리점[B3:B11]이 '서울'인 매출금액[C3:C11]의 평균을 [C12] 셀에 계산하시오. (8점)

▶ 서울 매출금액 평균은 백의 자리에서 내림하여 천의 자리까지 표시
   [표시 예 : 14,980 → 14,000]

▶ 조건은 [D11:D12] 영역에 입력하시오.

▶ ROUNDDOWN, DAVERAGE 함수 사용

**02** [표2]에서 평균[I3:I12]을 기준으로 순위를 구하여 1위는 '1등', 2위는 '2등', 3위는 '3등', 그 외는 공백을 비고 [J3:J12]에 표시하시오. (8점)

▶ 순위는 평균 점수가 높으면 1위

▶ IF, RANK.EQ, CHOOSE 함수 사용

**03** [표3]에서 분류[A16:A24]가 '캠핑용품'인 제품 중 판매실적[C16:C24]이 가장 높은 제품명을 [D25] 셀에 표시하시오. (8점)

▶ DMAX, VLOOKUP 함수 사용

**04** [표4]의 구매횟수[G16:G25]가 200 이상이고 적립금액[H16:H25]이 적립금액의 평균보다 크면 'MVG', 그 외는 공백으로 회원등급[I16:I25]에 표시하시오. (8점)

▶ AVERAGE, AND, IF 함수 사용

**05** [표5]에서 성별[B29:B36]이 '남'인 점수[C29:C36] 합계와 성별이 '여'인 점수 합계 차이를 절대값으로 [C37] 셀에 계산하시오. (8점)

▶ SUMIF, ABS 함수 사용

**문제 ❸** | **분석작업** | 주어진 시트에서 다음 작업을 수행하고 저장하시오. **20점**

**01** '분석작업-1' 시트에 대하여 다음의 지시사항을 처리하시오. (10점)

[목표값 찾기] 기능을 이용하여 '영업점별 굿즈 주문 현황' 표에서 '영등포점'의 판매액[D12]이 9,500,000이 되려면 주문량[B12]이 얼마나 되어야 하는지 계산하시오.

**02** '분석작업-2' 시트에 대하여 다음의 지시사항을 처리하시오. (10점)

[시나리오 관리자] 기능을 이용하여 '제품 납품 현황' 표에서 이익률[B14]이 다음과 같이 변동하는 경우 이익금합계[F11]의 변동 시나리오를 작성하시오.

▶ [B14] 셀의 이름은 '이익률', [F11] 셀의 이름은 '이익금합계'로 정의하시오.

▶ 시나리오1 : 시나리오 이름은 '이익률인상', 이익률은 30%로 설정하시오.

▶ 시나리오2 : 시나리오 이름은 '이익률인하', 이익률은 10%로 설정하시오.

▶ 시나리오 요약 시트는 '분석작업-2' 시트 바로 왼쪽에 위치해야 함

※ 시나리오 요약 보고서 작성 시 정답과 일치하여야 하며, 오자로 인한 부분점수는 인정하지 않음

**문제 ④** **기타작업** | 주어진 시트에서 다음 작업을 수행하고 저장하시오. **20점**

**01** '매크로작업' 시트의 [표]에서 다음과 같은 기능을 수행하는 매크로를 현재 통합 문서에 작성하고 실행하시오. (각 5점)

　① [G3:G10] 영역에 총점을 계산하는 매크로를 생성하여 실행하시오.
　　▶ 매크로 이름 : 총점
　　▶ 총점 : 과제 + 출석 + 중간 + 기말
　　▶ SUM 함수 사용
　　▶ [개발 도구]–[삽입]–[양식 컨트롤]의 '단추'(□)를 동일 시트의 [B12:C13] 영역에 생성하고, 텍스트를 '총점'으로 입력한 후 단추를 클릭할 때 '총점' 매크로가 실행되도록 설정하시오.
　② [A2:G2] 영역에 셀 스타일 '녹색, 강조색 6'을 적용하는 매크로를 생성하여 실행하시오.
　　▶ 매크로 이름 : 셀스타일
　　▶ [도형]–[블록 화살표]의 '화살표: 오각형'(▷)을 동일 시트의 [E12:F13] 영역에 생성하고, 텍스트를 '셀스타일'로 입력한 후 도형을 클릭할 때 '셀스타일' 매크로가 실행되도록 설정하시오.
　　※ 셀 포인터의 위치에 상관없이 현재 통합문서에서 매크로가 실행되어야 정답으로 인정됨

**02** '차트작업' 시트의 차트를 지시사항에 따라 아래 그림과 같이 수정하시오. (각 2점)

　※ 차트는 반드시 문제에서 제공한 차트를 사용하여야 하며, 신규로 작성 시 0점 처리됨
　① 부서가 '영업부'의 출장비와 교통비만 표시되도록 데이터 범위를 수정하시오.
　② 각 계열의 '배민석' 요소에만 데이터 레이블 '값'을 표시하고, 레이블의 위치를 '안쪽 끝에'로 지정하시오.
　③ 차트 제목은 〈그림〉과 같이 입력하고, 도형 스타일 '색 윤곽선 – 파랑, 강조1'로 지정하시오.
　④ 전체 계열의 계열 겹치기를 0%, 간격 너비를 80%로 설정하시오..
　⑤ 차트 영역의 테두리는 '네온: 5pt, 파랑, 강조색 1' 네온 효과를 지정하시오.

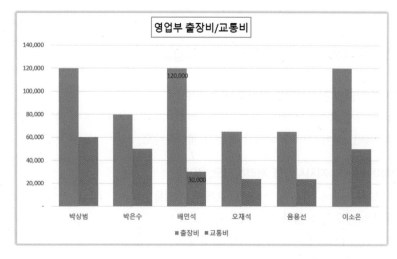

## 문제 ❶ 기본작업

### 01 자료 입력

| | A | B | C | D | E | F | G | H |
|---|---|---|---|---|---|---|---|---|
| 1 | 꽃축제 현황 | | | | | | | |
| 2 | | | | | | | | |
| 3 | 축제행사명 | 테마 | 지역 | 지자체 | 시작일 | 종료일 | 행사기간 | |
| 4 | 수선화 튤립 축제 | 수선화 | 충청남도 | Asan | 04월 01일 | 05월 31일 | 60 | |
| 5 | 유채한 봄 | 유채꽃 | 대구광역시 | Dalseo | 04월 30일 | 05월 15일 | 15 | |
| 6 | 장미원축제 | 장미 | 경기도 | Gwacheon | 05월 11일 | 06월 23일 | 43 | |
| 7 | 천성산 철쭉제 | 철쭉 | 경상남도 | Yangsan | 05월 12일 | 05월 24일 | 12 | |
| 8 | 라벤더가든 | 라벤더 | 전라북도 | Gochang | 05월 27일 | 06월 26일 | 30 | |
| 9 | 여름 수국축제 | 수국 | 제주특별자치도 | Seogwipo | 05월 27일 | 07월 20일 | 54 | |
| 10 | | | | | | | | |

### 02 서식 지정

| | A | B | C | D | E | F | G |
|---|---|---|---|---|---|---|---|
| 1 | 상공스포츠센터 레슨 현황 | | | | | | |
| 2 | | | | | | | |
| 3 | 종목명 | 수강코드 | 等級 | 담당코치 | 레슨요일 | 레슨인원 | |
| 4 | 테니스 | TE-103 | 초급 | 이영택 | 월 | 25명 | |
| 5 | 탁구 | TT-104 | | 윤승민 | 화 | 30명 | |
| 6 | 배드민턴 | BT-105 | | 임용대 | 수 | 28명 | |
| 7 | 골프 | GF-106 | | 김세리 | 목 | 40명 | |
| 8 | 테니스 | TE-203 | 중급 | 정미라 | 화 | 20명 | |
| 9 | 탁구 | TT-204 | | 연정화 | 수 | 25명 | |
| 10 | 배드민턴 | BT-205 | | 박수현 | 목 | 23명 | |
| 11 | 골프 | GF-206 | | 조경주 | 목 | 35명 | |
| 12 | 테니스 | TE-303 | 고급 | 이영택 | 월 | 15명 | |
| 13 | 탁구 | TT-304 | | 강택수 | 화 | 20명 | |
| 14 | 배드민턴 | BT-305 | | 윤연성 | 수 | 18명 | |
| 15 | 골프 | GF-306 | | 김인비 | 수 | 30명 | |
| 16 | | | | | | | |

### 03 고급 필터

| | A | B | C | D | E | F | G |
|---|---|---|---|---|---|---|---|
| 19 | | | | | | | |
| 20 | 면적(제곱미터) | 근무인원 | | | | | |
| 21 | >=9000 | >=300 | | | | | |
| 22 | | | | | | | |
| 23 | | | | | | | |
| 24 | 관리코드 | 준공일자 | 센터명 | 책임자명 | 면적(제곱미터) | 근무인원 | |
| 25 | SGL-19-002 | 2024-05-01 | 대전 | 유연석 | 10,200 | 345 | |
| 26 | SGL-20-003 | 2025-05-12 | 부산 | 정이정 | 12,000 | 382 | |
| 27 | SGL-19-007 | 2024-12-05 | 전주 | 윤수연 | 9,200 | 305 | |
| 28 | | | | | | | |

## 01 서울 매출금액 평균

| | A | B | C | D | E |
|---|---|---|---|---|---|
| 1 | [표1] | | | | |
| 2 | 사원명 | 대리점 | 매출금액 | | |
| 3 | 조현우 | 서울 | 23,545,850 | | |
| 4 | 김혁진 | 부산 | 34,545,721 | | |
| 5 | 민준수 | 광주 | 45,689,420 | | |
| 6 | 성도경 | 서울 | 12,587,120 | | |
| 7 | 곽승호 | 광주 | 32,123,480 | | |
| 8 | 서현국 | 부산 | 42,189,420 | | |
| 9 | 이정현 | 광주 | 32,978,140 | | |
| 10 | 박정호 | 서울 | 21,487,450 | <조건> | |
| 11 | 공필승 | 부산 | 18,587,651 | 대리점 | |
| 12 | 서울 매출금액 평균 | | 19,206,000 | 서울 | |
| 13 | | | | | |

[C12] 셀에 「=ROUNDDOWN(DAVERAGE(A2:C11,C2, D11:D12),-3)」를 입력

## 02 비고

| | F | G | H | I | J | K |
|---|---|---|---|---|---|---|
| 1 | [표2] | | | | | |
| 2 | 성명 | 중간고사 | 기말고사 | 평균 | 비고 | |
| 3 | 전서윤 | 78 | 95 | 86.5 | | |
| 4 | 민지수 | 89 | 79 | 84 | | |
| 5 | 정혜성 | 92 | 93 | 92.5 | 2등 | |
| 6 | 윤여운 | 88 | 91 | 89.5 | | |
| 7 | 강소라 | 65 | 78 | 71.5 | | |
| 8 | 김채연 | 95 | 82 | 88.5 | | |
| 9 | 이진희 | 95 | 89 | 92 | 3등 | |
| 10 | 박소율 | 82 | 75 | 78.5 | | |
| 11 | 최나영 | 76 | 65 | 70.5 | | |
| 12 | 전연승 | 96 | 90 | 93 | 1등 | |
| 13 | | | | | | |

[J3] 셀에 「=IF(RANK.EQ(I3,$I$3:$I$12)<=3,CHOOSE( RANK.EQ(I3,$I$3:$I$12),"1등","2등","3등"),"")」를 입력하고 [J12] 셀까지 수식 복사

## 03 판매실적이 가장 많은 제품

| | A | B | C | D | E |
|---|---|---|---|---|---|
| 14 | [표3] | | | | |
| 15 | 분류 | 브랜드 | 판매실적 | 제품명 | |
| 16 | 캠핑용품 | 퍼즈 | 163 | 캠핑랜턴 | |
| 17 | 주방용품 | 바이마르 | 158 | 스텐냄비 | |
| 18 | 욕실용품 | 다올 | 132 | 욕실화 | |
| 19 | 캠핑용품 | 토토비즈 | 168 | 캠핑매트 | |
| 20 | 주방용품 | 휘슬러 | 102 | 프라이팬 | |
| 21 | 욕실용품 | 듀오 | 192 | 샤워기 | |
| 22 | 캠핑용품 | 마그피아 | 185 | 자석행거 | |
| 23 | 주방용품 | 오블롱 | 113 | 식기세트 | |
| 24 | 욕실용품 | 송월 | 198 | 타월세트 | |
| 25 | 판매실적이 가장 많은 제품 | | | 자석행거 | |
| 26 | | | | | |

[D25] 셀에 「=VLOOKUP(DMAX(A15:D24,3,A15:A16), C16:D24,2,FALSE)」를 입력

## 04 회원등급

| | F | G | H | I | J |
|---|---|---|---|---|---|
| 14 | [표4] | | | | |
| 15 | 회원번호 | 구매횟수 | 적립금액 | 회원등급 | |
| 16 | SG-001 | 88 | 1,056,000 | | |
| 17 | SG-002 | 75 | 900,000 | | |
| 18 | SG-003 | 201 | 2,412,000 | MVG | |
| 19 | SG-004 | 211 | 1,980,000 | MVG | |
| 20 | SG-005 | 205 | 1,140,000 | | |
| 21 | SG-006 | 68 | 816,000 | | |
| 22 | SG-007 | 132 | 1,584,000 | | |
| 23 | SG-008 | 211 | 2,532,000 | MVG | |
| 24 | SG-009 | 128 | 1,536,000 | | |
| 25 | SG-010 | 92 | 1,104,000 | | |
| 26 | | | | | |

[I16] 셀에 「=IF(AND(G16>=200,H16>AVERAGE($H$16: $H$25)),"MVG","")」를 입력하고 [I25] 셀까지 수식 복사

## 05 남녀 점수 차이

| | A | B | C | D |
|---|---|---|---|---|
| 27 | [표5] | | | |
| 28 | 사번 | 성별 | 점수 | |
| 29 | C0702 | 여 | 91.2 | |
| 30 | C0704 | 남 | 92.4 | |
| 31 | C0705 | 여 | 89.3 | |
| 32 | C0707 | 남 | 93.1 | |
| 33 | C0708 | 여 | 89.4 | |
| 34 | C0709 | 남 | 88.7 | |
| 35 | C0710 | 여 | 94.1 | |
| 36 | C0711 | 남 | 79.5 | |
| 37 | 남녀 점수 차이 | | 10.3 | |
| 38 | | | | |

[C37] 셀에 「=ABS(SUMIF(B29:B36,"남",C29:C36)- SUMIF(B29:B36,"여",C29:C36))」를 입력

**01 목표값 찾기**

| | A | B | C | D | E |
|---|---|---|---|---|---|
| 1 | 영업점별 굿즈 주문 현황 | | | | |
| 2 | | | | | |
| 3 | 영업점 | 주문량 | 단가 | 판매액 | |
| 4 | 을지로점 | 350 | 20,000 | 7,000,000 | |
| 5 | 강남점 | 600 | 20,000 | 12,000,000 | |
| 6 | 노원점 | 250 | 20,000 | 5,000,000 | |
| 7 | 송파점 | 280 | 20,000 | 5,600,000 | |
| 8 | 강동점 | 250 | 20,000 | 5,000,000 | |
| 9 | 강서점 | 400 | 20,000 | 8,000,000 | |
| 10 | 구로점 | 550 | 20,000 | 11,000,000 | |
| 11 | 동작점 | 220 | 20,000 | 4,400,000 | |
| 12 | 영등포점 | 475 | 20,000 | 9,500,000 | |
| 13 | | | | | |

**02 시나리오**

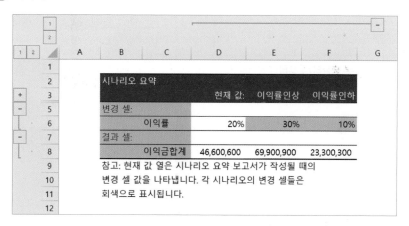

**문제 ④ 기타작업**

**01 매크로**

| | A | B | C | D | E | F | G | H |
|---|---|---|---|---|---|---|---|---|
| 1 | | | | | | | | |
| 2 | 이름 | 학과 | 과제 | 출석 | 중간 | 기말 | 총점 | |
| 3 | 이현정 | 컴퓨터공학과 | 13 | 11 | 23 | 30 | 77 | |
| 4 | 송수정 | 컴퓨터공학과 | 19 | 10 | 16 | 26 | 71 | |
| 5 | 문병용 | 컴퓨터공학과 | 14 | 11 | 15 | 25 | 65 | |
| 6 | 김혜영 | 컴퓨터공학과 | 20 | 15 | 21 | 15 | 71 | |
| 7 | 이문성 | 전자공학과 | 10 | 15 | 22 | 27 | 74 | |
| 8 | 우용표 | 전자공학과 | 14 | 12 | 27 | 28 | 81 | |
| 9 | 김후영 | 컴퓨터공학과 | 16 | 19 | 15 | 23 | 73 | |
| 10 | 김민국 | 컴퓨터공학과 | 18 | 13 | 16 | 23 | 70 | |
| 11 | | | | | | | | |
| 12 | | 총점 | | | 셀스타일 | | | |
| 13 | | | | | | | | |
| 14 | | | | | | | | |

**02 차트**

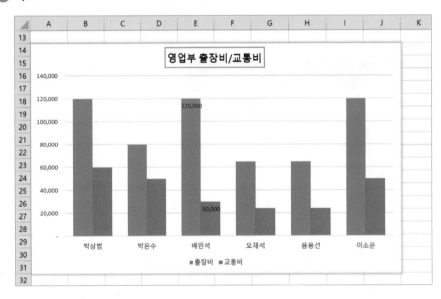

## 상시 기출 문제 07회 / 해설

**문제 ①** **기본작업**

### 01 자료 입력('기본작업-1' 시트)

[A3:G9] 셀까지 문제를 보고 오타 없이 작성한다.

### 02 서식 지정('기본작업-2' 시트)

① [A1:F1] 영역을 범위 지정한 후 [홈]–[맞춤] 그룹에서 [병합하고 가운데 맞춤](▦)을 클릭한 후 [홈]–[글꼴] 그룹에서 '돋움', 크기 '16', '굵게' 지정한다.

② 1행 머리글에서 마우스 오른쪽 버튼을 눌러 [행 높이]를 클릭한 후 24를 입력하고 [확인]을 클릭한다.

③ [C4:C7], [C8:C11], [C12:C15] 영역을 범위 지정한 후 [홈]–[맞춤] 그룹에서 [병합하고 가운데 맞춤](▦)을 클릭한다.

④ [A3:F3] 영역을 범위 지정한 후 [홈]–[글꼴] 그룹에서 '굵게', [채우기 색](▨) 도구를 클릭하여 '표준 색 – 연한 녹색'으로 지정한다.

⑤ [C3] 셀의 '등급'을 범위 지정한 후 [한자]를 눌러 '等級'을 선택하고 [변환]을 클릭한다.

⑥ [F4:F15] 영역을 범위 지정한 후 [Ctrl]+[1]을 눌러 '사용자 지정'에 0"명"를 입력하고 [확인]을 클릭한다.

⑦ [A3:F15] 영역을 범위 지정한 후 [홈]–[글꼴] 그룹에서 [테두리](▦▾) 도구의 [모든 테두리](▦)를 클릭한 후 [굵은 바깥쪽 테두리](▣)를 클릭한다.

### 03 고급 필터('기본작업-3' 시트)

① 다음과 같이 [A20:B21] 영역에 '조건'을 입력한다.

| | A | B | C |
|---|---|---|---|
| 19 | | | |
| 20 | 면적(제곱미터) | 근무인원 | |
| 21 | >=9000 | >=300 | |
| 22 | | | |

② [데이터]–[정렬 및 필터] 그룹의 [고급](▽)을 클릭한다.

③ [고급 필터]에서 그림과 같이 지정한 후 [확인]을 클릭한다.

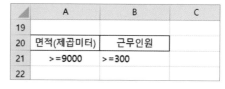

- **결과** : '다른 장소에 복사'
- **목록 범위** : [A3:F17]
- **조건 범위** : [A20:B21]
- **복사 위치** : [A24]

## 01 서울 매출금액 평균[C12]

① [D11:D12] 영역에 조건을 입력한다.

| | D | E |
|---|---|---|
| 10 | <조건> | |
| 11 | 대리점 | |
| 12 | 서울 | |
| 13 | | |

② [C12] 셀에 =ROUNDDOWN(DAVERAGE(A2: C11,C2,D11:D12),-3)를 입력한다.

> 💬 **함수 설명**
>
> ① DAVERAGE(A2:C11,C2,D11:D12) : [A2:C11] 영역에서 대리점이 '서울'[D11:D12] 조건에 만족한 C열의 평균을 구함
>
> =ROUNDDOWN(①,-3) : ①의 값을 백의 자리에서 내림하여 표시

## 02 비고[J3:J12]

[J3] 셀에 =IF(RANK.EQ(I3,$I$3:$I$12)<=3, CHOOSE(RANK.EQ(I3,$I$3:$I$12),"1등","2등", "3등"),"")를 입력하고 [J12] 셀까지 수식을 복사한다.

> 💬 **함수 설명**
>
> ① RANK.EQ(I3,$I$3:$I$12) : [I3] 셀의 값을 [I3:I12] 영역에서 순위를 구함
> ② CHOOSE(①,"1등","2등","3등") : ①의 값이 1이면 "1등", 2이면 "2등", 3이면 "3등"을 표시
>
> =IF(①<=3,②,"") : ①의 값이 3이하이면 ②을 표시, 그 외는 공백으로 표시

## 03 판매실적이 가장 많은 제품[D25]

[D25] 셀에 =VLOOKUP(DMAX(A15:D24,3,A15: A16),C16:D24,2,FALSE)를 입력한다.

> 💬 **함수 설명**
>
> ① DMAX(A15:D24,3,A15:A16) : [A15:D24] 영역에서 분류가 '캠핑용품'[A15:A16] 조건에 만족한 C열의 최대값을 구함
>
> =VLOOKUP(①,C16:D24,2,FALSE) : ①의 값을 [C16:D24] 영역의 첫 번째 열(C열)에서 값을 찾아 2번째 열(D열)에서 정확하게 일치하는 값을 찾아 표시

## 04 회원등급[I16:I25]

[I16] 셀에 =IF(AND(G16>=200,H16>AVERAGE ($H$16:$H$25)),"MVG","")를 입력하고 [I25] 셀까지 수식을 복사한다.

> 💬 **함수 설명**
>
> ① AVERAGE($H$16:$H$25) : [H16:H25] 영역의 평균을 구함
> ② AND(G16>=200,H16>①) : [G16] 셀의 값이 200 이상이고, [H16] 셀의 값이 ①보다 크면 TRUE 값을 표시
>
> =IF(②,"MVG","") : ②의 값이 TRUE이면 'MVG', 그 외는 공백으로 표시

## 05 남녀 점수 차이[C37]

[C37] 셀에 =ABS(SUMIF(B29:B36,"남",C29:C36) -SUMIF(B29:B36,"여",C29:C36))를 입력한다.

> 💬 **함수 설명**
>
> ① SUMIF(B29:B36,"남",C29:C36) : [B29:B36] 영역에서 '남'을 찾아 [C29:C36] 영역의 합계를 구함
> ② SUMIF(B29:B36,"여",C29:C36) : [B29:B36] 영역에서 '여'를 찾아 [C29:C36] 영역의 합계를 구함
>
> =ABS(①-②) : ①-②의 값을 양수로 표시

## 01 목표값 찾기('분석작업-1' 시트)

① [D12] 셀을 선택한 후 [데이터]-[예측] 그룹에서 [가상 분석]-[목표값 찾기]를 클릭한다.
② 다음과 같이 지정하고 [확인]을 클릭한다.

• 수식 셀 : D12
• 찾는 값 : 9500000
• 값을 바꿀 셀 : B12

③ [목표값 찾기 상태]에서 [확인]을 클릭한다.

## 02 시나리오('분석작업-2' 시트)

① [B14] 셀을 클릭한 후 '이름 상자'에 **이익률**을 입력하고 Enter 를 누른다.

② [F11] 셀을 클릭한 후 '이름 상자'에 **이익금합계**를 입력하고 Enter 를 누른다.

③ [B14] 셀을 클릭한 후 [데이터]-[예측] 그룹에서 [가상 분석]-[시나리오 관리자]를 클릭한다.

④ [시나리오 관리자]에서 [추가]를 클릭한 후 '시나리오 이름'에 **이익률인상**을 입력하고 [확인]을 클릭한다.

⑤ [시나리오 값]에서 30%를 입력하고 [추가]를 클릭한다.

⑥ '시나리오 이름'에 **이익률인하**를 입력하고 [확인]을 클릭하고 '시나리오 값'을 10%를 입력하고 [확인]을 클릭한다.

⑦ [시나리오 관리자]에서 [요약]을 클릭한 후 '결과 셀'에 커서를 두고 [F11] 셀을 클릭하여 지정한 후 [확인]을 클릭한다.

---

## 01 매크로('매크로작업' 시트)

① [개발 도구]-[컨트롤] 그룹의 [삽입]-[단추(양식 컨트롤)](□)을 클릭한다.

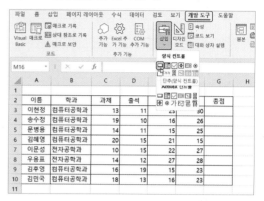

② 마우스 포인트가 '+'로 바뀌고 [B12:C13] 영역에 드래그하면 [매크로 지정] 대화상자가 나타난다.

③ [매크로 지정]에 **총점**을 입력하고 [기록]을 클릭한다.

④ [매크로 기록]에 자동으로 '총점'으로 매크로 이름이 표시되면 [확인]을 클릭한다.

⑤ [G3] 셀에 =SUM(C3:F3)을 입력하고 [G10] 셀까지 수식을 복사한다.

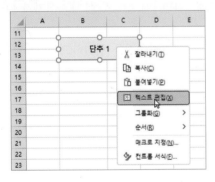

⑥ 임의의 셀을 클릭한 후 매크로 기록을 종료하기 위해 [개발 도구]-[코드] 그룹의 [기록 중지](□)를 클릭한다.

⑦ 단추에 텍스트를 수정하기 위해서 단추에서 마우스 오른쪽 버튼을 눌러 [텍스트 편집]을 클릭한다.

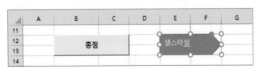

⑧ 단추에 입력된 '단추 1'을 지우고 **총점**을 입력한다.

⑨ [삽입]-[일러스트레이션] 그룹에서 [도형]-[블록 화살표]의 '화살표: 오각형(▷)'을 클릭한다.

⑩ 마우스 포인트가 '+'로 바뀌면 [E12:F13] 영역에 드래그한 후 **셀스타일**을 입력한다.

⑪ '화살표: 오각형(▷)' 도형에서 마우스 오른쪽 버튼을 눌러 [매크로 지정]을 클릭한다.

⑫ [매크로 지정]의 '매크로 이름'에 **셀스타일**을 입력하고 [기록]을 클릭한다.

⑬ [매크로 기록]에 자동으로 '셀스타일'로 매크로 이름이 표시되면 [확인]을 클릭한다.

⑭ [A2:G2] 영역을 범위 지정한 후 [홈]-[스타일] 그룹의 [셀 스타일]을 클릭하여 '녹색, 강조색6'을 선택한다.

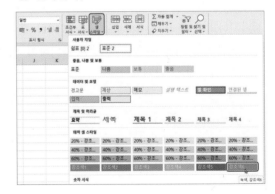

⑮ [개발 도구]-[코드] 그룹의 [기록 중지](□)를 클릭한다.

## ⑫ 차트('차트작업' 시트)

① 차트에서 마우스 오른쪽 버튼을 눌러 [데이터 선택]을 클릭한다.

② 기존 '차트 데이터 범위'를 지운 후 [A2], [E2:F2], [A6:A9], [E6:F9], [A11:A12], [E11:F12] 영역으로 수정한 후 [확인]을 클릭한다.

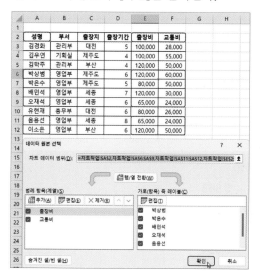

③ '출장비' 계열의 '배민석' 요소를 선택한 후 [차트 요소](⊞)−[데이터 레이블]−[안쪽 끝에]를 클릭한다.

④ '교통비' 계열의 '배민석' 요소를 선택한 후 [차트 요소](⊞)−[데이터 레이블]−[안쪽 끝에]를 클릭한다.

⑤ 차트를 선택하고 [차트 요소](⊞)−[차트 제목]을 체크한 후 **영업부 출장비/교통비**를 입력하고, [서식] 탭의 [도형 스타일] 그룹에서 '색 윤곽선 − 파랑, 강조 1'을 선택한다.

⑥ '출장비' 계열에서 마우스 오른쪽 버튼을 눌러 [데이터 계열 서식]을 클릭하여 '계열 겹치기'에 0, '간격 너비'에 80을 입력한다.

⑦ 차트 영역을 선택한 후 [효과]의 '네온'에서 '네온: 5pt, 파랑, 강조색 1'을 선택한다.

| 시험 시간 | 풀이 시간 | 합격 점수 | 내 점수 |
|---|---|---|---|
| 40분 | 분 | 70점 | 점 |

▶ 합격 강의

작업파일 [2025컴활2급₩상시기출문제] 폴더의 '상시기출문제8회' 파일을 열어서 작업하시오.

**문제 ❶** **기본작업** | 주어진 시트에서 다음 과정을 수행하고 저장하시오. **20점**

**01** '기본작업-1' 시트에 다음의 자료를 주어진 대로 입력하시오. (5점)

| | A | B | C | D | E | F |
|---|---|---|---|---|---|---|
| 1 | 25년 한국 프로야구(KBO) 순위 | | | | | |
| 2 | | | | | | |
| 3 | 팀명 | 승 | 무 | 패 | 승률 | |
| 4 | KT | 76 | 9 | 59 | 0.563 | |
| 5 | 두산 | 71 | 8 | 65 | 0.522 | |
| 6 | 삼성 | 76 | 9 | 59 | 0.563 | |
| 7 | LG | 72 | 14 | 58 | 0.554 | |
| 8 | 키움 | 70 | 7 | 67 | 0.511 | |
| 9 | SSG | 66 | 14 | 64 | 0.508 | |
| 10 | NC | 67 | 9 | 68 | 0.496 | |
| 11 | 롯데 | 65 | 8 | 71 | 0.478 | |
| 12 | KIA | 58 | 10 | 76 | 0.433 | |
| 13 | 한화 | 49 | 12 | 83 | 0.371 | |
| 14 | | | | | | |

**02** '기본작업-2' 시트에 대하여 다음의 지시사항을 처리하시오. (각 2점)

① [A1:H1] 영역은 '병합하고 가운데 맞춤', 글꼴 크기 '15', 글꼴 색 '표준 색 – 파랑', 밑줄 '이중 밑줄', 행의 높이를 25로 지정하시오.

② [A3:B3], [A4:B4], [A5:A8], [A9:A12], [A13:A16] 영역은 '병합하고 가운데 맞춤'을 지정하고, [C3:H3] 영역은 '가운데 맞춤', 채우기 색 '표준 색 – 노랑'으로 지정하시오.

③ [C4:H4] 영역의 이름을 '아파트합계'로 정의하시오.

④ [C4:H16] 영역은 사용자 지정 표시 형식을 이용하여 숫자 앞에 "*"을 표시하고, 숫자 뒤에 '건'을 [표시 예]와 같이 표시하시오. [표시 예 : 0 → *0건, 1200 → *1,200건]

⑤ [A3:H16] 영역은 '모든 테두리'(田)를 적용한 후 '굵은 바깥쪽 테두리'(田)를 적용하여 표시하시오.

**03** '기본작업-3' 시트에서 다음의 지시사항을 처리하시오. (5점)

[A4:E15] 영역에서 2023년의 판매실적이 2026년의 판매실적보다 큰 경우 행 전체에 대하여 글꼴 색을 '표준 색 - 녹색', 글꼴 스타일을 '굵게'로 지정하는 조건부 서식을 작성하시오.

▶ 단, 규칙 유형은 '수식을 사용하여 서식을 지정할 셀 결정'을 사용하고, 한 개의 규칙으로만 작성하시오.

---

**문제 ❷** **계산작업** | '계산작업' 시트에서 다음 과정을 수행하고 저장하시오. **40점**

**01** [표1]에서 개인점수[C3:C11]이 1위면 "1등", 2위면 "2등", 3위면 "3등", 나머지는 공백을 순위[D3:D11]에 표시하시오. (8점)

▶ 기록이 가장 높은 것이 1위
▶ IF, RANK.EQ 함수 사용

**02** [표2]에서 제품코드[F3:F11], 판매량[H3:H11], 제품 단가표[K4:L6]을 이용하여 판매금액[I3:I11]을 계산하시오. (8점)

▶ 판매금액 = 판매량 × 단가
▶ 판매금액은 백의 자리에서 반올림하여 표시 [표시 예 : 75,530 → 76,000]
▶ ROUND, VLOOKUP 함수 사용

**03** [표3]에서 학년[C15:C24]이 "1학년"인 학생들의 수를 [D25] 셀에 계산하시오. (8점)

▶ 계산된 학생수 뒤에는 '명'을 포함하여 표시 [표시 예 : 2명]
▶ COUNTIF, SUMIF, AVERAGEIF 함수 중 알맞은 함수와 & 연산자 사용

**04** [표4]에서 평가등급[H15:H22]이 "A"인 총점[I15:I22]의 최대값과 최소값의 차이를 [G25] 셀에 계산하시오. (8점)

▶ 조건은 [F24:F25] 영역에 입력하시오.
▶ DMAX, DMIN 함수 사용

**05** [표5]에서 통화명[A29:A32]가 "EUR"인 통화의 환율[B29:B32]을 찾아 [D32] 셀에 표시하시오. (8점)

▶ 결과 값은 반올림 없이 정수로 표시
▶ TRUNC, INDEX, MATCH 함수 사용

**01** '분석작업-1' 시트에 대하여 다음의 지시사항을 처리하시오. (10점)

[부분합] 기능을 이용하여 '부서별 급여 현황' 표에 〈그림〉과 같이 부서별 '기본급', '근속수당'의 평균을 계산한 후 '실수령액'의 최대값을 계산하시오.

▶ 정렬은 '부서'를 기준으로 내림차순으로 처리하시오.

▶ 평균과 최대값은 위에 명시된 순서대로 처리하시오.

| | A | B | C | D | E | F | G | H |
|---|---|---|---|---|---|---|---|---|
| 1 | | | | 부서별 급여 현황 | | | | |
| 2 | | | | | | | | |
| 3 | 사원코드 | 사원명 | 부서 | 기본급 | 근속년수 | 근속수당 | 실수령액 | |
| 4 | H9945312 | 김민서 | 홍보부 | 1,905,890 | 1 | 358,835 | 2,264,725 | |
| 5 | H9701007 | 홍다현 | 홍보부 | 2,125,600 | 3 | 168,840 | 2,294,440 | |
| 6 | H9701006 | 김현빈 | 홍보부 | 2,028,400 | 2 | 154,260 | 2,182,660 | |
| 7 | H9945313 | 이승준 | 홍보부 | 1,758,900 | 1 | 113,835 | 1,872,735 | |
| 8 | H9701005 | 여해경 | 홍보부 | 2,559,000 | 4 | 158,850 | 2,717,850 | |
| 9 | | | 홍보부 최대 | | | | 2,717,850 | |
| 10 | | | 홍보부 평균 | 2,075,558 | | 190,924 | | |
| 11 | P9832013 | 강승래 | 판매부 | 2,735,000 | 4 | 185,250 | 2,920,250 | |
| 12 | P9832015 | 이다혜 | 판매부 | 2,653,200 | 5 | 172,980 | 2,826,180 | |
| 13 | P9701003 | 안도연 | 판매부 | 1,926,500 | 2 | 138,975 | 2,065,475 | |
| 14 | P9701004 | 이승현 | 판매부 | 1,915,600 | 2 | 137,340 | 2,052,940 | |
| 15 | P9701005 | 김두아 | 판매부 | 1,897,800 | 1 | 134,670 | 2,032,470 | |
| 16 | P9701006 | 이승주 | 판매부 | 1,945,200 | 2 | 141,780 | 2,086,980 | |
| 17 | P9701007 | 김정석 | 판매부 | 1,912,500 | 2 | 136,875 | 2,049,375 | |
| 18 | P9701008 | 임희윤 | 판매부 | 1,890,000 | 1 | 133,500 | 2,023,500 | |
| 19 | | | 판매부 최대 | | | | 2,920,250 | |
| 20 | | | 판매부 평균 | 2,109,475 | | 147,671 | | |
| 21 | G7701003 | 박태석 | 총무부 | 2,403,600 | 4 | 135,540 | 2,539,140 | |
| 22 | C9832012 | 박민수 | 총무부 | 1,985,600 | 2 | 147,840 | 2,133,440 | |
| 23 | H9945311 | 이기자 | 총무부 | 2,395,600 | 4 | 134,340 | 2,529,940 | |
| 24 | | | 총무부 최대 | | | | 2,539,140 | |
| 25 | | | 총무부 평균 | 2,261,600 | | 139,240 | | |
| 26 | G7701001 | 오덕환 | 기획부 | 2,403,600 | 4 | 135,540 | 2,539,140 | |
| 27 | G7701002 | 김복용 | 기획부 | 2,256,000 | 3 | 188,400 | 2,444,400 | |
| 28 | G9701006 | 정민영 | 기획부 | 1,985,200 | 3 | 147,780 | 2,132,980 | |
| 29 | G9701004 | 김민자 | 기획부 | 2,650,000 | 5 | 172,500 | 2,822,500 | |
| 30 | G9832014 | 김영남 | 기획부 | 2,498,500 | 5 | 149,775 | 2,648,275 | |
| 31 | G9701005 | 임병호 | 기획부 | 2,120,000 | 3 | 168,000 | 2,288,000 | |
| 32 | G9832013 | 김광수 | 기획부 | 2,565,900 | 4 | 159,885 | 2,725,785 | |
| 33 | G9832012 | 김태호 | 기획부 | 2,058,200 | 3 | 158,730 | 2,216,930 | |
| 34 | | | 기획부 최대 | | | | 2,822,500 | |
| 35 | | | 기획부 평균 | 2,317,175 | | 160,076 | | |
| 36 | | | 전체 최대값 | | | | 2,920,250 | |
| 37 | | | 전체 평균 | 2,190,658 | | 159,763 | | |
| 38 | | | | | | | | |

**02** '분석작업-2' 시트에 대하여 다음의 지시사항을 처리하시오. (10점)

[피벗 테이블] 기능을 이용하여 '근무지별 급여현황' 표의 업무부서는 '행', 근무지는 '열'로 처리하고, '값'에 기본급의 평균과 수당의 합계를 계산하시오.

▶ 피벗 테이블 보고서는 동일 시트의 [A26] 셀에서 시작하시오.

▶ 'Σ' 기호를 '행' 영역으로 이동하시오.

▶ 피벗 테이블 보고서는 행 및 열의 총합계를 해제하시오.

**01** '매크로작업' 시트의 [표]에서 다음과 같은 기능을 수행하는 매크로를 현재 통합 문서에 작성하고 실행하시오. **(각 5점)**

① [E4:E12] 영역에 납세자별 합계를 계산하는 매크로를 생성하여 실행하시오.

▶ 매크로 이름 : 합계

▶ 합계 = 자동차세 + 지방교육세

▶ [개발 도구]-[삽입]-[양식 컨트롤]의 '단추'(▢)를 동일 시트의 [G3:H4] 영역에 생성하고, 텍스트를 '합계'로 입력한 후 단추를 클릭할 때 '합계' 매크로가 실행되도록 설정하시오.

② [B4:E12] 영역에 표시 형식을 '쉼표 스타일'로 지정하는 매크로를 생성하여 실행하시오.

▶ 매크로 이름 : 서식

▶ [도형]-[사각형]의 '사각형: 둥근 모서리'(▢)를 동일 시트의 [G6:H7] 영역에 생성하고, 텍스트를 '서식'으로 입력한 후 도형을 클릭할 때 '서식' 매크로가 실행되도록 설정하시오.

※ 셀 포인터의 위치에 상관없이 현재 통합문서에서 매크로가 실행되어야 정답으로 인정됨

**02** '차트작업' 시트의 차트를 지시사항에 따라 아래 그림과 같이 수정하시오. (각 2점)

※ 차트는 반드시 문제에서 제공한 차트를 사용하여야 하며, 신규로 작성 시 0점 처리됨

① 재단명별 '지원액'과 '미회수액'만 표시되도록 데이터 영역을 수정하시오.

② 차트 제목을 〈그림〉과 같이 입력하고, 범례의 위치를 위쪽으로 배치하시오.

③ 세로(값) 축의 기본 단위를 1,000으로 변경하시오.

④ '지원액' 계열에 '지수' 추세선을 설정하시오.

⑤ 차트 영역에 범례 표지가 없는 '데이터 테이블'을 지정하시오.

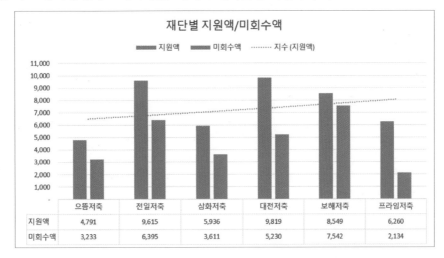

## 문제 ❶ 기본작업

### 01 자료 입력

| | A | B | C | D | E | F |
|---|---|---|---|---|---|---|
| 1 | 25년 한국 프로야구(KBO) 순위 | | | | | |
| 2 | | | | | | |
| 3 | 팀명 | 승 | 무 | 패 | 승률 | |
| 4 | KT | 76 | 9 | 59 | 0.563 | |
| 5 | 두산 | 71 | 8 | 65 | 0.522 | |
| 6 | 삼성 | 76 | 9 | 59 | 0.563 | |
| 7 | LG | 72 | 14 | 58 | 0.554 | |
| 8 | 키움 | 70 | 7 | 67 | 0.511 | |
| 9 | SSG | 66 | 14 | 64 | 0.508 | |
| 10 | NC | 67 | 9 | 68 | 0.496 | |
| 11 | 롯데 | 65 | 8 | 71 | 0.478 | |
| 12 | KIA | 58 | 10 | 76 | 0.433 | |
| 13 | 한화 | 49 | 12 | 83 | 0.371 | |
| 14 | | | | | | |

### 02 서식 지정

| | A | B | C | D | E | F | G | H | I |
|---|---|---|---|---|---|---|---|---|---|
| 1 | 서울특별시 거래 현황 | | | | | | | | |
| 2 | | | | | | | | | |
| 3 | 부동산 매매 | | 7월 | 8월 | 9월 | 10월 | 11월 | 12월 | |
| 4 | 서울특별시 | | *4,680건 | *4,065건 | *2,696건 | *2,194건 | *1,360건 | *1,124건 | |
| 5 | 아파트 | 강남구 | *206건 | *191건 | *141건 | *122건 | *105건 | *69건 | |
| 6 | | 강동구 | *171건 | *186건 | *118건 | *120건 | *73건 | *64건 | |
| 7 | | 강북구 | *130건 | *110건 | *47건 | *31건 | *19건 | *13건 | |
| 8 | | 강서구 | *373건 | *316건 | *146건 | *117건 | *75건 | *59건 | |
| 9 | 단독/다가구 | 강남구 | *22건 | *18건 | *16건 | *23건 | *18건 | *9건 | |
| 10 | | 강동구 | *36건 | *33건 | *24건 | *24건 | *28건 | *25건 | |
| 11 | | 강북구 | *59건 | *61건 | *38건 | *30건 | *28건 | *27건 | |
| 12 | | 강서구 | *23건 | *15건 | *33건 | *33건 | *22건 | *22건 | |
| 13 | 다세대/연립 | 강남구 | *131건 | *159건 | *91건 | *64건 | *62건 | *71건 | |
| 14 | | 강동구 | *167건 | *179건 | *242건 | *142건 | *146건 | *204건 | |
| 15 | | 강북구 | *249건 | *264건 | *262건 | *230건 | *171건 | *172건 | |
| 16 | | 강서구 | *459건 | *435건 | *406건 | *446건 | *377건 | *318건 | |
| 17 | | | | | | | | | |

### 03 조건부 서식

| | A | B | C | D | E | F |
|---|---|---|---|---|---|---|
| 1 | 상공카페 판매 실적표 | | | | | |
| 2 | | | | | | |
| 3 | 음료 | 2023년 | 2024년 | 2025년 | 2026년 | |
| 4 | 콜드 브루 커피 | 8,950 | 9,666 | 7,530 | 8,105 | |
| 5 | 브루드 커피 | 15,776 | 16,743 | 12,030 | 15,104 | |
| 6 | 에스프레소 | 5,297 | 5,290 | 5,577 | 4,861 | |
| 7 | 프라푸치노 | 12,192 | 12,826 | 12,222 | 13,078 | |
| 8 | 블렌디드 | 10,220 | 10,670 | 12,089 | 13,029 | |
| 9 | 피지오 | 6,525 | 6,632 | 6,552 | 7,841 | |
| 10 | 티바나 | 3,750 | 3,599 | 4,470 | 4,814 | |
| 11 | 밀크 티 | 4,400 | 4,309 | 4,652 | 3,922 | |
| 12 | 티 라떼 | 6,288 | 6,373 | 7,124 | 6,738 | |
| 13 | 시그니처 초콜릿 | 3,770 | 3,621 | 4,609 | 4,775 | |
| 14 | 제주 라떼 | 7,459 | 7,653 | 8,781 | 8,421 | |
| 15 | 주스(병음료) | 5,189 | 6,784 | 7,515 | 4,998 | |
| 16 | | | | | | |

## 01 순위

| | A | B | C | D | E |
|---|---|---|---|---|---|
| 1 | [표1] | | | | |
| 2 | 선수명 | 소속팀 | 개인점수 | 순위 | |
| 3 | 조현우 | 서울 | 85 | | |
| 4 | 김혁진 | 부산 | 89 | | |
| 5 | 민준수 | 광주 | 95 | 2등 | |
| 6 | 성도경 | 서울 | 87 | | |
| 7 | 곽승호 | 광주 | 92 | | |
| 8 | 서현국 | 부산 | 94 | 3등 | |
| 9 | 이정현 | 광주 | 89 | | |
| 10 | 박정호 | 서울 | 99 | 1등 | |
| 11 | 공필승 | 부산 | 90 | | |
| 12 | | | | | |

[D3] 셀에 「=IF(RANK.EQ(C3,$C$3:$C$11)=1,"1등",IF(RANK.EQ(C3,$C$3:$C$11)=2,"2등",IF(RANK.EQ(C3,$C$3:$C$11)=3,"3등","")))」를 입력하고 [D11] 셀까지 수식 복사

## 03 1학년 학생수

| | A | B | C | D | E |
|---|---|---|---|---|---|
| 13 | [표3] | | | | |
| 14 | 학생명 | 성별 | 학년 | 평균점수 | |
| 15 | 정우진 | 남 | 1학년 | 75 | |
| 16 | 최민혁 | 남 | 2학년 | 128 | |
| 17 | 정여진 | 여 | 3학년 | 142 | |
| 18 | 공서연 | 여 | 1학년 | 135 | |
| 19 | 성정훈 | 남 | 2학년 | 132 | |
| 20 | 김현수 | 남 | 1학년 | 110 | |
| 21 | 이정훈 | 남 | 3학년 | 175 | |
| 22 | 전인지 | 여 | 3학년 | 163 | |
| 23 | 한혜진 | 여 | 2학년 | 142 | |
| 24 | 권상우 | 남 | 3학년 | 172 | |
| 25 | 1학년 학생수 | | | 3명 | |
| 26 | | | | | |

[D25] 셀에 「=COUNTIF(C15:C24,"1학년")&"명"」를 입력

## 05 환율

| | A | B | C | D | E |
|---|---|---|---|---|---|
| 27 | [표5] | | | | |
| 28 | 통화명 | 환율 | | | |
| 29 | USD | 1306.00 | | | |
| 30 | JPY | 961.74 | | | |
| 31 | EUR | 1329.64 | | 환율 | |
| 32 | CNY | 194.58 | EUR | 1,329 | |
| 33 | | | | | |

[D32] 셀에 「=TRUNC(INDEX(A29:B32,MATCH(C32,A29:A32,0),2))」를 입력

## 02 판매금액

| | F | G | H | I | J | K | L | M |
|---|---|---|---|---|---|---|---|---|
| 1 | [표2] | | | (단위:천원) | | | | |
| 2 | 제품코드 | 제품명 | 판매량 | 판매금액 | | <제품 단가표> | | |
| 3 | WAS-A | 세탁기 | 101 | 76,000 | | 제품번호 | 단가 | |
| 4 | DRY-B | 건조기 | 102 | 82,000 | | WAS-A | 750 | |
| 5 | WSM-C | 세탁기 | 303 | 258,000 | | DRY-B | 800 | |
| 6 | WAS-A | 세탁기 | 125 | 94,000 | | WSM-C | 850 | |
| 7 | WSM-C | 세탁기 | 114 | 97,000 | | | | |
| 8 | DRY-B | 건조기 | 127 | 102,000 | | | | |
| 9 | WAS-A | 세탁기 | 106 | 80,000 | | | | |
| 10 | WSM-C | 세탁기 | 298 | 253,000 | | | | |
| 11 | DRY-B | 건조기 | 152 | 122,000 | | | | |
| 12 | | | | | | | | |

[I3] 셀에 「=ROUND(VLOOKUP(F3,$K$4:$L$6,2,0)*H3,−3)」를 입력하고 [I11] 셀까지 수식 복사

## 04 A등급 최대값−최소값 차이

| | F | G | H | I | J |
|---|---|---|---|---|---|
| 13 | [표4] | | | | |
| 14 | 사원명 | 연수점수 | 평가등급 | 총점 | |
| 15 | 전수민 | 90 | A | 114 | |
| 16 | 이규진 | 89 | B | 106 | |
| 17 | 임지호 | 78 | C | 102 | |
| 18 | 서민준 | 92 | A | 116 | |
| 19 | 고우람 | 89 | C | 113 | |
| 20 | 민설현 | 92 | B | 109 | |
| 21 | 최중호 | 88 | C | 112 | |
| 22 | 박정환 | 94 | A | 113 | |
| 23 | | | | | |
| 24 | 평가등급 | A등급 최대값-최소값 차이 | | | |
| 25 | A | | | 3 | |
| 26 | | | | | |

[G25] 셀에 「=DMAX(F14:I22,4,F24:F25)−DMIN(F14:I22,4,F24:F25)」를 입력

**문제 ❸  분석작업**

**01  부분합**

| | A | B | C | D | E | F | G | H |
|---|---|---|---|---|---|---|---|---|
| 1 | | | | 부서별 급여 현황 | | | | |
| 2 | | | | | | | | |
| 3 | 사원코드 | 사원명 | 부서 | 기본급 | 근속년수 | 근속수당 | 실수령액 | |
| 4 | H9945312 | 김민서 | 홍보부 | 1,905,890 | 1 | 358,835 | 2,264,725 | |
| 5 | H9701007 | 홍다현 | 홍보부 | 2,125,600 | 3 | 168,840 | 2,294,440 | |
| 6 | H9701006 | 김현빈 | 홍보부 | 2,028,400 | 2 | 154,260 | 2,182,660 | |
| 7 | H9945313 | 이승준 | 홍보부 | 1,758,900 | 1 | 113,835 | 1,872,735 | |
| 8 | H9701005 | 여해경 | 홍보부 | 2,559,000 | 4 | 158,850 | 2,717,850 | |
| 9 | | | 홍보부 최대 | | | | 2,717,850 | |
| 10 | | | 홍보부 평균 | 2,075,558 | | 190,924 | | |
| 11 | P9832013 | 강승래 | 판매부 | 2,735,000 | 4 | 185,250 | 2,920,250 | |
| 12 | P9832015 | 이다혜 | 판매부 | 2,653,200 | 5 | 172,980 | 2,826,180 | |
| 13 | P9701003 | 안도연 | 판매부 | 1,926,500 | 2 | 138,975 | 2,065,475 | |
| 14 | P9701004 | 이승현 | 판매부 | 1,915,600 | 2 | 137,340 | 2,052,940 | |
| 15 | P9701005 | 김두아 | 판매부 | 1,897,800 | 1 | 134,670 | 2,032,470 | |
| 16 | P9701006 | 이승주 | 판매부 | 1,945,200 | 2 | 141,780 | 2,086,980 | |
| 17 | P9701007 | 김정석 | 판매부 | 1,912,500 | 2 | 136,875 | 2,049,375 | |
| 18 | P9701008 | 임희윤 | 판매부 | 1,890,000 | 1 | 133,500 | 2,023,500 | |
| 19 | | | 판매부 최대 | | | | 2,920,250 | |
| 20 | | | 판매부 평균 | 2,109,475 | | 147,671 | | |
| 21 | G7701003 | 박태석 | 총무부 | 2,403,600 | 4 | 135,540 | 2,539,140 | |
| 22 | C9832012 | 박민수 | 총무부 | 1,985,600 | 2 | 147,840 | 2,133,440 | |
| 23 | H9945311 | 이기자 | 총무부 | 2,395,600 | 4 | 134,340 | 2,529,940 | |
| 24 | | | 총무부 최대 | | | | 2,539,140 | |
| 25 | | | 총무부 평균 | 2,261,600 | | 139,240 | | |
| 26 | G7701001 | 오덕환 | 기획부 | 2,403,600 | 4 | 135,540 | 2,539,140 | |
| 27 | G7701002 | 김복용 | 기획부 | 2,256,000 | 3 | 188,400 | 2,444,400 | |
| 28 | G9701006 | 정민영 | 기획부 | 1,985,200 | 3 | 147,780 | 2,132,980 | |
| 29 | G9701004 | 김민자 | 기획부 | 2,650,000 | 5 | 172,500 | 2,822,500 | |
| 30 | G9832014 | 김영남 | 기획부 | 2,498,500 | 5 | 149,775 | 2,648,275 | |
| 31 | G9701005 | 임병호 | 기획부 | 2,120,000 | 3 | 168,000 | 2,288,000 | |
| 32 | G9832013 | 김광수 | 기획부 | 2,565,900 | 4 | 159,885 | 2,725,785 | |
| 33 | G9832012 | 김태호 | 기획부 | 2,058,200 | 3 | 158,730 | 2,216,930 | |
| 34 | | | 기획부 최대 | | | | 2,822,500 | |
| 35 | | | 기획부 평균 | 2,317,175 | | 160,076 | | |
| 36 | | | 전체 최대값 | | | | 2,920,250 | |
| 37 | | | 전체 평균 | 2,190,658 | | 159,763 | | |
| 38 | | | | | | | | |

**02  피벗 테이블**

| | A | B | C | D | E | F |
|---|---|---|---|---|---|---|
| 25 | | | | | | |
| 26 | | 열 레이블 | | | | |
| 27 | 행 레이블 | 경기지사 | 인천본사 | 제주지사 | 충청지사 | |
| 28 | 관리부서 | | | | | |
| 29 | 평균 : 기본급 | 2500000 | 2900000 | 3700000 | 2200000 | |
| 30 | 합계 : 수당 | 200000 | 280000 | 280000 | 446000 | |
| 31 | 생산부서 | | | | | |
| 32 | 평균 : 기본급 | 3600000 | | | 2600000 | |
| 33 | 합계 : 수당 | 656000 | | | 488000 | |
| 34 | 연구팀 | | | | | |
| 35 | 평균 : 기본급 | 2300000 | | 3300000 | 2000000 | |
| 36 | 합계 : 수당 | 886000 | | 220000 | 228000 | |
| 37 | 영업부서 | | | | | |
| 38 | 평균 : 기본급 | 1950000 | 2666666.667 | | | |
| 39 | 합계 : 수당 | 468000 | 1150000 | | | |
| 40 | | | | | | |

2-94 상시 기출 문제

**01 매크로**

| | A | B | C | D | E | F | G | H |
|---|---|---|---|---|---|---|---|---|
| 1 | | 비영업용 상반기 자동차세 | | | | | | |
| 2 | | | | | | | | |
| 3 | 납세자 | 배기량 | 자동차세 | 지방교육세 | 합계 | | | |
| 4 | 김대훈 | 1,995 | 199,500 | 59,850 | 259,350 | | 합계 | |
| 5 | 김세인 | 1,000 | 40,000 | 12,000 | 52,000 | | | |
| 6 | 김송희 | 980 | 39,200 | 11,760 | 50,960 | | 서식 | |
| 7 | 김은지 | 1,150 | 80,500 | 24,150 | 104,650 | | | |
| 8 | 김지수 | 1,500 | 105,000 | 31,500 | 136,500 | | | |
| 9 | 박병재 | 2,000 | 200,000 | 60,000 | 260,000 | | | |
| 10 | 박준희 | 2,500 | 250,000 | 75,000 | 325,000 | | | |
| 11 | 박하늘 | 2,150 | 215,000 | 64,500 | 279,500 | | | |
| 12 | 윤경문 | 1,890 | 189,000 | 56,700 | 245,700 | | | |
| 13 | | | | | | | | |

**02 차트**

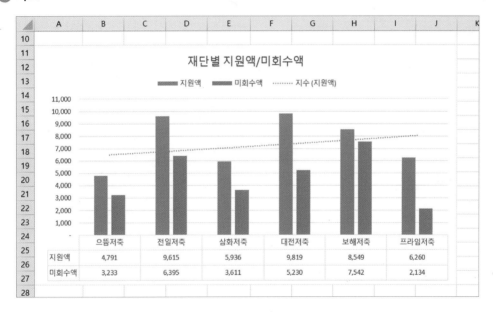

## 문제 ① 기본작업

### 01 자료 입력('기본작업-1' 시트)

[A3:E13] 셀까지 문제를 보고 오타 없이 작성한다.

### 02 서식 지정('기본작업-2' 시트)

① [A1:H1] 영역을 범위 지정한 후 [홈]–[맞춤] 그룹에서 [병합하고 가운데 맞춤](圖)을 클릭한 후 [홈]–[글꼴] 그룹에서 글꼴 크기 '15', 글꼴색(가 ▾) 도구를 클릭하고 '표준 색 – 파랑', '이중 밑줄'로 지정한다.

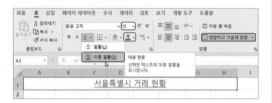

② 1행 머리글에서 마우스 오른쪽 버튼을 눌러 [행 높이]를 클릭한 후 25를 입력하고 [확인]을 클릭한다.

③ [A3:B3], [A4:B4], [A5:A8], [A9:A12], [A13:A16] 영역을 범위 지정한 후 [홈]–[맞춤] 그룹에서 [병합하고 가운데 맞춤](圖)을 클릭한다.

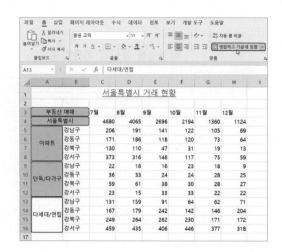

④ [C3:H3] 영역을 범위 지정한 후 [홈]–[맞춤] 그룹에서 [가운데 맞춤](≡)을 클릭한 후 [홈]–[글꼴] 그룹에서 [채우기 색](◇ ▾) 도구를 클릭하여 '표준 색 – 노랑'으로 지정한다.

⑤ [C4:H4] 영역을 범위 지정한 후 '이름 상자'에 **아파트합계**를 입력한 후 Enter 를 누른다.

⑥ [C4:H16] 영역을 범위 지정한 후 Ctrl + 1 을 눌러 '사용자 지정'에 "*"#,##0"건"를 입력하고 [확인]을 클릭한다.

⑦ [A3:H16] 영역을 범위 지정한 후 [홈]−[글꼴]
그룹에서 [테두리](⊞▾) 도구의 [모든 테두리]
(⊞)를 클릭한 후 [굵은 바깥쪽 테두리](⊡)를
클릭한다.

### 03 조건부 서식('기본작업-3' 시트)

① [A4:E15] 영역을 범위 지정한 후 [홈]−[스타일]
그룹에서 [조건부 서식]−[새 규칙]을 클릭한다.
② '▶ 수식을 사용하여 서식을 지정할 셀 결정'을
선택하여 =$B4>$E4를 입력하고 [서식]을 클릭
한다.
③ [글꼴] 탭에서 '굵게', 글꼴 색은 '표준 색 − 녹
색'을 선택하고 [확인]을 클릭한다.

---

문제 ❷ 계산작업('계산작업' 시트)

### 01 순위[D3:D11]

[D3] 셀에 다음과 =IF(RANK.EQ(C3,$C$3:$C
$11)=1,"1등",IF(RANK.EQ(C3,$C$3:$C$11)=2,"2
등",IF(RANK.EQ(C3,$C$3:$C$11)=3,"3등","")))
을 입력하고 [D11] 셀까지 수식을 복사한다.

> 💬 함수 설명
>
> ① RANK.EQ(C3,$C$3:$C$11) : [C3] 셀의 값을 [C3:C11] 영
>    역에서 순위를 구함
>
> =IF(①=1,"1등",IF(①=2,"2등",IF(①=3,"3등",""))) : ①의 값이 1
> 이면 '1등', 20면 '2등', 30면 '3등', 그 외는 공백으로 표시

### 02 판매금액[I3:I11]

[I3] 셀에 =ROUND(VLOOKUP(F3,$K$4:$L$6,2
,0)*H3,−3)를 입력하고 [I11] 셀까지 수식을 복사
한다.

> 💬 함수 설명
>
> ① VLOOKUP(F3,$K$4:$L$6,2,0) : [F3] 셀의 값을 [K4:L6]
>    영역의 첫 번째 열에서 찾아 같은 행의 2번째 열에서 값
>    을 추출함
>
> =ROUND(①*H3,−3) : ①의 값에 [H3] 셀의 값을 곱한 값을
> 백의 자리에서 반올림하여 표시

### 03 학년이 '1학년'인 학생 수[D25]

[D25] 셀에 =COUNTIF(C15:C24,"1학년")&"명"를
입력한다.

### 04 A등급 최대값−최소값 차이[G25]

① [F24:F25] 영역에 조건을 입력한다.

② [G25] 셀에 =DMAX(F14:I22,4,F24:F25)−
DMIN(F14:I22,4,F24:F25)를 입력한다.

> 💬 함수 설명
>
> ① DMAX(F14:I22,4,F24:F25) : [F14:I22] 영역에서 평가등급
>    이 'A'[F24:F25] 조건에 만족한 4번째 열의 최대값을 구함
> ② DMIN(F14:I22,4,F24:F25) : [F14:I22] 영역에서 평가등급
>    이 'A'[F24:F25] 조건에 만족한 4번째 열의 최소값을 구함
>
> =①−② : ①−②의 값을 구함

### 05 환율[D32]

[D32] 셀에 =TRUNC(INDEX(A29:B32,MATCH
(C32,A29:A32,0),2))를 입력한다.

> 💬 함수 설명
>
> ① MATCH(C32,A29:A32,0) : [C32] 셀의 값을 [A29:A32]
>    영역에서 정확하게 일치하는 위치 값을 구함
> ② INDEX(A29:B32,①,2) : [A29:B32] 영역에서 ①의 행과 2
>    열 교차하는 셀의 값을 찾아 표시
>
> =TRUNC(②) : ②의 값을 정수로 표시
> * TRUNC는 정수로 표시할 때 자릿수 0을 생략할 수 있다.
>   또는 =TRUNC(②, 0)

## 01 부분합('분석작업-1' 시트)

① '부서' [C3] 셀을 클릭한 후 [데이터]-[정렬 및 필터] 그룹에서 [텍스트 내림차순 정렬](🔽)을 클릭한다.

② 데이터 안에 마우스 포인터를 두고, [데이터]-[개요] 그룹의 [부분합](📊)을 클릭한다.

③ [부분합]에서 다음과 같이 지정하고 [확인]을 클릭한다.

• **그룹화할 항목** : 부서
• **사용할 함수** : 평균
• **부분합 계산 항목** : 기본급, 근속수당

④ 다시 한 번 [데이터]-[개요] 탭의 [부분합](📊)을 클릭하여 다음과 같이 [확인]을 클릭한다.

• **그룹화할 항목** : 부서
• **사용할 함수** : 최대
• **부분합 계산 항목** : 실수령액
• '새로운 값으로 대치' 체크 해제

## 02 피벗 테이블('분석작업-2' 시트)

① [A3:H21] 영역을 범위 지정한 후 [삽입]-[표] 그룹에서 [피벗 테이블](📋)을 클릭하여 '기존 워크시트'에 [A26] 셀을 선택하고 [확인]을 클릭한다.

> 💡 **버전 TIP**
>
> [표 또는 범위의 피벗 테이블]에서 '기존 워크시트'를 클릭한 후 [A26] 셀을 지정한 후 [확인]을 클릭한다.

② 다음과 같이 필드를 드래그하여 배치하고 'Σ 값'을 행으로 드래그한다.

③ '합계 : 기본급' [A29] 셀에서 마우스 오른쪽 버튼을 눌러 [값 요약 기준]-[평균]을 선택한다.

④ [디자인] 탭에서 [레이아웃]-[총합계]-[행 및 열의 총합계 해제]를 클릭한다.

## 01 매크로('매크로작업' 시트)

① [개발 도구]-[컨트롤] 그룹의 [삽입]-[단추(양식 컨트롤)](☐)을 클릭한다.

② 마우스 포인트가 '+'로 바뀌고 [G3:H4] 영역에 드래그하면 [매크로 지정] 대화상자가 나타난다.

③ [매크로 지정]에서 '매크로 이름'은 **합계**를 입력하고 [기록]을 클릭한다.

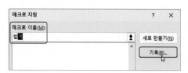

④ [매크로 기록]에 자동으로 '합계'로 매크로 이름이 표시되면 [확인]을 클릭한다.

⑤ [E4] 셀에 **=C4+D4**를 입력하고 [E12] 셀까지 수식을 복사한다.

⑥ 임의의 셀을 클릭한 후 매크로 기록을 종료하기 위해 [개발 도구]-[코드] 그룹의 [기록 중지](☐)를 클릭한다.

⑦ 단추에 텍스트를 수정하기 위해서 단추에서 마우스 오른쪽 버튼을 눌러 [텍스트 편집]을 클릭한다.

⑧ 단추에 입력된 '단추 1'을 지우고 **합계**를 입력한다.

⑨ [삽입]-[일러스트레이션] 그룹에서 [도형]-[기본도형]의 '사각형: 둥근 모서리(▢)'을 클릭한다.

⑩ 마우스 포인트가 '+'로 바뀌면 [G6:H7] 영역에 드래그한 후 **서식**을 입력한다.

⑪ '사각형: 둥근 모서리(▢)' 도형에서 마우스 오른쪽 버튼을 눌러 [매크로 지정]을 클릭한다.

⑫ [매크로 지정]에서 '매크로 이름'은 **서식**을 입력하고 [기록]을 클릭한다.

⑬ [매크로 기록]에 자동으로 '서식'으로 매크로 이름이 표시되면 [확인]을 클릭한다.

⑭ [B4:E12] 영역을 범위 지정한 후 [홈]-[표시 형식] 그룹의 [쉼표 스타일](▾)을 클릭한다.

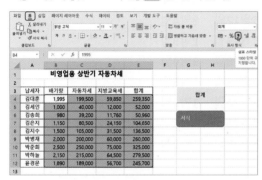

⑮ 매크로 기록을 종료하기 위해 [개발 도구]-[코드] 그룹의 [기록 중지](▢)를 클릭한다.

### 02 차트('차트작업' 시트)

① 차트에서 마우스 오른쪽 버튼을 눌러 [데이터 선택]을 클릭한다.

② 기존 '차트 데이터 범위'를 지운 후 [A3:B9], [D3:D9] 영역으로 수정한 후 [확인]을 클릭한다.

③ 차트를 선택하고 [차트 요소](⊞)-[차트 제목]을 체크한 후 차트 제목에 **재단별 지원액/미회수액**을 입력한다.

④ 차트를 선택하고 [차트 요소](⊞)-[범례]-[위쪽]을 선택한다.

⑤ '세로(값) 축'에서 마우스 오른쪽 버튼을 눌러 [축 서식]을 클릭하여 단위 '기본'에 1000을 입력한다.

⑥ '지원액' 계열을 선택한 후 마우스 오른쪽 버튼을 눌러 [추세선 추가]를 클릭한 후 [추세선 서식] 의 '추세선 옵션'에서 '지수'를 선택한다.

⑦ 차트를 선택하고 [차트 요소](⊞)-[데이터 테이블]-[범례 표지 없음]을 선택한다.

| 시험 시간 | 풀이 시간 | 합격 점수 | 내 점수 |
|---|---|---|---|
| 40분 | 분 | 70점 | 점 |

▶ 합격 강의

작업파일 [2025컴활2급₩상시기출문제] 폴더의 '상시기출문제9회' 파일을 열어서 작업하시오.

## 문제 ❶ 기본작업 | 주어진 시트에서 다음 과정을 수행하고 저장하시오. 20점

**01** '기본작업-1' 시트에 다음의 자료를 주어진 대로 입력하시오. (5점)

| | A | B | C | D | E | F | G |
|---|---|---|---|---|---|---|---|
| 1 | 국내영업팀 출장현황 | | | | | | |
| 2 | | | | | | | |
| 3 | 사원ID | 성명 | 직책 | 출장지역 | 출발일자 | 출장기간 | |
| 4 | AS1003 | 박민경 | 팀장 | 부산 | 5월6일 | 2박3일 | |
| 5 | BS2005 | 이도원 | 과장 | 부산 | 5월6일 | 2박3일 | |
| 6 | AS1012 | 김남길 | 차장 | 여수 | 5월12일 | 3박4일 | |
| 7 | BS2008 | 이하늬 | 과장 | 여수 | 5월12일 | 3박4일 | |
| 8 | CS3004 | 김수현 | 대리 | 울산 | 5월13일 | 2박3일 | |
| 9 | BS2010 | 조정석 | 과장 | 대전 | 5월18일 | 3박4일 | |
| 10 | BS2012 | 정경호 | 과장 | 대전 | 5월18일 | 5박6일 | |
| 11 | AS1002 | 나미란 | 차장 | 광주 | 5월26일 | 1박2일 | |
| 12 | CS3013 | 강하나 | 대리 | 광주 | 5월26일 | 1박2일 | |
| 13 | CS3007 | 손응민 | 대리 | 강릉 | 5월28일 | 1박2일 | |
| 14 | | | | | | | |

**02** '기본작업-2' 시트에 대하여 다음의 지시사항을 처리하시오. (각 2점)

① [A1:G1] 영역은 '병합하고 가운데 맞춤', 글꼴 '궁서', 글꼴 크기 '18', 글꼴 스타일 '굵게', 행의 높이를 '28'로 지정하시오.

② [E3] 셀에 입력된 문자열 "상여금"을 한자 "賞與金"으로 변환하시오.

③ [A1] 셀에 "2025년 5월분"이라는 메모를 삽입한 후 항상 표시되도록 지정하고, 메모 서식에서 맞춤 '자동 크기'를 지정하시오.

④ [D4:G15] 영역은 사용자 지정 표시 형식을 이용하여 천 단위 구분 기호와 숫자 뒤에 "원"을 [표시 예]와 같이 표시하시오. [표시 예 : 1000 → 1,000원]

⑤ [A3:G15] 영역은 '모든 테두리'(⊞)를 적용한 후 '굵은 바깥쪽 테두리'(⊡)를 적용하여 표시하시오.

**03** '기본작업–3' 시트에 대하여 다음의 지시사항을 처리하시오. (5점)

[A4:G18] 영역에서 모델명이 "B"로 시작하는 행 전체에 대하여 글꼴 색을 '표준 색 – 주황', 채우기 색을 '표준 색 – 자주'로 지정하는 조건부 서식을 작성하시오.

▶ LEFT 함수 사용

▶ 단, 규칙 유형은 '수식을 사용하여 서식을 지정할 셀 결정'을 사용하고, 한 개의 규칙으로만 작성하시오.

---

**문제 ❷** | **계산작업** | '계산작업' 시트에서 다음 과정을 수행하고 저장하시오. **40점**

**01** [표1]에서 부서명[B3:B11]이 "영업팀"인 사원들의 지급액[D3:D11] 합계를 [D12] 셀에 계산하시오. (8점)

▶ DCOUNT, DSUM, DAVERAGE 함수 중 알맞은 함수 사용

**02** [표2]에서 성별[G3:G12]과 승진평가 점수[H3:H12]를 이용하여 남, 여의 평균을 [K9:K10] 영역에 계산하시오. (8점)

▶ 점수 평균은 소수점 이하 둘째 자리에서 올림하여 소수점 이하 첫째자리까지 표시
[표시 예 : 12.34 → 12.4]

▶ ROUNDUP과 AVERAGEIF 함수와 절대참조 이용

**03** [표3]에서 판매량[C16:C25]이 가장 많으면 "최대판매", 가장 적으면 "최소판매", 그 외에는 공백을 결과 [D16:D25]에 표시하시오. (8점)

▶ IF, MAX, MIN 함수 사용

**04** [표4]에서 팀명[G16:G25]은 모두 대문자로 변환하고, 연고지[H16:H25]는 첫 문자만 대문자로 변환하여 비고 [J16:J25]에 표시하시오. (8점)

▶ 표기 예 : 팀명이 'ktwiz', 연고지가 'suwon'인 경우 'KTWIZ(Suwon)'으로 표시

▶ PROPER, UPPER 함수와 & 연산자 사용

**05** [표5]에서 중간[B29:B36], 기말[C29:C36]의 평균과 성적평가표[B39:E40]를 이용하여 평가[E29:E36]를 표시하시오. (8점)

▶ 성적평가표의 의미 : 중간과 기말의 평균이 0~59이면 "노력", 60~79이면 "보통", 80~89이면 "우수", 90 이상이면 "최우수"를 의미함

▶ HLOOKUP과 AVERAGE 함수 사용

**문제 ③** **분석작업** | 주어진 시트에서 다음 작업을 수행하고 저장하시오. **20점**

**01** '분석작업-1' 시트에 대하여 다음의 지시사항을 처리하시오. (10점)

[부분합] 기능을 이용하여 '상공주식회사 신입사원 채용현황' 표에 〈그림〉과 같이 성별별로 '서류', '직무평가', '면접', '총점'의 최소값과 최대값을 계산하시오.

▶ 정렬은 '성별'을 기준으로 내림차순으로 처리하시오.
▶ 최소값과 최대값은 위에 명시된 순서대로 처리하시오.

| | A | B | C | D | E | F | G | H |
|---|---|---|---|---|---|---|---|---|
| 1 | | | 상공주식회사 신입사원 채용현황 | | | | | |
| 2 | | | | | | | | |
| 3 | 지원자 | 성별 | 서류 | 직무평가 | 면접 | 총점 | 결과 | |
| 4 | 김민지 | 여 | 89 | 94 | 92 | 275 | 합격 | |
| 5 | 조연수 | 여 | 84 | 68 | 65 | 217 | 불합격 | |
| 6 | 김하늘 | 여 | 92 | 88 | 95 | 275 | 합격 | |
| 7 | 김서연 | 여 | 82 | 72 | 80 | 234 | 불합격 | |
| 8 | 이미진 | 여 | 96 | 94 | 95 | 285 | 합격 | |
| 9 | 민지원 | 여 | 92 | 89 | 90 | 271 | 합격 | |
| 10 | | 여 최대 | 96 | 94 | 95 | 285 | | |
| 11 | | 여 최소 | 82 | 68 | 65 | 217 | | |
| 12 | 최성훈 | 남 | 83 | 75 | 78 | 236 | 불합격 | |
| 13 | 장가람 | 남 | 91 | 94 | 88 | 273 | 합격 | |
| 14 | 박민수 | 남 | 87 | 88 | 91 | 266 | 합격 | |
| 15 | 구세훈 | 남 | 85 | 92 | 87 | 264 | 합격 | |
| 16 | 조요셉 | 남 | 83 | 89 | 92 | 264 | 합격 | |
| 17 | 방민석 | 남 | 85 | 74 | 72 | 231 | 불합격 | |
| 18 | 홍성진 | 남 | 94 | 95 | 93 | 282 | 합격 | |
| 19 | | 남 최대 | 94 | 95 | 93 | 282 | | |
| 20 | | 남 최소 | 83 | 74 | 72 | 231 | | |
| 21 | | 전체 최대값 | 96 | 95 | 95 | 285 | | |
| 22 | | 전체 최소값 | 82 | 68 | 65 | 217 | | |
| 23 | | | | | | | | |

**02** '분석작업-2' 시트에 대하여 다음의 지시사항을 처리하시오. (10점)

[목표값 찾기] 기능을 이용하여 '전국 특산품 판매현황' 표에서 한라봉의 총판매액[F10]이 100,000,000이 되려면 판매량[D10]이 얼마가 되어야 하는지 계산하시오.

**문제 ❹** **기타작업** | 주어진 시트에서 다음 작업을 수행하고 저장하시오.    **20점**

**01** '매크로작업' 시트의 [표]에서 다음과 같은 기능을 수행하는 매크로를 현재 통합 문서에 작성하고 실행하시오. (각 5점)

① [G4:G11] 영역에 평균을 계산하는 매크로를 생성하여 실행하시오.
  ▶ 매크로 이름 : 평균
  ▶ AVERAGE 함수 사용
  ▶ [개발 도구] → [삽입] → [양식 컨트롤]의 '단추(□)'를 동일 시트의 [B13:C14] 영역에 생성하고, 텍스트를 "평균"으로 입력한 후 단추를 클릭할 때 '평균' 매크로가 실행되도록 설정하시오.

② [A3:G3] 영역에 셀스타일을 '녹색, 강조색6'으로 지정하는 매크로를 생성하여 실행하시오.
  ▶ 매크로 이름 : 셀스타일
  ▶ [도형] → [사각형]의 '직사각형(□)'을 동일 시트의 [E13:F14] 영역에 생성하고, 텍스트를 "셀스타일"로 입력한 후 도형을 클릭할 때 '셀스타일' 매크로가 실행되도록 설정하시오.
  ※ 셀 포인터의 위치에 상관없이 현재 통합 문서에서 매크로가 실행되어야 정답으로 인정됨

**02** '차트작업' 시트의 차트에서 다음 지시사항에 따라 아래 〈그림〉과 같이 차트를 수정하시오. (각 2점)

※ 차트는 반드시 문제에서 제공한 차트를 사용하여야 하며, 신규로 작성 시 0점 처리됨

① '입고량'과 '재고량' 계열만 차트에 표시되도록 데이터 범위를 변경하시오.
② 차트 제목은 [A1] 셀과 연결하여 표시하고, 글꼴 '돋움', 크기 '16'으로 지정하시오.
③ 그림 영역의 채우기 색은 '표준 색 – 주황'으로 지정하고, 주 눈금선이 보이지 않도록 지정하시오.
④ 범례는 글꼴 '돋움', 크기 '12', 위치 '아래쪽'으로 지정하시오.
⑤ 세로(값) 축의 기본 단위는 80으로, 차트 영역의 테두리 스타일은 '너비' 2pt의 '둥근 모서리'로 지정하시오.

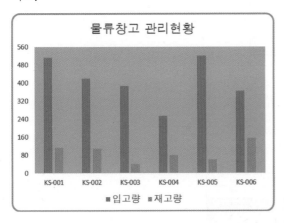

**01 자료 입력**

| | A | B | C | D | E | F | G |
|---|---|---|---|---|---|---|---|
| 1 | 국내영업팀 출장현황 | | | | | | |
| 2 | | | | | | | |
| 3 | 사원ID | 성명 | 직책 | 출장지역 | 출발일자 | 출장기간 | |
| 4 | AS1003 | 박민경 | 팀장 | 부산 | 5월6일 | 2박3일 | |
| 5 | BS2005 | 이도원 | 과장 | 부산 | 5월6일 | 2박3일 | |
| 6 | AS1012 | 김남길 | 차장 | 여수 | 5월12일 | 3박4일 | |
| 7 | BS2008 | 이하늬 | 과장 | 여수 | 5월12일 | 3박4일 | |
| 8 | CS3004 | 김수현 | 대리 | 울산 | 5월13일 | 2박3일 | |
| 9 | BS2010 | 조정석 | 과장 | 대전 | 5월18일 | 3박4일 | |
| 10 | BS2012 | 정경호 | 과장 | 대전 | 5월18일 | 5박6일 | |
| 11 | AS1002 | 나미란 | 차장 | 광주 | 5월26일 | 1박2일 | |
| 12 | CS3013 | 강하나 | 대리 | 광주 | 5월26일 | 1박2일 | |
| 13 | CS3007 | 손응민 | 대리 | 강릉 | 5월28일 | 1박2일 | |
| 14 | | | | | | | |

**02 서식 지정**

| | A | B | C | D | E | F | G | H |
|---|---|---|---|---|---|---|---|---|
| 1 | 국내사업본부 급여 지급 현황 | | | | | | 2025년 5월분 | |
| 2 | | | | | | | | |
| 3 | 사원명 | 소속팀 | 직급 | 기본급 | 賞與金 | 세금 | 실지급액 | |
| 4 | 강현석 | 총무팀 | 부장 | 5,100,000원 | 1,020,000원 | 1,102,000원 | 5,018,000원 | |
| 5 | 이보람 | 총무팀 | 대리 | 2,800,000원 | 560,000원 | 538,000원 | 2,822,000원 | |
| 6 | 박민서 | 총무팀 | 사원 | 2,200,000원 | 440,000원 | 396,000원 | 2,244,000원 | |
| 7 | 김수현 | 영업팀 | 차장 | 4,300,000원 | 860,000원 | 877,000원 | 4,283,000원 | |
| 8 | 조정석 | 영업팀 | 과장 | 3,300,000원 | 660,000원 | 673,000원 | 3,287,000원 | |
| 9 | 정경호 | 영업팀 | 대리 | 2,950,000원 | 590,000원 | 566,000원 | 2,974,000원 | |
| 10 | 민병열 | 개발팀 | 부장 | 5,200,000원 | 1,040,000원 | 1,123,000원 | 5,117,000원 | |
| 11 | 고우리 | 개발팀 | 차장 | 3,900,000원 | 780,000원 | 796,000원 | 3,884,000원 | |
| 12 | 최성민 | 개발팀 | 과장 | 3,300,000원 | 660,000원 | 673,000원 | 3,287,000원 | |
| 13 | 김남운 | 생산팀 | 차장 | 4,200,000원 | 840,000원 | 857,000원 | 4,183,000원 | |
| 14 | 송민수 | 생산팀 | 대리 | 2,900,000원 | 580,000원 | 557,000원 | 2,923,000원 | |
| 15 | 최도훈 | 생산팀 | 사원 | 2,300,000원 | 460,000원 | 414,000원 | 2,346,000원 | |
| 16 | | | | | | | | |

**03 조건부 서식**

| | A | B | C | D | E | F | G | H |
|---|---|---|---|---|---|---|---|---|
| 1 | 안마의자/공기청정기 렌탈 현황 | | | | | | | |
| 2 | | | | | | | | |
| 3 | 고객코드 | 모델명 | 제품구분 | 약정기간(개월) | 약정할인 | 월렌탈요금 | 렌탈기간(개월) | |
| 4 | LT-001 | CZM-01L | 안마의자 | 36 | 10,000 | 59,500 | 12 | |
| 5 | LT-002 | CZM-02D | 안마의자 | 48 | 12,000 | 57,500 | 13 | |
| 6 | LT-003 | BDF-01L | 안마의자 | 36 | 10,000 | 69,500 | 6 | |
| 7 | LT-004 | BDF-02D | 안마의자 | 48 | 12,000 | 67,500 | 5 | |
| 8 | LT-005 | BDF-03S | 안마의자 | 36 | 10,000 | 69,500 | 28 | |
| 9 | LT-006 | CZM-03S | 안마의자 | 48 | 12,000 | 59,500 | 17 | |
| 10 | LT-007 | BDF-02D | 안마의자 | 48 | 12,000 | 69,500 | 15 | |
| 11 | LT-008 | BDF-01L | 안마의자 | 36 | 12,000 | 67,500 | 34 | |
| 12 | LT-009 | LPC-02D | 공기청정기 | 36 | 5,000 | 49,500 | 15 | |
| 13 | LT-010 | SBS-01L | 공기청정기 | 36 | 5,000 | 39,500 | 20 | |
| 14 | LT-011 | LPC-01L | 공기청정기 | 36 | 5,000 | 49,500 | 4 | |
| 15 | LT-012 | BDF-04A | 공기청정기 | 48 | 8,000 | 46,500 | 8 | |
| 16 | LT-013 | BDF-05A | 공기청정기 | 48 | 8,000 | 46,500 | 18 | |
| 17 | LT-014 | LPC-03S | 공기청정기 | 36 | 5,000 | 49,500 | 24 | |
| 18 | LT-015 | SBS-02D | 공기청정기 | 48 | 8,000 | 36,500 | 9 | |
| 19 | | | | | | | | |

### 01 영업팀 지급액 합계

| | A | B | C | D | E |
|---|---|---|---|---|---|
| 1 | [표1] | 급여지급현황 | | | |
| 2 | 사원명 | 부서명 | 직위 | 지급액 | |
| 3 | 정경호 | 영업팀 | 대리 | 2,900,000 | |
| 4 | 이보람 | 총무팀 | 대리 | 2,800,000 | |
| 5 | 김남훈 | 생산팀 | 차장 | 4,200,000 | |
| 6 | 조정석 | 영업팀 | 과장 | 3,300,000 | |
| 7 | 민병열 | 개발팀 | 부장 | 5,100,000 | |
| 8 | 송민수 | 생산팀 | 대리 | 2,900,000 | |
| 9 | 고우리 | 개발팀 | 차장 | 3,900,000 | |
| 10 | 김수현 | 영업팀 | 차장 | 4,300,000 | |
| 11 | 강현석 | 총무팀 | 부장 | 5,000,000 | |
| 12 | 영업팀 지급액 합계 | | | 10,500,000 | |
| 13 | | | | | |

[D12] 셀에 「=DSUM(A2:D11,D2,B2:B3)」를 입력

### 03 결과

| | A | B | C | D | E |
|---|---|---|---|---|---|
| 14 | [표3] | 제품판매현황 | | | |
| 15 | 제품코드 | 판매가격 | 판매량 | 결과 | |
| 16 | L-1002 | 49,800 | 392 | | |
| 17 | L-5208 | 69,800 | 1,010 | | |
| 18 | L-1106 | 39,800 | 1,084 | 최대판매 | |
| 19 | L-1005 | 54,900 | 978 | | |
| 20 | L-5308 | 64,900 | 758 | | |
| 21 | L-4100 | 29,800 | 698 | | |
| 22 | L-2115 | 19,800 | 289 | 최소판매 | |
| 23 | L-3807 | 49,800 | 1,042 | | |
| 24 | L-5002 | 68,800 | 1,075 | | |
| 25 | L-4021 | 24,900 | 681 | | |
| 26 | | | | | |

[D16] 셀에 「=IF(C16=MAX($C$16:$C$25),"최대판매",IF(C16=MIN($C$16:$C$25),"최소판매",""))」를 입력하고 [D25] 셀까지 수식 복사

### 02 승진평가 평균

| | F | G | H | I | J | K | L |
|---|---|---|---|---|---|---|---|
| 1 | [표2] | 승진평가결과 | | | | | |
| 2 | 사원ID | 성별 | 점수 | | | | |
| 3 | A1002 | 여 | 92.5 | | | | |
| 4 | A1008 | 여 | 91.3 | | | | |
| 5 | A1103 | 남 | 91.8 | | | | |
| 6 | A1106 | 남 | 87.9 | | | | |
| 7 | A1107 | 여 | 92.2 | | | | |
| 8 | A1201 | 남 | 92.7 | | 성별 | 평균 | |
| 9 | A1204 | 남 | 86.7 | | 남 | 90.3 | |
| 10 | A1301 | 여 | 93.8 | | 여 | 91.7 | |
| 11 | A1305 | 여 | 88.4 | | | | |
| 12 | A1309 | 남 | 92.3 | | | | |
| 13 | | | | | | | |

[K9] 셀에 「=ROUNDUP(AVERAGEIF($G$3:$G$12,J9, $H$3:$H$12),1)」를 입력하고 [K10] 셀까지 수식 복사

### 04 비고

| | F | G | H | I | J | K |
|---|---|---|---|---|---|---|
| 14 | [표4] | 프로야구 구단정보 | | | | |
| 15 | 구분 | 팀명 | 연고지 | 창단연도 | 비고 | |
| 16 | 1 | doosanbears | seoul | 1982 | DOOSANBEARS(Seoul) | |
| 17 | 2 | kiwoomheroes | seoul | 2008 | KIWOOMHEROES(Seoul) | |
| 18 | 3 | skwyverns | incheon | 2000 | SKWYVERNS(Incheon) | |
| 19 | 4 | lgtwins | seoul | 1990 | LGTWINS(Seoul) | |
| 20 | 5 | ncdinos | changwon | 2011 | NCDINOS(Changwon) | |
| 21 | 6 | ktwiz | suwon | 2013 | KTWIZ(Suwon) | |
| 22 | 7 | kiatigers | gwangju | 2001 | KIATIGERS(Gwangju) | |
| 23 | 8 | samsunglions | daegu | 1982 | SAMSUNGLIONS(Daegu) | |
| 24 | 9 | hanwhaeagles | daejeon | 1986 | HANWHAEAGLES(Daejeon) | |
| 25 | 10 | lottegiant | pusan | 1982 | LOTTEGIANT(Pusan) | |
| 26 | | | | | | |

[J16] 셀에 「=UPPER(G16)&"("&PROPER(H16)&")"」를 입력하고 [J25] 셀까지 수식 복사

### 05 평가

| | A | B | C | D | E | F |
|---|---|---|---|---|---|---|
| 27 | [표5] | 1학기 국어 성적일람표 | | | | |
| 28 | 학생명 | 중간 | 기말 | 총점 | 평가 | |
| 29 | 한태연 | 85 | 92 | 177 | 우수 | |
| 30 | 손다인 | 92 | 96 | 188 | 최우수 | |
| 31 | 강범준 | 89 | 65 | 154 | 보통 | |
| 32 | 김연웅 | 95 | 92 | 187 | 최우수 | |
| 33 | 최형탁 | 78 | 96 | 174 | 우수 | |
| 34 | 박지영 | 88 | 92 | 180 | 최우수 | |
| 35 | 이현서 | 52 | 64 | 116 | 노력 | |
| 36 | 최상훈 | 87 | 68 | 155 | 보통 | |
| 37 | | | | | | |
| 38 | <성적평가표> | | | | | |
| 39 | 평균 | 0 | 60 | 80 | 90 | |
| 40 | 평가 | 노력 | 보통 | 우수 | 최우수 | |
| 41 | | | | | | |

[E29] 셀에 「=HLOOKUP(AVERAGE(B29:C29),$B$39:$E$40,2)」를 입력하고 [E36] 셀까지 수식 복사

**01 부분합**

| | 1 2 3 4 | | A | B | C | D | E | F | G | H |
|---|---|---|---|---|---|---|---|---|---|---|
| | | 1 | | 상공주식회사 신입사원 채용현황 | | | | | | |
| | | 2 | | | | | | | | |
| | | 3 | 지원자 | 성별 | 서류 | 직무평가 | 면접 | 총점 | 결과 | |
| | | 4 | 김민지 | 여 | 89 | 94 | 92 | 275 | 합격 | |
| | | 5 | 조연수 | 여 | 84 | 68 | 65 | 217 | 불합격 | |
| | | 6 | 김하늘 | 여 | 92 | 88 | 95 | 275 | 합격 | |
| | | 7 | 김서언 | 여 | 82 | 72 | 80 | 234 | 불합격 | |
| | | 8 | 이미진 | 여 | 96 | 94 | 95 | 285 | 합격 | |
| | | 9 | 민지원 | 여 | 92 | 89 | 90 | 271 | 합격 | |
| | | 10 | | 여 최대 | 96 | 94 | 95 | 285 | | |
| | | 11 | | 여 최소 | 82 | 68 | 65 | 217 | | |
| | | 12 | 최성훈 | 남 | 83 | 75 | 78 | 236 | 불합격 | |
| | | 13 | 장가람 | 남 | 91 | 94 | 88 | 273 | 합격 | |
| | | 14 | 박민수 | 남 | 87 | 88 | 91 | 266 | 합격 | |
| | | 15 | 구세훈 | 남 | 85 | 92 | 87 | 264 | 합격 | |
| | | 16 | 조요셉 | 남 | 83 | 89 | 92 | 264 | 합격 | |
| | | 17 | 방민석 | 남 | 85 | 74 | 72 | 231 | 불합격 | |
| | | 18 | 홍성진 | 남 | 94 | 95 | 93 | 282 | 합격 | |
| | | 19 | | 남 최대 | 94 | 95 | 93 | 282 | | |
| | | 20 | | 남 최소 | 83 | 74 | 72 | 231 | | |
| | | 21 | | 전체 최대값 | 96 | 95 | 95 | 285 | | |
| | | 22 | | 전체 최소값 | 82 | 68 | 65 | 217 | | |
| | | 23 | | | | | | | | |

**02 목표값 찾기**

| | A | B | C | D | E | F | G |
|---|---|---|---|---|---|---|---|
| 1 | | 전국 특산품 판매현황 | | | | | |
| 2 | | | | | | | |
| 3 | 품목 | 특산품명 | 지자체 | 판매량 | 판매가격 | 총판매액 | |
| 4 | 곶감 | 햇살곶감 | 상주시 | 2,141 | 46,000 | 98,486,000 | |
| 5 | 비빔밥 | 효자비빔밥 | 전주시 | 5,264 | 12,000 | 63,168,000 | |
| 6 | 참외 | 황금참외 | 성주군 | 2,513 | 32,000 | 80,416,000 | |
| 7 | 한우 | 눈꽃한우 | 횡성군 | 1,785 | 59,000 | 105,315,000 | |
| 8 | 갓김치 | 최고갓김치 | 여수시 | 2,104 | 39,000 | 82,056,000 | |
| 9 | 옥수수 | 찰찰옥수수 | 홍천군 | 1,520 | 34,800 | 52,896,000 | |
| 10 | 한라봉 | 달콤한라봉 | 제주시 | 2,857 | 35,000 | 100,000,000 | |
| 11 | 전복 | 명품활전복 | 완도군 | 1,479 | 52,000 | 76,908,000 | |
| 12 | 꼬막 | 벌교꼬막 | 보성군 | 1,642 | 43,000 | 70,606,000 | |
| 13 | | | | | | | |

**문제 ❹  기타작업**

**① 매크로**

| | A | B | C | D | E | F | G | H |
|---|---|---|---|---|---|---|---|---|
| 1 | | | | 중간고사 성적표 | | | | |
| 2 | | | | | | | | |
| 3 | 성명 | 국어 | 수학 | 영어 | 사회탐구 | 과학탐구 | 평균 | |
| 4 | 고인규 | 87 | 89 | 92 | 92 | 98 | 91.6 | |
| 5 | 정민지 | 92 | 87 | 90 | 88 | 93 | 90 | |
| 6 | 김종국 | 78 | 65 | 82 | 76 | 65 | 73.2 | |
| 7 | 최서연 | 89 | 87 | 70 | 87 | 80 | 82.6 | |
| 8 | 박예슬 | 91 | 88 | 94 | 93 | 98 | 92.8 | |
| 9 | 한다인 | 94 | 83 | 90 | 91 | 94 | 90.4 | |
| 10 | 민경훈 | 84 | 91 | 88 | 93 | 88 | 88.8 | |
| 11 | 이태호 | 89 | 85 | 94 | 85 | 91 | 88.8 | |
| 12 | | | | | | | | |
| 13 | | | 평균 | | 셀스타일 | | | |
| 14 | | | | | | | | |
| 15 | | | | | | | | |

**② 차트**

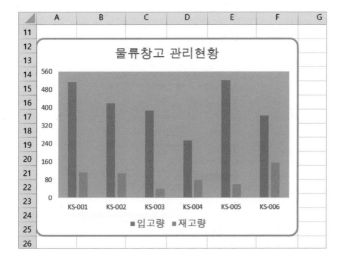

# 상시 기출 문제 09회 해설

## 문제 ❶ 기본작업

### 01 자료 입력('기본작업-1' 시트)

[A3:F13] 셀까지 문제를 보고 오타 없이 작성한다.

### 02 서식 지정('기본작업-2' 시트)

① [A1:G1] 영역을 범위 지정한 후 [홈]-[맞춤] 그룹의 [병합하고 가운데 맞춤](▣)을 클릭한 후 [홈]-[글꼴] 그룹에서 글꼴 '궁서', 크기 '18', '굵게' 지정한다.

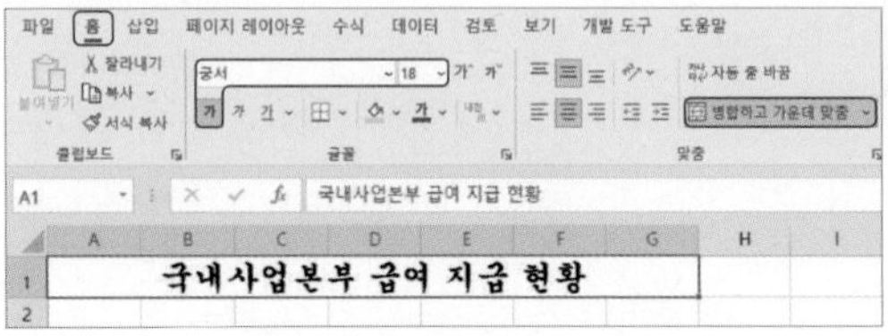


② 1행에서 마우스 오른쪽 버튼을 눌러 [행 높이]를 클릭한다.

③ [행 높이]에 28을 입력하고 [확인]을 클릭한다.

④ [E3] 셀에서 더블클릭하여 '상여금' 뒤에 커서를 둔 상태에서 [한자]를 눌러 '賞與金'을 선택하고 [변환]을 클릭한다.

⑤ [A1] 셀에서 마우스 오른쪽 버튼을 눌러 [메모 삽입]을 클릭한다.

> **버전 TIP**
>
> [A1] 셀에서 마우스 오른쪽 버튼을 클릭하여 [새 노트]를 클릭하거나, [메뉴 검색]에 「메모 삽입」을 입력하여 검색해도 된다.

⑥ 기존 사용자 이름은 지우고 **2025년 5월분**을 입력하고, [A1] 셀에서 다시 마우스 오른쪽 버튼을 눌러 [메모 표시/숨기기]를 클릭한다.

⑦ 메모 상자 경계라인에서 마우스 오른쪽 버튼을 눌러 [메모 서식]을 클릭하여 [맞춤] 탭에서 '자동 크기'를 체크하고 [확인]을 클릭한다.

⑧ [D4:G15] 영역을 범위 지정한 후 마우스 오른쪽 버튼을 눌러 [셀 서식]을 클릭한 후 [표시 형식] 탭에서 '사용자 지정'에 **#,###"원"**를 입력한 후 [확인]을 클릭한다.

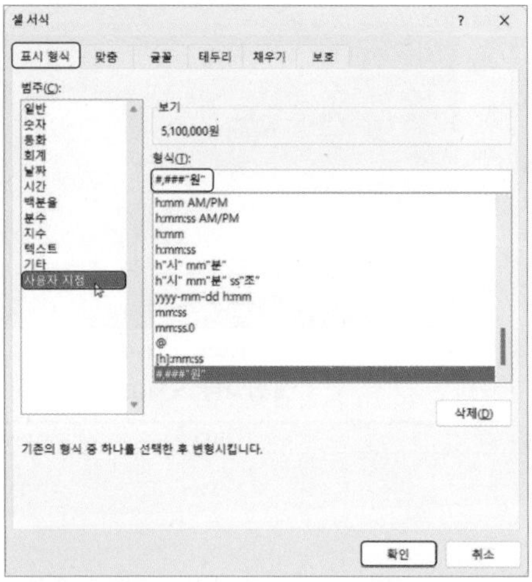


> **기적의 TIP**
>
> #, ##0"원"도 가능하다.

⑨ [A3:G15] 영역을 범위 지정한 후 [홈]-[글꼴] 그룹에서 [테두리](⊞ ▾) 도구의 [모든 테두리](⊞)를 클릭한 후 다시 [굵은 바깥쪽 테두리](⊡)를 클릭한다.

**03** 조건부 서식('기본작업-3' 시트)

① [A4:G18] 영역을 범위 지정한 후 [홈]-[스타일] 그룹에서 [조건부 서식]-[새 규칙]을 클릭한다.

② '▶수식을 사용하여 서식을 지정할 셀 결정'을 선택하고 =LEFT($B4,1)="B"를 입력하고 [서식]을 클릭한다.

③ [글꼴] 탭에서 글꼴 색은 '표준 색 – 주황'을 선택하고, [채우기] 탭에서 '표준 색 – 자주'를 선택하고 [확인]을 클릭하고, [조건부 서식]에서 다시 한 번 [확인]을 클릭한다.

---

**문제 ❷  계산작업('계산작업' 시트)**

**01  영업팀 지급액 합계[D12]**

[D12] 셀에 =DSUM(A2:D11,D2,B2:B3)를 입력한다.

**02  승진평가 평균[K9:K10]**

[K9] 셀에 =ROUNDUP(AVERAGEIF($G$3:$G$12,J9,$H$3:$H$12),1)를 입력하고 [K10] 셀까지 수식을 복사한다.

> 🗨 **함수 설명**
>
> ① AVERAGEIF($G$3:$G$12,J9,$H$3:$H$12) : 성별[G3:G12] 영역에서 [J9] 셀과 같은 행의 점수[H3:H12]의 평균을 구함(성별과 점수는 수식을 복사하더라도 같은 영역을 참조하기 때문에 절대참조를 함)
>
> =ROUNDUP(①,1) : ①의 값을 소수 이하 1자리로 올림하여 표시

---

**03  결과[D16:D25]**

[D16] 셀에 =IF(C16=MAX($C$16:$C$25),"최대판매",IF(C16=MIN($C$16:$C$25),"최소판매",""))를 입력하고 [D25] 셀까지 수식을 복사한다.

**04  비고[J16:J25]**

[J16] 셀에 =UPPER(G16)&"("&PROPER(H16)&")"를 입력하고 [J25] 셀까지 수식을 복사한다.

**05  평가[E29:E36]**

[E29] 셀에 =HLOOKUP(AVERAGE(B29:C29),$B$39:$E$40,2)를 입력하고 [E36] 셀까지 수식을 복사한다.

---

**문제 ❸  분석작업**

**01  부분합('분석작업-1' 시트)**

① [B3] 셀을 클릭하고 [데이터]-[정렬 및 필터] 그룹의 [텍스트 내림차순 정렬](↓↑)을 클릭하여 '성별' 별로 내림차순 정렬한다.

② 데이터 안에 마우스 포인터를 두고, [데이터]-[개요] 그룹의 [부분합](▦)을 클릭한다.

③ 다음과 같이 지정하고 [확인]을 클릭한다.

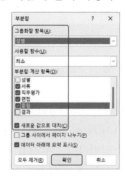

• **그룹화할 항목** : 성별
• **사용할 함수** : 최소
• **부분합 계산 항목** : 서류, 직무 평가, 면접, 총점

④ 다시 [데이터]-[개요] 그룹의 [부분합](⊞)을 클릭하여 다음과 같이 [확인]을 클릭한다.

• **그룹화할 항목** : 성별
• **사용할 함수** : 최대
• **부분합 계산 항목** : 서류, 직무평가, 면접, 총점
• '새로운 값으로 대치' 체크 해제

### 02 목표값 찾기('분석작업-2' 시트)

① [F10] 셀을 클릭한 후 [데이터]-[예측] 그룹의 [가상 분석]-[목표값 찾기]를 클릭한다.
② [목표값 찾기]에서 다음과 같이 지정하고 [확인]을 클릭한다.

• **수식 셀** : [F10]
• **찾는 값** : 100000000
• **값을 바꿀 셀** : [D10]

③ [목표값 찾기 상태]에서 [확인]을 클릭한다.

---

**문제 ④** **기타작업**

### 01 매크로('매크로작업' 시트)

① [개발 도구]-[컨트롤] 그룹의 [삽입]-[단추(양식 컨트롤)](□)을 클릭한다.
② 마우스 포인트가 '+'로 바뀌고 [B13:C14] 영역에 드래그하면 [매크로 지정] 대화상자가 나타난다.
③ [매크로 지정]에 **평균**을 입력하고 [기록]을 클릭한다.

④ [매크로 기록]에 자동으로 '평균'으로 매크로 이름이 표시되면 [확인]을 클릭한다.
⑤ [B4:G11] 영역을 범위 지정한 후 [수식]-[함수 라이브러리] 그룹에서 [자동 합계]-[평균]을 클릭한다.

⑥ 임의의 셀을 클릭한 후 매크로 기록을 종료하기 위해 [개발 도구]-[코드] 그룹의 [기록 중지](□)를 클릭한다.
⑦ 단추에 텍스트를 수정하기 위해서 단추에서 마우스 오른쪽 버튼을 눌러 [텍스트 편집]을 클릭한다.
⑧ 단추에 입력된 '단추 1'을 지우고 **평균**을 입력한다.
⑨ [삽입]-[일러스트레이션] 그룹에서 [도형]-[사각형]의 [직사각형](□)을 클릭한다.
⑩ 마우스 포인트가 '+'로 바뀌면 [E13:F14] 영역에 드래그한다.
⑪ '직사각형' 도형에서 마우스 오른쪽 버튼을 눌러 [매크로 지정]을 클릭한다.
⑫ [매크로 지정]의 '매크로 이름'에 **셀스타일**을 입력하고 [기록]을 클릭한다.
⑬ [매크로 기록]에 자동으로 '셀스타일'으로 매크로 이름이 표시되면 [확인]을 클릭한다.
⑭ [A3:G3] 영역을 범위 지정한 후 [홈]-[스타일] 그룹의 [셀 스타일]을 클릭하여 '녹색, 강조색6'을 선택한다.
⑮ 매크로 기록을 종료하기 위해 [개발 도구]-[코드] 그룹의 [기록 중지](□)를 클릭한다.

⑯ '직사각형' 도형에서 마우스 오른쪽 버튼을 눌러 [텍스트 편집]을 클릭하여 **셀스타일**을 입력한다.

### 02 차트('차트작업' 시트)

① '출고량' 계열을 선택한 후 마우스 오른쪽 버튼을 눌러 [삭제]를 클릭한다.

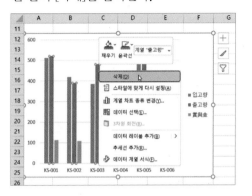

② 차트를 선택한 후 [차트 요소]([+])–[차트 제목]을 클릭한 후 '차트 제목'을 선택한 후 '수식 입력줄'에 =를 입력하고 [A1] 셀을 클릭하여 연결한 후, [홈]–[글꼴] 그룹에서 '돋움', 크기 '16'을 선택한다.

| 차트 3 | | | fx | =차트작업!$A$1 | | |
|---|---|---|---|---|---|---|
| | A | B | C | D | E | F | G |
| 1 | | | 물류창고 관리현황 | | | | |
| 2 | | | | | | | |
| 3 | 제품코드 | 전월재고량 | 입고량 | 출고량 | 賞與金 | | |
| 4 | KS-001 | 121 | 512 | 520 | 113 | | |
| 5 | KS-002 | 78 | 420 | 390 | 108 | | |
| 6 | KS-003 | 135 | 385 | 480 | 40 | | |
| 7 | KS-004 | 20 | 254 | 195 | 79 | | |
| 8 | KS-005 | 35 | 520 | 495 | 60 | | |
| 9 | KS-006 | 56 | 365 | 265 | 156 | | |
| 10 | | | | | | | |
| 11 | | | | | | | |
| 12 | | | 물류창고 관리현황 | | | | |
| 13 | | | | | | | |

③ 그림 영역을 선택한 후 마우스 오른쪽 버튼을 눌러 [채우기]를 클릭하여 '표준 색 – 주황'을 선택한다.

④ 차트를 선택한 후 [차트 요소]([+])–[눈금선]–[기본 주 가로]를 클릭하여 체크 해제한다.

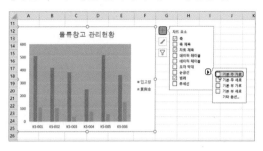

⑤ 차트를 선택한 후 [차트 요소]([+])–[범례]–[아래쪽]을 선택한다.

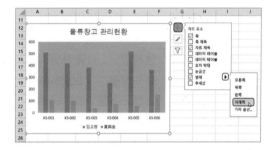

⑥ 범례를 선택한 후 [홈]–[글꼴] 그룹에서 글꼴 '돋움', 크기 '12'로 지정한다.

⑦ 세로 값(Y) 축에서 마우스 오른쪽 버튼을 눌러 [축 서식]을 선택한다.

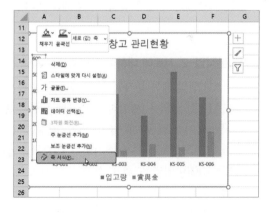

⑧ [축 서식]의 '축 옵션'에서 단위 '기본'에 80을 입력한다.

⑨ 차트 영역을 선택한 후 [차트 영역 서식]–[차트 옵션]–[채우기 및 선]에서 [테두리]의 '둥근 모서리'를 체크하고, 너비는 '2'로 지정한다.

# 상시 기출 문제 10회

| 시험 시간 | 풀이 시간 | 합격 점수 | 내 점수 |
|---|---|---|---|
| 40분 | 분 | 70점 | 점 |

▶ 합격 강의

**작업파일** [2025컴활2급₩상시기출문제] 폴더의 '상시기출문제10회' 파일을 열어서 작업하시오.

---

**문제 ①** **기본작업** | 주어진 시트에서 다음 과정을 수행하고 저장하시오. **20점**

**01** '기본작업-1' 시트에 다음의 자료를 주어진 대로 입력하시오. (5점)

| | A | B | C | D | E | F | G |
|---|---|---|---|---|---|---|---|
| 1 | 국제컨벤션센터 행사 예약현황 | | | | | | |
| 2 | | | | | | | |
| 3 | 예약번호 | 행사장 | 예약일 | 행사시작시간 | 예약인원 | 예약자 | |
| 4 | AC-001 | 센트럴홀 | 2026-09-03 | 오후 5시 | 200명 | 김유민 | |
| 5 | GB-001 | 그랜드볼룸 | 2026-09-04 | 오후 5시 | 450명 | 이재영 | |
| 6 | BR-001 | 글로벌룸 | 2026-09-04 | 오전 10시 | 150명 | 이주아 | |
| 7 | CH-001 | 이벤트홀 | 2026-09-06 | 오후 5시 | 300명 | 한요셉 | |
| 8 | AC-002 | 센트럴홀 | 2026-09-07 | 오전 10시 | 250명 | 최민서 | |
| 9 | BR-002 | 글로벌룸 | 2026-09-08 | 오전 10시 | 150명 | 김경은 | |
| 10 | ER-001 | 컨퍼런스홀 | 2026-09-09 | 오후 5시 | 80명 | 김규림 | |
| 11 | GB-002 | 그랜드볼룸 | 2026-09-14 | 오후 5시 | 350명 | 이도원 | |
| 12 | AC-003 | 센트럴홀 | 2026-09-15 | 오전 10시 | 180명 | 김지은 | |
| 13 | | | | | | | |

**02** '기본작업-2' 시트에 대하여 다음의 지시사항을 처리하시오. (각 2점)

① [A1] 셀의 제목 문자열 앞 뒤에 특수문자 "◈"을 삽입하시오.

② [A1:F1] 영역은 '병합하고 가운데 맞춤', 셀 스타일 '녹색, 강조색6', 글꼴 'HY견고딕', 글꼴 크기 '17', 밑줄 '이중 밑줄', 행 높이 '28'로 지정하시오.

③ [A4:A5], [A6:A7], [A8:A9], [A10:A11], [A12:A13] 영역은 '병합하고 가운데 맞춤'을 지정하시오.

④ [E4:F13] 영역은 '쉼표 스타일'을, [D4:D13] 영역은 사용자 지정 표시 형식을 이용하여 'mm월 dd일'로 표시하시오.

⑤ [A3:F13] 영역은 '모든 테두리'(⊞)를 적용한 후 '굵은 바깥쪽 테두리'(⊡)를 적용하여 표시하시오.

**03** '기본작업-3' 시트에 대하여 다음의 지시사항을 처리하시오. (5점)

[A3:A15] 영역의 데이터를 텍스트 나누기를 실행하여 나타내시오.

▶ 데이터는 쉼표(,)로 구분되어 있음

▶ '상장주식수' 열은 제외할 것

**문제 ②** **계산작업** | '계산작업' 시트에서 다음 과정을 수행하고 저장하시오. **40점**

**01** [표1]에서 판매량[D3:D11]이 판매량 평균 이상이면서 재고량[E3:E11]이 20 미만인 제품수를 [A13] 셀에 계산하시오. (8점)

▶ COUNTIFS, AVERAGE 함수와 & 연산자 사용

**02** [표2]에서 부서명[H3:H11]이 '생산부'인 사원들의 기본급[K3:K11] 평균을 [K12] 셀에 계산하시오. (8점)

▶ 생산부 사원들의 기본급 평균은 백의 자리에서 반올림하여 천의 자리까지 표시
[표시 예 : 12,345 → 12,000]

▶ DAVERAGE와 ROUND 함수 사용

**03** [표3]에서 구분[B17:B26]의 첫 글자는 대문자로 변환하고, 등록일자[A17:A26]에서 일만 추출하여 회원코드 [E17:E26]에 표시하시오. (8점)

▶ 표시 예 : 구분이 'golf'이고, 등록일이 '2025-01-01'인 경우 'Golf-1'로 표시

▶ PROPER, DAY 함수와 & 연산자 사용

**04** [표4]에서 승[H17:H26] 수가 높은 3개국은 '진출', 나머지는 공백으로 준결승[J17:J26]에 표시하시오. (8점)

▶ IF와 LARGE 함수 사용

**05** [표5]에서 사용요금[B30:B38]을 1,000으로 나눈 나머지의 기준표[E30:G34]를 이용하여 결과[C30:C38]를 표시하시오. (8점)

▶ 기준표 의미 : 사용요금은 1,000으로 나눈 나머지가 0 ~ 200 미만이면 '★', 200 ~ 400 미만이면 '★★', 400 ~ 600 미만이면 '★★★', 600 ~ 800 미만이면 '★★★★', 800 ~ 999 미만이면 '★★★★★' 임

▶ VLOOKUP과 MOD 함수 사용

**문제 ❸ 분석작업** | 주어진 시트에서 다음 작업을 수행하고 저장하시오. **20점**

**01** '분석작업-1' 시트에 대하여 다음의 지시사항을 처리하시오. (10점)

'자동차 할부금 납입표'는 할부원금[B6], 이율(년)[B7], 납입기간(월)[B8]을 이용하여 월납입액[B9]을 계산한 것이다. [데이터 표] 기능을 이용하여 이율(년)과 납입기간(월)의 변동에 따른 월납입액의 변화를 [D13:I21] 영역에 계산하시오.

**02** '분석작업-2' 시트에 대하여 다음의 지시사항을 처리하시오. (10점)

[부분합] 기능을 이용하여 '도시락 판매 현황' 표에 〈그림〉과 같이 구분별로 '입고량', '판매량', '재고량'의 평균과 '총판매액'의 최대값을 계산하시오.

▶ 정렬은 '구분'을 기준으로 오름차순으로 처리하시오.

▶ 평균과 최대값은 위에 명시된 순서대로 처리하시오.

| | A | B | C | D | E | F | G | H | I |
|---|---|---|---|---|---|---|---|---|---|
| 1 | | | 도시락 판매 현황 | | | | | | |
| 2 | | | | | | | | | |
| 3 | 구분 | 도시락명 | 열량(kcal) | 판매가 | 입고량 | 판매량 | 재고량 | 총판매액 | |
| 4 | 건강 | 쇠고기미역국 | 460 | 4,200 | 120 | 112 | 8 | 470,400 | |
| 5 | 건강 | 건강현미정식 | 389 | 4,600 | 100 | 92 | 8 | 423,200 | |
| 6 | 건강 | 곤드레나물밥 | 426 | 6,300 | 100 | 93 | 7 | 585,900 | |
| 7 | 건강 최대 | | | | | | | 585,900 | |
| 8 | 건강 평균 | | | | 107 | 99 | 8 | | |
| 9 | 스페셜 | 명품한정식 | 623 | 7,800 | 60 | 45 | 15 | 351,000 | |
| 10 | 스페셜 | 일품오리구이 | 397 | 6,300 | 70 | 64 | 6 | 403,200 | |
| 11 | 스페셜 | 한우갈비구이 | 504 | 8,000 | 50 | 42 | 8 | 336,000 | |
| 12 | 스페셜 | 황제해물찜 | 582 | 7,600 | 70 | 64 | 6 | 486,400 | |
| 13 | 스페셜 최대 | | | | | | | 486,400 | |
| 14 | 스페셜 평균 | | | | 63 | 54 | 9 | | |
| 15 | 일반 | 불고기덮밥 | 512 | 4,500 | 100 | 87 | 13 | 391,500 | |
| 16 | 일반 | 등심돈까스 | 486 | 4,700 | 120 | 107 | 13 | 502,900 | |
| 17 | 일반 | 제육쌈밥 | 481 | 5,200 | 150 | 145 | 5 | 754,000 | |
| 18 | 일반 | 김치볶음밥 | 414 | 4,000 | 150 | 149 | 1 | 596,000 | |
| 19 | 일반 | 오므라이스 | 375 | 4,800 | 100 | 89 | 11 | 427,200 | |
| 20 | 일반 | 삼겹살구이 | 577 | 5,800 | 120 | 118 | 2 | 684,400 | |
| 21 | 일반 최대 | | | | | | | 754,000 | |
| 22 | 일반 평균 | | | | 123 | 116 | 8 | | |
| 23 | 전체 최대값 | | | | | | | 754,000 | |
| 24 | 전체 평균 | | | | 101 | 93 | 8 | | |
| 25 | | | | | | | | | |

**문제 ❹** **기타작업** | 주어진 시트에서 다음 작업을 수행하고 저장하시오.  **20점**

**01** '매크로작업' 시트의 [표]에서 다음과 같은 기능을 수행하는 매크로를 현재 통합 문서에 작성하고 실행하시오. (각 5점)

① [F4:F9] 영역에 장소별 화재 발생건수의 합계를 계산하는 매크로를 생성하여 실행하시오.

▶ 매크로 이름 : 합계

▶ SUM 함수 사용

▶ [개발 도구] → [삽입] → [양식 컨트롤]의 '단추'(□)를 동일 시트의 [B11:C12] 영역에 생성하고, 텍스트를 "합계"로 입력한 후 단추를 클릭할 때 '합계' 매크로가 실행되도록 설정하시오.

② [A3:F3] 영역에 채우기 색을 '표준 색 – 연한 녹색'으로 적용하는 매크로를 생성하여 실행하시오.

▶ 매크로 이름 : 서식

▶ [도형] → [사각형]의 '사각형: 둥근 모서리'(□)를 동일 시트의 [D11:E12] 영역에 생성하고, 텍스트를 "서식"으로 입력한 후 도형을 클릭할 때 '서식' 매크로가 실행되도록 설정하시오.

※ 셀 포인터의 위치에 상관없이 현재 통합 문서에서 매크로가 실행되어야 정답으로 인정됨

**02** '차트작업' 시트의 차트에서 다음 지시사항에 따라 아래 〈그림〉과 같이 차트를 수정하시오. (각 2점)

※ 차트는 반드시 문제에서 제공한 차트를 사용하여야 하며, 신규로 작성 시 0점 처리됨

① 학생명별 '평균'이 차트에 표시되도록 데이터 범위를 추가하고, '행/열 전환'을 지정하시오.

② '평균' 계열의 차트 종류를 '표식이 있는 꺾은선형'으로 변경하고, 선의 너비 '4pt', 선 스타일 '완만한 선'으로 지정하시오.

③ 차트 제목을 '차트 위'로 추가하여 〈그림〉과 같이 입력하고, 세로(값) 축의 표시 형식은 '숫자', 소수 자릿수는 '1'로 지정하시오.

④ '평균' 계열의 데이터 레이블 '항목 이름', '값'을 표시하고, 레이블의 위치를 '위쪽'으로 지정하시오.

⑤ 범례는 '오른쪽'에 배치한 후 도형 스타일을 '미세 효과 – 파랑, 강조 1'로 지정하고, '기본 주 세로' 눈금선을 표시하시오.

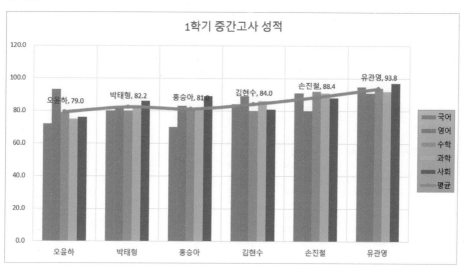

문제 ❶ 기본작업

## 01 자료 입력

| | A | B | C | D | E | F | G |
|---|---|---|---|---|---|---|---|
| 1 | 국제컨벤션센터 행사 예약현황 | | | | | | |
| 2 | | | | | | | |
| 3 | 예약번호 | 행사장 | 예약일 | 행사시작시간 | 예약인원 | 예약자 | |
| 4 | AC-001 | 센트럴홀 | 2026-09-03 | 오후 5시 | 200명 | 김유민 | |
| 5 | GB-001 | 그랜드볼룸 | 2026-09-04 | 오후 5시 | 450명 | 이재영 | |
| 6 | BR-001 | 글로벌룸 | 2026-09-04 | 오전 10시 | 150명 | 이주아 | |
| 7 | CH-001 | 이벤트홀 | 2026-09-06 | 오후 5시 | 300명 | 한요섭 | |
| 8 | AC-002 | 센트럴홀 | 2026-09-07 | 오전 10시 | 250명 | 최민서 | |
| 9 | BR-002 | 글로벌룸 | 2026-09-08 | 오전 10시 | 150명 | 김경은 | |
| 10 | ER-001 | 컨퍼런스홀 | 2026-09-09 | 오후 5시 | 80명 | 김규림 | |
| 11 | GB-002 | 그랜드볼룸 | 2026-09-14 | 오후 5시 | 350명 | 이도원 | |
| 12 | AC-003 | 센트럴홀 | 2026-09-15 | 오전 10시 | 180명 | 김지은 | |
| 13 | | | | | | | |

## 02 서식 지정

| | A | B | C | D | E | F | G |
|---|---|---|---|---|---|---|---|
| 1 | ◆홈쇼핑 매출 현황◆ | | | | | | |
| 2 | | | | | | | |
| 3 | 구분 | 상품코드 | 상품명 | 방송일 | 가격 | 판매량 | |
| 4 | 출산/유아동 | B-82763 | Snow Buddy | 09월 18일 | 29,800 | 2,685 | |
| 5 | | B-68528 | 창의력 수학교구 | 09월 18일 | 39,800 | 2,071 | |
| 6 | 식품 | F-10835 | 명작 볶음밥 | 09월 13일 | 50,080 | 1,254 | |
| 7 | | F-82568 | 부대찌개 | 09월 13일 | 19,910 | 1,385 | |
| 8 | 의류 | W-37623 | 블라우스 3종 | 09월 14일 | 31,960 | 2,462 | |
| 9 | | W-76612 | 카라 버튼 롱 자켓 | 09월 15일 | 26,980 | 1,668 | |
| 10 | 뷰티 | B-82856 | 펄샤이닝샴푸 | 09월 15일 | 48,000 | 2,136 | |
| 11 | | B-28685 | 루비아이크림 | 09월 17일 | 97,000 | 2,299 | |
| 12 | 생활/주방 | L-72587 | 후라이팬 세트 | 09월 17일 | 52,120 | 1,674 | |
| 13 | | L-35727 | 스텐 냄비세트 5종 | 09월 17일 | 194,900 | 1,184 | |
| 14 | | | | | | | |

## 03 텍스트 나누기

| | A | B | C | D | E | F |
|---|---|---|---|---|---|---|
| 1 | 코스닥 주요시세정보 | | | | | |
| 2 | | | | | | |
| 3 | 종목명 | 종가 | 전일비 | 등락률(%) | 시가총액(억원) | |
| 4 | 셀트리온헬스케어 | 71100 | 100(↑) | 0.14 | 99914 | |
| 5 | 신라젠 | 64800 | 1,600(↓) | -0.72 | 45658 | |
| 6 | 바이로메드 | 266500 | 3700(↓) | -1.37 | 42523 | |
| 7 | 포스코메미칼 | 62000 | 500(↑) | 0.81 | 36623 | |
| 8 | 메디톡스 | 610200 | 11500(↓) | -1.85 | 34516 | |
| 9 | 에이치엘비 | 84900 | 1600(↓) | -1.85 | 33311 | |
| 10 | CJ ENM | 221800 | 1600(↓) | -0.72 | 48639 | |
| 11 | 펄어비스 | 187400 | 3800(↑) | 2.07 | 24391 | |
| 12 | SK머티리얼즈 | 172100 | 1100(↑) | 0.64 | 18153 | |
| 13 | 휴젤 | 407900 | 7900(↑) | 1.98 | 17777 | |
| 14 | 파라다이스 | 18800 | 150(↓) | -0.79 | 17097 | |
| 15 | 제넥신 | 79100 | 1400(↓) | -1.74 | 16172 | |
| 16 | | | | | | |

**문제 ❷  계산작업**

**① 제품수**

| | A | B | C | D | E | F |
|---|---|---|---|---|---|---|
| 1 | [표1] | | 제품 재고 현황 | | | |
| 2 | 제품코드 | 생산원가 | 입고량 | 판매량 | 재고량 | |
| 3 | COD-101 | 16,500 | 220 | 189 | 31 | |
| 4 | COD-102 | 19,500 | 220 | 207 | 13 | |
| 5 | COD-103 | 22,500 | 220 | 198 | 22 | |
| 6 | COD-201 | 13,500 | 220 | 199 | 21 | |
| 7 | COD-202 | 15,500 | 220 | 170 | 50 | |
| 8 | COD-203 | 17,500 | 220 | 152 | 68 | |
| 9 | COD-301 | 11,500 | 220 | 194 | 26 | |
| 10 | COD-302 | 14,500 | 220 | 201 | 19 | |
| 11 | COD-303 | 16,500 | 220 | 180 | 40 | |
| 12 | 평균판매량 이상이면서 재고량이 20 미만인 수 | | | | | |
| 13 | 2 | | | | | |
| 14 | | | | | | |

[A13] 셀에 「=COUNTIFS(D3:D11,">="&AVERAGE(D3: D11),E3:E11,"<20")」를 입력

**② 생산부 기본급 평균**

| | G | H | I | J | K | L |
|---|---|---|---|---|---|---|
| 1 | [표2] | | 임금지급표 | | | |
| 2 | 성명 | 부서명 | 직위 | 호봉 | 기본급 | |
| 3 | 김영식 | 생산부 | 대리 | 3 | 2,198,000 | |
| 4 | 유현진 | 생산부 | 사원 | 3 | 1,856,000 | |
| 5 | 한신영 | 생산부 | 과장 | 3 | 2,477,000 | |
| 6 | 박성민 | 영업부 | 대리 | 1 | 1,964,000 | |
| 7 | 전현중 | 영업부 | 사원 | 2 | 1,697,000 | |
| 8 | 강서희 | 영업부 | 과장 | 5 | 2,897,000 | |
| 9 | 임청아 | 홍보부 | 대리 | 3 | 2,195,000 | |
| 10 | 김상호 | 홍보부 | 사원 | 2 | 1,699,000 | |
| 11 | 윤다희 | 홍보부 | 과장 | 4 | 2,695,000 | |
| 12 | 생산부 기본급 평균 | | | | 2,177,000 | |
| 13 | | | | | | |

[K12] 셀에 「=ROUND(DAVERAGE(G2:K11,5,H2:H3), -3)」를 입력

**③ 회원코드**

| | A | B | C | D | E | F |
|---|---|---|---|---|---|---|
| 15 | [표3] | | 회원 관리 현황 | | | |
| 16 | 등록일자 | 구분 | 회원명 | 성별 | 회원코드 | |
| 17 | 2025-03-01 | golf | 김은수 | 여 | Golf-1 | |
| 18 | 2025-03-07 | fit | 김종숙 | 여 | Fit-7 | |
| 19 | 2025-03-07 | swim | 이선미 | 여 | Swim-7 | |
| 20 | 2025-03-11 | golf | 이정우 | 남 | Golf-11 | |
| 21 | 2025-03-15 | fit | 차형섭 | 남 | Fit-15 | |
| 22 | 2025-03-15 | fit | 최경원 | 남 | Fit-15 | |
| 23 | 2025-03-16 | golf | 한고은 | 여 | Golf-16 | |
| 24 | 2025-03-18 | swim | 홍진영 | 여 | Swim-18 | |
| 25 | 2025-03-23 | swim | 황재윤 | 남 | Swim-23 | |
| 26 | 2025-03-30 | fit | 박신혜 | 여 | Fit-30 | |
| 27 | | | | | | |

[E17] 셀에 「=PROPER(B17)&"-"&DAY(A17)」를 입력하고 [E26] 셀까지 수식 복사

**④ 준결승**

| | G | H | I | J | K |
|---|---|---|---|---|---|
| 15 | [표4] | | 핸드볼 선수권대회 | | |
| 16 | 국가 | 승 | 패 | 준결승 | |
| 17 | 대한민국 | 8 | 1 | 진출 | |
| 18 | 중국 | 4 | 5 | | |
| 19 | 일본 | 6 | 3 | 진출 | |
| 20 | 싱가포르 | 2 | 7 | | |
| 21 | 인도 | 3 | 6 | | |
| 22 | 베트남 | 7 | 2 | 진출 | |
| 23 | 홍콩 | 1 | 8 | | |
| 24 | 쿠웨이트 | 5 | 4 | | |
| 25 | 카타르 | 6 | 3 | 진출 | |
| 26 | 이란 | 3 | 6 | | |
| 27 | | | | | |

[J17] 셀에 「=IF(H17>=LARGE($H$17:$H$26,3),"진출","")」를 입력하고 [J26] 셀까지 수식 복사

**⑤ 결과**

| | A | B | C | D | E | F | G | H |
|---|---|---|---|---|---|---|---|---|
| 28 | [표5] | 기부 현황 | | | <기준표> | | | |
| 29 | 회원코드 | 사용요금 | 결과 | | 이상 | 미만 | 표시 | |
| 30 | GIV-01 | 43,690 | ★★★★ | | 0 | 200 | ★ | |
| 31 | GIV-02 | 34,300 | ★★ | | 200 | 400 | ★★ | |
| 32 | GIV-03 | 43,840 | ★★★★★ | | 400 | 600 | ★★★ | |
| 33 | GIV-04 | 28,100 | ★ | | 600 | 800 | ★★★★ | |
| 34 | GIV-05 | 34,170 | ★ | | 800 | 1,000 | ★★★★★ | |
| 35 | GIV-06 | 31,670 | ★★★★ | | | | | |
| 36 | GIV-07 | 26,380 | ★★ | | | | | |
| 37 | GIV-08 | 31,520 | ★★★ | | | | | |
| 38 | GIV-09 | 46,060 | ★ | | | | | |
| 39 | | | | | | | | |

[C30] 셀에 「=VLOOKUP(MOD(B30,1000),$E$30: $G$34,3)」를 입력하고 [C38] 셀까지 수식 복사

## ① 데이터 표

| | B | C | D | E | F | G | H | I | J |
|---|---|---|---|---|---|---|---|---|---|
| 10 | | | | | | | | | |
| 11 | | | | | 납입기간(월) | | | | |
| 12 | | ₩676,648 | 24 | 30 | 36 | 40 | 46 | 50 | |
| 13 | | 2.0% | ₩ 1,488,909 | ₩ 1,197,048 | ₩ 1,002,490 | ₩ 905,219 | ₩ 791,042 | ₩ 730,155 | |
| 14 | | 2.5% | ₩ 1,496,614 | ₩ 1,204,719 | ₩ 1,010,148 | ₩ 912,875 | ₩ 798,702 | ₩ 737,819 | |
| 15 | | 3.0% | ₩ 1,504,342 | ₩ 1,212,421 | ₩ 1,017,842 | ₩ 920,571 | ₩ 806,408 | ₩ 745,535 | |
| 16 | | 3.5% | ₩ 1,512,095 | ₩ 1,220,152 | ₩ 1,025,573 | ₩ 928,308 | ₩ 814,160 | ₩ 753,300 | |
| 17 | 이율(년) | 4.0% | ₩ 1,519,872 | ₩ 1,227,914 | ₩ 1,033,339 | ₩ 936,085 | ₩ 821,958 | ₩ 761,116 | |
| 18 | | 4.5% | ₩ 1,527,673 | ₩ 1,235,706 | ₩ 1,041,142 | ₩ 943,902 | ₩ 829,803 | ₩ 768,982 | |
| 19 | | 5.0% | ₩ 1,535,499 | ₩ 1,243,528 | ₩ 1,048,981 | ₩ 951,759 | ₩ 837,693 | ₩ 776,899 | |
| 20 | | 5.5% | ₩ 1,543,348 | ₩ 1,251,380 | ₩ 1,056,857 | ₩ 959,656 | ₩ 845,630 | ₩ 784,865 | |
| 21 | | 6.0% | ₩ 1,551,221 | ₩ 1,259,262 | ₩ 1,064,768 | ₩ 967,593 | ₩ 853,613 | ₩ 792,882 | |
| 22 | | | | | | | | | |

## ② 부분합

| | A | B | C | D | E | F | G | H | I |
|---|---|---|---|---|---|---|---|---|---|
| 1 | | | | 도시락 판매 현황 | | | | | |
| 2 | | | | | | | | | |
| 3 | 구분 | 도시락명 | 열량(kcal) | 판매가 | 입고량 | 판매량 | 재고량 | 총판매액 | |
| 4 | 건강 | 쇠고기미역국 | 460 | 4,200 | 120 | 112 | 8 | 470,400 | |
| 5 | 건강 | 건강현미정식 | 389 | 4,600 | 100 | 92 | 8 | 423,200 | |
| 6 | 건강 | 곤드레나물밥 | 426 | 6,300 | 100 | 93 | 7 | 585,900 | |
| 7 | 건강 최대 | | | | | | | 585,900 | |
| 8 | 건강 평균 | | | | 107 | 99 | 8 | | |
| 9 | 스페셜 | 명품한정식 | 623 | 7,800 | 60 | 45 | 15 | 351,000 | |
| 10 | 스페셜 | 일품오리구이 | 397 | 6,300 | 70 | 64 | 6 | 403,200 | |
| 11 | 스페셜 | 한우갈비구이 | 504 | 8,000 | 50 | 42 | 8 | 336,000 | |
| 12 | 스페셜 | 황제해물찜 | 582 | 7,600 | 70 | 64 | 6 | 486,400 | |
| 13 | 스페셜 최대 | | | | | | | 486,400 | |
| 14 | 스페셜 평균 | | | | 63 | 54 | 9 | | |
| 15 | 일반 | 불고기덮밥 | 512 | 4,500 | 100 | 87 | 13 | 391,500 | |
| 16 | 일반 | 등심돈까스 | 486 | 4,700 | 120 | 107 | 13 | 502,900 | |
| 17 | 일반 | 제육쌈밥 | 481 | 5,200 | 150 | 145 | 5 | 754,000 | |
| 18 | 일반 | 김치볶음밥 | 414 | 4,000 | 150 | 149 | 1 | 596,000 | |
| 19 | 일반 | 오므라이스 | 375 | 4,800 | 100 | 89 | 11 | 427,200 | |
| 20 | 일반 | 삼겹살구이 | 577 | 5,800 | 120 | 118 | 2 | 684,400 | |
| 21 | 일반 최대 | | | | | | | 754,000 | |
| 22 | 일반 평균 | | | | 123 | 116 | 8 | | |
| 23 | 전체 최대값 | | | | | | | 754,000 | |
| 24 | 전체 평균 | | | | 101 | 93 | 8 | | |
| 25 | | | | | | | | | |

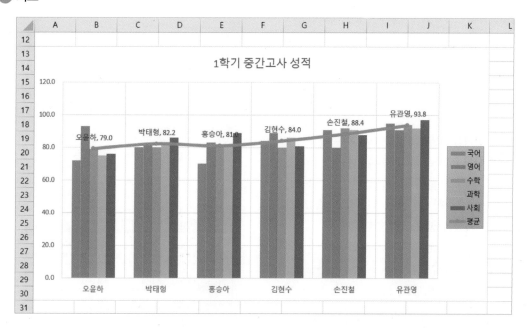

## 문제 ❹ 기타작업

### 01 매크로

| | A | B | C | D | E | F | G |
|---|---|---|---|---|---|---|---|
| 1 | 분기별 화재 발생건수표 | | | | | | |
| 2 | | | | | | | |
| 3 | 장소 | 1분기 | 2분기 | 3분기 | 4분기 | 합계 | |
| 4 | 주택 | 27 | 21 | 25 | 28 | 101 | |
| 5 | 시설 | 46 | 42 | 48 | 39 | 175 | |
| 6 | 위험물 | 29 | 33 | 37 | 28 | 127 | |
| 7 | 운송 | 15 | 18 | 13 | 17 | 63 | |
| 8 | 임야 | 11 | 13 | 9 | 15 | 48 | |
| 9 | 기타 | 32 | 27 | 30 | 23 | 112 | |
| 10 | | | | | | | |
| 11 | | | 합계 | 서식 | | | |
| 12 | | | | | | | |
| 13 | | | | | | | |

### 02 차트

# 상시 기출 문제 10회 해설

---

**문제 ❶** **기본작업**

### 01 자료 입력('기본작업-1' 시트)

[A3:F12] 셀까지 문제를 보고 오타 없이 작성한다.

### 02 서식 지정('기본작업-2' 시트)

① [A1] 셀을 선택한 후 수식 입력줄 '홈' 앞에 ㅁ을 입력한 후 키보드의 [한자]를 누르고 [→]을 클릭하여 모두 표시한 후에 '◆'를 클릭한다.

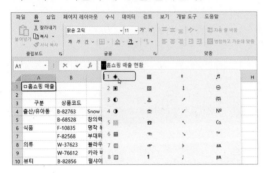

② 같은 방법으로 '황' 뒤에 ㅁ을 입력한 후 키보드의 [한자]를 누르고 [→]을 클릭하여 '◆'를 클릭한다.

③ [A1:F1] 영역을 범위 지정한 후 [홈]-[맞춤] 그룹의 [병합하고 가운데 맞춤](圖)을 클릭하고, [홈]-[스타일] 그룹에서 [셀 스타일]의 '녹색, 강조색6'을 클릭한 후 글꼴 'HY견고딕', 크기 '17', 밑줄 '이중 밑줄'을 선택한다.

④ 1행에서 마우스 오른쪽 버튼을 눌러 [행 높이] 를 클릭한다.

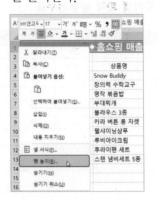

⑤ [행 높이]에 28을 입력하고 [확인]을 클릭한다.

⑥ [Ctrl]을 이용하여 [A4:A5], [A6:A7], [A8:A9], [A10:A11], [A12:A13] 영역을 범위 지정한 후 [홈]-[맞춤] 그룹의 [병합하고 가운데 맞춤] (圖) 도구를 클릭한다.

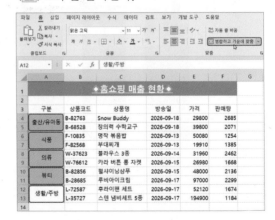

⑦ [E4:F13] 영역을 범위 지정한 후 [홈]-[표시 형식] 그룹의 [쉼표 스타일]( , )을 클릭한다.

⑧ [D4:D13] 영역을 범위 지정한 후 마우스 오른쪽 버튼을 눌러 [셀 서식]을 클릭한 후 [표시 형식] 탭에서 '사용자 지정'에 mm"월" dd"일"를 입력한 후 [확인]을 클릭한다.

⑨ [A3:F13] 영역을 범위 지정한 후 [홈]–[글꼴] 그룹에서 [테두리](⊞ ▾) 도구의 [모든 테두리](⊞)를 클릭한다.

⑩ 다시 한 번 [홈]–[글꼴] 그룹에서 [테두리](⊞ ▾) 도구의 [굵은 바깥쪽 테두리](⊞)를 클릭한다.

**03 텍스트 나누기('기본작업–3' 시트에서 작성)**

① [A3:A15] 영역을 범위 지정한 후 [데이터]–[데이터 도구] 그룹에서 [텍스트 나누기](🔢)를 클릭한다.

② [1단계]에서 '구분 기호로 분리됨'을 선택하고 [다음]을 클릭한다.

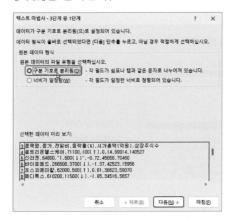

③ [2단계]에서 '쉼표'를 체크하고 [다음]을 클릭한다.

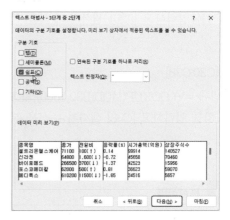

④ [3단계]에서 '상장주식수'를 선택하고 '열 가져오지 않음(건너뜀)'을 선택하고 [마침]을 클릭한다.

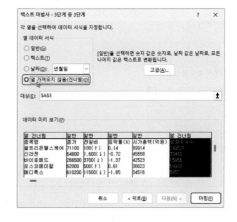

**문제 ❷ 계산작업('계산작업' 시트)**

**01 제품수[A13]**

[A13] 셀에 =COUNTIFS(D3:D11,">="&AVERAGE(D3:D11),E3:E11,"<20")를 입력한다.

**02 평균[K12]**

[K12] 셀에 =ROUND(DAVERAGE(G2:K11,5,H2:H3),−3)를 입력한다.

**03 회원코드[E17:E26]**

[E17] 셀에 =PROPER(B17)&"−"&DAY(A17)를 입력하고 [E26] 셀까지 수식을 복사한다.

[J17] 셀에 =IF(H17)=LARGE($H$17:$H$26,3), "진출","")를 입력하고 [J26] 셀까지 수식을 복사한다.

**⑤ 결과[C30:C38]**

[C30] 셀에 =VLOOKUP(MOD(B30,1000),$E$30 :$G$34,3)를 입력하고 [C38] 셀까지 수식을 복사한다.

---

**문제 ❸  분석작업**

**⓵ 데이터 표('분석작업-1' 시트)**

① 수익금 계산식을 복사하기 위해 [B9] 셀을 선택한 후 '수식 입력줄'의 수식 '=PMT(B7/12,B8,−B6)'을 드래그하여 범위 지정한 후 Ctrl + C 를 눌러 복사한다.

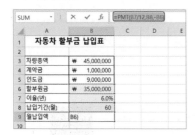

② 범위 지정한 것을 해제하기 위해서 Esc 를 누른 후 [C12] 셀을 선택한 후 Ctrl + V 를 눌러 붙여넣기를 한다. 또는 =B9를 입력해도 된다.

| C12 | | × | ✓ | fx | =PMT(B7/12,B8,−B6) |
| --- | --- | --- | --- | --- | --- |
| | A | B | | C | D |
| 10 | | | | | |
| 11 | | | | | |
| 12 | | | | ₩676,648 | 24 |
| 13 | | | | 2.0% | |
| 14 | | | | 2.5% | |

③ [C12:I21] 영역을 범위 지정한 후 [데이터]-[예측] 그룹의 [가상 분석]-[데이터 표]를 클릭한다.

④ 행에 입력된 납입기간(24, 30, 36, 40, 46, 50)을 [B8] 셀에 대입하고, 열에 입력된 이자율 (2.0%, 2.5%, 3.0%, 3.6%, 4.0%, 4.5%, 5.0%, 5.5%, 6%)을 [B7] 셀에 대입하여 계산하기 위해 '행 입력 셀'은 [B8] 셀, '열 입력 셀'은 [B7] 셀을 지정하고 [확인]을 클릭한다.

**⓶ 부분합('분석작업-2' 시트)**

① [A3] 셀을 클릭하고 [데이터]-[정렬 및 필터] 그룹의 [텍스트 오름차순 정렬]( )을 클릭하여 '구분' 별로 오름차순 정렬한다.

② 데이터 안에 마우스 포인터를 두고, [데이터]-[개요] 그룹의 [부분합]( )을 클릭한다.

③ 다음과 같이 지정하고 [확인]을 클릭한다.

• **그룹화할 항목** : 구분
• **사용할 함수** : 평균
• **부분합 계산 항목** : 입고량, 판매량, 재고량

④ 다시 [데이터]-[개요] 그룹의 [부분합]( )을 클릭하여 다음과 같이 지정하고 [확인]을 클릭한다.

• **그룹화할 항목** : 구분
• **사용할 함수** : 최대
• **부분합 계산 항목** : 총판매액
• '새로운 값으로 대치' 체크 해제

### ① 매크로('매크로작업' 시트)

① [개발 도구]–[컨트롤] 그룹의 [삽입]–[단추(양식 컨트롤)(▢)]을 클릭한다.

② 마우스 포인트가 '+'로 바뀌고 [B11:C12] 영역에 드래그하면 [매크로 지정] 대화상자가 나타난다.

③ [매크로 지정]에 **합계**를 입력하고 [기록]을 클릭한다.

④ [매크로 기록]에 자동으로 '합계'로 매크로 이름이 표시되면 [확인]을 클릭한다.

⑤ [B4:F9] 영역을 범위 지정한 후 [수식]–[함수 라이브러리] 그룹에서 [자동 합계]–[합계](Σ)를 클릭한다.

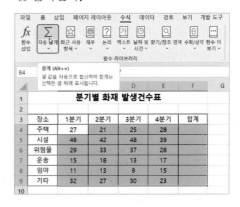

⑥ 임의의 셀을 클릭한 후 매크로 기록을 종료하기 위해 [개발 도구]–[코드] 그룹의 [기록 중지](▢)를 클릭한다.

⑦ 단추에 텍스트를 수정하기 위해서 단추에서 마우스 오른쪽 버튼을 눌러 [텍스트 편집]을 클릭한다.

⑧ 단추에 입력된 '단추 1'을 지우고 **합계**를 입력한다.

⑨ [삽입]–[일러스트레이션] 그룹에서 [도형]–[사각형]의 '사각형: 둥근 모서리'(▢)을 클릭한다.

⑩ 마우스 포인트가 '+'로 바뀌면 [D11:E12] 영역에 드래그한다.

⑪ '사각형: 둥근 모서리'(▢) 도형에서 마우스 오른쪽 버튼을 눌러 [매크로 지정]을 클릭한다.

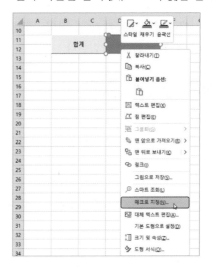

⑫ [매크로 지정]의 '매크로 이름'에 **서식**을 입력하고 [기록]을 클릭한다.

⑬ [매크로 기록]에 자동으로 '서식'으로 매크로 이름이 표시되면 [확인]을 클릭한다.

⑭ [A3:F3] 영역을 범위 지정한 후 [홈]-[글꼴] 그룹의 [채우기](🗛▾) 도구를 클릭하여 '표준 색 – 연한 녹색'을 선택한다.

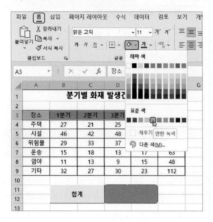

⑮ 매크로 기록을 종료하기 위해 [개발 도구]-[코드] 그룹의 [기록 중지(⬜)]를 클릭한다.

⑯ '사각형: 둥근 모서리'(⬜) 도형에서 마우스 오른쪽 버튼을 눌러 [텍스트 편집]을 클릭한다.

⑰ **서식**을 입력한다.

### 02 차트('차트작업' 시트)

① [H3:H9] 영역을 범위 지정한 후 Ctrl+C를 눌러 복사한 후 차트를 선택한 후 Ctrl+V를 눌러 붙여넣기를 한다.

② 차트를 선택한 후 [차트 디자인] 탭의 [데이터] 그룹에서 [행/열 전환]을 클릭한다.

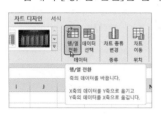

③ '평균' 계열에서 마우스 오른쪽 버튼을 눌러 [계열 차트 종류 변경]을 클릭한 후 '혼합'에서 '평균' 계열을 선택한 후 '표식이 있는 꺾은선형'을 선택하고 [확인]을 클릭한다.

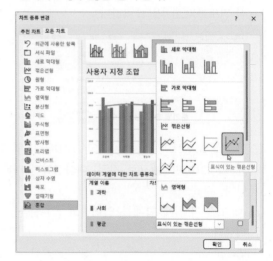

④ 꺾은선형 '평균' 계열을 선택한 후 마우스 오른쪽 버튼을 눌러 [데이터 계열 서식]을 클릭한 후 '선'의 너비는 4, '완만한 선'을 체크한다.

⑤ 차트를 선택한 후 [차트 요소](⊞)-[차트 제목]을 선택한 후 **1학기 중간고사 성적**을 입력한다.

⑥ 세로(값) 축을 선택한 후 [축 서식]의 [축 옵션]
   에서 '표시 형식'을 선택한 후 범주는 '숫자', 소
   수 자릿수는 '1'로 지정한다.

⑦ '평균' 계열을 선택한 후 [차트 요소](⊞)-[데이
   터 레이블]-[위쪽]을 클릭한다.
⑧ '데이터 레이블'을 선택한 후 [데이터 레이블 서
   식]의 [레이블 옵션]에서 '항목 이름'을 추가한다.

⑨ 차트를 선택한 후 [차트 요소](⊞)-[범례]-[오
   른쪽]을 체크한다.
⑩ '범례'를 선택한 후 [서식] 탭의 [도형 스타일]
   그룹에서 '미세 효과 – 파랑, 강조1'을 선택한다.

⑪ 차트를 선택한 후 [차트 요소](⊞)-[눈금
   선]-[기본 주 세로]를 체크한다.

# 기출 유형 문제

# 기출 유형 문제 01회

| 시험 시간 | 풀이 시간 | 합격 점수 | 내 점수 |
|---|---|---|---|
| 40분 | 분 | 70점 | 점 |

▶합격 강의

작업파일 [2025컴활2급₩기출유형문제] 폴더의 '기출유형문제1회' 파일을 열어서 작업하시오.

## 문제 ❶ 기본작업 | 주어진 시트에서 다음 과정을 수행하고 저장하시오. 20점

**01** '기본작업-1' 시트에 다음의 자료를 주어진 대로 입력하시오. (5점)

| | A | B | C | D | E | F | G |
|---|---|---|---|---|---|---|---|
| 1 | Books for baby | | | | | | |
| 2 | | | | | | | |
| 3 | 제품코드 | 도서명 | 출판사 | 가격 | 적정 개월수 | 글 | 그림 |
| 4 | UH-101 | 유치원에 처음 가는 날 | 키다리 | 8500 | 12개월 이상 | 코린 드레퓌스 | 나탈리 슈 |
| 5 | BR-203 | 보리의 시끌벅적 유치원 | 뜨인돌어린이 | 9500 | 24개월 이상 | 김세실 | 양송이 |
| 6 | UH-224 | 오, 귀여운 우리 아가! | 중앙출판사 | 9000 | 12개월 이상 | 캐티 아펠트 | 제인 다이어 |
| 7 | DB-504 | 뚱보 위고 | 올파소 | 10000 | 24개월 이상 | 발레리 베샤르 줄리아니 | 클로에 르제 |
| 8 | CH-401 | 충치 괴물들의 파티 | 아라미 | 9500 | 12개월 이상 | 라이코 | 에브 타룰레 |
| 9 | LG-876 | 이젠 무서운 꿈을 꾸지 않아요! | 밝은미래 | 10000 | 12개월 이상 | 안느 구트망 | 게오르그 할렌스레벤 |
| 10 | YM-397 | 태어나줘서 고마워 | 아이세움 | 9500 | 12개월 이상 | 니시모토 요우 | 구로이 켄 |
| 11 | | | | | | | |

**02** '기본작업-2' 시트에 대하여 다음의 지시사항을 처리하시오. (각 2점)

① [A1:G1] 영역은 '병합하고 가운데 맞춤', 글꼴 '궁서', 크기 '17', 글꼴 스타일 '굵게', 밑줄 '밑줄'로 지정하시오.

② [A3:G3], [A4:C10], [F4:G10] 영역은 '가운데 맞춤', [A3:G3] 영역은 글꼴 색 '표준 색 – 자주', 배경 색 '표준 색 – 노랑'으로 지정하시오.

③ [F4:F10] 영역은 사용자 지정 셀 서식을 이용하여 숫자 뒤에 '%'가 추가되어 표시되도록 지정하시오. [표시 예 : 80.0 → 80.0%]

④ [D7] 셀에 '가장 많은 회원수'라는 메모를 삽입한 후 메모를 항상 표시하고 메모 서식에서 '자동 크기'를 설정하시오.

⑤ [A3:G10] 영역은 '모든 테두리'(⊞)를 적용하여 표시하시오.

**03** '기본작업-3' 시트에 대하여 다음의 지시사항을 처리하시오. (5점)

[B5:H13] 영역에 대해 '전공'이 '경영학과' 이거나 '총점'이 260 이상인 행 전체의 글꼴 색을 '표준 색 – 파랑', 글꼴 스타일을 '굵은 기울임꼴'로 지정하는 조건부 서식을 작성하시오.

▶ OR 함수 사용

▶ 단, 규칙 유형은 '수식을 사용하여 서식을 지정할 셀 결정'을 사용하고, 한 개의 규칙으로만 작성하시오.

**문제 ❷**　**계산작업** | '계산작업' 시트에서 다음 과정을 수행하고 저장하시오.　　**40점**

**01** [표1]에서 영어의 순위를 아래의 지시사항을 참조하여 영어순위[F3:F10]을 표시하시오. (8점)

▶ 영어 점수의 순위가 1이면 '1등', 2이면 '2등', 3이면 '3등', 나머지는 공란으로 표시
▶ 순위는 영어 점수가 높은 사람이 1위임
▶ IFERROR, CHOOSE, RANK.EQ 함수 사용

**02** [표1]에서 면접점수가 70 이상이고, 수학과 영어의 합계가 120 이상이면 '합격', 그렇지 않으면 공백으로 평가 [G3:G10]에 표시하시오. (8점)

▶ IF, AND, SUM 함수 사용

**03** [표1]에서 수학 점수가 상위 5등 이상이고, 영어 점수가 상위 5등 이상인 성적우수자[I4]를 계산하여 표시하시오. (8점)

▶ COUNTIFS, LARGE 함수와 & 연산자 사용

**04** [표1]에서 전체 면접점수의 평균에서 소속이 '서초'인 면접점수의 평균을 뺀 차이값을 양수로 [I8]셀에 표시하시오. (8점)

▶ ABS, AVERAGE, DAVERAGE 함수 사용

**05** [표5]의 도서 할인목록을 참조하여 [표4]의 교재명에 대한 판매가를 구하여 판매금액[D14:D20] 영역에 표시하시오. 단, 판매금액에 오류가 있을 때에는 '판매량오류'라고 표시하시오. (8점)

▶ 판매금액 = 판매가 × 판매량
▶ IFERROR와 VLOOKUP 함수 사용

---

**문제 ❸**　**분석작업** | 주어진 시트에서 다음 작업을 수행하고 저장하시오.　　**20점**

**01** '분석작업-1' 시트에 대하여 다음의 지시사항을 처리하시오. (10점)

데이터 통합 기능을 이용하여 [표1]의 '매입수량', '매출수량', '재고수량'의 상품명이 W, T, S, M 으로 시작하는 항목으로 분류하여 합계를 계산하여 [표2]의 서울 재고 현황 [G2:J6] 영역에 표시하시오.

**02** '분석작업-2' 시트에 대하여 다음의 지시사항을 처리하시오. (10점)

[표]에서 '순이익 계산'은 제조원가, 판매가, 초기투자비용, 홍보비용, 판매량을 이용하여 순이익금[C8]을 계산한 것이다. [데이터]-[데이터 표] 기능을 이용하여 판매가와 판매량 변동에 따른 순이익금을 [D15:H20]에 계산하여 표시하시오.

▶ 순이익금 = (판매가−제조원가)×판매량−초기투자비용−홍보비용

**문제 ❹ 기타작업 | 주어진 시트에서 다음 작업을 수행하고 저장하시오.** **20점**

**01** '매크로작업' 시트에 다음과 같은 기능을 수행하는 매크로를 현재 통합 문서에 작성하고 실행하시오. (각 5점)

① 생산비용 평균[E9]과 목표매출액 평균[F9]을 계산하는 매크로를 생성하여 실행하시오.
   ▶ 매크로 이름 : 평균
   ▶ AVERAGE 함수 사용
   ▶ [도형]-[기본 도형]의 '사각형: 빗면'(□)을 동일 시트의 [G4:G5] 영역에 생성한 후, 텍스트를 '평균'으로 입력하고, 도형을 클릭할 때 '평균' 매크로가 실행되도록 설정하시오.

② [A2:F9] 영역에 '모든 테두리'(⊞)를 적용하고, [A2:F2] 영역을 '표준 색 – 노랑' 색으로 채우는 매크로를 생성하여 실행하시오.
   ▶ 매크로 이름 : 서식
   ▶ [도형]-[사각형]의 '사각형: 둥근 모서리'(▢)를 동일 시트의 [G7:G8] 영역에 생성한 후, 텍스트를 '서식'으로 입력하고, 도형을 클릭할 때 '서식' 매크로가 실행되도록 설정하시오.

   ※ 셀 포인터의 위치에 상관없이 현재 통합 문서에서 매크로가 실행되어야 정답으로 인정됨

**02** '차트작업' 시트에서 다음 그림과 같이 차트를 작성하시오. (각 2점)

① '분야'별로 '학원수'와 '수강자수' 데이터를 이용하여 묶은 세로 막대형으로 [A11:I28] 영역에 차트를 작성하시오.
② '수강자수' 계열은 '표식이 있는 꺾은선형'으로 표시하고, '보조 축'으로 눈금을 표시하시오.
③ 차트 제목은 그림과 같이 표시되도록 하고, 글꼴은 '궁서체', 글꼴 스타일은 '굵게', 글꼴 크기는 '14'로 설정하시오.
④ '수강자수' 계열의 '운동'만 데이터 레이블을 '값'으로 표시되도록 설정하시오.
⑤ 차트 영역의 테두리 스타일은 '둥근 모서리'를 설정하시오.

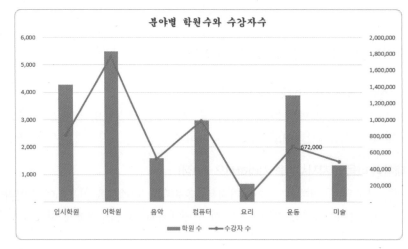

# 기출 유형 문제 01회 / 정답

## 문제 ① 기본작업

### 01 자료 입력

| | A | B | C | D | E | F | G | H |
|---|---|---|---|---|---|---|---|---|
| 1 | Books for baby | | | | | | | |
| 2 | | | | | | | | |
| 3 | 제품코드 | 도서명 | 출판사 | 가격 | 적정 개월수 | 글 | 그림 | |
| 4 | UH-101 | 유치원에 처음 가는 날 | 키다리 | 8500 | 12개월 이상 | 코린 드레퓌스 | 나탈리 슈 | |
| 5 | BR-203 | 보리의 시끌벅적 유치원 | 뜨인돌어린이 | 9500 | 24개월 이상 | 김세실 | 양송이 | |
| 6 | UH-224 | 오, 귀여운 우리 아가! | 중앙출판사 | 9000 | 12개월 이상 | 캐티 아펠트 | 제인 다이어 | |
| 7 | DB-504 | 뚱보 위고 | 올파소 | 10000 | 24개월 이상 | 발레리 베샤르 줄리아니 | 클로에 르제 | |
| 8 | CH-401 | 충치 괴물들의 파티 | 아라미 | 9500 | 12개월 이상 | 라이코 | 에브 타를레 | |
| 9 | LG-876 | 이젠 무서운 꿈을 꾸지 않아요! | 밝은미래 | 10000 | 12개월 이상 | 안느 구트망 | 게오르그 할렌스레벤 | |
| 10 | YM-397 | 태어나줘서 고마워 | 아이세움 | 9500 | 12개월 이상 | 니시모토 요우 | 구로이 켄 | |
| 11 | | | | | | | | |

### 02 서식 지정

| | A | B | C | D | E | F | G | H |
|---|---|---|---|---|---|---|---|---|
| 1 | | | | 운영 중인 온라인 카페 현황 | | | | |
| 2 | | | | | | | | |
| 3 | 카페명 | 카페회장 | 개설일 | 카페회원 | 가입비 | 정기모임 참석비율 | 정기모임 요일 | |
| 4 | 아루 할머니의 영어 카페 | 김신숙 | 2005-10-08 | 5754 | 10000 | 80.0% | 화요일 | |
| 5 | 품앗이 파워 | 송재영 | 2007-08-04 | 3120 | 0 | 50.6% | 목요일 | |
| 6 | 나치 엄마들의 생각 키우기 | 김철수 | 2006-12-13 | 4515 | 5000 | 48.5% | 금요일 | |
| 7 | 맘스홀 홈스쿨 | 박명은 | 2008-04-18 | 7349 | 30000 | 66.4% | 토요일 | |
| 8 | 녹색 자전거 | 이재호 | 2009-10-08 | 1250 | 8000 | 39.2% | 토요일 | |
| 9 | 플루트 찬송 | 황가연 | 2004-06-04 | 850 | 10000 | 77.2% | 일요일 | |
| 10 | 봉사의 기쁨 | 최한나 | 2010-03-08 | 697 | 3000 | 65.1% | 수요일 | |
| 11 | | | | | | | | |

(7행 D열에 "가장 많은 회원수" 메모 표시)

### 03 조건부 서식

| | A | B | C | D | E | F | G | H | I |
|---|---|---|---|---|---|---|---|---|---|
| 1 | | | | | | | | | |
| 2 | | 신입사원 채용 시험 결과 | | | | | | | |
| 3 | | | | | | | | | |
| 4 | | 응시번호 | 성명 | 전공 | 필기점수 | 실기점수 | 면접점수 | 총점 | |
| 5 | | A11-587 | 유효선 | 경영학과 | 90 | 85 | 82 | 257 | |
| 6 | | E12-201 | 이성일 | 경제학과 | 97 | 89 | 93 | 279 | |
| 7 | | A20-890 | 조인선 | 무역학과 | 90 | 77 | 87 | 254 | |
| 8 | | B13-850 | 손영자 | 경영학과 | 73 | 64 | 82 | 219 | |
| 9 | | C45-560 | 박종찬 | 무역학과 | 82 | 91 | 85 | 258 | |
| 10 | | A59-860 | 김준호 | 경영학과 | 75 | 86 | 90 | 251 | |
| 11 | | B20-963 | 정세라 | 경제학과 | 93 | 85 | 88 | 266 | |
| 12 | | A34-620 | 최진호 | 무역학과 | 84 | 74 | 63 | 221 | |
| 13 | | A96-741 | 정서영 | 경제학과 | 77 | 90 | 68 | 235 | |
| 14 | | | | | | | | | |

## 01 ~ 04 영어순위, 평가, 성적우수자, 전체 평균 – 서초 평균

| | A | B | C | D | E | F | G | H | I | J |
|---|---|---|---|---|---|---|---|---|---|---|
| 1 | [표1] | 입사 시험 평가 점수 | | | | | | | | |
| 2 | 이름 | 소속 | 수학 | 영어 | 면접점수 | 영어순위 | 평가 | | [표2] | |
| 3 | 고은비 | 서초 | 80 | 65 | 75 | | 합격 | | 성적우수자 | |
| 4 | 김시진 | 방배 | 60 | 50 | 90 | | | | 4 | |
| 5 | 김민영 | 서초 | 60 | 70 | 75 | | 합격 | | | |
| 6 | 조아라 | 방배 | 50 | 79 | 80 | 2등 | 합격 | | [표3] | |
| 7 | 이성철 | 서초 | 40 | 50 | 65 | | | | 전체 평균 - 서초 평균 | |
| 8 | 박승진 | 방배 | 70 | 60 | 95 | | 합격 | | 3.125 | |
| 9 | 김민아 | 서초 | 75 | 85 | 85 | 1등 | 합격 | | | |
| 10 | 송미준 | 방배 | 85 | 75 | 60 | 3등 | | | | |
| 11 | | | | | | | | | | |

1. [F3] 셀에 「=IFERROR(CHOOSE(RANK.EQ(D3,$D$3:$D$10),"1등","2등","3등"),"")」를 입력하고 [F10] 셀까지 수식 복사
2. [G3] 셀에 「=IF(AND(E3>=70,SUM(C3:D3)>=120),"합격","")」를 입력하고 [G10] 셀까지 수식 복사
3. [I4] 셀에 「=COUNTIFS(C3:C10,">="&LARGE(C3:C10,5),D3:D10,">="&LARGE(D3:D10,5))」를 입력
4. [I8] 셀에 「=ABS(AVERAGE(E3:E10)-DAVERAGE(A2:E10,E2,B2:B3))」를 입력

## 05 판매금액

| | A | B | C | D | E |
|---|---|---|---|---|---|
| 12 | [표4] | 판매실적 | | | |
| 13 | 지역 | 교재명 | 판매량 | 판매금액 | |
| 14 | 서울 | 컴활1급 | 68 | 1,224,000 | |
| 15 | 청주 | 워드1급 | 59사 | 판매량오류 | |
| 16 | 부산 | 컴활2급 | 70 | 1,190,000 | |
| 17 | 광주 | 컴활1급 | 95 | 1,710,000 | |
| 18 | 강릉 | 워드1급 | 제로 | 판매량오류 | |
| 19 | 대구 | 워드2급 | 39 | 546,000 | |
| 20 | 대전 | 워드2급 | 50 | 700,000 | |
| 21 | | | | | |

[D14] 셀에 「=IFERROR(C14*VLOOKUP(B14,$F$15:$G$18,2,0),"판매량오류")」을 입력하고 [D20] 셀까지 수식 복사

## 01 통합

| | F | G | H | I | J | K |
|---|---|---|---|---|---|---|
| 1 | [표2] | 서울 재고 현황 | | | | |
| 2 | 상품명 | 매입수량 | 매출수량 | 재고수량 | | |
| 3 | W* | 4,600 | 2,630 | 1,970 | | |
| 4 | T* | 7,500 | 3,540 | 3,960 | | |
| 5 | S* | 3,700 | 2,860 | 840 | | |
| 6 | M* | 1,000 | 200 | 800 | | |
| 7 | | | | | | |

**⑫ 데이터 표**

| | A | B | C | D | E | F | G | H | I |
|---|---|---|---|---|---|---|---|---|---|
| 10 | | | | | | | | | |
| 11 | | 판매량과 판매가 변동에 따른 순이익금 계산표 | | | | | | | |
| 12 | | | | | | | | | |
| 13 | | | | 판 매 량 | | | | | |
| 14 | | | ₩349,450 | 300 | 400 | 500 | 600 | 700 | |
| 15 | | | 2500 | -550 | -550 | -550 | -550 | -550 | |
| 16 | | 판 | 3000 | 149450 | 199450 | 249450 | 299450 | 349450 | |
| 17 | | 매 | 3500 | 299450 | 399450 | 499450 | 599450 | 699450 | |
| 18 | | 가 | 4000 | 449450 | 599450 | 749450 | 899450 | 1049450 | |
| 19 | | | 4500 | 599450 | 799450 | 999450 | 1199450 | 1399450 | |
| 20 | | | 5000 | 749450 | 999450 | 1249450 | 1499450 | 1749450 | |
| 21 | | | | | | | | | |

---

## 문제 ④  기타작업

**① 매크로**

| | A | B | C | D | E | F | G | H |
|---|---|---|---|---|---|---|---|---|
| 1 | [표1] | 12월 문구 생산 현황 | | | | | | |
| 2 | 품명 | 수량 | 원가 | 불량률 | 생산비용 | 목표매출액 | | |
| 3 | 사인펜 | 37000 | 100 | 0.03 | 3,700,000 | 4,440,000 | | |
| 4 | 연필깎기 | 4500 | 1200 | 0.02 | 5,400,000 | 6,480,000 | 평균 | |
| 5 | 만년필 | 6500 | 2200 | 0.05 | 14,300,000 | 17,160,000 | | |
| 6 | 자 | 32500 | 450 | 0.07 | 14,625,000 | 17,550,000 | | |
| 7 | 형광펜 | 6600 | 660 | 0.05 | 4,356,000 | 5,227,200 | 서식 | |
| 8 | 볼펜 | 78000 | 89 | 0.05 | 6,942,000 | 8,330,400 | | |
| 9 | | 평    균 | | | 8,220,500 | 9,864,600 | | |
| 10 | | | | | | | | |

**② 차트**

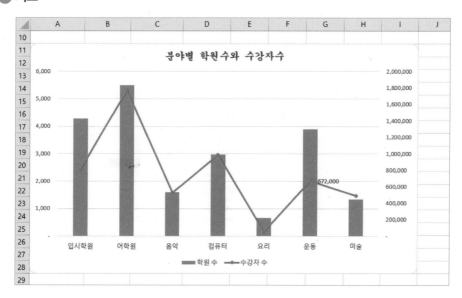

### 문제 ① 기본작업

#### 01 자료 입력('기본작업-1' 시트)

[A3:G10] 셀까지 문제를 보고 오타 없이 작성한다.

#### 02 서식 지정('기본작업-2' 시트)

① [A1:G1] 영역을 범위 지정한 후 [홈]-[맞춤] 그룹에서 [병합하고 가운데 맞춤](圉)을 클릭하고, [글꼴] 그룹에서 글꼴 '궁서', 크기 '17', '굵게', '밑줄'을 선택한다.

② [A3:G3], [A4:C10], [F4:G10] 영역을 Ctrl을 이용하여 범위 지정한 후 [홈]-[맞춤] 그룹에서 [가운데 맞춤](☰)을 클릭하고, [A3:G3] 영역을 지정한 후 [글꼴] 그룹에서 글꼴 색(갂 ▾) 도구를 클릭하여 '표준 색 – 자주', 채우기 색(◇ ▾) 도구를 클릭하여 '표준 색 – 노랑'을 선택한다.

③ [F4:F10] 영역을 범위 지정한 후 Ctrl+1을 눌러 [표시 형식] 탭에서 '사용자 지정'을 선택하고 0.0"%"를 입력하고 [확인]을 클릭한다.

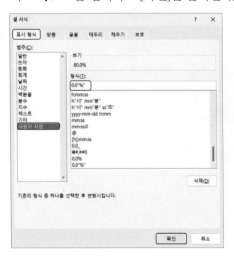

④ [D7] 셀에서 마우스 오른쪽 버튼을 눌러 [메모 삽입]을 클릭한다.

⑤ 기존 사용자 이름을 지우고 **가장 많은 회원수**를 입력한다.

⑥ [D7] 셀에서 마우스 오른쪽 버튼을 눌러 [메모 표시/숨기기]를 클릭한다.

⑦ 메모 상자의 경계라인에서 마우스 오른쪽 버튼을 눌러 [메모 서식]을 클릭한다.

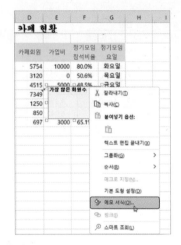

⑧ [맞춤] 탭에서 '자동 크기'를 체크하고 [확인]을 클릭한다.

⑨ [A3:G10] 영역을 범위 지정한 후 [홈]–[글꼴] 그룹에서 [테두리](⊞ ▾) 도구의 [모든 테두리](⊞)를 클릭한다.

### 03 조건부 서식('기본작업–3' 시트)

① [B5:H13] 영역을 범위 지정한 후, [홈]–[스타일] 그룹의 [조건부 서식]–[새 규칙]을 클릭한다.

② [새 서식 규칙]에서 '▶ 수식을 사용하여 서식을 지정할 셀 결정'을 선택하고, =OR($D5="경영학과",$H5>=260)을 입력한 후 [서식]을 클릭한다.

③ [글꼴] 탭에서 글꼴 스타일은 '굵은 기울임꼴', 색은 '표준 색 – 파랑'을 선택하고 [확인]을 클릭한다.

④ [새 서식 규칙]에서 [확인]을 클릭한다.

문제 ❷  계산작업('계산작업' 시트)

### 01 영어순위[F3:F10]

[F3] 셀에 =IFERROR(CHOOSE(RANK.EQ(D3, $D$3:$D$10),"1등","2등","3등"),"")를 입력하고 [F10] 셀까지 수식을 복사한다.

### 02 평가[G3:G10]

[G3] 셀에 =IF(AND(E3>=70,SUM(C3:D3)>=120),"합격","")를 입력하고 [G10] 셀까지 수식을 복사한다.

### 03 성적우수자[I4]

[I4] 셀에 =COUNTIFS(C3:C10,">="&LARGE(C3:C10,5),D3:D10,">="&LARGE(D3:D10,5))를 입력한다.

### 04 전체 평균 – 서초 평균[I8]

[I8] 셀에 =ABS(AVERAGE(E3:E10)–DAVERAGE(A2:E10,E2,B2:B3))를 입력한다.

### 05 판매금액[D14:D20]

[D14] 셀에 =IFERROR(C14*VLOOKUP(B14,$F$15:$G$18,2,0),"판매량오류")를 입력하고 [D20] 셀까지 수식을 복사한다.

문제 ❸  분석작업

### 01 통합('분석작업–1' 시트)

① [G3:G6] 영역에 다음 그림과 같이 조건을 입력한다.

| | G | H | I | J | K |
|---|---|---|---|---|---|
| 1 | [표2] | 서울 재고 현황 | | | |
| 2 | 상품명 | 매입수량 | 매출수량 | 재고수량 | |
| 3 | W* | | | | |
| 4 | T* | | | | |
| 5 | S* | | | | |
| 6 | M* | | | | |
| 7 | | | | | |

② [G2:J6] 영역을 범위 지정한 후 [데이터]–[데이터 도구] 그룹의 [통합](📇)을 클릭한다.

③ [통합]에서 그림과 같이 지정하고 [확인]을 클릭한다.

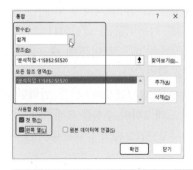

- **함수**: 합계
- **참조 영역**: [B2:E20]
- **사용할 레이블**: 첫 행, 왼쪽 열

## ② 데이터 표('분석작업-2' 시트)

① [C14] 셀에 커서를 두고 =C8을 입력하고 Enter 를 눌러 [C8] 셀의 수식과 연결한다.

② [C14:H20] 영역을 범위 지정한 후 [데이터]- [예측] 그룹의 [가상 분석]-[데이터 표]를 클릭한다.

③ [데이터 테이블]에서 '행 입력 셀'은 [C7], '열 입력 셀'은 [C4]를 지정한 후 [확인]을 클릭한다.

---

## 문제 ④ 기타작업

### ① 매크로('매크로작업' 시트)

① 표 밖 임의 셀을 클릭하고, [개발 도구]-[코드] 그룹의 [매크로 기록](🔲)을 클릭한다.

② [매크로 기록]에서 '매크로 이름'에 **평균**을 입력하고 [확인]을 클릭한다.

③ [E9] 셀에 =AVERAGE(E3:E8)을 입력한 후 [F9] 셀까지 드래그하여 수식을 복사한다.

④ [개발 도구]-[코드] 그룹의 [기록 중지](🔲)를 클릭한다.

⑤ [삽입]-[일러스트레이션] 그룹의 [도형]-[기본 도형]의 '사각형: 빗면'(🔲)을 클릭하여 [G4: G5] 영역에 Alt 를 누른 채 드래그하여 그린다.

---

⑥ 도형에 **평균**을 입력한 후, 도형의 경계라인에서 마우스 오른쪽 버튼을 눌러 [매크로 지정]을 클릭한다.

⑦ [매크로 지정]에서 '평균'을 선택하고 [확인]을 클릭한다.

⑧ 표 밖 임의 셀을 클릭하고, [개발 도구]-[코드] 그룹의 [매크로 기록](🔲)을 클릭한 후, '매크로 이름'에 **서식**을 입력하고 [확인]을 클릭한다.

⑨ [A2:F9] 영역을 범위 지정하고 [홈]-[글꼴] 그룹에서 [테두리](🔲▾) 도구의 [모든 테두리] (🔲)를 클릭하고, [A2:F2] 영역을 범위 지정한 후 [글꼴] 그룹의 [채우기 색](🔲▾) 도구에서 '표준 색 – 노랑'을 선택한다.

⑩ [개발 도구]-[코드] 그룹의 [기록 중지](🔲)를 클릭한다.

⑪ [삽입]-[일러스트레이션] 그룹의 [도형]-[사각형]의 '사각형: 둥근 모서리'(🔲)를 클릭하여 [G7:G8] 영역에 Alt 를 누른 채 드래그하여 그린다.

⑫ 도형에 **서식**을 입력한 후, 도형의 경계라인에서 마우스 오른쪽 버튼을 눌러 [매크로 지정]을 클릭한다.

⑬ [매크로 지정]에서 '서식'을 선택하고 [확인]을 클릭한다.

## 02 차트('차트작업' 시트)

① [A2:C9] 영역을 범위 지정한 후 [삽입] 탭의 [차트]-[세로 또는 가로 막대형 차트 삽입]을 클릭하여 [2차원 세로 막대형]의 '묶은 세로 막대형'을 클릭하여 차트를 작성한다.

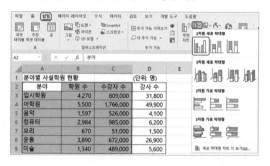

② 차트를 선택한 후 [A11] 셀로 이동한 후 [A11:I28] 영역에 위치할 수 있도록 크기를 조절한다.

③ '수강자수' 계열을 클릭한 후 마우스 오른쪽 버튼을 눌러 [계열 차트 종류 변경]을 클릭한다.

④ [차트 종류 변경]에서 '수강자수' 계열은 '표식이 있는 꺾은선형'을 선택한다.

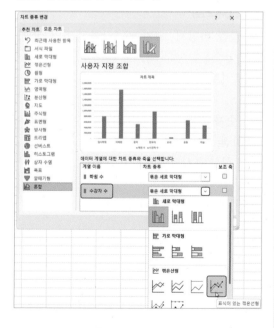

⑤ '수강자수' 계열은 '보조 축'을 선택하고 [확인]을 클릭한다.

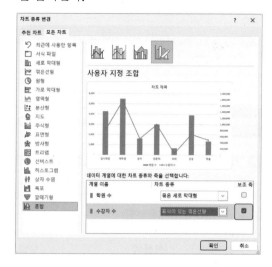

⑥ '차트 제목'을 선택한 후 **분야별 학원수와 수강자수**를 입력하고, [홈] 탭의 [글꼴] 그룹에서 '궁서체', 크기 '14', '굵게'로 지정한다.

⑦ '수강자수' 계열을 선택한 후 다시 한번 '수강자수' 계열의 '운동'을 선택한 후 마우스 오른쪽 버튼을 클릭한 후 [데이터 레이블 추가]를 클릭한다.

⑧ 차트 영역에서 마우스 오른쪽 버튼을 눌러 [차트 영역 서식]을 클릭한다.

⑨ [차트 영역 서식]의 [채우기 및 선]에서 [테두리]를 클릭하여 '둥근 모서리'를 체크한다.

# 기출 유형 문제 02회

| 시험 시간 | 풀이 시간 | 합격 점수 | 내 점수 |
|---|---|---|---|
| 40분 | 분 | 70점 | 점 |

▶ 합격 강의

작업파일 [2025컴활2급₩기출유형문제] 폴더의 '기출유형문제2회' 파일을 열어서 작업하시오.

## 문제 ❶ 기본작업 | 주어진 시트에서 다음 과정을 수행하고 저장하시오. 20점

**01** '기본작업-1' 시트에 다음의 자료를 주어진 대로 입력하시오. (5점)

|   | A | B | C | D | E | F | G | H |
|---|---|---|---|---|---|---|---|---|
| 1 | 천연치즈 매출현황 | | | | | | | |
| 2 | | | | | | | | |
| 3 | 코드 | 상품명 | 수입국 | 지방 함유율 | 박스당 입수 | 판매금액 | 분류 | |
| 4 | FR2-05 | 까망메르노르망디 | 프랑스 | 45% | 6 | 38780000 | 연질 | |
| 5 | IT5-08 | 그라나파다노 | 이탈리아 | 32% | 6 | 8675200 | 경질 | |
| 6 | SW8-05 | 라끌레뜨 | 스위스 | 40% | 12 | 6800000 | 반경질 | |
| 7 | FR2-08 | 브리 | 프랑스 | 45% | 24 | 17650000 | 연질 | |
| 8 | SW5-02 | 그뤼에르 | 스위스 | 48% | 12 | 15870000 | 경질 | |
| 9 | IT1-05 | 고르곤졸라 엘보리나또 | 이탈리아 | 43% | 2 | 18457000 | 블루 | |
| 10 | SW8-08 | 에멘탈 | 스위스 | 35% | 2 | 22300000 | 반경질 | |
| 11 | FR1-02 | 블루 데 꼬스 | 프랑스 | 50% | 12 | 9057000 | 블루 | |
| 12 | | | | | | | | |

**02** '기본작업-2' 시트에 대하여 다음의 지시사항을 처리하시오. (각 2점)

① [A1:I1] 영역은 '셀 병합 후 가로·세로 가운데 맞춤', 글꼴 '바탕체', 크기 '17', 글꼴 스타일 '굵게' 지정하시오.

② [A4:A7], [A8:A11] 영역은 '병합하고 가운데 맞춤'으로, [A3:I3] 영역은 채우기 색은 '표준 색 - 노랑'으로 지정하시오.

③ 셀 서식의 사용자 지정을 이용하여 [D4:G11] 영역은 숫자 뒤에 '점', [H4:H11] 영역은 숫자 뒤에 '위'가 추가되어 표시되도록 하시오. [표시 예 : 231 → 231점, 5 → 5위]

④ [H11] 셀에 '성적이 많이 오름'이라는 메모를 삽입하여 항상 표시되도록 하고, 메모의 크기는 '자동 크기'로 설정하시오.

⑤ [A3:I11] 영역에 '가로 가운데 맞춤'과 '모든 테두리'(⊞)를 적용하여 표시하시오.

**03** '기본작업-3' 시트에 대하여 다음의 지시사항을 처리하시오. (5점)

'결재란' 시트의 [A1:D2] 영역을 복사한 다음 '기본작업-3' 시트의 [E3] 셀에 '연결하여 그림 붙여넣기'를 이용하여 붙여 넣으시오.

▶ 단, 원본 데이터는 삭제하지 마시오.

**01** [표1]에서 전체, 일반전형의 모집인원 최대값과 최소값 차이값을 구하여 최대 인원과 최소 인원 차이[C11:D11]에 표시하시오. (8점)

 ▶ LARGE, SMALL 함수 사용

**02** [표1]에서 학교가 '과고'로 끝나는 일반전형에 모집인원 비율을 계산하여 [D12] 셀에 표시하시오. (8점)

 ▶ 모집인원 비율 = '과고' 일반전형인원 합계 / 일반전형 모집인원 합계

 ▶ SUMIF와 SUM 함수 사용

**03** [표1]에서 구분이 '외국어고'인 일반전형에 모집인원 비율을 계산하여 [G5] 셀에 표시하시오. (8점)

 ▶ 모집인원 비율 = '외국어고' 일반전형인원 합계 / 일반전형 모집인원 합계

 ▶ 조건은 [F4:F5] 영역에 입력하여 사용      ▶ DSUM와 SUM 함수 사용

**04** [표2]에서 주민등록번호의 앞의 6자리를 이용하여 년, 월, 일을 구하여 생년월일[D17:D23]에 표시하시오. (8점)

 ▶ 표시 예 : 851205-1256548 → 1985년 12월 05일

 ▶ 주민등록번호의 년도에 1900을 더해서 표시      ▶ DATE, LEFT, MID 함수 사용

**05** [표3]의 출발시간과 정류장 개수, 정류장당 소요시간(분)을 이용하여 도착예정시간을 계산하고 [K17:K23] 영역에 표시하시오. (8점)

 ▶ 도착예정시간 = 출발시간 + 정류장 개수 × 정류장당 소요시간(분)

 ▶ 단, 초 단위는 없는 것으로 함      ▶ HOUR, MINUTE, TIME 함수 사용

**01** '분석작업-1' 시트에 대하여 다음의 지시사항을 처리하시오. (10점)

'자동차 할부금 계산' 표에서 할부원금[B5], 연이율[B6], 상환기간[B7]을 이용하여 월납입금액[B8]을 계산한 것이다. [데이터]-[데이터 표] 기능을 이용하여 상환기간에 따른 월납입금액[F4:F16]을 계산하시오.

**02** '분석작업-2' 시트에 대하여 다음의 지시사항을 처리하시오. (10점)

'영진사 통조림 생산 현황'에서 '이익율[B14]'와 '불량율[B15]' 셀이 다음과 같이 변동되는 경우 매출이익합계[G13] 셀의 변동 시나리오를 작성하시오.

 ▶ [B14] 셀의 이름은 '이익율', [B15] 셀의 이름은 '불량율', [G13] 셀의 이름은 '매출이익합계'로 정의하시오.

 ▶ 시나리오 1 : 시나리오 이름은 '매출이익증가', 이익율은 30%, 불량율은 2%로 설정하시오.

 ▶ 시나리오 2 : 시나리오 이름은 '매출이익감소', 이익율은 15%, 불량율은 4%로 설정하시오.

 ▶ 시나리오 요약 시트는 '분석작업-2' 시트 바로 앞에 위치시키시오.

 ※ 시나리오 요약 보고서 작성 시 정답과 일치해야 하며, 오자로 인한 부분 점수는 인정하지 않음

**01** '매크로작업' 시트의 다음과 같은 기능을 수행하는 매크로를 현재 통합 문서에 작성하고 실행하시오. (각 5점)

① [E13:H13] 영역에 평균을 구하는 매크로를 생성하여 실행하시오.

　▶ 매크로 이름 : 평균

　▶ AVERAGE 함수 사용

　▶ [도형]–[기본 도형]의 '오각형'(⬠)을 동일 시트의 [J3:J5] 영역에 생성한 후, 텍스트를 '평균'으로 입력하고, 도형을 클릭할 때 '평균' 매크로가 실행되도록 설정하시오.

② [A3:H13] 영역에 '모든 테두리'를 적용하는 매크로를 생성하여 실행하시오.

　▶ 매크로 이름 : 서식

　▶ [도형]–[기본 도형]의 '배지'(▢)를 동일 시트의 [J7:J9] 영역에 생성한 후, 텍스트를 '서식'으로 입력하고 도형을 클릭할 때 '서식' 매크로가 실행되도록 설정하시오.

　　※ 셀 포인터의 위치에 상관없이 현재 통합 문서에서 매크로가 실행되어야 정답으로 인정됨

**02** '차트작업' 시트의 차트를 지시사항에 따라 아래 그림과 같이 수정하시오. (각 2점)

※ 차트는 반드시 문제에서 제공한 차트를 사용하여야 하며, 신규로 작성 시 0점 처리됨

① '부서별 매출현황' 표에서 부서가 '영업1부'의 '목표액'과 '달성액'만 표시되도록 데이터 범위를 수정하시오.

② '달성액' 계열은 '꺾은선형'으로 지정하고 '보조 축'으로 표시하고, 차트 제목과 축 제목은 그림과 같이 입력하고, 축 제목의 텍스트 방향을 '세로'로 지정하시오.

③ '목표액'의 '김남진' 요소만 데이터 레이블을 '값'으로 설정하시오.

④ 범례 서식에서 위치를 '아래쪽'으로 변경하고, 글꼴 '돋움체', 크기 '11', 글꼴 스타일 '기울임꼴', 테두리 '그림자(오프셋 : 오른쪽 아래)'를 지정하고, '채우기'에서 '흰색, 배경1'로 지정하시오.

⑤ 차트 영역 서식은 테두리 '그림자(오프셋 : 오른쪽 아래)', '둥근 모서리'로 지정하시오.

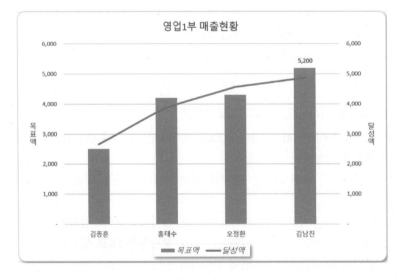

## 01 자료 입력

| | A | B | C | D | E | F | G |
|---|---|---|---|---|---|---|---|
| 1 | 천연치즈 매출현황 | | | | | | |
| 2 | | | | | | | |
| 3 | 코드 | 상품명 | 수입국 | 지방 함유율 | 박스당 입수 | 판매금액 | 분류 |
| 4 | FR2-05 | 까망메르노르망디 | 프랑스 | 45% | 6 | 38780000 | 연질 |
| 5 | IT5-08 | 그라나파다노 | 이탈리아 | 32% | 6 | 8675200 | 경질 |
| 6 | SW8-05 | 라끌레뜨 | 스위스 | 40% | 12 | 6800000 | 반경질 |
| 7 | FR2-08 | 브리 | 프랑스 | 45% | 24 | 17650000 | 연질 |
| 8 | SW5-02 | 그뤼에르 | 스위스 | 48% | 12 | 15870000 | 경질 |
| 9 | IT1-05 | 고르곤졸라 엘보리나또 | 이탈리아 | 43% | 2 | 18457000 | 블루 |
| 10 | SW8-08 | 에멘탈 | 스위스 | 35% | 2 | 22300000 | 반경질 |
| 11 | FR1-02 | 블루 데 꼬스 | 프랑스 | 50% | 12 | 9057000 | 블루 |
| 12 | | | | | | | |

## 02 서식 지정

| | A | B | C | D | E | F | G | H | I | J |
|---|---|---|---|---|---|---|---|---|---|---|
| 1 | | | | | 영어 캠프 성적 | | | | | |
| 2 | | | | | | | | | | |
| 3 | 성별 | 등록번호 | 성명 | 교육전 점수 | 말하기 | 쓰기 | 교육후 점수 | 순위 | 비고 | |
| 4 | | 075P15 | 이승주 | 231점 | 153점 | 124점 | 277점 | 5위 | | |
| 5 | 남 | 078P29 | 이민형 | 220점 | 134점 | 142점 | 276점 | 6위 | | |
| 6 | | 073L15 | 김민찬 | 314점 | 164점 | 162점 | 326점 | 4위 | | |
| 7 | | 071L19 | 이진서 | 301점 | 180점 | 176점 | 356점 | 2위 | 해외연수 | |
| 8 | | 075P25 | 오한빛 | 215점 | 124점 | 102점 | 226점 | 8위 | | |
| 9 | 여 | 075F26 | 이주아 | 313점 | 179점 | 187점 | 366점 | 1위 | 해외연수 | |
| 10 | | 070F10 | 신예원 | 224점 | 143점 | 131점 | 274점 | 7위 | | |
| 11 | | 075F21 | 한찬희 | 250점 | 167점 | 184점 | 351점 | 3위 | 성적이 많이 오름 | |
| 12 | | | | | | | | | | |

## 03 그림 복사

| | A | B | C | D | E | F | G | H |
|---|---|---|---|---|---|---|---|---|
| 1 | | | 주아베이커리 판매현황 | | | | | |
| 2 | | | | | | | | |
| 3 | | | | | 결 | 담당 | 과장 | 부장 |
| 4 | | | | | | | | |
| 5 | | | | | 재 | | | |
| 6 | | | | | | | | |
| 7 | 제품번호 | 분류 | 제품명 | 단가 | 주문량 | 배송 | 판매금액 | |
| 8 | C-001 | 생크림케익 | 생크림2호 | 29,000 | 305개 | 1일예약 | 8,845,000 | |
| 9 | C-002 | 버터케익 | 치즈카카오 | 32,000 | 157개 | 2일예약 | 5,024,000 | |
| 10 | P-001 | 선물류 | 호두파운드 | 19,500 | 189개 | 1일예약 | 3,685,500 | |
| 11 | C-003 | 버터케익 | 초코펜더 | 24,000 | 287개 | 2일예약 | 6,888,000 | |
| 12 | P-002 | 선물류 | 쿠키세트 | 25,000 | 111개 | 당일 | 2,775,000 | |
| 13 | P-003 | 선물류 | 모카몰케익 | 18,000 | 193개 | 2일예약 | 3,474,000 | |
| 14 | C-004 | 생크림케익 | 고구마3호 | 26,000 | 293개 | 당일 | 7,618,000 | |
| 15 | C-005 | 버터케익 | 녹차케익 | 23,000 | 203개 | 2일예약 | 4,669,000 | |
| 16 | | 합계 | | | | | ₩ 42,978,500 | |
| 17 | | | | | | | | |

**① ~ ③ 최대 인원과 최소 인원 차이, 과고 일반전형 모집인원 비율, 외국어고 일반전형 모집인원 비율**

| | A | B | C | D | E | F | G | H | I |
|---|---|---|---|---|---|---|---|---|---|
| 1 | [표1] | 일반전형 모집인원 | | | | | | | |
| 2 | 학교 | 구분 | 전체 | 일반전형 | | | | | |
| 3 | 세종과고 | 과학고 | 160 | 83 | | | | | |
| 4 | 서울국제고 | 국제고 | 150 | 75 | | 구분 | | 외국어고 일반전형 모집인원 비율 | |
| 5 | 이화외고 | 외국어고 | 210 | 160 | | 외국어고 | | 66% | |
| 6 | 대원외고 | 외국어고 | 420 | 312 | | | | | |
| 7 | 충남과고 | 과학고 | 420 | 315 | | | | | |
| 8 | 명덕외고 | 외국어고 | 420 | 307 | | | | | |
| 9 | 한영외고 | 외국어고 | 350 | 275 | | | | | |
| 10 | 한성과고 | 과학고 | 140 | 70 | | | | | |
| 11 | 최대 인원과 최소 인원 차이 | | 280 | 245 | | | | | |
| 12 | 과고 일반전형 모집인원 비율 | | | 29% | | | | | |
| 13 | | | | | | | | | |

1. 최대 인원과 최소 인원 차이 : [C11] 셀에 「=LARGE(C3:C10,1)-SMALL(C3:C10,1)」를 입력하고 [D11] 셀까지 수식 복사
2. 과고 일반전형 모집인원 비율 : [D12] 셀에 「=SUMIF(A3:A10,"*과고",D3:D10)/SUM(D3:D10)」를 입력
3. 외국어고 일반전형 모집인원 비율 : [G5] 셀에 「=DSUM(A2:D10,D2,F4:F5)/SUM(D3:D10)」를 입력

**④ 생년월일**

| | A | B | C | D | E |
|---|---|---|---|---|---|
| 15 | [표2] 동호회 회원 명단 | | | | |
| 16 | 성명 | 주민등록번호 | | 생년월일 | |
| 17 | 김가네 | 851205-1256548 | | 1985년 12월 05일 | |
| 18 | 남이사 | 760524-2354215 | | 1976년 05월 24일 | |
| 19 | 이영감 | 631109-2462521 | | 1963년 11월 09일 | |
| 20 | 최참봉 | 720125-2534567 | | 1972년 01월 25일 | |
| 21 | 박달재 | 830912-1254682 | | 1983년 09월 12일 | |
| 22 | 서섭이 | 700215-1237521 | | 1970년 02월 15일 | |
| 23 | 장사진 | 881231-2327110 | | 1988년 12월 31일 | |
| 24 | | | | | |

[D17] 셀에 「=DATE(1900+LEFT(B17,2),MID(B17,3,2),MID(B17,5,2))」를 입력하고 [D23] 셀까지 수식 복사

**⑤ 도착예정시간**

| | F | G | H | I | J | K | L |
|---|---|---|---|---|---|---|---|
| 14 | [표3] 수영장 셔틀버스 시간표 | | | | | | |
| 15 | 버스번호 | 도착지 | 출발시간 | 정류장 개수 | 정류장당 소요시간(분) | 도착예정시간 | |
| 16 | | | | | | | |
| 17 | 1호차 | 서둔동 | 10:00 | 10 | 3 | 10:30 | |
| 18 | 2호차 | 금호동 | 9:50 | 8 | 4 | 10:22 | |
| 19 | 3호차 | 탑동 | 10:20 | 7 | 5 | 10:55 | |
| 20 | 4호차 | 와우리 | 9:50 | 5 | 7 | 10:25 | |
| 21 | 5호차 | 입북동 | 9:40 | 9 | 4 | 10:16 | |
| 22 | 6호차 | 정자동 | 9:50 | 11 | 3 | 10:23 | |
| 23 | 7호차 | 구운동 | 10:10 | 8 | 5 | 10:50 | |
| 24 | | | | | | | |

[K17] 셀에 「=TIME(HOUR(H17),MINUTE(H17)+(I17*J17),0)」를 입력하고 [K23] 셀까지 수식 복사

**01 데이터 표**

| | A | B | C | D | E | F | G |
|---|---|---|---|---|---|---|---|
| 1 | 자동차 할부금 계산 | | | | | | |
| 2 | | | | | | 월납입금액 | |
| 3 | 차량금액 | ₩ 20,000,000 | | | | ₩ 466,593 | |
| 4 | 인도금 | ₩ 5,000,000 | | | 24개월 | ₩ 674,994 | |
| 5 | 할부원금 | ₩ 15,000,000 | | | 25개월 | ₩ 649,964 | |
| 6 | 연이율 | 7.5% | | | 26개월 | ₩ 626,864 | |
| 7 | 상환기간(월) | 36 | | | 27개월 | ₩ 605,479 | |
| 8 | 월납입금액 | ₩ 466,593 | | 상 | 28개월 | ₩ 585,624 | |
| 9 | | | | 환 | 29개월 | ₩ 567,142 | |
| 10 | | | | 기 | 30개월 | ₩ 549,895 | |
| 11 | | | | 간 | 31개월 | ₩ 533,765 | |
| 12 | | | | ( | 32개월 | ₩ 518,645 | |
| 13 | | | | 월 | 33개월 | ₩ 504,445 | |
| 14 | | | | ) | 34개월 | ₩ 491,082 | |
| 15 | | | | | 35개월 | ₩ 478,487 | |
| 16 | | | | | 36개월 | ₩ 466,593 | |
| 17 | | | | | | | |

**02 시나리오**

| | A | B | C | D | E | F | G |
|---|---|---|---|---|---|---|---|
| 1 | | | | | | | |
| 2 | | 시나리오 요약 | | | | | |
| 3 | | | | 현재 값: | 매출이익증가 | 매출이익감소 | |
| 5 | | 변경 셀: | | | | | |
| 6 | | | 이익율 | 20% | 30% | 15% | |
| 7 | | | 불량율 | 3.00% | 2.00% | 4.00% | |
| 8 | | 결과 셀: | | | | | |
| 9 | | | 매출이익합계 | 1,598,409 | 2,543,141 | 1,126,043 | |
| 10 | | 참고: 현재 값 열은 시나리오 요약 보고서가 작성될 때의 | | | | | |
| 11 | | 변경 셀 값을 나타냅니다. 각 시나리오의 변경 셀들은 | | | | | |
| 12 | | 회색으로 표시됩니다. | | | | | |

## 01 매크로

| | A | B | C | D | E | F | G | H |
|---|---|---|---|---|---|---|---|---|
| 1 | | | | **임금명세표** | | | | |
| 2 | | | | | | | | |
| 3 | 이름 | 직위 | 근속기간 | 상여율 | 기본급 | 상여금 | 직무수당 | 총급여액 |
| 4 | 이영숙 | 대리 | 4 | 20% | ₩ 1,500,000 | ₩ 300,000 | ₩ 100,000 | ₩ 1,900,000 |
| 5 | 서지원 | 과장 | 8 | 30% | ₩ 2,500,000 | ₩ 750,000 | ₩ 150,000 | ₩ 3,400,000 |
| 6 | 김민희 | 부장 | 13 | 40% | ₩ 3,500,000 | ₩ 1,400,000 | ₩ 200,000 | ₩ 5,100,000 |
| 7 | 박영신 | 과장 | 10 | 40% | ₩ 2,600,000 | ₩ 1,040,000 | ₩ 150,000 | ₩ 3,790,000 |
| 8 | 최영선 | 부장 | 19 | 50% | ₩ 4,100,000 | ₩ 2,050,000 | ₩ 200,000 | ₩ 6,350,000 |
| 9 | 현인국 | 과장 | 14 | 40% | ₩ 3,000,000 | ₩ 1,200,000 | ₩ 150,000 | ₩ 4,350,000 |
| 10 | 구민정 | 대리 | 7 | 30% | ₩ 1,800,000 | ₩ 540,000 | ₩ 100,000 | ₩ 2,440,000 |
| 11 | 장은진 | 대리 | 9 | 30% | ₩ 2,200,000 | ₩ 660,000 | ₩ 100,000 | ₩ 2,960,000 |
| 12 | 김은수 | 부장 | 18 | 50% | ₩ 4,000,000 | ₩ 2,000,000 | ₩ 200,000 | ₩ 6,200,000 |
| 13 | | | 평균 | | ₩ 2,800,000 | ₩ 1,104,444 | ₩ 150,000 | ₩ 4,054,444 |
| 14 | | | | | | | | |

평균

서식

## 02 차트

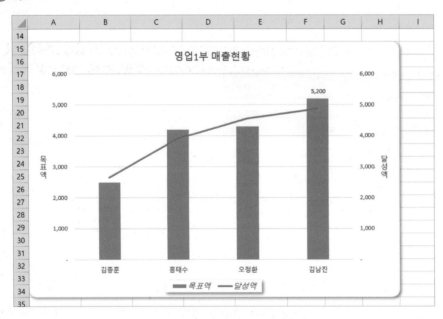

## 기출 유형 문제 02회 / 해설

---

**문제 ①  기본작업**

**02 자료 입력('기본작업-1' 시트)**

[A3:G11] 셀까지 문제를 보고 오타 없이 작성한다.

**02 서식 지정('기본작업-2' 시트)**

① [A1:I1] 영역을 범위 지정하고 Ctrl+1을 눌러 [맞춤] 탭에서 가로 '가운데', 세로 '가운데', '셀 병합'을 체크하고, [글꼴] 탭에서 '바탕체', '굵게', 크기는 '17'을 입력한 후 [확인]을 클릭한다.

② [A4:A7], [A8:A11] 영역을 범위 지정하고 [홈]–[맞춤] 그룹에서 [병합하고 가운데 맞춤](⊞)을 클릭한다.

③ [A3:I3] 영역을 범위 지정한 후 [홈]–[글꼴] 그룹에서 [채우기 색](◇▾) 도구를 클릭하여 '표준 색 – 노랑'을 선택한다.

④ [D4:G11] 영역을 범위 지정한 후 Ctrl+1을 눌러 [표시 형식] 탭의 '사용자 지정'에 #점을 입력하고 [확인]을 클릭한다.

> **⭐ 기적의 TIP**
>
> 0"점"도 가능하다.

⑤ [H4:H11] 영역을 범위 지정한 후 Ctrl+1을 눌러 [표시 형식] 탭의 '사용자 지정'에 #위를 입력하고 [확인]을 클릭한다.

> **⭐ 기적의 TIP**
>
> 0"위"도 가능하다.

⑥ [H11] 셀에서 마우스 오른쪽 버튼을 눌러 [메모 삽입]을 클릭하여 **성적이 많이 오름**을 입력하고, 다시 [H11] 셀에서 마우스 오른쪽 버튼을 눌러 [메모 표시/숨기기]를 클릭한다.

> **💡 버전 TIP**
>
> [H11] 셀에서 마우스 오른쪽 버튼을 클릭하여 [새 노트]를 클릭하거나, [메뉴 검색]에 「메모 삽입」을 입력하여 검색해도 된다.

⑦ 메모의 경계라인에서 마우스 오른쪽 버튼을 눌러 [메모 서식]을 클릭한다.

⑧ [맞춤] 탭에서 '자동 크기'에 체크하고 [확인]을 클릭한다.

⑨ [A3:I11] 영역을 범위 지정하고 [홈]–[맞춤] 그룹에서 [가운데 맞춤](≡)을 클릭한다.

⑩ [홈]–[글꼴] 그룹에서 [테두리](⊞▾) 도구의 [모든 테두리](⊞)를 클릭한다.

### 03 그림 복사('기본작업-3' 시트)

① '결재란' 시트의 [A1:D2] 영역을 범위 지정한 후 [홈]-[클립보드] 그룹의 [복사] 도구를 클릭한다.

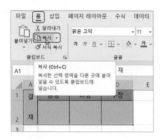

② '기본작업-3' 시트의 [E3] 셀을 클릭한 후 [홈]-[클립보드] 그룹의 [붙여넣기]-[기타 붙여넣기 옵션]-[연결된 그림]을 클릭한다.

### 01 최대 인원과 최소 인원 차이[C11:D11]

[C11] 셀에 =LARGE(C3:C10,1)-SMALL(C3:C10, 1)를 입력하고 [D11] 셀까지 수식을 복사한다.

### 02 과고 일반전형 모집인원 비율[D12]

[D12] 셀에 =SUMIF(A3:A10,"*과고",D3:D10)/ SUM(D3:D10)를 입력한다.

### 03 외국어고 일반전형 모집인원 비율[G5]

① [F4:F5] 영역에 아래와 같이 조건을 입력한다.

② [G5] 셀에 =DSUM(A2:D10,D2,F4:F5)/SUM (D3:D10)를 입력한다.

### 04 생년월일[D17:D23]

[D17] 셀에 =DATE(1900+LEFT(B17,2),MID(B17, 3,2),MID(B17,5,2))를 입력하고 [D23] 셀까지 수식을 복사한다.

### 05 도착예정시간[K17:K23]

[K17] 셀에 =TIME(HOUR(H17),MINUTE(H17)+ (I17*J17),0)를 입력하고 [K23] 셀까지 수식을 복사한다.

### 01 데이터 표('분석작업-1' 시트)

① [F3] 셀에 커서를 두고 =B8을 입력하여 [B8] 셀의 수식과 연결한다.

② [E3:F16] 영역을 범위 지정한 후, [데이터]-[예측] 그룹의 [가상 분석]-[데이터 표]를 클릭한다.

③ 열 입력 셀에 [B7] 셀을 지정하고 [확인]을 클릭한다.

### 02 시나리오('분석작업-2' 시트)

① [B14] 셀을 클릭하고 '이름 상자'에 **이익율**을 입력하고 Enter를 누른다.

| 제품명 | 생산단가 | 생산수량 |
|---|---|---|
| 골뱅이 | 330 | 2,048 |
| 복숭아 | 420 | 3,456 |
| 살구 | 256 | 4,678 |
| 참치 | 540 | 9,845 |
| 고등어 | 789 | 10,234 |
| 파인애플 | 654 | 4,567 |
| 구와바 | 1,024 | 7,850 |
| 굴 | 567 | 9,834 |
| 스위트콘 | 645 | 8,907 |
| 합 계 | | 61,419 |
| 이익율 | 20% | |
| 불량율 | 3.00% | |

② [B15] 셀은 **불량율**, [G13] 셀은 **매출이익합계**로 이름을 정의한다.

③ [B14:B15] 영역을 범위 지정한 후, [데이터]–[예측] 그룹의 [가상 분석]–[시나리오 관리자]를 클릭한다.

④ [시나리오 관리자]에서 [추가]를 클릭한다.

⑤ '시나리오 이름'은 **매출이익증가**를 입력하고, '변경 셀'은 [B14:B15] 영역을 지정한 후 [확인]을 클릭한다.

⑥ [시나리오 값]에서 '이익율'에 **30%**, '불량율'에 **2%**를 입력한 후 [추가]를 클릭한다.

⑦ '시나리오 이름'은 **매출이익감소**를 입력하고, '변경 셀'을 확인한 후 [확인]을 클릭한다.

⑧ [시나리오 값]에서 '이익율'은 **15%**, '불량율'은 **4%**를 입력한 후 [확인]을 클릭한다.

⑨ [시나리오 관리자]에서 [요약]을 클릭한다.

⑩ [시나리오 요약]에서 '결과 셀'에 [G13] 셀을 지정하고 [확인]을 클릭한다.

### ⓞ1 매크로('매크로작업' 시트)

① [개발 도구]–[코드] 그룹의 [매크로 기록](📷)을 클릭한다.

② [매크로 기록]에서 '매크로 이름'에 **평균**을 입력한 후 [확인]을 클릭한다.

③ [E13] 셀에 **=AVERAGE(E4:E12)**를 입력하고 [H13] 셀까지 수식을 복사한다.

④ [개발 도구]–[코드] 그룹의 [기록 중지](☐)를 클릭한다.

⑤ [삽입]–[일러스트레이션] 그룹의 [도형]–[기본 도형]의 '오각형'(⬠)을 선택하고 [J3:J5] 영역에 **Alt**를 누른 채 드래그하여 그린다.

⑥ 도형에 **평균**을 입력하고 도형에서 마우스 오른쪽 버튼을 눌러 [매크로 지정]을 클릭한다.

⑦ [매크로 지정]에서 '평균'을 선택하고 [확인]을 클릭한다.

⑧ [개발 도구]–[코드] 그룹의 [매크로 기록](📷)을 클릭한다.

⑨ [매크로 기록]에서 '매크로 이름'에 **서식**을 입력하고 [확인]을 클릭한다.

⑩ [A3:H13] 영역을 범위 지정한 후 [홈]–[글꼴] 그룹에서 [테두리](⊞ ▾) 도구의 [모든 테두리](⊞)를 선택한다.

⑪ [개발 도구]–[코드] 그룹의 [기록 중지](☐)를 클릭한다.

⑫ [삽입]–[일러스트레이션] 그룹의 [도형]–[기본 도형]의 '배지'(⬡)를 선택하고 [J7:J9] 영역에 드래그하여 그린다.

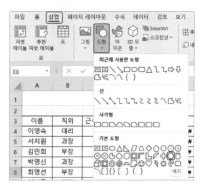

⑬ 도형에 **서식**을 입력하고 도형에서 마우스 오른쪽 버튼을 눌러 [매크로 지정]을 클릭하여 '서식'을 선택하고 [확인]을 클릭한다.

### 02 차트('차트작업' 시트)

① '차트 영역'에서 마우스 오른쪽 버튼을 눌러 [데이터 선택]을 클릭한다.
② [데이터 원본 선택]에서 영업1부에 해당한 사원명, 목표액, 달성액([A3:A4], [C3:D4], [A7], [C7:D7], [A10:A11], [C10:D11]) 영역으로 범위를 수정하고 [확인]을 클릭한다.

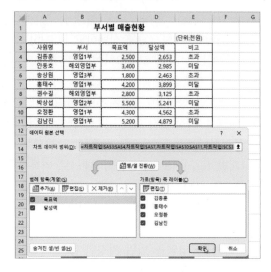

③ '달성액' 계열을 선택한 후 마우스 오른쪽 버튼을 눌러 [계열 차트 종류 변경]을 클릭한다.

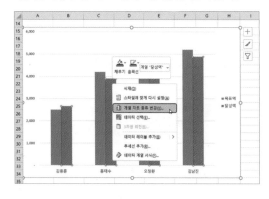

④ '달성액' 계열의 차트 종류를 '꺾은선형'을 선택한다.

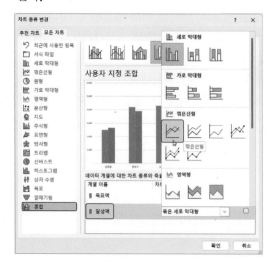

⑤ '달성액' 계열은 '보조 축'을 체크하고 [확인]을 클릭한다.

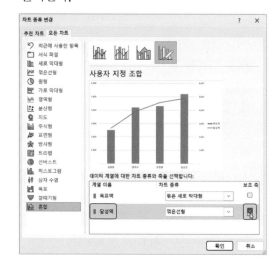

⑥ 차트를 선택한 후 [차트 요소](⊞)를 클릭하여 [차트 제목]을 체크한 후 **영업1부 매출현황**을 입력한다.
⑦ 차트를 선택한 후 [차트 요소](⊞)를 클릭하여 [축 제목]-[기본 세로]를 체크한 후 **목표액**을 입력한다.

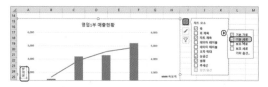

⑧ '축 제목(목표액)'을 선택한 후 마우스 오른쪽 버튼을 눌러 [축 제목 서식] 메뉴를 클릭한다.

⑨ [축 제목 서식]의 [크기 및 속성]에서 [맞춤]-[텍스트 방향]에서 '세로'를 선택한다.

⑩ 차트를 선택한 후 [차트 요소](⊞)를 클릭하여 [축 제목]-[보조 세로]를 선택한 후 **달성액**을 입력한다.

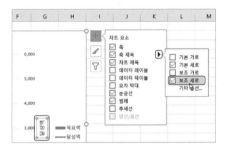

⑪ '보조 축 제목(달성액)'을 선택한 후 [축 제목 서식]의 [크기 및 속성]에서 [맞춤]-[텍스트 방향]에서 '세로'를 선택한다.

⑫ '목표액' 계열의 '김남진'을 천천히 두 번 클릭하여 '김남진' 요소만 선택한 후 마우스 오른쪽 버튼을 눌러 [데이터 레이블 추가]를 클릭한다.

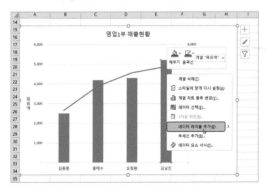

⑬ 범례를 선택한 후 마우스 오른쪽 버튼을 눌러 [범례 서식]의 [범례 옵션]에서 '아래쪽'을 선택한다.

⑭ [범례 서식]에서 [효과]를 클릭하여 '그림자'를 선택한 후 '바깥쪽(오프셋 : 오른쪽 아래)'를 선택한다.

⑮ [범례 서식]에서 [채우기 및 선]을 클릭하여 [채우기]-[단색 채우기]에서 색은 '흰색, 배경1'을 선택한다.

⑯ 범례를 선택하고 [홈]-[글꼴] 그룹에서 '돋움체', 크기 '11', '기울임꼴'을 지정한다.

⑰ 차트 영역을 클릭한 후 [차트 영역 서식]에서 [채우기 및 선]을 클릭하여 [테두리]의 '둥근 모서리'를 체크하고, [효과]를 클릭하여 '그림자'를 선택한 후 '바깥쪽(오프셋 : 오른쪽 아래)'를 선택한다.

# 기출 유형 문제 03회

| 시험 시간 | 풀이 시간 | 합격 점수 | 내 점수 |
|---|---|---|---|
| 40분 | 분 | 70점 | 점 |

▶ 합격 강의

## 문제 ❶ 기본작업 | 주어진 시트에서 다음 과정을 수행하고 저장하시오. 20점

**01** '기본작업-1' 시트에 다음의 자료를 주어진 대로 입력하시오. (5점)

| | A | B | C | D | E | F |
|---|---|---|---|---|---|---|
| 1 | 금요 문화마당 음악회 안내 | | | | | |
| 2 | | | | | | 2026년 6월 |
| 3 | 일자 | 시간 | 행사명 | 공연단체 | 공연내용 | 공연담당자 |
| 4 | 2026-06-05 | 19:30 | 서인 교향악단 초청음악회 | 서인 교향악단 | 서곡, 드보르작 | 김지형 |
| 5 | 2026-06-12 | 19:30 | Korea 필 하모니 Ochestra 초청음악회 | Korea 필 하모니 오케스트라 | 오케스트라 연주, 성악 | 김진수 |
| 6 | 2026-06-19 | 19:30 | 쉬크베어 Ochestra 연주회 | 쉬크베어 오케스트라 | 아리랑 편곡, 비틀즈 | 임지영 |
| 7 | 2026-06-26 | 19:30 | 정하정 Piano 독주회 | 정하정 | 베토벤 곡 | 김주용 |
| 8 | 2026-07-03 | 19:30 | 김성희의 Cello 연주회 | 김성희 | 그리운 금강산 편곡 | 김주안 |
| 9 | 2026-07-10 | 19:30 | 나라챔버 Ochestra 연주회 | 나라챔버 | 오케스트라 오보애 | 서유리 |
| 10 | | | | | | |

**02** '기본작업-2' 시트에 대하여 다음의 지시사항을 처리하시오. (각 2점)

① [B1:G1] 영역은 '셀 병합 후 가로, 세로 가운데 맞춤', 글꼴 '바탕체', 크기 '16', 글꼴 스타일은 '굵게', 밑줄은 '밑줄'로 지정하시오.

② '영업소별 모닝 재고현황' 제목 앞뒤에 특수문자 '◈'를 삽입하시오.

③ [F3] 셀의 '재고량'을 한자 '在庫量'으로 변환하시오.

④ [G11] 셀에 '승격 대상'이라는 메모를 텍스트에 맞춰 자동으로 크기가 조절되도록 삽입하고 항상 표시되도록 하시오.

⑤ [B3:G14] 영역에 '모든 테두리'(⊞)와 '굵은 바깥쪽 테두리'(⊡)를 적용하여 표시하시오.

**03** '기본작업-3' 시트에 대하여 다음의 지시사항을 처리하시오. (5점)

다음의 텍스트 파일을 열고, 생성된 데이터를 '기본작업-3' 시트의 [A3:I16] 영역에 붙여 넣으시오.

▶ 외부 데이터 파일명은 '고객분류.txt'임

▶ 외부 데이터 '탭'으로 구분되어 있음

▶ 표 서식은 '밝게'의 없음으로 '범위로 변환'하여 표시하시오.

**문제 ❷** | **계산작업** | '계산작업' 시트에서 다음 과정을 수행하고 저장하시오. **40점**

**01** [표1]에서 총점[B3:B11]을 기준으로 순위를 구하여 다음과 같이 수상명[C3:C11]을 표시하시오. (8점)

- ▶ 순위가 1이면 '대상', 2~3이면 '금상', 4~6이면 '동상', 7 이상이면 공란으로 표시하시오.
- ▶ IF와 RANK.EQ 함수 사용
- ▶ 순위는 총점이 높은 사원이 1위

**02** [표2]에서 결제방법[E3:E11]이 '카드'인 거래처의 입금액[G3:G11] 평균을 구하여 [I3] 셀에 표시하시오. (8점)

- ▶ 천 단위 미만은 올림하여 표시 [표시 예 : 682,264 → 683,000]
- ▶ ROUNDUP과 DAVERAGE 함수 사용
- ▶ [H2:H3] 영역에 조건을 입력하여 함수 적용

**03** [표3]에서 입차시간과 출차시간을 이용하여 요금[D16:D23]을 계산하시오. (8점)

- ▶ 10분당 요금은 500원
- ▶ HOUR, MINUTE 함수 사용

**04** [표4]에서 전공과목[G16:G22]과 교양과목[H16:H22]의 평균점수와 기준표[G25:J27]를 이용하여 평가[I16:I22]를 구하시오. (8점)

- ▶ 기준표의 의미 : '전공과목'과 '교양과목' 평균이 0 이상 70 미만이면 평가가 'D', 70 이상 80 미만이면 'C', 80 이상 90 미만이면 'B', 90 이상이면 'A'를 적용함
- ▶ AVERAGE와 HLOOKUP 함수 사용

**05** [표5]에서 날짜 데이터가 10일 이전이면 '상순', 20일 이전이면 '중순', 31일 이전이면 '하순'으로 구분[C27:C34]에 표시하시오. (8점)

- ▶ IF, DAY 함수 이용

**문제 ❸** | **분석작업** | 주어진 시트에서 다음 작업을 수행하고 저장하시오. **20점**

**01** '분석작업-1' 시트에 대하여 다음의 지시사항을 처리하시오. (10점)

'차용분석' 표는 차용금액[C3], 연이율[C4], 기간(년)[C5]을 이용하여 월납입액[C6]을 계산한 것이다. [데이터]-[데이터 표] 기능을 이용하여 차용금액 및 연이율 변동에 따른 월납입액을 [D10:I15] 영역에 계산하시오.

**02** '분석작업-2' 시트에 대하여 다음의 지시사항을 처리하시오. (10점)

[목표값 찾기] 기능을 이용하여 '손익계산서' 표에서 순이익의 평균[I9]이 98,000이 되려면 연평균 성장률[C11]이 몇 %가 되어야 하는지 계산하시오.

**01** '매크로작성' 시트의 '세목별 예산 현황' 표에서 다음과 같은 기능을 수행하는 매크로를 작성하고 실행하시오. **(각 5점)**

① 합계[B14:C14] 영역에 예산[B4:B13], 실적[C4:C13] 합계를 계산하는 매크로를 생성하여 실행하시오.
  ▶ 매크로 이름 : 자동합계
  ▶ SUM 함수 사용
  ▶ [개발 도구] 탭의 [삽입]–[양식 컨트롤]의 '단추'(□)를 동일 시트의 [F4:F5] 영역에 생성한 후, 텍스트를 '자동합계'로 입력하고, 도형을 클릭할 때 '자동합계' 매크로가 실행되도록 설정하시오.

② [D4:D13] 영역에 '백분율 스타일(%)'로 지정하는 매크로를 생성하여 실행하시오.
  ▶ [표시 예 : 0.2 → 20%]
  ▶ 매크로 이름 : 백분율
  ▶ [개발 도구] 탭의 [삽입]–[양식 컨트롤]의 '단추'(□)를 동일 시트의 [F8:F9] 영역에 생성한 후, 텍스트를 '백분율'로 입력하고, 도형을 클릭할 때 '백분율' 매크로가 실행되도록 설정하시오.

  ※ 커서가 어느 위치에 있어도 매크로가 실행되어야 정답으로 인정됨

**02** '차트작성' 시트의 차트를 지시사항에 따라 아래 그림과 같이 수정하시오. **(각 2점)**

※ 차트는 반드시 문제에서 제공한 차트를 사용하여야 하며, 신규로 작성 시 0점 처리됨

① 차트 종류를 '묶은 세로 막대형'으로 변경하고, 가로(항목) 축 레이블을 제품명[C4:C9]만 표시되도록 하시오.

② 차트 제목은 그림과 같이 입력하고, 글꼴 스타일 '굵게', '밑줄', 크기 '14'로 지정하시오.

③ '이익금' 계열의 'TV'만 데이터 레이블을 '값'으로 지정하고, 글꼴 '굴림체', 크기 '10'으로 지정하시오.

④ 범례의 위치는 '아래쪽', 범례 테두리에 '그림자(오프셋 : 오른쪽 아래)', 채우기에 '흰색, 배경1', 테두리 색은 '표준 색 – 파랑', '실선'으로 설정하시오.

⑤ 그림 영역은 '양피지' 질감으로 지정하고, 차트 영역은 테두리 '그림자(오프셋 : 오른쪽 아래)', '둥근 모서리'로 지정하시오.

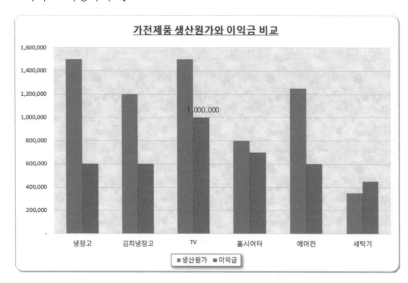

# 기출 유형 문제 03회 / 정답

## 문제 ① 기본작업

### 01 자료 입력

| | A | B | C | D | E | F |
|---|---|---|---|---|---|---|
| 1 | 금요 문화마당 음악회 안내 | | | | | |
| 2 | | | | | | 2026년 6월 |
| 3 | 일자 | 시간 | 행사명 | 공연단체 | 공연내용 | 공연담당자 |
| 4 | 2026-06-05 | 19:30 | 서인 교향악단 초청음악회 | 서인 교향악단 | 서곡, 드보르작 | 김지형 |
| 5 | 2026-06-12 | 19:30 | Korea 필 하모니 Ochestra 초청음악회 | Korea 필 하모니 오케스트라 | 오케스트라 연주, 성악 | 김진수 |
| 6 | 2026-06-19 | 19:30 | 쉬크베어 Ochestra 연주회 | 쉬크베어 오케스트라 | 아리랑 편곡, 비틀즈 | 임지영 |
| 7 | 2026-06-26 | 19:30 | 정하정 Piano 독주회 | 정하정 | 베토벤 곡 | 김주용 |
| 8 | 2026-07-03 | 19:30 | 김성희의 Cello 연주회 | 김성희 | 그리운 금강산 편곡 | 김주안 |
| 9 | 2026-07-10 | 19:30 | 나라챔버 Ochestra 연주회 | 나라챔버 | 오케스트라 오보애 | 서유리 |

### 02 서식 지정

| 영업소코드 | 영업소명 | 입고량 | 판매량 | 在庫量 | 재고율 |
|---|---|---|---|---|---|
| SE-001 | 서울 | 500 | 450 | 50 | 0.1 |
| BU-002 | 부산 | 350 | 320 | 30 | 0.085714 |
| DA-003 | 대구 | 300 | 280 | 20 | 0.066667 |
| GW-004 | 광주 | 200 | 175 | 25 | 0.125 |
| TA-005 | 대전 | 200 | 170 | 30 | 0.15 |
| SE-001 | 서울 | 150 | 135 | 15 | 0.1 |
| BU-002 | 부산 | 150 | 140 | 10 | 0.066667 |
| DA-003 | 대구 | 300 | 300 | 0 | 0 |
| GW-004 | 광주 | 250 | 230 | 20 | 0.08 |
| TA-005 | 대전 | 250 | 220 | 30 | 0.12 |
| SE-001 | 서울 | 250 | 200 | 50 | 0.2 |

◆영업소별 모닝 재고현황◆ (승격 대상)

### 03 외부 데이터 가져오기

| 고객번호 | 이름 | 거주지역 | 담당구역 | 성별 | 월평균매출액 | 고객분류 | 회원가입일 | Column1 |
|---|---|---|---|---|---|---|---|---|
| 1001 | 최창식 | 경기 | Area3 | 남 | 28000000 | 우수고객 | 1998-12-12 | |
| 1002 | 박순지 | 충남 | Area3 | 남 | 32500000 | 우수고객 | 2002-10-05 | |
| 1003 | 박남철 | 서울 | Area1 | 남 | 18000000 | 최우수고객 | 2001-11-12 | |
| 1004 | 강찬희 | 대전 | Area3 | 남 | 9500000 | 일반고객 | 2006-05-01 | |
| 1005 | 이상용 | 부산 | Area2 | 남 | 39000000 | 우수고객 | 1995-12-10 | |
| 1006 | 고순녀 | 경북 | Area3 | 여 | 48000000 | 우수고객 | 2001-05-01 | |
| 1007 | 유진아 | 대전 | Area3 | 여 | 30800000 | 우수고객 | 1995-12-05 | |
| 1008 | 김희정 | 서울 | Area1 | 여 | 285000000 | 최우수고객 | 2002-05-10 | |
| 1009 | 최정숙 | 강원 | Area3 | 여 | 36500000 | 우수고객 | 2008-12-01 | |
| 1010 | 이경미 | 부산 | Area2 | 여 | 45600000 | 우수고객 | 2001-01-01 | |
| 1011 | 김기원 | 서울 | Area1 | 남 | 18000000 | 최우수고객 | 2000-05-08 | |
| 1012 | 김형규 | 서울 | Area1 | 남 | 9700000 | 일반고객 | 2007-05-08 | |
| 1013 | 정상봉 | 제주 | Area3 | 남 | 20100000 | 우수고객 | 2000-12-12 | |

고객분류

## 01 수상명

| | A | B | C | D |
|---|---|---|---|---|
| 1 | [표1] 피아토 콩쿨대회 | | | |
| 2 | 참가자 | 총점 | 수상명 | |
| 3 | 김유진 | 253 | 대상 | |
| 4 | 최광휴 | 181.5 | 동상 | |
| 5 | 권혁수 | 121 | | |
| 6 | 박성하 | 183.7 | 동상 | |
| 7 | 김민창 | 195.8 | 금상 | |
| 8 | 장용준 | 148.5 | | |
| 9 | 손재우 | 151.8 | | |
| 10 | 김재수 | 194.7 | 금상 | |
| 11 | 성준기 | 193.6 | 동상 | |
| 12 | | | | |

[C3] 셀에 「=IF(RANK.EQ(B3,$B$3:$B$11)=1,"대상", IF(RANK.EQ(B3,$B$3:$B$11)<=3,"금상",IF(RANK.EQ (B3,$B$3:$B$11)<=6,"동상","")))」를 입력하고 [C11] 셀까지 수식 복사

## 02 평균입금액

| | E | F | G | H | I | J |
|---|---|---|---|---|---|---|
| 1 | [표2] 결제방법별 입금현황 | | | | | |
| 2 | 결제방법 | 거래처 | 입금액 | 결제방법 | 평균입금액 | |
| 3 | 어음 | 해터상사 | 2,910,945 | 카드 | 3,130,000 | |
| 4 | 현금 | 영상정밀 | 1,856,030 | | | |
| 5 | 어음 | 무선inc | 5,519,915 | | | |
| 6 | 카드 | 원사상사 | 3,356,975 | | | |
| 7 | 현금 | 천호기계 | 2,876,400 | | | |
| 8 | 현금 | 해성섬유 | 2,919,405 | | | |
| 9 | 카드 | 한마음상사 | 2,901,286 | | | |
| 10 | 어음 | 정도정밀 | 23,158,216 | | | |
| 11 | 어음 | 한남잡화 | 18,554,660 | | | |
| 12 | | | | | | |

[I3] 셀에 「=ROUNDUP(DAVERAGE(E2:G11,G2,H2 :H3),−3)」를 입력

## 03 요금계산

| | A | B | C | D | E |
|---|---|---|---|---|---|
| 14 | [표3] 주차요금 계산 | | | | |
| 15 | 차량번호 | 입차시간 | 출차시간 | 요금계산 | |
| 16 | 2893 | 10:30 | 10:50 | 1,000 | |
| 17 | 7451 | 9:20 | 10:40 | 4,000 | |
| 18 | 8564 | 11:30 | 12:10 | 2,000 | |
| 19 | 3874 | 13:45 | 15:20 | 4,750 | |
| 20 | 4897 | 12:25 | 15:10 | 8,250 | |
| 21 | 5978 | 14:30 | 16:20 | 5,500 | |
| 22 | 6789 | 13:20 | 14:55 | 4,750 | |
| 23 | 2357 | 15:10 | 17:30 | 7,000 | |
| 24 | | | | | |

[D16] 셀에 「=(HOUR(C16−B16)*60+MINUTE(C16− B16))/10*500」을 입력하고 [D23] 셀까지 수식 복사

## 04 평가

| | F | G | H | I | J | K |
|---|---|---|---|---|---|---|
| 14 | [표4] 대학 성적 평가 | | | | | |
| 15 | 성명 | 전공과목 | 교양과목 | 평가 | | |
| 16 | 한은숙 | 71.5 | 76.8 | C | | |
| 17 | 권민정 | 93.5 | 80 | B | | |
| 18 | 오경희 | 71.5 | 99 | B | | |
| 19 | 김지연 | 98.2 | 95.7 | A | | |
| 20 | 정원욱 | 95.7 | 97.9 | A | | |
| 21 | 문정숙 | 75.5 | 60 | D | | |
| 22 | 이희정 | 99 | 89.4 | A | | |
| 23 | | | | | | |
| 24 | 기준표 | | | | | |
| 25 | 평균점수 | 0 | 70 | 80 | 90 | |
| 26 | 장학금 | 0원 | 100,000원 | 150,000원 | 200,000원 | |
| 27 | 평가 | D | C | B | A | |
| 28 | | | | | | |

[I16] 셀에 「=HLOOKUP(AVERAGE(G16:H16),$G$25: $J$27,3)」를 입력하고 [I22] 셀까지 수식 복사

## 05 구분

| | A | B | C | D |
|---|---|---|---|---|
| 25 | [표5] 연수일정 | | | |
| 26 | 지역 | 날짜 | 구분 | |
| 27 | 서울 | 05월 15일 | 중순 | |
| 28 | 경기 | 06월 10일 | 상순 | |
| 29 | 부산 | 07월 20일 | 중순 | |
| 30 | 광주 | 08월 08일 | 상순 | |
| 31 | 대전 | 09월 26일 | 하순 | |
| 32 | 대구 | 10월 31일 | 하순 | |
| 33 | 강릉 | 11월 11일 | 중순 | |
| 34 | 단양 | 12월 15일 | 중순 | |
| 35 | | | | |

[C27] 셀에 「=IF(DAY(B27)<=10,"상순",IF(DAY(B27)<=20," 중순","하순"))」를 입력하고 [C34] 셀까지 수식 복사

**문제 ❸ 분석작업**

**01 데이터 표**

| | A | B | C | D | E | F | G | H | I | J |
|---|---|---|---|---|---|---|---|---|---|---|
| 1 | | | | | | | | | | |
| 2 | | **차용분석** | | | | | | | | |
| 3 | | 차용금액 | 50,000,000 | | | | | | | |
| 4 | | 연이율 | 7.2% | | | | | | | |
| 5 | | 기간(년) | 2 | | | | | | | |
| 6 | | 월납입액 | ₩2,243,165 | | | | | | | |
| 7 | | | | | | | | | | |
| 8 | | | | | | | 차용금액 | | | |
| 9 | | | ₩2,243,165 | 50,000,000 | 53,000,000 | 56,000,000 | 59,000,000 | 62,000,000 | 70,000,000 | |
| 10 | | 연 | 6.5% | 2,227,313 | 2,360,951 | 2,494,590 | 2,628,229 | 2,761,868 | 3,118,238 | |
| 11 | | | 6.7% | 2,231,835 | 2,365,745 | 2,499,655 | 2,633,565 | 2,767,475 | 3,124,569 | |
| 12 | | 이 | 6.9% | 2,236,363 | 2,370,545 | 2,504,726 | 2,638,908 | 2,773,090 | 3,130,908 | |
| 13 | | | 7.1% | 2,240,896 | 2,375,350 | 2,509,804 | 2,644,258 | 2,778,711 | 3,137,255 | |
| 14 | | 율 | 7.3% | 2,245,435 | 2,380,161 | 2,514,887 | 2,649,614 | 2,784,340 | 3,143,609 | |
| 15 | | | 7.5% | 2,249,980 | 2,384,978 | 2,519,977 | 2,654,976 | 2,789,975 | 3,149,971 | |
| 16 | | | | | | | | | | |

**02 목표값 찾기**

| | A | B | C | D | E | F | G | H | I | J |
|---|---|---|---|---|---|---|---|---|---|---|
| 1 | | | | | **손익계산서** | | | | | |
| 2 | | | | | | | | 2026년 12월 29일 | | |
| 3 | | 년도 | 매출액 | 매출원가 | 매출총이익 | 관리비 | 영업이익 | 법인세 | 순이익 | |
| 4 | | 2021 | 123,500 | 51,870 | 71,630 | 6,000 | 65,630 | 15,751 | 49,900 | |
| 5 | | 2022 | 163,153 | 68,524 | 94,629 | 6,000 | 88,629 | 21,271 | 67,400 | |
| 6 | | 2023 | 215,537 | 90,525 | 125,011 | 6,000 | 119,011 | 28,563 | 90,400 | |
| 7 | | 2024 | 284,740 | 119,591 | 165,149 | 6,000 | 159,149 | 38,196 | 121,000 | |
| 8 | | 2025 | 376,162 | 157,988 | 218,174 | 6,000 | 212,174 | 50,922 | 161,300 | |
| 9 | | 평균 | 232,618 | 97,700 | 134,919 | 6,000 | 128,919 | 30,940 | 98,000 | |
| 10 | | 세금 적용율 | 24% | | | | | | | |
| 11 | | 연평균 성장율 | 32% | | | | | | | |
| 12 | | 매출 원가율 | 42% | | | | | | | |
| 13 | | | | | | | | | | |

## 01 매크로

| | A | B | C | D | E | F | G |
|---|---|---|---|---|---|---|---|
| 1 | 세목별 예산 현황 | | | | | | |
| 2 | 세목 | 2026년 | | | | | |
| 3 | | 예산 | 실적 | 증감률 | | | |
| 4 | 소득세 | 312,500 | 378,390 | 21% | | 자동합계 | |
| 5 | 법인세 | 583,000 | 648,890 | 11% | | | |
| 6 | 법인세 | 9,000 | 74,890 | 732% | | | |
| 7 | 상속증여세 | 33,895 | 99,785 | 194% | | | |
| 8 | 부가가치세 | 24,866 | 90,756 | 265% | | 백분율 | |
| 9 | 증권거래세 | 25,000 | 90,890 | 264% | | | |
| 10 | 교통세 | 72,000 | 137,890 | 92% | | | |
| 11 | 주세 | 31,000 | 96,890 | 213% | | | |
| 12 | 교육세 | 69,000 | 134,890 | 95% | | | |
| 13 | 농특세 | 12,000 | 77,890 | 549% | | | |
| 14 | 합계 | 1,172,261 | 1,831,161 | | | | |
| 15 | | | | | | | |

## 02 차트

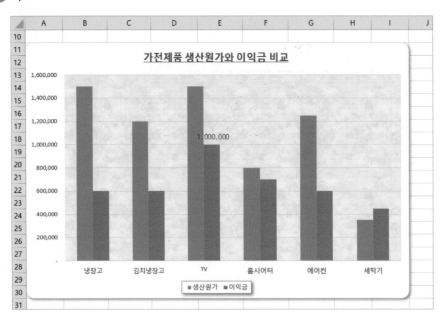

## 기출 유형 문제 03회 / 해설

문제 ❶ 기본작업

### 01 자료 입력('기본작업-1' 시트)

[A3:F9] 셀까지 문제를 보고 오타 없이 작성한다.

### 02 서식 지정('기본작업-2' 시트)

① [B1:G1] 영역을 범위 지정한 후 Ctrl+1을 눌러 [맞춤] 탭에 가로 '가운데', 세로 '가운데', '셀 병합'을 체크한다.

② [글꼴] 탭에서 '바탕체', '굵게', 크기 '16', '밑줄'을 선택하고 [확인]을 클릭한다.

③ [B1] 셀의 '영'자 앞에서 더블 클릭하여 ㅁ을 입력한 후 키보드의 한자를 눌러 [보기 변경](≫)을 클릭한다.

④ '◆'를 찾아 마우스로 클릭하여 입력한다. 같은 방법으로 '황' 뒤에 커서를 두고 '◆'를 삽입한다.

⑤ [F3] 셀의 '량' 뒤에서 더블 클릭하여 커서를 두고 한자를 눌러 '在庫量'을 선택하고 [변환]을 클릭한다.

⑥ [G11] 셀에서 마우스 오른쪽 버튼을 눌러 [메모 삽입]을 클릭한 후 **승격 대상**이라고 입력한다.

#### 💡 버전 TIP

[G11] 셀에서 마우스 오른쪽 버튼을 클릭하여 [새 노트]를 클릭하거나, [메뉴 검색]에 「메모 삽입」을 입력하여 검색해도 된다.

⑦ [G11] 셀에서 마우스 오른쪽 버튼을 눌러 [메모 표시/숨기기]를 클릭한다.

⑧ 메모 상자의 경계라인에서 마우스 오른쪽 버튼을 눌러 [메모 서식]을 클릭한다.

⑨ [맞춤] 탭에서 '자동 크기'에 체크하고 [확인]을 클릭한다.

⑩ [B3:G14] 영역을 범위 지정한 후 [홈]-[글꼴] 그룹에서 [테두리](⊞ ▾) 도구의 [모든 테두리](⊞)를 클릭한 후 [굵은 바깥쪽 테두리](⊡)를 클릭한다.

### 03 외부 데이터 가져오기('기본작업-3' 시트)

① [A3] 셀을 클릭하고 [데이터]-[데이터 가져오기 및 변환] 그룹의 [텍스트/CSV]를 클릭한다.

#### 💡 버전 TIP

[데이터]-[데이터 가져오기 및 변환] 그룹의 [텍스트/CSV에서]로 표시된다.

② '찾는 위치'는 '기출유형문제' 폴더에서 '고객분류.txt' 파일을 선택하고 [가져오기]를 클릭한다.

③ 구분 기호의 '탭'을 확인하고 [로드]-[다음으로 로드]를 클릭한다.

④ [데이터 가져오기]에서 '표', 기존 워크시트 [A3] 셀을 선택하고 [확인]을 클릭한다.

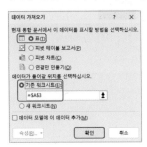

⑤ [테이블 디자인]-[표 스타일] 그룹에서 '밝게' 없음을 선택한다.

⑥ [테이블 디자인]-[도구] 그룹에서 [범위로 변환]을 클릭한 후 메시지 상자에서 [확인]을 클릭한다.

---

문제 ❷ **계산작업('계산작업' 시트)**

### ① 수상명[C3:C11]

[C3] 셀에 =IF(RANK.EQ(B3,$B$3:$B$11)=1,"대상",IF(RANK.EQ(B3, $B$3:$B$11)<=3,"금상",IF(RANK.EQ(B3,$B$3:$B$11)<=6,"동상","")))를 입력하고 [C11] 셀까지 수식을 복사한다.

### ② 평균입금액[I3]

① [H2:H3] 영역에 다음 그림과 같이 조건을 입력한다.

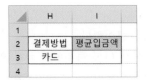

② [I3] 셀에 =ROUNDUP(DAVERAGE(E2:G11, G2,H2:H3),-3)를 입력한다.

### ③ 요금계산[D16:D23]

[D16] 셀에 =(HOUR(C16-B16)*60+MINUTE(C16-B16))/10*500을 입력하고 [D23] 셀까지 수식을 복사한다.

> 💬 **함수 설명**
>
> ① HOUR(C16-B16) : 출차시간[C16]에서 입차시간[B16]을 뺀 시간에서 시를 구함
> ② MINUTE(C16-B16) : 출차시간[C16]에서 입차시간[B16]을 뺀 시간에서 분을 구함
>
> =(①*60+②)/10*500 : 1시간은 60분이라서 ①*60+②를 하고 10분단위로 계산하기 위해 /10을 하고 10분당 500원을 곱하여 표시

> Ⓑ **기적의 TIP**
>
> =HOUR(C16-B16)*3000+MINUTE(C16-B16)/10*500으로 작성해도 된다.

### ④ 평가[I16:I22]

[I16] 셀에 =HLOOKUP(AVERAGE(G16:H16), $G$25:$J$27,3)를 입력하고 [I22] 셀까지 수식을 복사한다.

**05** 구분[C27:C34]

[C27] 셀에 =IF(DAY(B27)<=10,"상순",IF(DAY
(B27)<=20,"중순","하순"))를 입력하고 [C34] 셀
까지 수식을 복사한다.

**문제 ❸  분석작업**

**01** 데이터 표('분석작업-1' 시트)

① [C9] 셀에 =C6을 입력한다.

② [C9:I15] 영역을 범위 지정한 후 [데이터]-[예
측] 그룹의 [가상 분석]-[데이터 표]를 클릭한다.

③ [데이터 테이블]에서 '행 입력 셀'은 [C3], '열 입
력 셀'은 [C4]를 지정한 후 [확인]을 클릭한다.

**02** 목표값 찾기('분석작업-2' 시트)

① [I9] 셀을 클릭한 후, [데이터]-[예측] 그룹의
[가상 분석]-[목표값 찾기]를 클릭한다.

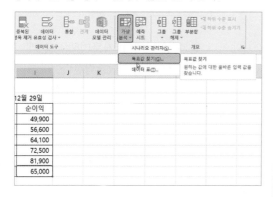

② [목표값 찾기]엥서 다음과 같이 입력한 후 [확
인]을 클릭한다.

- 수식 셀 : I9
- 찾는 값 : 98000
- 값을 바꿀 셀 : C11

③ [목표값 찾기 상태]에서 [확인]을 클릭한다.

**문제 ❹  기타작업**

**01** 매크로('매크로작성' 시트)

① [개발 도구]-[코드] 그룹의 [매크로 기록](📷)
을 클릭한다.

② [매크로 기록]에서 '매크로 이름'에 **자동합계**를
입력하고 [확인]을 클릭한다.

③ [B4:C14] 영역을 범위 지정한 후 [수식]-[함수
라이브러리] 그룹에서 [자동 합계](Σ)를 클릭
한다.

④ [개발 도구]-[코드] 그룹의 [기록 중지](□)를 클릭한다.

⑤ [개발 도구]-[컨트롤] 그룹의 [삽입]-[양식 컨트롤]에서 '단추'(□)를 선택하고 [F4:F5] 영역에 드래그하여 그린다.

⑥ [매크로 지정]에서 '자동합계'를 선택하고 [확인]을 클릭한다.

⑦ '단추 1'의 텍스트를 지우고, **자동합계**를 입력한다.

⑧ [개발 도구]-[코드] 그룹의 [매크로 기록](📷)을 클릭한다.

⑨ [매크로 기록]에서 '매크로 이름'에 **백분율**을 입력하고 [확인]을 클릭한다.

⑩ [D4:D13] 영역을 범위 지정한 후 [홈]-[표시 형식] 그룹에서 [백분율 스타일](%)을 클릭한다.

⑪ [개발 도구]-[코드] 그룹의 [기록 중지](□)를 클릭한다.

⑫ [개발 도구]-[컨트롤] 그룹의 [삽입]-[양식 컨트롤]에서 '단추'(□)를 선택하고 [F8:F9] 영역에 드래그하여 그린 후, '백분율' 매크로를 선택한다.

⑬ '단추 2'의 텍스트를 지우고, **백분율**을 입력한다.

**02 차트('차트작성' 시트)**

① 차트 영역에서 마우스 오른쪽 버튼을 눌러 [차트 종류 변경]을 클릭한다.

② [차트 종류 변경]의 '세로 막대형'의 '묶은 세로 막대형'을 선택하고 [확인]을 클릭한다.

③ 차트 영역에서 마우스 오른쪽 버튼을 눌러 [데이터 선택]을 클릭한다.

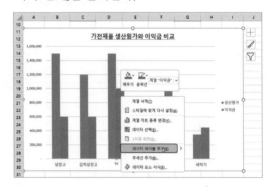

④ [데이터 원본 선택]에서 '가로(항목) 축 레이블'에서 [편집]을 클릭한다.

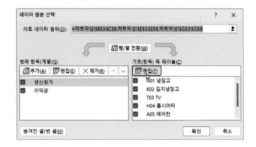

⑤ [축 레이블]에서 [C4:C9] 영역으로 수정한 후 [확인]을 클릭한다.

⑥ [데이터 원본 선택]에서 '가로(항목) 축 레이블'이 수정되었다면 [확인]을 클릭한다.

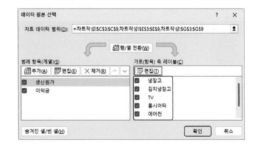

⑦ 차트를 선택한 후 [차트 요소](➕)-[차트 제목]을 클릭한다.

⑧ 차트 제목에 **가전제품 생산원가와 이익금 비교**를 입력한 후 [홈]–[글꼴] 그룹에서 '굵게', 크기 '14', '밑줄'을 지정한다.

⑨ '이익금' 계열의 'TV' 요소를 천천히 두 번 클릭한 후 마우스 오른쪽 버튼을 눌러 [데이터 레이블 추가]를 클릭한다.

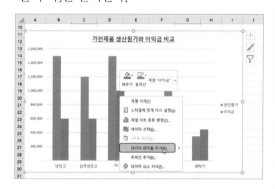

⑩ 데이터 레이블을 선택한 후 [홈]–[글꼴] 그룹에서 '굴림체', 크기 '10'으로 지정한다.

⑪ 범례에서 마우스 오른쪽 버튼을 눌러 [범례 서식] 메뉴를 클릭한 후 '범례 옵션'에서 '아래쪽'을 선택한다.

⑫ [효과]의 그림자에서 '미리 설정'을 클릭하여 '바깥쪽(오프셋 : 오른쪽 아래)'을 선택한다.

⑬ [채우기 및 선]의 '채우기'에서 '단색 채우기'를 클릭하고 '색'은 '흰색, 배경1'을 선택한다.

⑭ '테두리'에서 '실선'을 클릭하고 '색'은 '표준 색 – 파랑'을 선택한다.

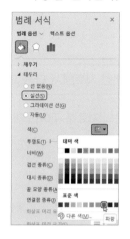

⑮ 그림 영역을 선택한 후 [그림 영역 서식]에서 '채우기'의 '그림 또는 질감 채우기'를 선택하고 '질감' 목록 상자에서 '양피지'를 클릭한다.

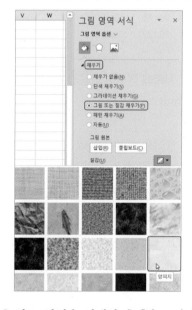

⑯ 차트 영역을 선택한 후 [차트 영역 서식]의 '테두리 스타일'에서 '둥근 모서리'를 체크하고, '그림자'에서 '미리 설정'을 클릭하여 '오프셋: 오른쪽 아래'를 선택한 후 [닫기]를 클릭한다.

# 기출 유형 문제 04회

| 시험 시간 | 풀이 시간 | 합격 점수 | 내 점수 |
|---|---|---|---|
| 40분 | 분 | 70점 | 점 |

▶ 합격 강의

작업파일 [2025컴활2급₩기출유형문제] 폴더의 '기출유형문제4회' 파일을 열어서 작업하시오.

## 문제 ❶ 기본작업 | 주어진 시트에서 다음 과정을 수행하고 저장하시오.  20점

**01** '기본작업-1' 시트에 다음의 자료를 주어진 대로 입력하시오. (5점)

| | A | B | C | D | E | F | G |
|---|---|---|---|---|---|---|---|
| 1 | 교육과정표 | | | | | | |
| 2 | | | | | | | |
| 3 | 구분 | 과목코드 | 국문 | 영문 | 예상 수강생 | 학점 | 비고 |
| 4 | 전공선택 | 09124 | 컴퓨터프로그래밍 | Computer Programming | 40 | 3 | 09-S-4 |
| 5 | 교양선택 | 09125 | 영상기기 | Video Equipment | 50 | 2 | 09-S-5 |
| 6 | 전공선택 | 09128 | ASP | Active Server Page | 35 | 2 | 09-S-6 |
| 7 | 전공선택 | 09129 | 멀티미디어 실습 | Multimedia | 40 | 3 | 09-S-7 |
| 8 | 전공필수 | 09130 | 웹 디자인 | Web Design | 30 | 4 | 09-S-8 |
| 9 | 전공필수 | 09126 | 홈페이지제작 | Web Site Develop | 20 | 3 | 09-S-9 |
| 10 | 전공선택 | 09127 | MIS | Management Information Systems | 20 | 4 | 09-S-10 |
| 11 | | | | | | | |

**02** '기본작업-2' 시트에 대하여 다음의 지시사항을 처리하시오. (각 2점)

① [A1:G1] 영역은 맞춤을 가로 '선택 영역의 가운데로', 글꼴 '굴림', 크기 '17', 글꼴 스타일 '굵게'로 지정하시오.

② [B4:B11] 영역의 이름을 '상품명'으로 정의하시오.

③ [D4:E11] 영역은 '쉼표 스타일'(￦)로 지정하고, [F4:G11] 영역은 셀 서식의 사용자 지정 서식을 이용하여 1,000 단위 구분 기호와 소수점 첫째 자리까지 표시하고 숫자 뒤에 'EA'가 추가되어 표시되도록 지정하시오(표시 예 : 1560.5 → 1,560.5EA).

④ [B3] 셀의 '상품명'을 '商品名'으로 한자로 바꾸시오.

⑤ [A3:G3] 영역에 '가로 가운데 맞춤'과 셀 음영 '표준 색 – 주황'으로 지정하고, [A3:G11] 영역은 '모든 테두리'(田)를 적용하여 표시하시오.

**03** '기본작업-3' 시트에 대하여 다음의 지시사항을 처리하시오. (5점)

다음의 텍스트 파일을 열고, 생성된 데이터를 '기본작업-3' 시트의 [A3:F15] 영역에 넣으시오.

▶ 외부 데이터 파일명은 '과목코드.txt'임

▶ 외부 데이터는 '탭'으로 구분되어 있음

**01** [표1]에서 신청일에서 세미나[D3]까지 남은일수를 구하여 [C3:C10] 영역에 표시하시오. (8점)

> ▶ 남은 일수 '일'을 붙여서 표시 [표시 예 : 8 → 8일]
>
> ▶ DAYS 함수와 & 연산자 사용

**02** [표2]에서 E-MAIL 주소에서 아이디만 추출하여 [G3:G11] 영역에 표시하시오. (8점)

> ▶ 아이디는 E-MAIL 주소의 @ 앞 문자를 의미함 [표시 예 : a123@nate.com → a123]
>
> ▶ MID, SEARCH 함수 사용

**03** [표3]에서 응시코드, 시험시작, 시험종료를 이용하여 시험시간[D14:D23] 영역에 표시하시오. (8점)

> ▶ 시험시간 : 시험종료-시험시작 (단, 응시코드가 B로 끝나면 시험시간에 10분을 추가로 제공)
>
> ▶ IF, RIGHT, TIME 함수 사용

**04** [표4]에서 기준표[L16:L19]를 참조하여 근속기간에 따른 호봉을 구한 후에 보너스를 계산하여 [I15:I21] 영역에 표시하시오. (8점)

> ▶ 호봉은 근속기간이 0~4까지는 1, 5~9까지는 2, 10~14까지는 3, 15이상이면 4
>
> ▶ 보너스는 호봉 × 100000
>
> ▶ MATCH 함수 사용

**05** [표5]에서 매장명, 제품명, 판매량을 이용하여 판매금액[D27:D34] 영역에 표시하시오. (8점)

> ▶ 판매금액 = 판매가 × 판매량
>
> ▶ 판매가는 매장명과 제품명의 마지막 문자를 이용하여 〈제품가격표〉를 참조하여 계산
>
> ▶ HLOOKUP, RIGHT 함수와 & 연산자 사용

❶ '분석작업-1' 시트에 대하여 다음의 지시사항을 처리하시오. (10점)

[부분합] 기능을 이용하여 '영업 현황'표에 〈그림〉과 같이 대리점명별로 '회수율'의 최대값과 '회수율'의 최소값을 계산하시오.

▶ '대리점명'에 대한 정렬 기준은 오름차순으로 하시오.

▶ 최대값과 최소값은 명시된 순서대로 처리하시오.

| | A | B | C | D | E |
|---|---|---|---|---|---|
| 1 | 영업 현황 | | | | |
| 2 | | | | | |
| 3 | 대리점명 | 판매사원 | 외상매출액 | 회수금액 | 회수율 |
| 4 | 강남점 | 허혜인 | 2,215,200 | 2,000,000 | 90.29% |
| 5 | 강남점 | 박동수 | 3,256,000 | 2,564,210 | 78.75% |
| 6 | 강남점 | 김정민 | 7,451,200 | 5,500,000 | 73.81% |
| 7 | 강남점 | 이영복 | 6,521,420 | 4,124,100 | 63.24% |
| 8 | 강남점 | 한수진 | 8,754,200 | 3,562,000 | 40.69% |
| 9 | 강남점 최소 | | | | 40.69% |
| 10 | 강남점 최대 | | | | 90.29% |
| 11 | 구로점 | 김명윤 | 6,845,200 | 5,421,540 | 79.20% |
| 12 | 구로점 | 김영수 | 3,384,500 | 2,500,000 | 73.87% |
| 13 | 구로점 | 하창수 | 6,345,000 | 4,251,000 | 67.00% |
| 14 | 구로점 최소 | | | | 67.00% |
| 15 | 구로점 최대 | | | | 79.20% |
| 16 | 서초점 | 최석훈 | 3,332,500 | 2,685,000 | 80.57% |
| 17 | 서초점 | 김길용 | 9,542,100 | 6,521,000 | 68.34% |
| 18 | 서초점 | 함애자 | 6,453,000 | 2,500,000 | 38.74% |
| 19 | 서초점 최소 | | | | 38.74% |
| 20 | 서초점 최대 | | | | 80.57% |
| 21 | 송파점 | 최영수 | 1,135,000 | 1,100,000 | 96.92% |
| 22 | 송파점 | 박동수 | 4,451,420 | 3,652,000 | 82.04% |
| 23 | 송파점 | 이범수 | 5,123,000 | 4,000,000 | 78.08% |
| 24 | 송파점 | 이승범 | 2,456,000 | 1,500,000 | 61.07% |
| 25 | 송파점 최소 | | | | 61.07% |
| 26 | 송파점 최대 | | | | 96.92% |
| 27 | 전체 최소값 | | | | 38.74% |
| 28 | 전체 최대값 | | | | 96.92% |
| 29 | | | | | |

❷ '분석작업-2' 시트에 대하여 다음의 지시사항을 처리하시오. (10점)

[목표값 찾기] 기능을 이용하여 '클래식음반 판매현황' 표에서 이익금액의 합계[F10]가 9,500,000이 되려면 마진율[C13]이 몇 %가 되어야 하는지 계산하시오.

**문제 ④** **기타작업** | 주어진 시트에서 다음 작업을 수행하고 저장하시오. **20점**

**01** '매크로작업' 시트에 다음과 같은 기능을 수행하는 매크로를 현재 통합 문서에 작성하고 실행하시오. (각 5점)

① [H4:H10] 영역에 총수입을 계산하는 매크로를 생성하여 실행하시오.

▶ 총수입 = 출연금 + 공연수입 + 전시기획 + 대관수입 + 시설운영

▶ 매크로 이름 : 총수입

▶ SUM 함수 사용

▶ [도형]–[기본 도형]의 '십자형'(➕)을 동일 시트의 [J3:J5] 영역에 생성한 후, 텍스트를 '총수입'으로 입력하고, 도형을 클릭할 때 '총수입' 매크로가 실행되도록 설정하시오.

② [C4:G10] 영역에 대해 회계 표시 형식으로 적용하는 매크로를 생성하여 실행하시오.

▶ 매크로 이름 : 서식

▶ [도형]–[기본 도형]의 '육각형'(⬡)을 동일 시트의 [J7:J9] 영역에 생성한 후, 텍스트를 '서식'으로 입력하고, 도형을 클릭할 때 '서식' 매크로가 실행되도록 설정하시오.

※ 셀 포인터의 위치에 상관없이 현재 통합 문서에서 매크로가 실행되어야 정답으로 인정됨

**02** '차트작업' 시트의 차트를 지시사항에 따라 아래 그림과 같이 수정하시오. (각 2점)

※ 차트는 반드시 문제에서 제공한 차트를 사용하여야 하며, 신규로 작성 시 0점 처리됨

① '수입금액'이 그림과 같이 추가되도록 데이터 범위를 수정하고, 차트 종류는 '표식이 있는 꺾은선형'으로 지정하시오.

② '수입금액'의 데이터 계열은 '보조 축'으로 표시될 수 있도록 지정하고, 눈금의 표시 단위는 '천'으로 지정하고, 차트에 단위 레이블이 표시되도록 지정하시오.

③ 차트 제목 및 축 제목은 그림과 같이 설정하고, 세로(값) 축 제목, 보조 세로(값) 축 제목의 텍스트 방향을 '세로'로 설정하시오.

④ 세로(값) 축의 눈금은 그림과 같이 최소값을 10,000으로 지정하시오.

⑤ 범례의 위치를 '아래쪽'으로 변경하고, 글꼴 '돋움', 크기 '10'으로 설정하시오.

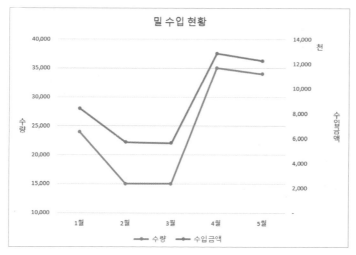

# 기출 유형 문제 04회 / 정답

## 문제 ❶ 기본작업

### 01 자료 입력

| | A | B | C | D | E | F | G | H |
|---|---|---|---|---|---|---|---|---|
| 1 | 교육과정표 | | | | | | | |
| 2 | | | | | | | | |
| 3 | 구분 | 과목코드 | 국문 | 영문 | 예상 수강생 | 학점 | 비고 | |
| 4 | 전공선택 | 09124 | 컴퓨터프로그래밍 | Computer Programming | 40 | 3 | 09-S-4 | |
| 5 | 교양선택 | 09125 | 영상기기 | Video Equipment | 50 | 2 | 09-S-5 | |
| 6 | 전공선택 | 09128 | ASP | Active Server Page | 35 | 2 | 09-S-6 | |
| 7 | 전공선택 | 09129 | 멀티미디어 실습 | Multimedia | 40 | 3 | 09-S-7 | |
| 8 | 전공필수 | 09130 | 웹 디자인 | Web Design | 30 | 4 | 09-S-8 | |
| 9 | 전공필수 | 09126 | 홈페이지제작 | Web Site Develop | 20 | 3 | 09-S-9 | |
| 10 | 전공선택 | 09127 | MIS | Management Information Systems | 20 | 4 | 09-S-10 | |
| 11 | | | | | | | | |

### 02 서식 지정

| | A | B | C | D | E | F | G | H |
|---|---|---|---|---|---|---|---|---|
| 1 | | | | 판매현황 분석 | | | | |
| 2 | | | | | | | | |
| 3 | 상품코드 | 商品名 | 브랜드 | 전월 판매량 | 단가 | 판매량 (일 평균) | 재고량 (일 평균) | |
| 4 | T5005U | 닥터아토마일드 물티슈 | 유아용품 | 73 | 3,500 | 75.0EA | 621.2EA | |
| 5 | S4951U | 파워 건전지AA | 가전잡화 | 299 | 6,500 | 105.0EA | 1,560.5EA | |
| 6 | T4301N | 구강 청결 티슈 | 유아용품 | 65 | 15,000 | 56.0EA | 950.0EA | |
| 7 | C3311U | 퓨전면도날 | 목욕용품 | 105 | 1,200 | 111.2EA | 715.4EA | |
| 8 | T6975U | 하기스팬티특대형 | 유아용품 | 95 | 45,000 | 46.3EA | 450.0EA | |
| 9 | S4555N | 크로스액션바이탈 | 가전잡화 | 170 | 12,000 | 107.0EA | 1,853.3EA | |
| 10 | S0831U | 전동칫솔 | 가전잡화 | 65 | 29,000 | 57.8EA | 566.7EA | |
| 11 | C0071N | 세타필 바디크렌저 | 목욕용품 | 56 | 30,000 | 46.7EA | 493.2EA | |
| 12 | | | | | | | | |

### 03 외부 데이터 가져오기

| | A | B | C | D | E | F | G |
|---|---|---|---|---|---|---|---|
| 1 | 과목코드 | | | | | | |
| 2 | | | | | | | |
| 3 | 구분 | 과목코드 | 과목명 | 학점 | 강의 | 실습 | |
| 4 | 교양선택 | 250005 | 교양영어 | 2 | 2 | 0 | |
| 5 | 교양선택 | 250006 | 교양윤리 | 2 | 2 | 0 | |
| 6 | 교양선택 | 250002 | 교양체육 | 2 | 2 | 0 | |
| 7 | 전공선택 | 250047 | 멀티미디어 실습 | 3 | 1 | 2 | |
| 8 | 전공선택 | 250045 | 시스템분석설계 | 2 | 1 | 2 | |
| 9 | 교양선택 | 250013 | 영어회화 | 2 | 2 | 0 | |
| 10 | 전공선택 | 250046 | 전자상거래 관리론 | 3 | 1 | 2 | |
| 11 | 전공선택 | 250043 | 정보처리실습 | 3 | 1 | 2 | |
| 12 | 전공선택 | 250044 | e-비즈니스전략 | 3 | 3 | 0 | |
| 13 | 전공선택 | 250048 | ERP | 3 | 3 | 0 | |
| 14 | 전공선택 | 250050 | Visual Basic | 3 | 0 | 3 | |
| 15 | 전공선택 | 250049 | XML | 3 | 0 | 3 | |
| 16 | | | | | | | |

## 01 남은일수

| | A | B | C | D | E |
|---|---|---|---|---|---|
| 1 | [표1] | 세미나 참여 신청 | | | |
| 2 | 성명 | 신청일 | 남은일수 | 세미나 | |
| 3 | 이정수 | 2026-02-12 | 8일 | 2026-02-20 | |
| 4 | 이수현 | 2026-02-09 | 11일 | | |
| 5 | 윤철수 | 2026-01-17 | 34일 | | |
| 6 | 안성민 | 2026-01-02 | 49일 | | |
| 7 | 박현 | 2026-01-18 | 33일 | | |
| 8 | 박지연 | 2026-02-05 | 15일 | | |
| 9 | 김준호 | 2026-01-19 | 32일 | | |
| 10 | 강민수 | 2026-01-18 | 33일 | | |
| 11 | | | | | |

[C3] 셀에 「=DAYS($D$3,B3)&"일"」를 입력하고 [C10] 셀까지 수식 복사

## 02 아이디

| | F | G | H |
|---|---|---|---|
| 1 | [표2] | 회원 관리 현황 | |
| 2 | 성명 | 아이디 | E-MAIL 주소 |
| 3 | 이한우 | lhw1205 | lhw1205@gmail.com |
| 4 | 박은진 | pyj1234 | pyj1234@hanmail..net |
| 5 | 김종규 | kjg098 | kjg098@naver.com |
| 6 | 안영자 | hyj235 | hyj235@nate.net |
| 7 | 서은구 | syg062 | syg062@gmail.com |
| 8 | 한주영 | hsy762 | hsy762@daum.net |
| 9 | 윤미라 | ymr145 | ymr145@naver.com |
| 10 | 오안주 | ooj231 | ooj231@naver.com |
| 11 | 최규림 | kgr094 | kgr094@daum.net |
| 12 | | | |

[G3] 셀에 「=MID(H3,1,SEARCH("@",H3,1)−1)」를 입력하고 [G11] 셀까지 수식 복사

## 03 시험시간

| | A | B | C | D | E |
|---|---|---|---|---|---|
| 12 | [표3] | 응시과목 시험시간 | | | |
| 13 | 응시코드 | 시험시작 | 시험종료 | 시험시간 | |
| 14 | 01-C | 10:00 AM | 11:50 AM | 1:50 | |
| 15 | 02-A | 01:00 PM | 03:00 PM | 2:00 | |
| 16 | 03-B | 09:00 AM | 10:30 AM | 1:40 | |
| 17 | 04-A | 01:00 PM | 02:30 PM | 1:30 | |
| 18 | 05-A | 01:00 PM | 02:40 PM | 1:40 | |
| 19 | 05-C | 10:00 AM | 12:00 PM | 2:00 | |
| 20 | 02-A | 01:00 PM | 02:50 PM | 1:50 | |
| 21 | 01-C | 10:00 AM | 11:30 AM | 1:30 | |
| 22 | 04-C | 10:00 AM | 11:30 AM | 1:30 | |
| 23 | 03-B | 09:00 AM | 10:30 AM | 1:40 | |
| 24 | | | | | |

[D14] 셀에 「=IF(RIGHT(A14,1)="B",C14−B14+TIME(,10,), C14−B14)」를 입력하고 [D23] 셀까지 수식 복사

## 04 보너스

| | F | G | H | I | J | K | L | M |
|---|---|---|---|---|---|---|---|---|
| 13 | [표4] | 보너스 현황 | | | | | | |
| 14 | 이름 | 근속기간 | 기본급 | 보너스 | | [기준표] | | |
| 15 | 김한수 | 4 | 920,000 | 100,000 | | 기간 | 호봉 | |
| 16 | 장동민 | 5 | 1,020,000 | 200,000 | | 0 | 1 | |
| 17 | 김광연 | 14 | 1,360,000 | 300,000 | | 5 | 2 | |
| 18 | 이나미 | 10 | 1,180,000 | 300,000 | | 10 | 3 | |
| 19 | 강미선 | 19 | 1,789,000 | 400,000 | | 15 | 4 | |
| 20 | 조미영 | 15 | 1,643,000 | 400,000 | | | | |
| 21 | 이은주 | 9 | 978,000 | 200,000 | | | | |
| 22 | | | | | | | | |

[I15] 셀에 「=MATCH(G15,$K$16:$K$19,1)*100000」을 입력하고 [I21] 셀까지 수식 복사

## 05 판매금액

| | A | B | C | D | E | F | G | H | I | J | K |
|---|---|---|---|---|---|---|---|---|---|---|---|
| 25 | [표5] | 제품판매현황 | | | | <제품가격표> | | | | | |
| 26 | 매장명 | 제품명 | 판매량 | 판매금액 | | 구분 | 서울A | 서울B | 경기A | 경기B | |
| 27 | 경기 | 청소기/B | 12 | 10,680,000 | | 매입가 | 1,100,000 | 1,060,000 | 1,040,000 | 1,090,000 | |
| 28 | 서울 | 공기청정기/A | 8 | 7,840,000 | | 판매가 | 980,000 | 950,000 | 920,000 | 890,000 | |
| 29 | 경기 | 청소기/B | 6 | 5,340,000 | | | | | | | |
| 30 | 서울 | 청소기/B | 11 | 10,450,000 | | | | | | | |
| 31 | 경기 | 공기청정기/A | 6 | 5,520,000 | | | | | | | |
| 32 | 서울 | 공기청정기/A | 9 | 8,820,000 | | | | | | | |
| 33 | 서울 | 청소기/B | 7 | 6,650,000 | | | | | | | |
| 34 | 경기 | 공기청정기/A | 6 | 5,520,000 | | | | | | | |
| 35 | | | | | | | | | | | |

[D27] 셀에 「=HLOOKUP(A27&RIGHT(B27,1),$G$26:$J$28,3,FALSE)*C27」을 입력하고 [D34] 셀까지 수식 복사

## 01 부분합

| 1 2 3 4 | | A | B | C | D | E | F |
|---|---|---|---|---|---|---|---|
| | 1 | 영업 현황 | | | | | |
| | 2 | | | | | | |
| | 3 | 대리점명 | 판매사원 | 외상매출액 | 회수금액 | 회수율 | |
| | 4 | 강남점 | 허혜인 | 2,215,200 | 2,000,000 | 90.29% | |
| | 5 | 강남점 | 박동수 | 3,256,000 | 2,564,210 | 78.75% | |
| | 6 | 강남점 | 김정민 | 7,451,200 | 5,500,000 | 73.81% | |
| | 7 | 강남점 | 이영복 | 6,521,420 | 4,124,100 | 63.24% | |
| | 8 | 강남점 | 한수진 | 8,754,200 | 3,562,000 | 40.69% | |
| | 9 | 강남점 최소 | | | | 40.69% | |
| | 10 | 강남점 최대 | | | | 90.29% | |
| | 11 | 구로점 | 김명윤 | 6,845,200 | 5,421,540 | 79.20% | |
| | 12 | 구로점 | 김영수 | 3,384,500 | 2,500,000 | 73.87% | |
| | 13 | 구로점 | 하창수 | 6,345,000 | 4,251,000 | 67.00% | |
| | 14 | 구로점 최소 | | | | 67.00% | |
| | 15 | 구로점 최대 | | | | 79.20% | |
| | 16 | 서초점 | 최석훈 | 3,332,500 | 2,685,000 | 80.57% | |
| | 17 | 서초점 | 김길용 | 9,542,100 | 6,521,000 | 68.34% | |
| | 18 | 서초점 | 함애자 | 6,453,000 | 2,500,000 | 38.74% | |
| | 19 | 서초점 최소 | | | | 38.74% | |
| | 20 | 서초점 최대 | | | | 80.57% | |
| | 21 | 송파점 | 최영수 | 1,135,000 | 1,100,000 | 96.92% | |
| | 22 | 송파점 | 박동수 | 4,451,420 | 3,652,000 | 82.04% | |
| | 23 | 송파점 | 이범수 | 5,123,000 | 4,000,000 | 78.08% | |
| | 24 | 송파점 | 이승범 | 2,456,000 | 1,500,000 | 61.07% | |
| | 25 | 송파점 최소 | | | | 61.07% | |
| | 26 | 송파점 최대 | | | | 96.92% | |
| | 27 | 전체 최소값 | | | | 38.74% | |
| | 28 | 전체 최대값 | | | | 96.92% | |
| | 29 | | | | | | |

## 02 목표값 찾기

| | A | B | C | D | E | F | G |
|---|---|---|---|---|---|---|---|
| 1 | | | 클래식음반 판매현황 | | | | |
| 2 | | | | | | 2026년 5월 | |
| 3 | 판매점 | 매입수량 | 매입금액 | 판매수량 | 판매금액 | 이익금액 | |
| 4 | 강남 | 1,853 | 6,298,500 | 1,797 | 8,280,504 | 2,170,704 | |
| 5 | 강동 | 851 | 2,891,700 | 825 | 3,801,567 | 996,567 | |
| 6 | 서초 | 1,349 | 4,584,900 | 1,368 | 6,303,689 | 1,652,489 | |
| 7 | 은평 | 1,986 | 6,752,400 | 1,680 | 7,741,372 | 2,029,372 | |
| 8 | 중구 | 1,335 | 4,539,000 | 1,148 | 5,287,634 | 1,386,134 | |
| 9 | 면목 | 1,152 | 3,916,800 | 1,047 | 4,824,534 | 1,264,734 | |
| 10 | 합계 | 8,525 | 28,983,300 | 7,865 | 36,239,300 | 9,500,000 | |
| 11 | | | | | | | |
| 12 | 매입단가 | 판매단가 | 마진율 | | | | |
| 13 | 3,400 | 4,608 | 36% | | | | |
| 14 | | | | | | | |

**문제 ❹ 기타작업**

**①① 매크로**

| | A | B | C | D | E | F | G | H | I | J | K |
|---|---|---|---|---|---|---|---|---|---|---|---|
| 1 | | | | 공연장 수익 현황 | | | | | | | |
| 2 | | | | | | | | 단위:(만원) | | | |
| 3 | 공연장 | 분류 | 출연금 | 공연수입 | 전시기획 | 대관수입 | 시설운영 | 총수입 | | | |
| 4 | 세준문화회관 | 대 | ₩ 3,000,000 | ₩ 160,000 | ₩ 102,000 | ₩ 90,000 | ₩ 250,000 | 3,602,000 | | | |
| 5 | 문화극장 | 중 | ₩ 1,000,000 | ₩ 60,000 | ₩ 40,000 | ₩ 20,000 | ₩ 35,000 | 1,155,000 | | | |
| 6 | 국립극장 | 대 | ₩ 1,800,000 | ₩ 100,000 | ₩ 80,000 | ₩ 60,000 | ₩ 150,000 | 2,190,000 | | | |
| 7 | 해오름극장 | 중 | ₩ 700,000 | ₩ 30,000 | ₩ 20,000 | ₩ 15,000 | ₩ 24,000 | 789,000 | | | |
| 8 | 파랑새극장 | 소 | ₩ 500,000 | ₩ 20,000 | ₩ 30,000 | ₩ 10,000 | ₩ 18,000 | 578,000 | | | |
| 9 | 예술의극장 | 대 | ₩ 2,500,000 | ₩ 150,000 | ₩ 140,000 | ₩ 100,000 | ₩ 240,000 | 3,130,000 | | | |
| 10 | 늘푸른극장 | 소 | ₩ 250,000 | ₩ 40,000 | ₩ 5,000 | ₩ 4,000 | ₩ 15,000 | 314,000 | | | |
| 11 | | | | | | | | | | | |

J열: 총수입 (십자 도형), 서식 (육각형 도형)

**①② 차트**

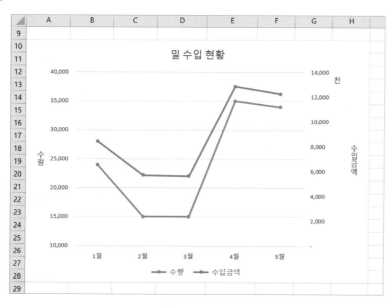

**문제 ❶  기본작업**

**01  자료 입력('기본작업-1' 시트)**

[A3:G10] 셀까지 문제를 보고 오타 없이 작성한다.

**02  자료 입력('기본작업-1' 시트)**

**🅱 기적의 TIP**

09124, 09125, 09128, … 입력할 때에는 작은 따옴표(')를 먼저 입력하고
'09124, '09125, ..으로 입력해야 0으로 시작하는 숫자를 입력할 수 있다.
[B4:B10] 영역을 범위 지정한 후 셀 왼쪽 상단의 초록색 삼각형이 표시
되면 목록 단추를 클릭하여 [오류 무시]를 클릭한다.

**03  서식 지정('기본작업-2' 시트에서 작성)**

① [A1:G1] 영역을 범위 지정하고 Ctrl+1을 눌
러 [맞춤] 탭에서 '가로'는 '선택 영역의 가운데
로'를 선택한다.
② [글꼴] 탭에서 '굴림', '굵게', 크기는 '17'을 입력
한 후 [확인]을 클릭한다.
③ [B4:B11] 영역을 범위 지정하고 '이름 상자'에
**상품명**을 입력하고 Enter를 누른다.

④ [D4:E11] 영역을 범위 지정하고 [홈]-[표시 형
식] 그룹에서 [쉼표 스타일]( , )을 클릭한다.

⑤ [F4:G11] 영역을 범위 지정한 후 Ctrl+1을
눌러 [표시 형식] 탭의 '사용자 지정'에 #,##0.0
"EA"를 입력하고 [확인]을 클릭한다.

⑥ [B3] 셀의 '상품명'을 범위 지정하고, 키보드의
한자를 누른 후, '商品名'을 선택하고 [변환]을 클
릭한다.

⑦ [A3:G3] 영역을 범위 지정하고 [홈]-[글꼴] 그
룹에서 [채우기 색]( 🖉 ▾ ) 도구에서 '표준 색 -
주황'을 클릭한다.
⑧ [홈]-[맞춤] 그룹에서 [가운데 맞춤]( ≡ )을 클
릭한다.
⑨ [A3:G11] 영역을 범위 지정한 후 [홈]-[글꼴] 그
룹에서 [테두리]( ⊞ ▾ ) 도구의 [모든 테두리]
( ⊞ )를 선택한다.

**04  외부 데이터 가져오기('기본작업-3' 시트)**

① [A3] 셀을 클릭하고 [데이터]-[데이터 가져오
기 및 변환] 그룹의 [텍스트/CSV]를 클릭한다.

**버전 TIP**

[데이터]–[데이터 가져오기 및 변환] 그룹의 [텍스트/CSV에서]로 표시된다.

② '찾는 위치'는 '기출유형문제' 폴더에서 '과목코드.txt' 파일을 선택하고 [가져오기]를 클릭한다.

③ 구분 기호의 '탭'을 확인하고 [로드]–[다음으로 로드]를 클릭한다.

④ [데이터 가져오기]에서 '표', 기존 워크시트 [A3] 셀을 선택하고 [확인]을 클릭한다.

### 문제 ② 계산작업('계산작업' 시트)

#### 01 남은일수[C3:C10]

[C3] 셀에 =DAYS($D$3,B3)&"일"를 입력하고 [C10] 셀까지 수식을 복사한다.

#### 02 아이디[G3:G11]

[G3] 셀에 =MID(H3,1,SEARCH("@",H3,1)−1)를 입력하고 [G11] 셀까지 수식을 복사한다.

#### 03 시험시간[D14:D23]

[D14] 셀에 =IF(RIGHT(A14,1)="B",C14−B14+ TIME(,10,),C14−B14)를 입력하고 [D23] 셀까지 수식을 복사한다.

#### 04 보너스[I15:I21]

[I15] 셀에 =MATCH(G15,$K$16:$K$19,1)* 100000을 입력하고 [I21] 셀까지 수식을 복사한다.

#### 05 판매금액[D27:D34]

[D27] 셀에 =HLOOKUP(A27&RIGHT(B27,1), $G$26:$J$28,3,FALSE)*C27을 입력하고 [D34] 셀까지 수식을 복사한다.

### 문제 ③ 분석작업

#### 01 부분합('분석작업-1' 시트)

① [A3] 셀에 커서를 두고 [데이터]–[정렬 및 필터] 그룹에서 [텍스트 오름차순 정렬](⤵)을 클릭한다.

② [A3:E18] 영역을 범위 지정한 후 [데이터]–[개요] 그룹의 [부분합](▦)을 클릭한다.

③ [부분합]에서 그림과 같이 지정하고 [확인]을 클릭한다.

- 그룹화할 항목 : 대리점명
- 사용할 함수 : 최대
- 부분합 계산 항목 : '회수율'

④ 다시 [데이터]–[개요] 그룹의 [부분합](▦)을 클릭한다.

⑤ [부분합]에서 그림과 같이 선택하고 '새로운 값으로 대치' 체크를 해제한 후 [확인]을 클릭한다.

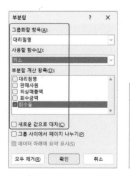

- 그룹화할 항목 : 대리점명
- 사용할 함수 : 최소
- 부분합 계산 항목 : '회수율'
- '새로운 값으로 대치' 체크를 해제

**02 목표값 찾기('분석작업-2' 시트)**

① [F10] 셀을 클릭하고 [데이터]-[예측] 그룹의 [가상 분석]-[목표값 찾기]를 클릭한다.

② [목표값 찾기]에서 다음과 같이 입력한 후 [확인]을 클릭한다.

- 수식 셀: F10
- 찾는 값: 9500000
- 값을 바꿀 셀: C13

③ [목표값 찾기 상태]에서 [확인]을 클릭한다.

---

**문제 ❹ 기타작업**

**01 매크로('매크로작업' 시트)**

① [개발 도구]-[코드] 그룹의 [매크로 기록](🔲)을 클릭한다.

② [매크로 기록]에서 '매크로 이름'에 **총수입**을 입력한 후 [확인]을 클릭한다.

③ [H4] 셀에 =SUM(C4:G4)를 입력한 후 [H10] 셀까지 수식을 복사한다.

④ [개발 도구]-[코드] 그룹의 [기록 중지](🔲)를 클릭한다.

⑤ [삽입]-[일러스트레이션] 그룹의 [도형]-[기본 도형]의 '십자형'(✚)을 선택하고 [J3:J5] 영역에 드래그하여 그린다.

⑥ **총수입**을 입력하고 도형에서 마우스 오른쪽 버튼을 눌러 [매크로 지정]을 클릭한다.

⑦ [매크로 지정]에서 '총수입'을 선택하고 [확인]을 클릭한다.

⑧ [개발 도구]-[코드] 그룹의 [매크로 기록](🔲)을 클릭한다.

⑨ [매크로 기록]에서 매크로 이름에 **서식**을 입력하고 [확인]을 클릭한다.

⑩ [C4:G10] 영역을 범위 지정한 후 [홈]-[표시 형식] 그룹에서 [회계]를 클릭한다.

⑪ [개발 도구]-[코드] 그룹의 [기록 중지](🔲)를 클릭한다.

⑫ [삽입]-[일러스트레이션] 그룹의 [도형]-[기본 도형]의 '육각형'(⬡)을 선택하고 [J7:J9] 영역에 드래그하여 그린다.

⑬ **서식**을 입력하고 도형에서 마우스 오른쪽 버튼을 눌러 [매크로 지정]을 클릭하여 '서식'을 선택하고 [확인]을 클릭한다.

**02 차트('차트작업' 시트)**

① [E3:E8] 영역을 범위 지정한 후 Ctrl+C를 눌러 복사한 후 '차트 영역'을 선택하고 Ctrl+V로 붙여넣기한다.

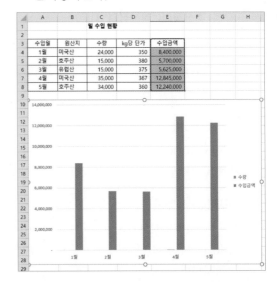

② 차트 영역에서 마우스 오른쪽 버튼을 눌러 [차트 종류 변경]을 클릭한다.

③ [모든 차트] 탭에서 '꺾은선형'의 '표식이 있는 꺾은선형'을 선택하고 [확인]을 클릭한다.

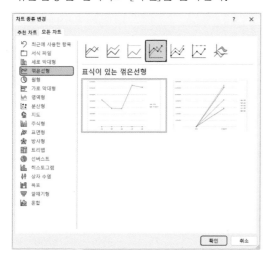

④ '수입금액'의 꺾은선형을 선택한 후 마우스 오른쪽 버튼을 눌러 [데이터 계열 서식]을 클릭한다.

⑤ [데이터 계열 서식]의 '계열 옵션'에서 '보조 축'을 선택한다.

⑥ '보조 세로(값) 축'을 선택한 후 [축 서식]의 '축 옵션'에서 표시 단위를 '천'을 선택하고, '차트에 단위 레이블 표시'를 체크한다.

⑦ 표시 단위 '천'을 선택한 후 [표시 단위 레이블 서식]의 [레이블 옵션]에서 [크기 및 속성]을 클릭하여 '맞춤'에서 텍스트 방향 '가로'를 선택한다.

⑧ 차트를 선택한 후 [차트 요소](🞣)에서 '차트 제목'을 체크하고 **밀 수입 현황**을 입력한다.

⑨ 차트를 선택한 후 [차트 요소](🞣)에서 [축 제목]–[기본 세로]를 체크한 후 **수량**을 입력한다.

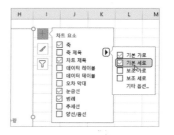

⑩ 세로 축 제목 '수량'을 선택한 후 [축 제목 서식]–[제목 옵션]–[크기 및 속성]의 '맞춤'에서 '텍스트 방향'을 '세로'를 선택한다.

⑪ 차트를 선택한 후 [차트 요소](🞣)에서 [축 제목]–[보조 세로]를 선택한 후 **수입금액**을 입력한다.

⑫ 보조 세로 축 제목 '수입금액'을 선택한 후 [축 제목 서식]–[제목 옵션]–[크기 및 속성]의 '맞춤'에서 '텍스트 방향'을 '세로'를 선택한다.

⑬ 세로(값) 축을 선택한 후 [축 서식]의 '축 옵션'에서 '최소값'에 **10000**을 입력한다.

⑭ 범례를 선택한 후 [범례 서식]의 '범례 옵션'에서 '아래쪽'을 선택한다.

⑮ 범례를 선택한 상태에서 [홈]–[글꼴] 그룹에서 '돋움', 크기 '10'으로 지정한다.

# 기출 유형 문제 **05회**

| 시험 시간 | 풀이 시간 | 합격 점수 | 내 점수 |
|---|---|---|---|
| 40분 | 분 | 70점 | 점 |

▶ 합격 강의

작업파일 [2025컴활2급₩기출유형문제] 폴더의 '기출유형문제5회' 파일을 열어서 작업하시오.

---

**문제 ❶** **기본작업** | 주어진 시트에서 다음 과정을 수행하고 저장하시오.  **20점**

**01** '기본작업-1' 시트에 다음의 자료를 주어진 대로 입력하시오. (5점)

| | A | B | C | D | E | F | G | H |
|---|---|---|---|---|---|---|---|---|
| 1 | 식기 선물 주문현황 | | | | | | | |
| 2 | | | | | | | 단위 : 천원 | |
| 3 | 제품코드 | 제품명 | 제조사 | 제조국가 | 수량 | 단가 | 금액 | |
| 4 | BT$-9871 | 베이비 식기 세트 | 리첼 | 일본 | 30 | 35 | 1050 | |
| 5 | DF*-01236 | 홈세트 플라워 42pcs | 우주도자기 | 한국 | 15 | 350 | 5250 | |
| 6 | CP%-05879 | 라라 4인 홈세트 | 쓰임 | 한국 | 7 | 89 | 623 | |
| 7 | QW~-01238 | 다기세트 | 노리다시 | 일본 | 120 | 80 | 9600 | |
| 8 | RE!-01239 | 다과세트 크리미 | 행정자기 | 한국 | 15 | 38 | 570 | |
| 9 | AD#-01240 | 오첩반상기 드림 | 레녹시 | 미국 | 30 | 240 | 7200 | |
| 10 | AD#-01241 | 주기세트 | 누이 | 한국 | 20 | 140 | 2800 | |
| 11 | AD#-01235 | 홈세트 글로리아 43pcs | 롯데자기 | 한국 | 10 | 300 | 3000 | |
| 12 | GO^-5981 | 퓨어 본차이나 | 짱가이 | 중국 | 8 | 168 | 1344 | |
| 13 | FD&-01237 | 칠첩반상기 슈페리얼 | 엔슬레 | 영국 | 35 | 450 | 15750 | |
| 14 | | | | | | | | |

**02** '기본작업-2' 시트에 대하여 다음의 지시사항을 처리하시오. (각 2점)

① [A1:H1] 영역은 '선택 영역의 가운데로', 글꼴 '궁서', 크기 '16', 글꼴 스타일 '굵게'로 지정하시오.

② [A3:H3] 영역은 '셀에 맞춤' 후 '가로, 세로 가운데 맞춤', 글꼴 스타일 '굵게', 크기 '12', 셀 음영 '표준 색 – 노랑'으로 지정하시오.

③ [C4:C12] 영역을 복사하여 [B16:B24] 영역에 '연산(곱하기)' 기능으로 '선택하여 붙여넣기'를 하시오.

④ [C4:C12], [H4:H12] 영역은 셀 서식의 사용자 지정을 이용하여 천 단위 구분 기호와 숫자 뒤에 '원'을 표시하되 셀의 값이 0인 경우 0이 표시되도록 지정하시오. [표시 예 : 2,000원]

⑤ [H10] 셀에 '가장 큰 지출항목' 이라는 메모를 삽입하고, 메모 서식에서 '자동 크기'를 지정하고, 항상 표시되도록 하시오.

**03** '기본작업-3' 시트에 대하여 다음의 지시사항을 처리하시오. (5점)

[A3:E12] 영역에 대해 전일비가 '0' 보다 작으면 행 전체 글꼴 색을 '표준 색 – 빨강'으로, 전일비가 '2000' 이상이면 행 전체 글꼴 색을 '표준 색 – 파랑'으로 지정하는 조건부 서식을 작성하시오.

▶ 단, 조건은 '수식'으로 작성

**문제 ②** **계산작업** | '계산작업' 시트에서 다음 과정을 수행하고 저장하시오. **40점**

**01** [표1]에서 총결제액과 수수료비율을 이용하여 수수료[F3:F10] 영역에 표시하시오. (8점)
- ▶ 수수료 : 총결제액 × 수수료비율
- ▶ 수수료비율은 결제종류의 왼쪽의 두 글자와 〈결제수수료표〉를 참조
- ▶ INDEX, MATCH, LEFT 함수 사용

**02** [표1]에서 지역이 '서초구'인 거래량의 평균을 계산하여 [I3] 셀에 표시하시오. (8점)
- ▶ 조건은 [H2:H3] 영역에 입력하여 함수 적용
- ▶ DSUM, DCOUNTA 함수 사용

**03** [표1]에서 거래량이 30 이상인 총결제액의 합계를 계산하여 총결제액의 합계[K5]를 계산하시오. (8점)
- ▶ 판매금액 합계는 십의 자리에서 올림하여 백원 단위로 표시하시오. [표시 예 : 12789 → 12800]
- ▶ SUMIF와 ROUNDUP 함수 사용

**04** [표2]에서 신장과 체중을 이용하여 체질량지수(BMI)[D14:D20] 영역에 표시하시오. (8점)
- ▶ 체질량지수(BMI) : 체중/(신장^2)
- ▶ 체질량지수가 20 미만이면 '저체중', 체질량지수가 25 이하이면 '정상', 그 외는 '비만'으로 표시
- ▶ IF, POWER 함수 사용

**05** [표3]에서 전산, 영어, 상식 과목을 이용하여 평가[L14:L20]를 표시하시오. (8점)
- ▶ 전산, 영어, 상식 과목 모두 50 이상이고 평균이 70 이상이면 '합격', 그 이외에는 '불합격'으로 표시
- ▶ IF, COUNTIF, AVERAGE, AND 함수 사용


**문제 ③** **분석작업** | 주어진 시트에서 다음 작업을 수행하고 저장하시오. **20점**

**01** '분석작업-1' 시트에 대하여 다음의 지시사항을 처리하시오. (10점)

'자동차 할부금 계산표'는 할부원금[B4], 연이율[B5], 상환기간(월)[B6]을 이용하여 월납입금액을 계산한 것이다. [데이터]-[데이터 표]를 이용하여 (연)이율[A12:A22] 변동에 따른 월 납입금액[B12:B22]을 계산하시오.

**02** '분석작업-2' 시트에 대하여 다음의 지시사항을 처리하시오. (10점)

[A3:G12] 영역을 이용하여 '주문날짜'는 '행', 제조회사는 '열'로 처리하고, 값은 '생산원가', '판매가', '이익금'의 합계를 계산하는 피벗 테이블을 작성하시오.(단, Σ 값은 행 레이블 위치)
- ▶ 피벗 테이블 보고서는 동일 시트의 [A18] 셀에서 시작하시오.
- ▶ 보고서 레이아웃은 '개요 형식으로 표시'로 지정하시오.
- ▶ 주문날짜는 '월'별로 그룹화하여 표시하시오.
- ▶ 피벗 테이블 옵션을 이용하여 열의 총합계, 행의 총합계는 표시하지 않고, 빈 셀에는 '*'를 표시하시오.

**01** '매크로작업' 시트의 [표1]에서 다음과 같은 기능을 수행하는 매크로를 현재 통합 문서에 작성하고 실행하시오. (각 5점)

① 합계[F4:F12] 영역에 대하여 제품별 합계를 계산하는 매크로를 생성하여 실행하시오.

▶ 매크로 이름 : 합계계산

▶ SUM 함수 사용

▶ [도형]-[기본 도형]의 '타원'(◯)을 동일 시트의 [H3:H6] 영역에 생성한 후, 텍스트를 '합계'로 입력하고, 도형을 클릭할 때 '합계계산' 매크로가 실행되도록 설정하시오.

② [A3:F3] 영역은 '가로 가운데 맞춤', 글꼴 스타일 '굵게'로 적용하는 매크로를 생성하여 실행하시오.

▶ 매크로 이름 : 서식지정

▶ [도형]-[기본 도형]의 '십자형'(✚)을 동일 시트의 [H8:H11] 영역에 생성한 후, 텍스트를 '서식'으로 입력하고, 도형을 클릭할 때 '서식지정' 매크로가 실행되도록 설정하시오.

※ 셀 포인터의 위치에 상관없이 현재 통합문서에서 매크로가 실행되어야 정답으로 인정됨

**02** '차트작업' 시트의 차트를 지시사항에 따라 아래 그림과 같이 수정하시오. (각 2점)

※ 차트는 반드시 문제에서 제공한 차트를 사용하여야 하며, 신규로 작성 시 0점 처리됨

① 1월-3월[B3:B10] 영역을 차트에 추가하고 그림을 참조하여 계열의 순서를 이동하시오.

② 차트 제목은 그림과 같이 입력하고, 차트 제목은 글꼴 스타일 '굵게', 글꼴 '굴림', 크기 '14'로 지정하시오.

③ 세로(값) 축 제목은 그림과 같이 입력하고, 텍스트 방향을 '세로'로 지정하시오.

④ '7월-9월' 계열의 '전등사'만 데이터 레이블을 '값'으로 지정하고, 글꼴 '굴림', 글꼴 스타일은 '굵게', 크기 '10'으로 지정하시오.

⑤ 범례의 위치는 '위쪽'으로 지정하고, 범례는 테두리에 '그림자(오프셋 : 오른쪽 아래)'를 설정한 후, 채우기에 '흰색, 배경1'로 지정하시오.

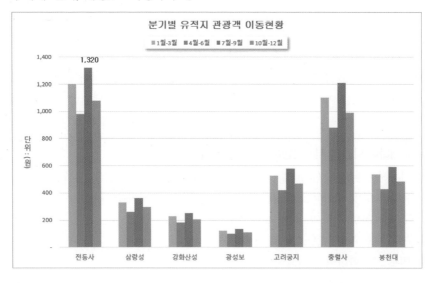

**문제 ①** 기본작업

### 01 자료 입력

| | A | B | C | D | E | F | G | H |
|---|---|---|---|---|---|---|---|---|
| 1 | 식기 선물 주문현황 | | | | | | | |
| 2 | | | | | | | 단위 : 천원 | |
| 3 | 제품코드 | 제품명 | 제조사 | 제조국가 | 수량 | 단가 | 금액 | |
| 4 | BT$-9871 | 베이비 식기 세트 | 리첼 | 일본 | 30 | 35 | 1050 | |
| 5 | DF*-01236 | 홈세트 플라워 42pcs | 우주도자기 | 한국 | 15 | 350 | 5250 | |
| 6 | CP%-05879 | 라라 4인 홈세트 | 쓰임 | 한국 | 7 | 89 | 623 | |
| 7 | QW~-01238 | 다기세트 | 노리다시 | 일본 | 120 | 80 | 9600 | |
| 8 | RE!-01239 | 다과세트 크리미 | 행정자기 | 한국 | 15 | 38 | 570 | |
| 9 | AD#-01240 | 오첩반상기 드림 | 레녹시 | 미국 | 30 | 240 | 7200 | |
| 10 | AD#-01241 | 주기세트 | 누이 | 한국 | 20 | 140 | 2800 | |
| 11 | AD#-01235 | 홈세트 글로리아 43pcs | 롯데자기 | 한국 | 10 | 300 | 3000 | |
| 12 | GO^-5981 | 퓨어 본차이나 | 짱가이 | 중국 | 8 | 168 | 1344 | |
| 13 | FD&-01237 | 칠첩반상기 슈페리얼 | 엔슬레 | 영국 | 35 | 450 | 15750 | |
| 14 | | | | | | | | |

### 02 서식 지정

| | A | B | C | D | E | F | G | H | I | J |
|---|---|---|---|---|---|---|---|---|---|---|
| 1 | | | **실습실별 소모품 사용현황** | | | | | | | |
| 2 | | | | | | | | | | |
| 3 | **품목코드** | **소모품명** | **단가(원)** | **CAD실** | **시각디자인실** | **프로그램실** | **멀티미디어실** | **총사용금액** | | |
| 4 | INK580 | 프린트 잉크 | 22,000원 | 15 | 30 | 5 | 20 | 1,540,000원 | | |
| 5 | CD805 | 공CD | 1,200원 | 100 | 120 | 60 | 180 | 552,000원 | | |
| 6 | AS009 | A4용지 | 12,000원 | 10 | 12 | 16 | 8 | 552,000원 | | |
| 7 | BS004 | B4용지 | 15,000원 | 10 | 30 | 8 | 12 | 900,000원 | | |
| 8 | MR006 | 마커펜 | 300원 | 115 | 250 | 280 | 180 | 247,500원 | | |
| 9 | ER012 | 지우개 | 400원 | 35 | 100 | 120 | 150 | 162,000원 | 가장 큰 지출항목 | |
| 10 | HR635 | 외장형 하드 | 120,000원 | 10 | 5 | 8 | 15 | 4,560,000원 | | |
| 11 | MO963 | 마우스 | 12,000원 | 35 | 30 | 10 | 18 | 1,116,000원 | | |
| 12 | KY690 | 키보드 | 8,000원 | 18 | 10 | 20 | 10 | 464,000원 | | |
| 13 | | | | | | | | | | |
| 14 | | | | | | | | | | |
| 15 | 소모품명 | Sale 가격 | | | | | | | | |
| 16 | 프린트 잉크 | 18700 | | | | | | | | |
| 17 | 공CD | 900 | | | | | | | | |
| 18 | A4용지 | 11400 | | | | | | | | |
| 19 | B4용지 | 12000 | | | | | | | | |
| 20 | 마커펜 | 246 | | | | | | | | |
| 21 | 지우개 | 328 | | | | | | | | |
| 22 | 외장형 하드 | 108000 | | | | | | | | |
| 23 | 마우스 | 9600 | | | | | | | | |
| 24 | 키보드 | 6000 | | | | | | | | |
| 25 | | | | | | | | | | |

### 03 조건부 서식

| | A | B | C | D | E | F |
|---|---|---|---|---|---|---|
| 1 | 주요종목 주식시세 | | | | | |
| 2 | 종목 | 상장구분 | 종가 | 전일비 | 거래량 | |
| 3 | 제원상사 | 코스피 | 10,000 | 200 | 53,512 | |
| 4 | 초이마트 | 코스닥 | 32,000 | 1,800 | 112,380 | |
| 5 | CT전자 | 코스닥 | 26,000 | 2,000 | 370,350 | |
| 6 | 다한지주 | 코스피 | 41,800 | - 100 | 155,845 | |
| 7 | MHK | 코스닥 | 280,000 | 1,000 | 73,432 | |
| 8 | CISOCO | 코스닥 | 245,000 | 3,000 | 31,134 | |
| 9 | PT인터넷 | 코스닥 | 23,850 | 550 | 278,730 | |
| 10 | 고음닷컴 | 코스피 | 38,200 | 1,700 | 544,479 | |
| 11 | 대산증권 | 코스피 | 14,850 | - 500 | 378,937 | |
| 12 | 영진홈쇼핑 | 코스닥 | 297,500 | 3,800 | 431,817 | |
| 13 | | | | | | |

**01 ~ 03 수수료, 서초구 거래량 평균, 거래량이 30이상인 총결제액 합계**

| | A | B | C | D | E | F | G | H | I | J | K | L |
|---|---|---|---|---|---|---|---|---|---|---|---|---|
| 1 | [표1] | 회원 현황 | | | | | | | | | | |
| 2 | 회원코드 | 지역 | 결제종류 | 거래량 | 총결제액 | 수수료 | | 지역 | 서초구 거래량 평균 | | | |
| 3 | A-101 | 서초구 | SH-02 | 28 | 7,751,250 | 11,627 | | 서초구 | 20 | | | |
| 4 | A-103 | 강남구 | KB-31 | 30 | 5,641,240 | 11,282 | | | | | | |
| 5 | A-202 | 강동구 | KB-31 | 20 | 4,815,130 | 9,630 | | 거래량이 30이상인 총결제액 합계 | | | 20,447,700 | |
| 6 | A-301 | 노원구 | HA-13 | 35 | 8,459,870 | 21,150 | | | | | | |
| 7 | B-401 | 동작구 | SH-02 | 37 | 6,346,540 | 9,520 | | | | | | |
| 8 | B-108 | 서초구 | HA-13 | 17 | 3,176,320 | 7,941 | | <결제수수료표> | | | | |
| 9 | C-301 | 서초구 | KB-31 | 15 | 2,444,890 | 4,890 | | 결제종류 | SH | KB | HA | |
| 10 | C-220 | 마포구 | SH-02 | 13 | 1,877,410 | 2,816 | | 수수료비율 | 0.15% | 0.20% | 0.25% | |
| 11 | | | | | | | | | | | | |

1. [F3] 셀에 「=E3*INDEX($I$10:$K$10,MATCH(LEFT(C3,2),$I$9:$K$9,0))」를 입력하고 [F10] 셀까지 수식 복사
2. [I3] 셀에 「=DSUM(A2:E10,D2,H2:H3)/DCOUNTA(A2:E10,B2,H2:H3)」를 입력
3. [K5] 셀에 「=ROUNDUP(SUMIF(D3:D10,">=30",E3:E10),-2)」를 입력

**04 체질량지수(BMI)**

| | A | B | C | D | E |
|---|---|---|---|---|---|
| 12 | [표2] | 신체검사결과 | | | |
| 13 | 성명 | 신장(m) | 체중(kg) | 체질량지수(BMI) | |
| 14 | 강성준 | 1.84 | 85 | 비만 | |
| 15 | 조윤아 | 1.57 | 55 | 정상 | |
| 16 | 허민균 | 1.79 | 75 | 정상 | |
| 17 | 박수진 | 1.59 | 65 | 비만 | |
| 18 | 김찬희 | 1.67 | 60 | 정상 | |
| 19 | 최창수 | 1.82 | 62 | 저체중 | |
| 20 | 오민아 | 1.65 | 45 | 저체중 | |
| 21 | | | | | |

[D14] 셀에 「=IF(C14/POWER(B14,2)<20,"저체중",IF(C14/POWER(B14,2)<=25,"정상","비만"))」를 입력하고 [D20] 셀까지 수식 복사

**05 평가**

| | H | I | J | K | L |
|---|---|---|---|---|---|
| 12 | [표3] | 진급시험 현황 | | | |
| 13 | 수험번호 | 전산 | 영어 | 상식 | 평가 |
| 14 | A1001 | 80 | 75 | 60 | 합격 |
| 15 | A1002 | 50 | 100 | 60 | 합격 |
| 16 | A1003 | 75 | 64 | 70 | 불합격 |
| 17 | A1004 | 90 | 89 | 90 | 합격 |
| 18 | A1005 | 80 | 54 | 60 | 불합격 |
| 19 | A1006 | 65 | 35 | 80 | 불합격 |
| 20 | A1007 | 76 | 84 | 83 | 합격 |
| 21 | | | | | |

[L14] 셀에 「=IF(AND(COUNTIF(I14:K14,">=50")=3,AVERAGE(I14:K14)>=70),"합격","불합격")」를 입력하고 [L20] 셀까지 수식 복사

**01  데이터 표**

| | A | B | C |
|---|---|---|---|
| 1 | 자동차 할부금 계산표 | | |
| 2 | 차량금액 | ₩  28,000,000 | |
| 3 | 인도금 | ₩   5,000,000 | |
| 4 | 할부원금 | ₩  23,000,000 | |
| 5 | 연이율 | 0.0% | |
| 6 | 상환기간(월) | 36 | |
| 7 | 월납입금액 | ₩    638,889 | |
| 8 | | | |
| 9 | | | |
| 10 | | 월 납입금액 | |
| 11 | (연)이율 | ₩    638,889 | |
| 12 | 3.0% | 668,868 | |
| 13 | 3.5% | 673,948 | |
| 14 | 4.0% | 679,052 | |
| 15 | 4.5% | 684,179 | |
| 16 | 5.0% | 689,331 | |
| 17 | 5.5% | 694,506 | |
| 18 | 6.0% | 699,705 | |
| 19 | 6.5% | 704,927 | |
| 20 | 7.0% | 710,173 | |
| 21 | 7.5% | 715,443 | |
| 22 | 8.0% | 720,736 | |
| 23 | | | |

**02  피벗 테이블**

| | A | B | C | D | E | F |
|---|---|---|---|---|---|---|
| 17 | | | | | | |
| 18 | | | 제조회사 ▾ | | | |
| 19 | 주문날짜 ▾ | 값 | 성일전자 | 영진전자 | 영하전자 | 천지전자 |
| 20 | 1월 | | | | | |
| 21 | | 합계 : 생산원가 | * | * | * | 75000 |
| 22 | | 합계 : 판매가 | * | * | * | 113000 |
| 23 | | 합계 : 이익금 | * | * | * | 608000 |
| 24 | 4월 | | | | | |
| 25 | | 합계 : 생산원가 | * | * | 50000 | 150000 |
| 26 | | 합계 : 판매가 | * | * | 128000 | 233000 |
| 27 | | 합계 : 이익금 | * | * | 3354000 | 2454000 |
| 28 | 5월 | | | | | |
| 29 | | 합계 : 생산원가 | 180000 | 185000 | * | * |
| 30 | | 합계 : 판매가 | 253000 | 378000 | * | * |
| 31 | | 합계 : 이익금 | 876000 | 5362000 | * | * |
| 32 | 7월 | | | | | |
| 33 | | 합계 : 생산원가 | 160000 | * | * | * |
| 34 | | 합계 : 판매가 | 200000 | * | * | * |
| 35 | | 합계 : 이익금 | 800000 | * | * | * |
| 36 | 8월 | | | | | |
| 37 | | 합계 : 생산원가 | * | 100000 | * | * |
| 38 | | 합계 : 판매가 | * | 126000 | * | * |
| 39 | | 합계 : 이익금 | * | 780000 | * | * |
| 40 | | | | | | |

## ① 매크로

| | A | B | C | D | E | F | G | H | I |
|---|---|---|---|---|---|---|---|---|---|
| 1 | [표1] | | 분유 제품별 판매 현황 | | | | | | |
| 2 | | | | | | | | | |
| 3 | 제품명 | 1사분기 | 2사분기 | 3사분기 | 4사분기 | 합계 | | | |
| 4 | N임페리얼 | 500 | 300 | 350 | 240 | 1,390 | | 합계 | |
| 5 | P궁 | 102 | 200 | 150 | 120 | 572 | | | |
| 6 | N프리미엄 | 120 | 138 | 271 | 130 | 659 | | | |
| 7 | N사이언스 | 105 | 100 | 210 | 108 | 523 | | | |
| 8 | N산양 | 180 | 200 | 208 | 203 | 791 | | | |
| 9 | P다이아몬드 | 350 | 370 | 190 | 367 | 1,277 | | | |
| 10 | P에메랄드 | 420 | 450 | 100 | 390 | 1,360 | | 서식 | |
| 11 | M엡솔루트 | 380 | 345 | 120 | 180 | 1,025 | | | |
| 12 | M그랑노블 | 260 | 105 | 160 | 170 | 695 | | | |
| 13 | | | | | | | | | |

## ② 차트

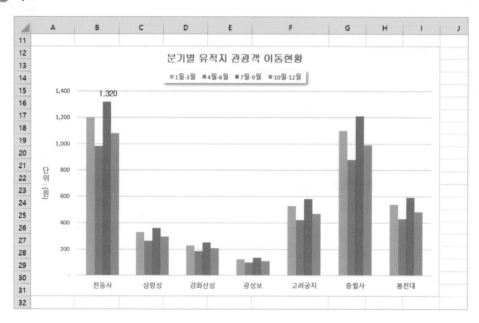

문제 ①　기본작업

## 01 자료 입력('기본작업-1' 시트)

[A2:G13] 셀까지 문제를 보고 오타 없이 작성한다.

## 02 서식 지정('기본작업-2' 시트)

① [A1:H1] 영역을 범위 지정한 후 Ctrl+1을 눌러 [맞춤] 탭에서 가로 '선택 영역의 가운데로'를 선택하고, [글꼴] 탭에서 '궁서', '굵게', 크기 '16'을 선택하고 [확인]을 클릭한다.

② [A3:H3] 영역을 범위 지정한 후 Ctrl+1을 눌러 [맞춤] 탭에서 가로 '가운데', 세로 '가운데', '셀에 맞춤'을 체크한다.

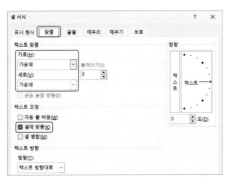

③ [글꼴] 탭에서 크기 '12', '굵게'를 지정하고, [채우기] 탭에서 '표준 색 − 노랑'을 선택하고 [확인]을 클릭한다.

④ [C4:C12] 영역을 범위 지정한 후 Ctrl+C를 눌러 복사한 다음 [B16:B24] 영역을 범위 지정하고 마우스 오른쪽 버튼을 눌러 [선택하여 붙여넣기]를 클릭한다.

⑤ 연산 '곱하기'를 선택하고 [확인]을 클릭한다.

⑥ Ctrl을 이용하여 [C4:C12], [H4:H12] 영역을 범위 지정한 후 Ctrl+1을 눌러 [표시 형식] 탭의 '사용자 지정'에 #,##0원을 입력하고 [확인]을 클릭한다.

⑦ [H10] 셀에서 마우스 오른쪽 버튼을 눌러 [메모 삽입]을 클릭한다.

### 🔵 버전 TIP

[H10] 셀에서 마우스 오른쪽 버튼을 클릭하여 [새 노트]를 클릭하거나, [메뉴 검색]에 「메모 삽입」을 입력하여 검색해도 된다.

⑧ 기존 사용자 이름을 지우고, **가장 큰 지출항목**을 입력한다.

⑨ [H10] 셀에서 마우스 오른쪽 버튼을 눌러 [메모 표시/숨기기]를 클릭한다.

⑩ 메모 상자의 경계라인에서 마우스 오른쪽을 클릭하여 [메모 서식]을 클릭한다.

⑪ [맞춤] 탭에서 '자동 크기'를 체크하고 [확인]을 클릭한다.

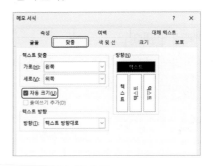

### 03 조건부 서식('기본작업-3' 시트)

① [A3:E12] 영역을 범위 지정한 후, [홈]-[스타일] 그룹의 [조건부 서식]-[새 규칙]을 클릭한다.

② [새 서식 규칙]에서 '▶ 수식을 사용하여 서식을 지정할 셀 결정'을 선택하고, =$D3<0을 입력한 후 [서식]을 클릭한다.

③ [글꼴] 탭에서 '표준 색 – 빨강' 색을 선택하고 [확인]을 클릭한 후 [새 서식 규칙]에서 [확인] 을 클릭한다.

④ [A3:E12] 영역을 범위 지정한 후, [홈]-[스타일] 그룹의 [조건부 서식]-[새 규칙]을 클릭한다.

⑤ [새 서식 규칙]에서 '▶ 수식을 사용하여 서식을 지정할 셀 결정'을 선택하고, =$D3>=2000을 입력한 후 [서식]을 클릭한다.

⑥ [글꼴] 탭에서 '표준 색 – 파랑' 색을 선택하고 [확인]을 클릭한 후 [새 서식 규칙]에서 [확인] 을 클릭한다.

### 문제 ❷ 계산작업('계산작업' 시트)

### 01 수수료[F3:F10]

[F3] 셀에 =E3*INDEX($I$10:$K$10,MATCH (LEFT(C3,2),$I$9:$K$9,0))를 입력하고 [F10] 셀 까지 수식을 복사한다.

### 02 서초구 거래량 평균[I3]

① [H2:H3] 영역에 다음과 같이 조건을 입력한다.

② [I3] 셀에 =DSUM(A2:E10,D2,H2:H3)/ DCOUNTA(A2:E10,B2,H2:H3)를 입력한다.

### 03 거래량이 30이상인 총결제액 합계[K5]

[K5] 셀에 =ROUNDUP(SUMIF(D3:D10,">=30", E3:E10),-2)를 입력한다.

### 04 체질량지수(BMI)[D14:D20]

[D14] 셀에 =IF(C14/POWER(B14,2)<20,"저체 중",IF(C14/POWER(B14,2)<=25,"정상","비만")) 를 입력하고 [D20] 셀까지 수식을 복사한다.

### 05 평가[L14:L20]

[L14] 셀에 =IF(AND(COUNTIF(I14:K14,">=50") =3,AVERAGE(I14:K14)>=70),"합격","불합격")를 입력하고 [L20] 셀까지 수식을 복사한다.

### 문제 ❸ 분석작업

### 01 데이터 표('분석작업-1' 시트)

① [B11] 셀에 =을 입력하고 [B7] 셀을 클릭한 후 **Enter**를 눌러 [B7] 셀과 연결한다.

② [A11:B22] 영역을 범위 지정한 후 [데이터]- [예측] 탭의 [가상 분석]-[데이터 표]를 클릭한 다.

③ '열 입력 셀'에서 [B5] 셀을 클릭하여 지정한 후 [확인]을 클릭한다.

## 02 피벗 테이블('분석작업-2' 시트)

① [A3:G12] 영역에 커서를 두고 [삽입]-[표] 그룹의 [피벗 테이블](📊)을 클릭한다.

② [피벗 테이블 만들기]에서 '기존 워크시트'를 선택하고 위치는 [A18] 셀을 지정한 후 [확인]을 클릭한다.

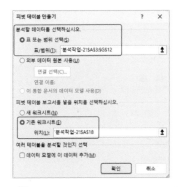

### 💡 버전 TIP

[표 또는 범위의 피벗 테이블]에서 '기존 워크시트'를 클릭한 후 [A18] 셀을 지정한 후 [확인]을 클릭한다.

③ '주문날짜' 필드는 '행', '제조회사'는 '열', '생산원가', '판매가', '이익금' 필드는 '값'으로 드래그한다. 필드 목록을 배치한 후에 열 레이블에 있는 'Σ 값'을 행 레이블로 드래그한다.

### 💡 버전 TIP

피벗 테이블 작성 시 날짜 데이터가 있을 경우 필드 이름이 다르게 표시됩니다.

④ [디자인]-[레이아웃] 그룹에서 [보고서 레이아웃]-[개요 형식으로 표시]를 클릭한다.

⑤ 행 필드(주문날짜)[B19]에서 마우스 오른쪽 버튼을 눌러 [그룹]을 클릭한다.

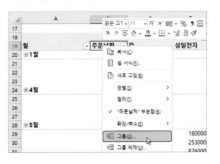

⑥ [그룹화]에서 '일'을 선택을 해제하고 '월'만 선택된 상태에서 [확인]을 클릭한다.

⑦ 피벗 테이블 안에서 마우스 오른쪽 버튼을 눌러 [피벗 테이블 옵션]을 클릭한다.

⑧ [레이아웃 및 서식] 탭에서 '빈 셀 표시'에 *을 입력한다.

⑨ [요약 및 필터] 탭에서 '행 총합계 표시', '열 총합계 표시'의 체크를 해제하고 [확인]을 클릭한다.

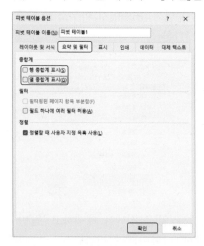

문제 ④   기타작업

## 01 매크로('매크로작업' 시트)

① [개발 도구]-[코드] 그룹의 [매크로 기록](📷)을 클릭한다.
② [매크로 기록]에서 '매크로 이름'에 **합계계산**을 입력하고 [확인]을 클릭한다.
③ [B4:F12] 영역을 범위 지정한 후 [수식]-[함수 라이브러리] 그룹에서 [자동 합계](∑) 도구를 클릭한다.

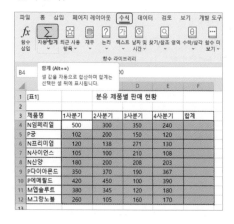

④ [개발 도구]-[코드] 그룹의 [기록 중지](□)를 클릭한다.
⑤ [삽입]-[일러스트레이션] 그룹의 [도형]-[기본 도형]의 '타원'(○)을 클릭하여 [H3:H6] 영역에 [Alt]를 누른 채 드래그하여 그린다.
⑥ 도형에 **합계**를 입력한 후, 도형의 경계라인에서 마우스 오른쪽 버튼을 눌러 [매크로 지정]을 클릭한다.

⑦ [매크로 지정]에서 '합계계산'을 선택하고 [확인]을 클릭한다.
⑧ [개발 도구]-[코드] 그룹의 [매크로 기록](📷)을 클릭한 후, '매크로 이름'에 **서식지정**을 입력하고 [확인]을 클릭한다.
⑨ [A3:F3] 영역을 범위 지정하고 [홈]-[글꼴] 그룹에서 '굵게', [홈]-[맞춤] 그룹에서 [가운데 맞춤](≡)을 클릭한다.

⑩ [개발 도구]-[코드] 그룹의 [기록 중지](□)를 클릭한다.

⑪ [삽입]-[일러스트레이션] 그룹의 [도형]-[기본
도형]의 '십자형'(✚)을 클릭하여 [H8:H11] 영
역에 Alt 를 누른 채 드래그하여 그린다.

⑫ 도형에 **서식**을 입력한 후, 도형의 경계라인에
서 마우스 오른쪽 버튼을 눌러 [매크로 지정]을
클릭한다.

⑬ [매크로 지정]에서 '서식지정'을 선택하고 [확
인]을 클릭한다.

**02 차트('차트작업' 시트)**

① [B3:B10] 영역을 범위 지정한 후 Ctrl + C 를 눌
러 복사하고 차트를 선택하여 Ctrl + V 를 눌러
붙여넣기 한다.

② 차트에서 마우스 오른쪽 버튼을 눌러 [데이터
선택]을 클릭한다.

③ '1월-3월'을 선택하고 [위로 이동](∧)을 클릭
하여 맨 위로 이동한 후 [확인]을 클릭한다.

④ 차트를 선택한 후 [차트 요소](✚)에서 '차트 제
목'을 체크한 후 **분기별 유적지 관광객 이동현
황**을 입력한다.

⑤ '차트 제목'을 선택한 후 [홈]-[글꼴] 그룹에서
'굴림', 크기 '14', '굵게'로 지정한다.

⑥ 차트를 선택한 후 [차트 요소](✚)에서 [축 제
목]-[기본 세로]를 체크한 후 **단위 : (원)**을 입
력한다.

⑦ 세로(값) 축 제목 '단위 : (원)'을 선택한 후 마우
스 오른쪽 버튼을 눌러 [축 제목 서식] 메뉴를
클릭한 후 [축 제목 서식]-[제목 옵션]- [크기
및 속성]의 '맞춤'에서 '텍스트 방향'을 '세로'를
선택한다.

⑧ '7월-9월' 계열의 '전등사' 데이터 요소를 선택
한 후 다시 한번 클릭하여 하나의 요소만을 선
택한다.

⑨ 하나의 요소만 선택된 상태에서 마우스 오른쪽
버튼을 눌러 [데이터 레이블 추가]를 선택한다.

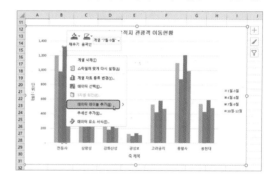

⑩ 데이터 레이블 '1320'을 선택하고 [홈] 탭의 [글
꼴] 그룹에서 '굴림', '굵게', 크기 '10'으로 지정
한다.

⑪ 범례를 선택한 후 [범례 서식]의 '범례 옵션'에
서 '위쪽'을 선택한다.

⑫ 효과의 '그림자'에서 '미리 설정'을 클릭하여 '바
깥쪽(오프셋: 오른쪽 아래)'을 선택한다.

⑬ 채우기 및 선의 '채우기'에서 '단색 채우기'를 선
택하고 '색'에서 '흰색, 배경1'을 선택한 후 [닫
기]를 클릭한다.

# 기출 유형 문제 06회

| 시험 시간 | 풀이 시간 | 합격 점수 | 내 점수 |
|---|---|---|---|
| 40분 | 분 | 70점 | 점 |

▶ 합격 강의

작업파일  [2025컴활2급₩기출유형문제] 폴더의 '기출유형문제6회' 파일을 열어서 작업하시오.

---

**문제 ❶**  **기본작업** | 주어진 시트에서 다음 과정을 수행하고 저장하시오.  **20점**

**01** '기본작업-1' 시트에 다음의 자료를 주어진 대로 입력하시오. (5점)

| | A | B | C | D | E | F |
|---|---|---|---|---|---|---|
| 1 | 주민평생교육 | | | | | |
| 2 | | | | | | |
| 3 | 강좌명 | 강사명 | 수강인원(명) | 강의시간 | 수강료 | 장소 |
| 4 | 기본영어회화 | Kristi | 12 | 월,수,금(오후2시) | 35000 | 교사연구실 |
| 5 | 컴퓨터 | 이주아 | 20 | 화,목,토(오전10시) | 30000 | Lab실 |
| 6 | 일어회화 | Yosida | 12 | 금,토,일(오후3시) | 39000 | 어학실 |
| 7 | 중국어회화 | Jangsoran | 30 | 월,목(오후5시) | 35000 | 시청각실 |
| 8 | 배드민턴 | 김봉주 | 10 | 토,일(오전8시) | 36000 | 체육관 |
| 9 | 메이크업 | 이주희 | 25 | 수,금,토(오전11시) | 63000 | 예절실 |
| 10 | 종이접기 | 강부자 | 15 | 화,수,금(오후4시) | 70000 | 가사실 |

**02** '기본작업-2' 시트에 대하여 다음의 지시사항을 처리하시오. (각 2점)

① [A1:I1] 영역은 '셀 병합 후 가로, 세로 가운데 맞춤', 글꼴 '궁서체', 크기 '15', 밑줄 '밑줄'로 지정하시오.

② [D4:H12] 영역은 사용자 지정 셀 서식을 이용하여 1000의 배수로 표시하고, 숫자 뒤에 '천원'이 추가되어 표시되도록 지정하시오[표시 예 : 1500000 → 1,500천원].

③ [A4:A11] 영역을 '설계사명'으로 이름을 정의하시오.

④ [A3:I3] 영역은 '가로 가운데 맞춤', 글꼴 스타일 '굵게', 글꼴 색 '표준 색 – 파랑', 배경색 '표준 색 – 노랑'으로 지정하시오.

⑤ [A3:I12] 영역은 '모든 테두리'(田)를, [B12], [C12], [I12] 영역은 대각선(×) 모양을 적용하여 표시하시오.

**03** '기본작업-3' 시트에 대하여 다음의 지시사항을 처리하시오. (5점)

[A4:H11] 영역에 대해 순이익이 10000 이상 40000 이하이면서 할인율이 '10%' 이상인 행 전체의 글꼴 색을 '표준 색 – 파랑', 글꼴 스타일을 '기울임꼴'로 지정하는 조건부 서식을 작성하시오.

▶ AND 함수 사용

▶ 단, 규칙 유형은 '수식을 사용하여 서식을 지정할 셀 결정'을 사용하고, 한 개의 규칙으로만 작성하시오.

---

**문제 ❷**  **계산작업** | '계산작업' 시트에서 다음 과정을 수행하고 저장하시오.  **40점**

**01** [표1]에서 제품코드[A3:A11]의 마지막 문자를 이용하여 제품명[D3:D11]을 표시하시오. (8점)

▶ 제품코드의 마지막 문자가 'S'이면 '컴퓨터', 'T'이면 '프린터', 'R'이면 '스캐너

▶ SWITCH, RIGHT 함수 사용

**02** [표2]에서 사고보험금[H3:H11]을 이용하여 인상여부[I3:I11]를 표시하시오. (8점)

▶ 사고보험금이 2,000,000 이상이면 '보험료인상', 사고보험금이 1,000,000 미만이면 '보험료인하', 그 외는 공백으로 표시          ▶ IFS 함수 사용

**03** [표3]에서 고객들의 생년월일[B15:B24]을 이용하여 태어난 요일[C15:C24]을 표시하시오. (8점)

▶ 요일의 계산방식은 월요일부터 시작하는 2번 방식으로 지정
▶ '월요일'과 같이 문자열 전체를 표시          ▶ IFS와 WEEKDAY 함수 사용

**04** [표4]에서 부서별 실수령액[I15:I23]을 이용하여 영업부의 실수령액 평균[I24]을 구하시오. (8점)

▶ SUMIF와 COUNTIF 함수 사용

**05** [표5]에서 지역별 판매이익[E28:E36]을 이용하여 서울지역의 판매이익 평균[G36]을 백의 자리에서 올림하여 천의 자리로 구하시오. (8점)

▶ 숫자 뒤에 '원'을 포함하여 표시하시오. [표시 예 : 1000 → 1000원]
▶ ROUNDUP과 DAVERAGE 함수와 & 연산자 사용

---

**문제 ③** | **분석작업** | 주어진 시트에서 다음 작업을 수행하고 저장하시오.          **20점**

**01** '분석작업-1' 시트에 대하여 다음의 지시사항을 처리하시오. (10점)

'영업 현황' 표를 이용하여 대리점명, 판매사원은 '행', 제품명은 '열'로 처리하고, '값'에 외상매출액의 평균을 계산한 후 '행의 총합계'는 나타나지 않도록 [H3] 셀부터 피벗 테이블을 작성하시오.
▶ 보고서 레이아웃은 '개요 형식으로 표시'로 설정하고, 그룹 하단에 모든 부분합을 표시하시오.
▶ 평균 서식은 값 필드 설정의 표시 형식의 숫자 범주를 이용하여 '1000 단위 구분기호 사용'과 '소수 1자리'로 지정하시오.
▶ '평균 : 외상매출액'의 총합계 기준으로 오름차순 정렬하시오.

| | 평균 : 외상매출액 | | 제품명 | | | |
|---|---|---|---|---|---|---|
| | 대리점명 | 판매사원 | TV | 김치냉장고 | 에어컨 | 냉장고 |
| | ⊟강남 | | | | | |
| | | 김정민 | | 7,451,200.0 | | 3,256,000.0 |
| | | 이영복 | 4,521,420.0 | 2,521,420.0 | | |
| | | 한수진 | | | 5,484,700.0 | |
| | 강남 요약 | | 4,521,420.0 | 4,986,310.0 | 5,484,700.0 | 3,256,000.0 |
| | ⊟서초점 | | | | | |
| | | 김길용 | | | | 9,542,100.0 |
| | | 김명윤 | | | 6,845,200.0 | |
| | | 이승범 | 5,332,500.0 | 2,456,000.0 | | |
| | 서초점 요약 | | 5,332,500.0 | 2,456,000.0 | 6,845,200.0 | 9,542,100.0 |
| | ⊟송파점 | | | | | |
| | | 김영수 | | 3,384,500.0 | | |
| | | 최영수 | 1,135,000.0 | | | |
| | | 하창수 | | | 6,345,000.0 | 6,453,000.0 |
| | 송파점 요약 | | 1,135,000.0 | 3,384,500.0 | 6,345,000.0 | 6,453,000.0 |
| | 총합계 | | 3,877,585.0 | 3,953,280.0 | 6,039,900.0 | 6,417,033.3 |

**02** '분석작업-2' 시트에 대하여 다음의 지시사항을 처리하시오. (10점)

데이터 통합 기능을 이용하여 [표1], [표2], [표3]에 대한 품명별, '판매수량', '매출액' 평균을 '1/4분기 평균 판매금액'표의 [G11:H14] 영역에 계산하시오.

---

**문제 ❹** | **기타작업** | 주어진 시트에서 다음 작업을 수행하고 저장하시오. | **20점**

**01** '매크로작업' 시트의 [표1]에서 다음과 같은 기능을 수행하는 매크로를 현재 통합 문서에 작성하고 실행하시오. (각 5점)

① [C4:D10] 영역에 대하여 '통화서식(₩)'를 지정하는 매크로를 생성하여 실행하시오.
   ▶ 매크로 이름 : 통화
   ▶ '통화' 매크로는 [도형] → [기본 도형]의 '다이아몬드(◇)'에 지정한 후 실행하도록 하며, 텍스트는 '통화'로 입력하고, 동일 시트의 [H3:I5] 영역에 위치시키시오.

② [E4:E10] 영역에 대하여 '총요금'을 계산하는 매크로를 생성하여 실행하시오.
   ▶ 매크로 이름 : 총요금
   ▶ 총요금 = 사용요금 + 세금
   ▶ '총요금' 매크로는 [도형] → [기본 도형]의 '배지(▢)'에 지정한 후 실행하도록 하며, 텍스트는 '총요금'으로 입력하고, 동일 시트의 [H7:I8] 영역에 위치시키시오.

   ※ 셀 포인터의 위치에 상관없이 현재 통합 문서에서 매크로가 실행되어야 정답으로 인정됨

**02** '차트작업' 시트의 차트를 지시사항에 따라 아래 그림과 같이 수정하시오. (각 2점)

   ※ 차트는 반드시 문제에서 제공한 차트를 사용하여야 하며, 신규로 작성 시 0점 처리됨

① '주택예금' 데이터가 차트에 표시되도록 데이터 범위를 추가하시오.
② '보통예금' 계열의 차트 종류를 '표식이 있는 꺾은선형'으로 변경하시오.
③ 차트 종류를 변경한 '보통예금' 계열을 '보조 축'으로 지정하시오.
④ 차트 제목, 가로(항목) 축, 세로(값) 축의 제목을 그림과 같이 입력하고, 차트 제목은 글꼴 '궁서체', 크기 '15', '굵게', '밑줄'로 지정하시오.
⑤ 범례에 대하여 글꼴 '궁서', 크기 '11', 위치는 '위쪽'으로 지정하시오.

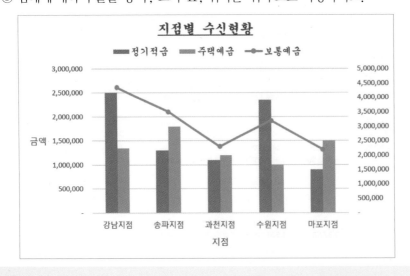

# 기출 유형 문제 06회 / 정답

## 문제 ① 기본작업

### 01 자료 입력

| | A | B | C | D | E | F | G |
|---|---|---|---|---|---|---|---|
| 1 | 주민평생교육 | | | | | | |
| 2 | | | | | | | |
| 3 | 강좌명 | 강사명 | 수강인원(명) | 강의시간 | 수강료 | 장소 | |
| 4 | 기본영어회화 | Kristi | 12 | 월,수,금(오후2시) | 35000 | 교사연구실 | |
| 5 | 컴퓨터 | 이주아 | 20 | 화,목,토(오전10시) | 30000 | Lab실 | |
| 6 | 일어회화 | Yosida | 12 | 금,토,일(오후3시) | 39000 | 어학실 | |
| 7 | 중국어회화 | Jangsoran | 30 | 월,목(오후5시) | 35000 | 시청각실 | |
| 8 | 배드민턴 | 김봉주 | 10 | 토,일(오전8시) | 36000 | 체육관 | |
| 9 | 메이크업 | 이주희 | 25 | 수,금,토(오전11시) | 63000 | 예절실 | |
| 10 | 종이접기 | 강부자 | 15 | 화,수,금(오후4시) | 70000 | 가사실 | |
| 11 | | | | | | | |

### 02 서식 지정

| | A | B | C | D | E | F | G | H | I | J |
|---|---|---|---|---|---|---|---|---|---|---|
| 1 | | | | 든든보험 설계사 실적 현황 | | | | | | |
| 2 | | | | | | | | | | |
| 3 | 설계사명 | 주영업지역 | 주보험분야 | 1분기 | 2분기 | 3분기 | 4분기 | 실적총액 | 실적순위 | |
| 4 | 나신영 | 서울 강서 | 상해보험 | 1,250천원 | 1,130천원 | 980천원 | 1,280천원 | 4,640천원 | 8 | |
| 5 | 고건희 | 서울 강남 | 종신보험 | 2,700천원 | 2,500천원 | 2,890천원 | 3,150천원 | 11,240천원 | 1 | |
| 6 | 정성태 | 경기 남부 | 자동차보험 | 2,079천원 | 1,890천원 | 2,298천원 | 1,902천원 | 8,169천원 | 5 | |
| 7 | 김한용 | 대전 | 화재보험 | 1,980천원 | 1,750천원 | 2,380천원 | 3,160천원 | 9,270천원 | 4 | |
| 8 | 이태성 | 경기 북부 | 상해보험 | 1,682천원 | 1,729천원 | 1,924천원 | 2,016천원 | 7,351천원 | 6 | |
| 9 | 최미연 | 서울 강동 | 자동차보험 | 974천원 | 1,380천원 | 1,732천원 | 1,973천원 | 6,059천원 | 7 | |
| 10 | 주선희 | 대전 | 종신보험 | 2,390천원 | 3,120천원 | 2,800천원 | 2,450천원 | 10,760천원 | 3 | |
| 11 | 박명숙 | 인천 | 화재보험 | 3,020천원 | 1,730천원 | 2,870천원 | 3,590천원 | 11,210천원 | 2 | |
| 12 | 합계 | ✕ | | 16,075천원 | 15,229천원 | 17,874천원 | 19,521천원 | 68,699천원 | ✕ | |
| 13 | | | | | | | | | | |

### 03 조건부 서식

| | A | B | C | D | E | F | G | H | I |
|---|---|---|---|---|---|---|---|---|---|
| 1 | | | | 가전 제품 판매 현황 | | | | | |
| 2 | | | | | | | | 단위 : 천원 | |
| 3 | 제품명 | 판매대수 | 매입단가 | 매입금액 | 매출단가 | 할인율 | 매출금액 | 순이익 | |
| 4 | VTR | 78 | 350 | 27,300 | 438 | 4% | 35,490 | 8,190 | |
| 5 | 캠코더 | 120 | 990 | 118,800 | 1,238 | 10% | 163,350 | 44,550 | |
| 6 | *디지털카메라* | *134* | *465* | *62,310* | *581* | *11%* | *86,455* | *24,145* | |
| 7 | *냉장고* | *105* | *870* | *91,350* | *1,088* | *10%* | *125,606* | *34,256* | |
| 8 | HDTV | 55 | 2,100 | 115,500 | 2,625 | 2% | 147,263 | 31,763 | |
| 9 | 김치냉장고 | 89 | 567 | 50,463 | 709 | 3% | 64,971 | 14,508 | |
| 10 | 오디오 | 56 | 345 | 19,320 | 431 | 0% | 24,150 | 4,830 | |
| 11 | 에어컨 | 189 | 950 | 179,550 | 1,188 | 5% | 235,659 | 56,109 | |
| 12 | | | | | | | | | |

## 01 제품명

| | A | B | C | D | |
|---|---|---|---|---|---|
| 1 | [표1] 지점별 제품 판매 현황 | | | | |
| 2 | 제품코드 | 지점명 | 판매량 | 제품명 | |
| 3 | UT-100S | 강동 | 184 | 컴퓨터 | |
| 4 | YI-200T | 강남 | 99 | 프린터 | |
| 5 | PZ-150R | 강서 | 174 | 스캐너 | |
| 6 | RU-100T | 노원 | 86 | 프린터 | |
| 7 | OG-200S | 송파 | 138 | 컴퓨터 | |
| 8 | AA-023T | 서초 | 150 | 프린터 | |
| 9 | CC-123S | 논현 | 31 | 컴퓨터 | |
| 10 | BB-567R | 사당 | 74 | 스캐너 | |
| 11 | QW-901T | 대치 | 167 | 프린터 | |
| 12 | | | | | |

[D3] 셀에 「=SWITCH(RIGHT(A3,1),"S","컴퓨터","T","프린터","R","스캐너")」를 입력하고 [D11] 셀까지 수식 복사

## 02 인상여부

| | F | G | H | I | J |
|---|---|---|---|---|---|
| 1 | [표2] 고객별 보험료 납부 현황 | | | | |
| 2 | 고객코드 | 가입년도 | 사고보험금 | 인상여부 | |
| 3 | K-1542 | 2010년 | 800,000 | 보험료인하 | |
| 4 | P-2943 | 2011년 | 750,000 | 보험료인하 | |
| 5 | M-3847 | 2012년 | 1,200,000 | | |
| 6 | G-1795 | 2013년 | 3,400,000 | 보험료인상 | |
| 7 | F-2847 | 2011년 | 1,100,000 | | |
| 8 | A-3912 | 2013년 | 900,000 | 보험료인하 | |
| 9 | S-2741 | 2010년 | 2,100,000 | 보험료인상 | |
| 10 | K-2734 | 2012년 | 1,800,000 | | |
| 11 | S-1847 | 2011년 | 2,800,000 | 보험료인상 | |
| 12 | | | | | |

[I3] 셀에 「=IFS(H3>=2000000,"보험료인상",H3<1000000,"보험료인하",TRUE,"")」를 입력하고 [I11] 셀까지 수식 복사

## 03 태어난 요일

| | A | B | C | D |
|---|---|---|---|---|
| 13 | [표3] 고객 인적 사항 | | | |
| 14 | 성명 | 생년월일 | 태어난 요일 | |
| 15 | 김태영 | 1987-06-21 | 일요일 | |
| 16 | 박슬희 | 1985-10-17 | 목요일 | |
| 17 | 정태정 | 1986-08-23 | 토요일 | |
| 18 | 최돈구 | 1988-12-03 | 토요일 | |
| 19 | 한인수 | 1987-05-31 | 일요일 | |
| 20 | 지명환 | 1986-02-08 | 토요일 | |
| 21 | 김시찬 | 1988-03-25 | 금요일 | |
| 22 | 명세진 | 1985-06-04 | 화요일 | |
| 23 | 김국진 | 1992-05-05 | 화요일 | |
| 24 | 장안나 | 1993-06-07 | 월요일 | |
| 25 | | | | |

[C15] 셀에 「=IFS(WEEKDAY(B15,2)=1,"월요일",WEEKDAY(B15,2)=2, "화요일", WEEKDAY(B15,2)=3, "수요일", WEEKDAY(B15,2)=4, "목요일",WEEKDAY(B15,2)=5, "금요일",WEEKDAY(B15,2)=6, "토요일",WEEKDAY(B15,2)=7, "일요일")」을 입력하고 [C24] 셀까지 수식 복사

## 04 영업부 실수령액 평균

| | E | F | G | H | I |
|---|---|---|---|---|---|
| 13 | [표4] 부서별 급여 현황 | | | | |
| 14 | 성명 | 직급 | 부서 | 기본급 | 실수령액 |
| 15 | 김진성 | 사원 | 영업부 | 1,750,000 | 2,360,000 |
| 16 | 서혁진 | 과장 | 자재부 | 2,350,000 | 3,170,000 |
| 17 | 이상흠 | 대리 | 생산부 | 2,000,000 | 2,700,000 |
| 18 | 김성균 | 과장 | 영업부 | 2,150,000 | 2,900,000 |
| 19 | 윤향기 | 사원 | 자재부 | 1,850,000 | 2,500,000 |
| 20 | 김필승 | 과장 | 영업부 | 2,300,000 | 3,110,000 |
| 21 | 한성수 | 대리 | 자재부 | 1,950,000 | 2,630,000 |
| 22 | 최미르 | 대리 | 영업부 | 1,950,000 | 2,630,000 |
| 23 | 정준영 | 사원 | 생산부 | 1,800,000 | 2,430,000 |
| 24 | 영업부 실수령액 평균 | | | | 2,750,000 |
| 25 | | | | | |

[I24] 셀에 「=SUMIF(G15:G23,"영업부",I15:I23)/COUNTIF(G15:G23,"영업부")」를 입력

## 05 서울지역 판매이익 평균

| | A | B | C | D | E | F | G | H |
|---|---|---|---|---|---|---|---|---|
| 26 | [표5] 지역별 판매 현황 | | | | | | | |
| 27 | 제품명 | 지역 | 판매가 | 판매량 | 판매이익 | | | |
| 28 | TV | 서울 | 700,000 | 88 | 61,600,000 | | | |
| 29 | 냉장고 | 서울 | 1,000,000 | 92 | 92,000,000 | | | |
| 30 | 사운드바 | 경기 | 450,000 | 86 | 38,700,000 | | | |
| 31 | TV | 경기 | 700,000 | 102 | 71,400,000 | | | |
| 32 | 사운드바 | 서울 | 500,000 | 86 | 43,000,000 | | | |
| 33 | 냉장고 | 경기 | 1,200,000 | 99 | 118,800,000 | | | |
| 34 | TV | 인천 | 700,000 | 111 | 77,700,000 | | | |
| 35 | 에어컨 | 서울 | 980,000 | 100 | 98,000,000 | | 서울지역 판매이익 평균 | |
| 36 | 냉장고 | 인천 | 1,400,000 | 76 | 106,400,000 | | 73650000원 | |
| 37 | | | | | | | | |

[G36] 셀에 「=ROUNDUP(DAVERAGE(A27:E36,5,B27:B28),-3)&"원"」를 입력

## 01 피벗 테이블

| | G | H | I | J | K | L | M | N |
|---|---|---|---|---|---|---|---|---|
| 1 | | | | | | | | |
| 2 | | | | | | | | |
| 3 | | 평균 : 외상매출액 | | 제품명 | | | | |
| 4 | | 대리점명 | 판매사원 | TV | 김치냉장고 | 에어컨 | 냉장고 | |
| 5 | | ⊟강남 | | | | | | |
| 6 | | | 김정민 | | 7,451,200.0 | | 3,256,000.0 | |
| 7 | | | 이영복 | 4,521,420.0 | 2,521,420.0 | | | |
| 8 | | | 한수진 | | | 5,484,700.0 | | |
| 9 | | 강남 요약 | | 4,521,420.0 | 4,986,310.0 | 5,484,700.0 | 3,256,000.0 | |
| 10 | | ⊟서초점 | | | | | | |
| 11 | | | 김길용 | | | | 9,542,100.0 | |
| 12 | | | 김명윤 | | | 6,845,200.0 | | |
| 13 | | | 이승범 | 5,332,500.0 | 2,456,000.0 | | | |
| 14 | | 서초점 요약 | | 5,332,500.0 | 2,456,000.0 | 6,845,200.0 | 9,542,100.0 | |
| 15 | | ⊟송파점 | | | | | | |
| 16 | | | 김영수 | | 3,384,500.0 | | | |
| 17 | | | 최영수 | 1,135,000.0 | | | | |
| 18 | | | 하창수 | | | 6,345,000.0 | 6,453,000.0 | |
| 19 | | 송파점 요약 | | 1,135,000.0 | 3,384,500.0 | 6,345,000.0 | 6,453,000.0 | |
| 20 | | 총합계 | | 3,877,585.0 | 3,953,280.0 | 6,039,900.0 | 6,417,033.3 | |
| 21 | | | | | | | | |

## 02 통합

| | F | G | H |
|---|---|---|---|
| 9 | [표4] | 1/4분기 평균 판매금액 | |
| 10 | 품명 | 판매수량 | 매출액 |
| 11 | 모니터 | 44 | 23,580,000 |
| 12 | 프린터 | 43 | 3,870,000 |
| 13 | 외장형 하드 | 11 | 220,000 |
| 14 | RAM | 55 | 2,475,000 |
| 15 | | | |

## 01 매크로

| | A | B | C | D | E | F | G | H | I |
|---|---|---|---|---|---|---|---|---|---|
| 1 | [표1] | 가정용 가스 요금 | | | | | | | |
| 2 | | | | | | | | | |
| 3 | 사용자명 | 사용량 | 사용요금 | 세금 | 총요금 | | | | |
| 4 | 정일섭 | 80 | ₩56,000 | ₩5,600 | ₩61,600 | | | 동화 | |
| 5 | 김은지 | 100 | ₩70,000 | ₩7,000 | ₩77,000 | | | | |
| 6 | 이찬동 | 120 | ₩84,000 | ₩8,400 | ₩92,400 | | | | |
| 7 | 김희선 | 230 | ₩161,000 | ₩16,100 | ₩177,100 | | | 총요금 | |
| 8 | 박성준 | 90 | ₩63,000 | ₩6,300 | ₩69,300 | | | | |
| 9 | 최지혜 | 110 | ₩77,000 | ₩7,700 | ₩84,700 | | | | |
| 10 | 박하나 | 180 | ₩126,000 | ₩12,600 | ₩138,600 | | | | |
| 11 | | | | | | | | | |

## 02 차트

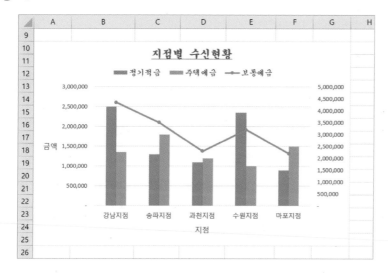

기본작업

**01 자료 입력('기본작업-1' 시트)**

[A3:F10] 셀까지 문제를 보고 오타 없이 작성한다.

**02 서식 지정('기본작업-2' 시트)**

① [A1:I1] 영역을 범위 지정한 후 [홈]-[맞춤] 그룹에서 [병합하고 가운데 맞춤](圖)과 세로 [가운데 맞춤](≡)을 클릭하고 [글꼴] 그룹에서 글꼴 '궁서체', 크기 '15', '밑줄'을 선택한다.

② [D4:H12] 영역을 범위 지정한 후 [Ctrl]+[1]을 눌러 [표시 형식] 탭에서 '사용자 지정'을 선택하고 #,##0,"천원"을 입력하고 [확인]을 클릭한다.

③ [A4:A11] 영역을 범위 지정한 후 '이름 상자'에 **설계사명**을 입력하고 [Enter]를 누른다.

④ [A3:I3] 영역을 범위 지정한 후 [홈]-[맞춤] 그룹에서 가로 [가운데 맞춤](≡)을 클릭하고, [글꼴] 그룹에서 글꼴 스타일 '굵게', [글꼴 색](**가·**) 도구를 클릭하여 '표준 색 – 파랑', [채우기 색](◇·) 도구를 클릭하여 '표준 색 – 노랑'을 선택한다.

⑤ [A3:I12] 영역을 범위 지정한 후 [홈]-[글꼴] 그룹에서 [테두리](田·) 도구의 [모든 테두리](田)를 클릭하고, [B12:C12], [I12] 영역을 범위 지정한 후 [Ctrl]+[1]을 눌러 [테두리] 탭에서 '대각선'을 선택하고 [확인]을 클릭한다.

**03 조건부 서식('기본작업-3' 시트)**

① [A4:H11] 영역을 범위 지정한 후, [홈]-[스타일] 그룹의 [조건부 서식]-[새 규칙]을 클릭한다.

② [새 서식 규칙]에서 '▶ 수식을 사용하여 서식을 지정할 셀 결정'을 선택하고, =AND($H4>=10000,$H4<=40000,$F4>=10%)를 입력한 후 [서식]을 클릭한다.

③ [글꼴] 탭에서 글꼴 스타일 '기울임꼴', 색은 '표준 색 – 파랑'을 선택하고 [확인]을 클릭한다.

④ [새 서식 규칙]에서 [확인]을 클릭한다.

계산작업('계산작업' 시트)

**01 제품명[D3:D11]**

[D3] 셀에 =SWITCH(RIGHT(A3,1),"S","컴퓨터","T","프린터","R","스캐너")를 입력하고 [D11] 셀까지 수식을 복사한다.

### ⑫ 인상여부[I3:I11]

[I3] 셀에 =IFS(H3>=2000000,"보험료인상",H3<1000000,"보험료인하",TRUE,"")를 입력하고 [I11] 셀까지 수식을 복사한다.

### ⑬ 요일[C15:C24]

[C15] 셀에 =IFS(WEEKDAY(B15,2)=1,"월요일",WEEKDAY(B15,2)=2, "화요일", WEEKDAY (B15,2)=3, "수요일",WEEKDAY(B15,2)=4, "목요일",WEEKDAY(B15,2)=5, "금요일",WEEKDAY(B15,2)=6, "토요일",WEEKDAY(B15,2)=7, "일요일")을 입력하고 [C24] 셀까지 수식을 복사한다.

### ⑭ 실수령액 평균[I24]

[I24] 셀에 =SUMIF(G15:G23,"영업부",I15:I23)/COUNTIF(G15:G23,"영업부")를 입력한다.

### ⑮ 판매이익 평균[G36]

[G36] 셀에 =ROUNDUP(DAVERAGE(A27:E36,5,B27:B28),−3)&"원"를 입력한다.

---

**문제 ❸  분석작업**

### ⑪ 피벗 테이블('분석작업-1' 시트)

① [A3:F18] 영역에 커서를 두고 [삽입]-[표] 그룹의 [피벗 테이블](🗔)을 클릭한다.
② [피벗 테이블 만들기]에서 '기존 워크시트'를 선택한 후 위치는 [H3] 셀을 지정한 후 [확인]을 클릭한다.

> **버전 TIP**
>
> [표 또는 범위의 피벗 테이블]에서 '기존 워크시트'를 클릭한 후 [H3] 셀을 지정한 후 [확인]을 클릭한다.

③ '대리점명', '판매사원' 필드는 '행', '제품명'은 '열', '외상매출액' 필드는 '값'으로 드래그한다.

④ [H3] 셀에서 마우스 오른쪽 버튼을 눌러 [값 필드 설정]을 클릭하여 '평균'을 선택하고 [표시형식]을 클릭하여 '숫자', '1000 단위 구분 기호 (,) 사용'을 체크하고, 소수 자릿수 '1'로 지정하고 [확인]을 클릭한다.

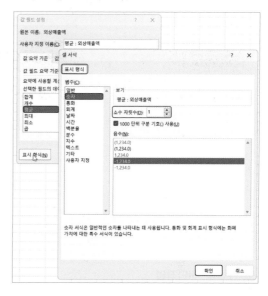

⑤ [디자인]-[레이아웃] 그룹의 [총합계]-[열의 총합계만 설정]을 클릭한다.
⑥ [디자인]-[레이아웃] 그룹의 [보고서 레이아웃]-[개요 형식으로 표시]를 클릭한다.
⑦ [디자인]-[레이아웃] 그룹의 [부분합]-[그룹 하단에 모든 부분합 표시]를 클릭한다.
⑧ '평균 : 외상매출액'의 총합계 기준으로 오름차순 정렬을 해야하므로, [M4] 셀의 에어컨을 선택한 후 [L4] 셀의 냉장고 앞으로 드래그한다.

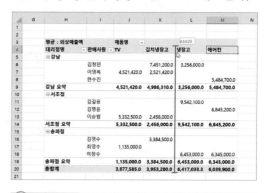

> **기적의 TIP**
>
> [J3] 셀의 목록 단추를 클릭하여 [기타 정렬 옵션]을 클릭하여 '오름차순 기준'을 선택하고 '평균 : 외상매출액'을 선택하고 [확인]을 클릭한다.

### 02 통합('분석작업-2' 시트)

① [F10:H14] 영역을 범위 지정한 후 [데이터]-
[데이터 도구] 탭의 [통합](▤)을 클릭한다.

② [통합]에서 그림과 같이 지정하고 [확인]을 클
릭한다.

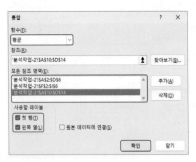

- 함수 : 평균
- 참조 영역 : [A2:D6], [F2:I6], [A10:D14]
- 사용할 레이블 : 첫 행, 왼쪽 열

---

### 01 매크로('매크로작업' 시트)

① [개발 도구]-[코드] 그룹의 [매크로 기록](📷)
을 클릭한다.

② [매크로 기록]에서 '매크로 이름'에 **통화**를 입력
하고 [확인]을 클릭한다.

③ [C4:D10] 영역을 범위 지정한 후 [홈]-[표시 형
식] 그룹에서 '통화'를 선택한다.

---

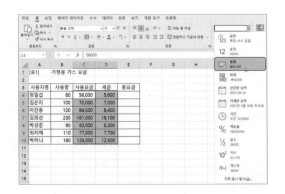

④ [개발 도구]-[코드] 그룹의 [기록 중지](□)를
클릭한다.

⑤ [삽입]-[일러스트레이션] 그룹의 [도형]-[기본
도형]의 '다이아몬드'(◇)를 클릭하여 [H3:I5]
영역에 **Alt**를 누른 채 드래그하여 그린다.

⑥ '다이아몬드'에 **통화**를 입력하고 마우스 오른쪽
버튼을 눌러 [매크로 지정]을 클릭한다.

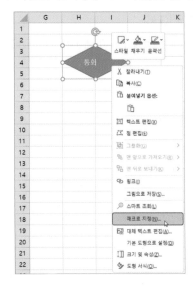

⑦ [매크로 지정]에서 '통화'를 선택하고 [확인]을
클릭한다.

⑧ [개발 도구]-[코드] 그룹의 [매크로 기록(📷)]을
클릭한다.

⑨ 매크로 이름은 **총요금**을 입력하고 [확인]을 클
릭한다.

⑩ [E4] 셀에 =C4+D4를 입력하고 [E4] 셀의 수식
을 [E10] 셀까지 복사한다.

⑪ [개발 도구]-[코드] 그룹의 [기록 중지](□)를
클릭한다.

⑫ [삽입]–[일러스트레이션] 그룹의 [도형]–[기본 도형]에서 '배지'(⬭)를 클릭하여 [H7:I8] 영역에 Alt 를 누른 채 드래그하여 그린다.

⑬ [매크로 기록]에서 '매크로 이름'에 '배지'에 **총 요금**을 입력하고 마우스 오른쪽 버튼을 눌러 [매크로 지정]을 클릭한 후 '총요금'을 선택하고 [확인]을 클릭한다.

## ② 차트('차트작업' 시트)

① [D3:D8] 영역을 범위 지정한 후 Ctrl + C 를 눌러 복사한 후 차트를 선택한 후 Ctrl + V 를 눌러 붙여넣기를 한다.

② '보통예금' 계열에서 마우스 오른쪽 버튼을 눌러 [계열 차트 종류 변경]을 클릭한다.

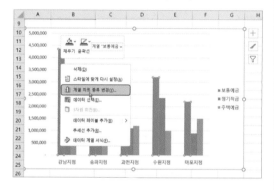

③ '보통예금' 계열을 선택한 후 '표식이 있는 꺾은 선형'을 선택하고 '보조 축'을 체크하고 [확인]을 클릭한다.

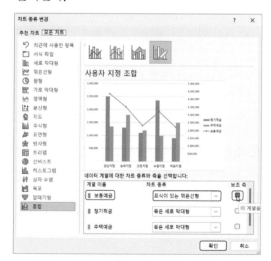

④ 차트를 선택한 후 [차트 요소](⊞)에서 '차트 제목'을 체크한 후 **지점별 수신현황**을 입력한다.

⑤ '차트 제목'을 선택한 후 [홈]–[글꼴] 그룹에서 '궁서체', 크기 '15', '굵게', '밑줄'을 지정한다.

⑥ 차트를 선택한 후 [차트 요소](⊞)에서 [축 제목]–[기본 가로]를 체크한 후 **지점**을 입력한다.

⑦ 차트를 선택한 후 [차트 요소](⊞)에서 [축 제목]–[기본 세로]를 체크한 후 **금액**을 입력한다.

⑧ 세로(값) 축 제목 '금액'을 선택한 후 마우스 오른쪽 버튼을 눌러 [축 제목 서식] 메뉴를 선택한다.

⑨ [축 제목 서식]–[제목 옵션]–[크기 및 속성]의 '맞춤'에서 '텍스트 방향'을 '가로'를 선택한다.

⑩ 범례를 선택한 후 [홈]–[글꼴] 그룹에서 '궁서', 크기 '11'로 지정하고, [범례 서식]의 '범례 옵션'에서 '위쪽'을 선택한다.

작업파일  [2025컴활2급₩기출유형문제] 폴더의 '기출유형문제7회' 파일을 열어서 작업하시오.

---

**문제 ①  기본작업 | 주어진 시트에서 다음 과정을 수행하고 저장하시오.          20점**

**01** '기본작업-1' 시트에 다음의 자료를 주어진 대로 입력하시오. (5점)

| | A | B | C | D | E | F | G |
|---|---|---|---|---|---|---|---|
| 1 | 택배 신청, 접수 현황 | | | | | | |
| 2 | | | | | | | |
| 3 | 운송장번호 | 수령인 | 신청일 | 종류 | 운임 | 연락처 | |
| 4 | KE83657 | 유병일 | Apr. 07, 2026 | 초코렛픽스 | 17000 | 031-932-3861 | |
| 5 | SG47282 | 이현정 | Jun. 12, 2026 | 텐트릭스 | 8900 | 02-765-8721 | |
| 6 | KP21762 | 박시연 | Dec. 25, 2025 | 사목게임+워크북 | 12000 | 010-2375-4952 | |
| 7 | CN43871 | 차인혁 | Aug. 11, 2026 | 쥬니어러시아워 | 17000 | 010-1730-9472 | |
| 8 | PP54872 | 전민수 | Mar. 02, 2026 | 각 워크북 | 25000 | 010-3875-3742 | |
| 9 | SS32763 | 강민아 | Jul. 23, 2025 | 텐트릭스+워크북 | 11000 | 02-263-4855 | |
| 10 | KY54738 | 유연선 | Oct. 18, 2026 | 초코렛픽스+워크북 | 13500 | 010-1933-4952 | |
| 11 | | | | | | | |

**02** '기본작업-2' 시트에 대하여 다음의 지시사항을 처리하시오. (각 2점)

① [A1:H1] 영역은 '병합하고 가운데 맞춤', 글꼴 '돋움체', 크기 '16', 글꼴 스타일 '굵은 기울임꼴', 밑줄 '밑줄'로 지정하시오.

② [A3:H14] 영역은 '모든 테두리'(⊞)를 적용하고, 가로 '가운데 맞춤'을 지정하시오.

③ [A3:A4], [B3:B4], [C3:C4], [D3:E3], [F3:G3], [H3:H4] 영역을 '병합하고 가운데 맞춤'으로 지정하시오.

④ [F5:G14] 영역은 숫자 '1000 단위 구분 기호'를 표시한 후 소수점 아래 1자리까지 표시되도록 하시오. [표시 예 : 26.7]

⑤ [A5:A14] 영역의 이름을 '어린이회원명단'으로 정의하시오.

**03** '기본작업-3' 시트의 [A5:I13] 영역에 대하여 다음과 같은 조건부 서식을 작성하시오. (5점)

▶ '전년vs실적'과 '목표vs실적'이 모두 증가한 경우 행 전체에 대해 글꼴 색 '표준 색 – 파랑', 글꼴 스타일 '굵게'로 지정하시오.

▶ AND 함수 사용

▶ 증가한 경우란 해당 셀들의 값이 0보다 큰 경우를 말함

▶ 단, 규칙 유형은 '수식을 사용하여 서식을 지정할 셀 결정'을 사용하고, 한 개의 규칙으로만 작성하시오.

**문제 ❷** **계산작업** | '계산작업' 시트에서 다음 과정을 수행하고 저장하시오. **40점**

**01** [표1]의 급여총액과 세금조건표[A12:D15]를 이용하여 급여총액에 대한 세금공제액을 계산하고 [E3:E9] 영역에 표시하시오. (8점)

  ▶ 세금공제액 = 급여총액 × 세율 − 누진공제
  ▶ 급여총액에 대한 세율은 [A12:D15] 영역을 참조하시오.
  ▶ 계산된 세금공제액은 일의 단위에서 버림하여 십의 단위까지 표시 [표시 예 : 166 → 160]
  ▶ VLOOKUP과 TRUNC 함수 사용

**02** [표2]의 총점과 [H13:I15] 영역을 이용하여 총점의 순위에 해당하는 경품내역을 계산하고 [M3:M9] 영역에 표시하시오. (8점)

  ▶ 순위는 총점이 가장 높으면 1위임
  ▶ 순위가 1~3이면 [I13:I15] 영역의 해당하는 셀의 값이 표시되도록 하고, 나머지는 공백(절대참조 형식 사용)
  ▶ RANK.EQ와 CHOOSE 함수 사용

**03** [표3]의 출발시간과 정류장 개수, 정류장당 소요시간(분)을 이용하여 도착예정시간을 계산하고 [F21:F28] 영역에 표시하시오. (8점)

  ▶ 도착예정시간 = 출발시간 + 정류장 개수 × 정류장당 소요시간(분)
  ▶ 단, 초 단위는 없는 것으로 함
  ▶ HOUR, MINUTE, TIME 함수 모두 사용

**04** [표4]의 부서명과 초과근무시간을 이용하여 부서명별 초과근무시간의 합을 계산하여 [I31:I33] 영역에 표시하시오. (8점)

  ▶ SUMIF 함수 사용

**05** [표5]의 공정, 제품 및 옵션을 참조하여 제품식별번호를 계산하고 [E33:E39] 영역에 대문자로 표시하시오. (8점)

  ▶ 제품식별번호 = 제품 − 옵션 − 공정의 마지막 숫자 [표시 예 : 공정(ps09), 제품(aaa), 옵션(a) → 'AAA−A−9']
  ▶ UPPER, RIGHT 함수와 & 연산자 모두 사용

**01** '분석작업-1' 시트에 대하여 다음의 지시사항을 처리하시오. (10점)

▶ [표1]에서 '거래처'별로 '지급액'의 합계와 '도착지'별 수량의 개수를 나타나도록 부분합을 작성하시오.

▶ '거래처'와 '도착지'에 대한 정렬 기준은 오름차순으로 설정하시오.

▶ 합계와 개수는 위에 명시된 순서대로 처리하시오.

▶ 부분합에 표 서식을 '녹색, 표 스타일 보통 7'로 적용하시오.

| | A | B | C | D | E | F | G | H | I |
|---|---|---|---|---|---|---|---|---|---|
| | | | | [표1] 차량운송현황 | | | | | |
| 4 | 일자 | 차량번호 | 거래처 | 도착지 | 수량 | 협력사 | 청구단가 | 지급단가 | 지급액 |
| 5 | 2026-01-11 | 1416 | 구상공업 | 영천 | 24 | 자차 | 18,382 | 17,675 | 424,000 |
| 6 | 2026-01-11 | 1705 | 구상공업 | 영천 | 18 | 전국 | 19,474 | 18,725 | 337,000 |
| 7 | 2026-01-23 | 3229 | 구상공업 | 영천 | 12 | 전국 | 18,382 | 17,675 | 212,000 |
| 8 | | | | 영천 개수 | 3 | | | | |
| 9 | 2026-01-13 | 1935 | 구상공업 | 의왕 | 16 | 자차 | 19,450 | 18,702 | 299,000 |
| 10 | 2026-01-30 | 5326 | 구상공업 | 의왕 | 13 | 전국 | 24,355 | 23,418 | 304,000 |
| 11 | | | | 의왕 개수 | 2 | | | | |
| 12 | | | 구상공업 요약 | | | | | | 1,576,000 |
| 13 | 2026-01-08 | 1355 | 초석산업 | 고령 | 12 | 자차 | 16,425 | 15,793 | 190,000 |
| 14 | 2026-01-08 | 1355 | 초석산업 | 고령 | 10 | 자차 | 16,425 | 15,793 | 158,000 |
| 15 | 2026-01-10 | 1343 | 초석산업 | 고령 | 8 | 한성 | 16,425 | 15,793 | 126,000 |
| 16 | 2026-01-10 | 1343 | 초석산업 | 고령 | 18 | 한성 | 16,425 | 15,793 | 284,000 |
| 17 | | | | 고령 개수 | 4 | | | | |
| 18 | 2026-01-06 | 1126 | 초석산업 | 구미 | 12 | 자차 | 16,834 | 16,187 | 194,000 |
| 19 | 2026-01-11 | 1667 | 초석산업 | 구미 | 24 | 황소 | 18,382 | 17,675 | 424,000 |
| 20 | 2026-01-16 | 1919 | 초석산업 | 구미 | 20 | 황소 | 18,557 | 17,843 | 357,000 |
| 21 | 2026-01-23 | 3629 | 초석산업 | 구미 | 12 | 자차 | 18,382 | 17,675 | 212,000 |
| 22 | 2026-01-27 | 4306 | 초석산업 | 구미 | 24 | 한성 | 18,382 | 17,675 | 424,000 |
| 23 | 2026-01-28 | 5301 | 초석산업 | 구미 | 16 | 황소 | 19,893 | 19,128 | 306,000 |
| 24 | | | | 구미 개수 | 6 | | | | |
| 25 | 2026-01-19 | 2731 | 초석산업 | 평택 | 24 | 한성 | 18,382 | 17,675 | 424,000 |
| 26 | 2026-01-19 | 3005 | 초석산업 | 평택 | 15 | 진성 | 19,075 | 18,341 | 275,000 |
| 27 | 2026-01-22 | 3130 | 초석산업 | 평택 | 24 | 자차 | 23,659 | 22,749 | 546,000 |
| 28 | | | | 평택 개수 | 3 | | | | |
| 29 | | | 초석산업 요약 | | | | | | 3,920,000 |
| 30 | 2026-01-26 | 4009 | 홍신기업 | 대전 | 12 | 자차 | 19,153 | 18,416 | 221,000 |
| 31 | 2026-01-28 | 5326 | 홍신기업 | 대전 | 8 | 자차 | 24,355 | 23,418 | 187,000 |
| 32 | | | | 대전 개수 | 2 | | | | |
| 33 | 2026-01-06 | 1035 | 홍신기업 | 서울 | 13 | 자차 | 27,225 | 26,178 | 340,000 |
| 34 | 2026-01-09 | 1336 | 홍신기업 | 서울 | 12 | 전국 | 28,115 | 27,034 | 324,000 |
| 35 | 2026-01-27 | 5000 | 홍신기업 | 서울 | 5 | 전국 | 43,560 | 41,818 | 209,000 |
| 36 | | | | 서울 개수 | 3 | | | | |
| 37 | | | 홍신기업 요약 | | | | | | 1,281,000 |
| 38 | | | | 전체 개수 | 23 | | | | |
| 39 | | | 총합계 | | | | | | 6,777,000 |

**02** '분석작업-2' 시트에 대하여 다음의 지시사항을 처리하시오. (10점)

[표1]에서 연평균성장률[D13], 원가비율[D14], 기타경비[D15]가 다음과 같이 변동하는 경우 '순이익 3개년평균'[G10]의 변동 시나리오를 작성하시오.

▶ [D13] 셀은 '연평균성장률', [D14] 셀은 '원가비율', [D15] 셀은 '기타경비', [G10] 셀은 '순이익평균'으로 셀 이름을 정의하시오.

▶ 시나리오 1 : 시나리오 이름은 '이익증가', 연평균성장률은 6%, 원가비율 35%, 기타경비 8%로 설정하시오.

▶ 시나리오 2 : 시나리오 이름은 '이익감소', 연평균성장률은 4%, 원가비율 55%, 기타경비 12%로 설정하시오.

▶ 시나리오 요약 시트는 '분석작업-2' 시트의 바로 뒤에 위치시키시오.

**문제 ④** | **기타작업** | 주어진 시트에서 다음 작업을 수행하고 저장하시오. **20점**

**01** '매크로작업' 시트의 [표1]에서 다음과 같은 기능을 수행하는 매크로를 현재 통합 문서에 작성하고 실행하시오. (각 5점)

① [H6:H14] 영역에 사원별 가족수당금액을 구하는 매크로를 생성하여 실행하시오.
  ▶ 매크로 이름 : 가족수당
  ▶ 가족수당금액 = 인원 × 100000
  ▶ [도형]–[기본 도형]의 '타원'(○)을 동일 시트의 [F19:G23] 영역에 생성한 후, 텍스트를 '가족수당'으로 입력하고, 도형을 클릭할 때 '가족수당' 매크로가 실행되도록 설정하시오.

② 급여합계[I4:I15] 영역에 대해 글꼴 스타일을 '기울임꼴', 채우기 색을 '표준 색 – 노랑'으로 적용하는 매크로를 생성하여 실행하시오.
  ▶ 매크로 이름 : 서식지정
  ▶ [도형]–[사각형]의 '직사각형'(□)을 동일 시트의 [H19:I23] 영역에 생성한 후, 텍스트를 '서식지정'으로 입력하고, 도형을 클릭할 때 '서식지정' 매크로가 실행되도록 설정하시오.

  ※ 셀 포인터의 위치에 상관없이 현재 통합문서에서 매크로가 실행되어야 정답으로 인정됨

**02** '차트작업' 시트의 차트를 지시사항에 따라 아래 그림과 같이 수정하시오. (각 2점)

※ 차트는 반드시 문제에서 제공한 차트를 사용하여야 하며, 신규로 작성 시 0점 처리됨

① '종가' 계열이 표시되지 않도록 데이터 범위를 변경하고, 'KOSPI 지수' 계열은 '표식이 있는 꺾은선형'에 '보조 축'으로 표시하시오.
② 차트 제목은 '주식거래현황'으로 입력하고, 글꼴 '궁서체', 크기 '14', 글꼴 스타일 '굵은 기울임꼴', 밑줄 '밑줄'로 지정하시오.
③ '거래량' 계열의 '2026–01–12' 요소에만 데이터 레이블을 '값'으로 지정하시오.
④ 세로(값) 축의 눈금 표시 단위를 '천'으로 지정하고, 차트에 단위 레이블이 표시되도록 지정하시오.
⑤ 범례는 서식을 이용하여 '위쪽'에 배치되도록 하고, 채우기에 '흰색, 배경1', 테두리에 '그림자(오프셋 : 오른쪽 아래)'를 지정하시오.

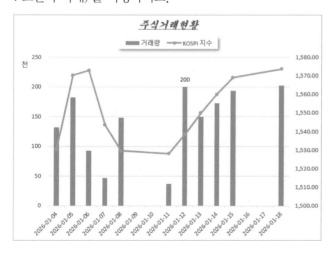

## 01 자료 입력

| | A | B | C | D | E | F | G |
|---|---|---|---|---|---|---|---|
| 1 | 택배 신청, 접수 현황 | | | | | | |
| 2 | | | | | | | |
| 3 | 운송장번호 | 수령인 | 신청일 | 종류 | 운임 | 연락처 | |
| 4 | KE83657 | 유병일 | Apr. 07, 2026 | 초코렛픽스 | 17000 | 031-932-3861 | |
| 5 | SG47282 | 이현정 | Jun. 12, 2026 | 텐트릭스 | 8900 | 02-765-8721 | |
| 6 | KP21762 | 박시연 | Dec. 25, 2025 | 사목게임+워크북 | 12000 | 010-2375-4952 | |
| 7 | CN43871 | 차인혁 | Aug. 11, 2026 | 쥬니어러시아워 | 17000 | 010-1730-9472 | |
| 8 | PP54872 | 전민수 | Mar. 02, 2026 | 각 워크북 | 25000 | 010-3875-3742 | |
| 9 | SS32763 | 강민아 | Jul. 23, 2025 | 텐트릭스+워크북 | 11000 | 02-263-4855 | |
| 10 | KY54738 | 유연선 | Oct. 18, 2026 | 초코렛픽스+워크북 | 13500 | 010-1933-4952 | |
| 11 | | | | | | | |

## 02 서식 지정

| | A | B | C | D | E | F | G | H | I |
|---|---|---|---|---|---|---|---|---|---|
| 1 | 성장클리닉 어린이회원성장결과표 | | | | | | | | |
| 2 | | | | | | | | | |
| 3 | 성명 | 나이 | 성별 | 키 | | 몸무게 | | 특이사항 | |
| 4 | | | | 전년도 | 당해년도 | 전년도 | 당해년도 | | |
| 5 | 하태선 | 9 | 남 | 121 | 128 | 26.7 | 30.2 | | |
| 6 | 유연선 | 8 | 남 | 116 | 120 | 23.0 | 25.0 | | |
| 7 | 전지윤 | 12 | 남 | 133 | 136 | 38.4 | 42.8 | 추가운동필요 | |
| 8 | 김문선 | 10 | 남 | 126 | 131 | 27.0 | 29.6 | | |
| 9 | 권경복 | 8 | 남 | 115 | 121 | 24.3 | 26.0 | | |
| 10 | 김대현 | 9 | 남 | 123 | 129 | 31.0 | 33.4 | | |
| 11 | 손신애 | 12 | 여 | 132 | 134 | 26.4 | 29.0 | | |
| 12 | 박선영 | 13 | 여 | 138 | 142 | 32.1 | 35.1 | | |
| 13 | 공병구 | 10 | 남 | 124 | 131 | 32.0 | 34.0 | | |
| 14 | 이종칠 | 9 | 남 | 120 | 127 | 29.0 | 31.8 | | |
| 15 | | | | | | | | | |

## 03 조건부 서식

| | A | B | C | D | E | F | G | H | I | J |
|---|---|---|---|---|---|---|---|---|---|---|
| 1 | [표1] 지점판매실적 | | | | | | | | | |
| 2 | | | | | | | | ( 단위 : 금액,백만원 ) | | |
| 3 | 성명 | 전년실적 | | 목표 | | 실적 | | 증감(금액기준) | | |
| 4 | | 건수 | 금액 | 건수 | 금액 | 건수 | 금액 | 전년vs실적 | 목표vs실적 | |
| 5 | 박명규 | 26 | 235 | 26 | 250 | 22 | 261 | 26 | 11 | |
| 6 | 성기혁 | 20 | 266 | 26 | 280 | 25 | 274 | 8 | -6 | |
| 7 | 김기인 | 20 | 269 | 26 | 280 | 23 | 258 | -11 | -22 | |
| 8 | 임수지 | 25 | 246 | 26 | 260 | 20 | 267 | 21 | 7 | |
| 9 | 남태규 | 25 | 254 | 30 | 275 | 24 | 256 | 2 | -19 | |
| 10 | 최성중 | 20 | 248 | 26 | 240 | 21 | 241 | -7 | 1 | |
| 11 | 홍정선 | 23 | 259 | 26 | 280 | 20 | 251 | -8 | -29 | |
| 12 | 김병태 | 22 | 277 | 26 | 290 | 27 | 281 | 4 | -9 | |
| 13 | 박두순 | 21 | 290 | 26 | 270 | 25 | 275 | -15 | 5 | |
| 14 | | | | | | | | | | |

## 01 세금공제액

| | A | B | C | D | E |
|---|---|---|---|---|---|
| 1 | [표1] 직원급여 내역 | | | | |
| 2 | 성명 | 기본급 | 상여금 | 급여총액 | 세금공제액 |
| 3 | 권영기 | 791,900 | 502,260 | 1,294,160 | 79,410 |
| 4 | 김홍열 | 851,200 | 598,750 | 1,449,950 | 94,990 |
| 5 | 신해균 | 1,050,800 | 815,260 | 1,866,060 | 136,600 |
| 6 | 장태호 | 923,100 | 751,330 | 1,674,430 | 117,440 |
| 7 | 함지윤 | 1,500,650 | 1,257,580 | 2,758,230 | 263,730 |
| 8 | 전인아 | 1,150,200 | 936,240 | 2,086,440 | 162,960 |
| 9 | 류성태 | 505,000 | 409,620 | 914,620 | 45,730 |
| 10 | | | | | |
| 11 | 세금조건표 | | | | |
| 12 | 부터 | 까지 | 세율 | 누진공제 | |
| 13 | - | 1,000,000 | 5% | - | |
| 14 | 1,000,001 | 2,000,000 | 10% | 50,000 | |
| 15 | 2,000,001 | 3,000,000 | 15% | 150,000 | |
| 16 | | | | | |

[E3] 셀에 「=TRUNC(D3*VLOOKUP(D3,$A$13:$D$15, 3)-VLOOKUP(D3,$A$13:$D$15,4),-1)」를 입력하고 [E9] 셀까지 수식 복사

## 02 경품내역

| | H | I | J | K | L | M |
|---|---|---|---|---|---|---|
| 1 | [표2] 조별 단합대회 경기결과표 | | | | | |
| 2 | | 축구 | 줄다리기 | 장기자랑 | 총점 | 경품내역 |
| 3 | 1조 | 30 | 17 | 13 | 60 | |
| 4 | 2조 | 21 | 33 | 33 | 87 | 외식상품권 |
| 5 | 3조 | 25 | 11 | 16 | 52 | |
| 6 | 4조 | 19 | 24 | 32 | 75 | 문화상품권 |
| 7 | 5조 | 27 | 20 | 18 | 65 | |
| 8 | 6조 | 24 | 30 | 26 | 80 | 주유권 |
| 9 | 7조 | 16 | 11 | 16 | 43 | |
| 10 | | | | | | |
| 11 | | | | | | |
| 12 | 순위 | 경품 | | | | |
| 13 | 1 | 외식상품권 | | | | |
| 14 | 2 | 주유권 | | | | |
| 15 | 3 | 문화상품권 | | | | |
| 16 | | | | | | |

[M3] 셀에 「=CHOOSE(RANK.EQ(L3,$L$3:$L$9), $I$13,$I$14,$I$15,"","","","")」를 입력하고 [M9] 셀까지 수식 복사

## 03 도착예정시간

| | A | B | C | D | E | F |
|---|---|---|---|---|---|---|
| 18 | [표3] 버스운행시간표 | | | | | |
| 19 | 차번호 | 도착지 | 출발시간 | 정류장 개수 | 정류장당 소요시간(분) | 도착예정시간 |
| 20 | | | | | | |
| 21 | 2734 | 도봉 | 7:20 | 27 | 5 | 9:35 |
| 22 | 7400 | 파주 | 8:45 | 32 | 4 | 10:53 |
| 23 | 3184 | 김포 | 9:00 | 28 | 5 | 11:20 |
| 24 | 5284 | 상암 | 10:10 | 16 | 8 | 12:18 |
| 25 | 6206 | 상계 | 9:35 | 42 | 3 | 11:41 |
| 26 | 9717 | 군포 | 11:20 | 25 | 6 | 13:50 |
| 27 | 4844 | 강남 | 8:20 | 35 | 4 | 10:40 |
| 28 | 3662 | 성북 | 8:30 | 23 | 7 | 11:11 |
| 29 | | | | | | |

[F21] 셀에 「=TIME(HOUR(C21),MINUTE(C21)+(D21*E21),0)」를 입력하고 [F28] 셀까지 수식 복사

## 04 초과근무시간

| | H | I | J | K | L |
|---|---|---|---|---|---|
| 18 | [표4] 외국인근로자 초과근무 지급액 | | | | |
| 19 | 부서명 | 성명 | 일급 | 초과근무시간 | 지급액 |
| 20 | 영업부 | 알리칸 | 80,000 | 12 | 960,000 |
| 21 | 생산부 | 양진송 | 100,000 | 20 | 2,000,000 |
| 22 | 총무부 | 이청 | 75,000 | 8 | 600,000 |
| 23 | 생산부 | 탕세강 | 90,000 | 26 | 2,340,000 |
| 24 | 영업부 | 팽신명 | 80,000 | 15 | 1,200,000 |
| 25 | 총무부 | 부시 | 85,000 | 3 | 255,000 |
| 26 | 생산부 | 꼬쌀 | 90,000 | 5 | 450,000 |
| 27 | 생산부 | 히엔 | 95,000 | 12 | 1,140,000 |
| 28 | 영업부 | 엔더 | 80,000 | 2 | 160,000 |
| 29 | | | | | |
| 30 | 부서명 | 초과근무시간 | | | |
| 31 | 영업부 | 29 | | | |
| 32 | 생산부 | 63 | | | |
| 33 | 총무부 | 11 | | | |
| 34 | | | | | |

[I31] 셀에 「=SUMIF($H$20:$H$28,H31,$K$20:$K$28)」를 입력하고 [I33] 셀까지 수식 복사

## 05 제품식별번호

| | A | B | C | D | E | F |
|---|---|---|---|---|---|---|
| 31 | [표5] 완제품 생산현황 | | | | | |
| 32 | 생산일자 | 공정 | 제품 | 옵션 | 제품식별번호 | |
| 33 | 2024-03-09 | ps01 | pgh | a | PGH-A-1 | |
| 34 | 2025-04-11 | ps02 | pgw | s | PGW-S-2 | |
| 35 | 2023-10-23 | ps03 | pgs | f | PGS-F-3 | |
| 36 | 2024-06-27 | ps03 | pgf | w | PGF-W-3 | |
| 37 | 2025-12-30 | ps04 | pgw | a | PGW-A-4 | |
| 38 | 2024-07-03 | ps01 | pgh | s | PGH-S-1 | |
| 39 | 2023-09-17 | ps02 | pgf | q | PGF-Q-2 | |
| 40 | | | | | | |

[E33] 셀에 「=UPPER(C33)&"-"&UPPER(D33)&"-"&RIGHT(B33,1)」를 입력하고 [E39] 셀까지 수식 복사

## 01 부분합

| | A | B | C | D | E | F | G | H | I | J |
|---|---|---|---|---|---|---|---|---|---|---|
| 1 | | | | | | | | | | |
| 2 | | | | [표1] 차량운송현황 | | | | | | |
| 3 | | | | | | | | | | |
| 4 | 일자 | 차량번호 | 거래처 | 도착지 | 수량 | 협력사 | 청구단가 | 지급단가 | 지급액 | |
| 5 | 2026-01-11 | 1416 | 구상공업 | 영천 | 24 | 자차 | 18,382 | 17,675 | 424,000 | |
| 6 | 2026-01-11 | 1705 | 구상공업 | 영천 | 18 | 전국 | 19,474 | 18,725 | 337,000 | |
| 7 | 2026-01-23 | 3229 | 구상공업 | 영천 | 12 | 전국 | 18,382 | 17,675 | 212,000 | |
| 8 | | | | 영천 개수 | 3 | | | | | |
| 9 | 2026-01-13 | 1935 | 구상공업 | 의왕 | 16 | 자차 | 19,450 | 18,702 | 299,000 | |
| 10 | 2026-01-30 | 5326 | 구상공업 | 의왕 | 13 | 전국 | 24,355 | 23,418 | 304,000 | |
| 11 | | | | 의왕 개수 | 2 | | | | | |
| 12 | | | 구상공업 요약 | | | | | | 1,576,000 | |
| 13 | 2026-01-08 | 1355 | 초석산업 | 고령 | 12 | 자차 | 16,425 | 15,793 | 190,000 | |
| 14 | 2026-01-08 | 1355 | 초석산업 | 고령 | 10 | 자차 | 16,425 | 15,793 | 158,000 | |
| 15 | 2026-01-10 | 1343 | 초석산업 | 고령 | 8 | 한성 | 16,425 | 15,793 | 126,000 | |
| 16 | 2026-01-10 | 1343 | 초석산업 | 고령 | 18 | 한성 | 16,425 | 15,793 | 284,000 | |
| 17 | | | | 고령 개수 | 4 | | | | | |
| 18 | 2026-01-06 | 1126 | 초석산업 | 구미 | 12 | 자차 | 16,834 | 16,187 | 194,000 | |
| 19 | 2026-01-11 | 1667 | 초석산업 | 구미 | 24 | 황소 | 18,382 | 17,675 | 424,000 | |
| 20 | 2026-01-16 | 1919 | 초석산업 | 구미 | 20 | 황소 | 18,557 | 17,843 | 357,000 | |
| 21 | 2026-01-23 | 3629 | 초석산업 | 구미 | 12 | 자차 | 18,382 | 17,675 | 212,000 | |
| 22 | 2026-01-27 | 4306 | 초석산업 | 구미 | 24 | 한성 | 18,382 | 17,675 | 424,000 | |
| 23 | 2026-01-28 | 5301 | 초석산업 | 구미 | 16 | 황소 | 19,893 | 19,128 | 306,000 | |
| 24 | | | | 구미 개수 | 6 | | | | | |
| 25 | 2026-01-19 | 2731 | 초석산업 | 평택 | 24 | 한성 | 18,382 | 17,675 | 424,000 | |
| 26 | 2026-01-19 | 3005 | 초석산업 | 평택 | 15 | 진성 | 19,075 | 18,341 | 275,000 | |
| 27 | 2026-01-22 | 3130 | 초석산업 | 평택 | 24 | 자차 | 23,659 | 22,749 | 546,000 | |
| 28 | | | | 평택 개수 | 3 | | | | | |
| 29 | | | 초석산업 요약 | | | | | | 3,920,000 | |
| 30 | 2026-01-26 | 4009 | 홍신기업 | 대전 | 12 | 자차 | 19,153 | 18,416 | 221,000 | |
| 31 | 2026-01-28 | 5326 | 홍신기업 | 대전 | 8 | 자차 | 24,355 | 23,418 | 187,000 | |
| 32 | | | | 대전 개수 | 2 | | | | | |
| 33 | 2026-01-06 | 1035 | 홍신기업 | 서울 | 13 | 자차 | 27,225 | 26,178 | 340,000 | |
| 34 | 2026-01-09 | 1336 | 홍신기업 | 서울 | 12 | 전국 | 28,115 | 27,034 | 324,000 | |
| 35 | 2026-01-27 | 5000 | 홍신기업 | 서울 | 5 | 전국 | 43,560 | 41,818 | 209,000 | |
| 36 | | | | 서울 개수 | 3 | | | | | |
| 37 | | | 홍신기업 요약 | | | | | | 1,281,000 | |
| 38 | | | | 전체 개수 | 23 | | | | | |
| 39 | | | 총합계 | | | | | | 6,777,000 | |
| 40 | | | | | | | | | | |

## 02 시나리오

| | A | B | C | D | E | F | G |
|---|---|---|---|---|---|---|---|
| 2 | | 시나리오 요약 | | | | | |
| 3 | | | | 현재 값: | 이익증가 | 이익감소 | |
| 5 | | 변경 셀: | | | | | |
| 6 | | | 연평균성장률 | 5.0% | 6.0% | 4.0% | |
| 7 | | | 원가비율 | 45% | 35% | 55% | |
| 8 | | | 기타경비 | 10% | 8% | 12% | |
| 9 | | 결과 셀: | | | | | |
| 10 | | | 순이익평균 | 1,864,375 | 2,524,420 | 1,216,880 | |
| 11 | | 참고: 현재 값 열은 시나리오 요약 보고서가 작성될 때의 | | | | | |
| 12 | | 변경 셀 값을 나타냅니다. 각 시나리오의 변경 셀들은 | | | | | |
| 13 | | 회색으로 표시됩니다. | | | | | |
| 14 | | | | | | | |

**문제 ④ 기타작업**

**01 매크로**

**[표1] 급여지급내역**

| 사원번호 | 성명 | 기본급 | 시간외수당 | | 가족수당 | | 급여합계 |
|---|---|---|---|---|---|---|---|
| | | | 시간 | 금액 | 인원 | 금액 | |
| EMP-101 | 이세민 | 1,850,000 | 10 | 115,625 | 2 | 200,000 | 2,165,625 |
| EMP-102 | 이태건 | 1,570,000 | 13 | 127,563 | 1 | 100,000 | 1,797,563 |
| EMP-103 | 오유진 | 1,330,000 | 15 | 124,688 | 2 | 200,000 | 1,654,688 |
| EMP-104 | 김주원 | 1,420,000 | 20 | 177,500 | 2 | 200,000 | 1,797,500 |
| EMP-105 | 김슬기 | 1,100,000 | 15 | 103,125 | 0 | 0 | 1,203,125 |
| EMP-106 | 황지호 | 1,390,000 | 24 | 208,500 | 1 | 100,000 | 1,698,500 |
| EMP-107 | 임효진 | 1,240,000 | 27 | 209,250 | 3 | 300,000 | 1,749,250 |
| EMP-108 | 김종욱 | 1,480,000 | 15 | 138,750 | 2 | 200,000 | 1,818,750 |
| EMP-109 | 최혁재 | 1,350,000 | 19 | 160,313 | 0 | 0 | 1,510,313 |
| 합계 | | 12,730,000 | 158 | 1,365,313 | 13 | 1,300,000 | 15,395,313 |

가족수당

서식지정

**02 차트**

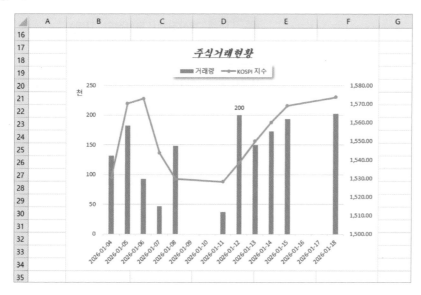

## 문제 ① 기본작업

### 01 자료 입력('기본작업-1' 시트)

[A3:F10] 셀까지 문제를 보고 오타 없이 작성한다.

### 02 서식 지정('기본작업-2' 시트)

① [A1:H1] 영역을 범위 지정한 후 [홈]–[맞춤] 그룹에서 [병합하고 가운데 맞춤](🔳)을 클릭한다.

② [홈]–[글꼴] 그룹에서 글꼴은 '돋움체', 크기 '16', 글꼴 스타일은 '굵게', '기울임꼴', '밑줄'을 클릭한다.

③ [A3:H14] 영역을 범위 지정한 후 [홈]–[글꼴] 그룹에서 [테두리](🔳 ▾) 도구의 [모든 테두리] (🔳)를 클릭한 후 [홈]–[맞춤] 그룹에서 [가운데 맞춤](🔳)을 클릭한다.

④ [A3:A4], [B3:B4], [C3:C4], [D3:E3], [F3:G3], [H3:H4] 영역을 범위 지정한 후 [홈]–[맞춤] 그룹에서 [병합하고 가운데 맞춤](🔳)을 클릭한다.

⑤ [F5:G14] 영역을 범위 지정한 후 Ctrl+1을 눌러 [표시 형식] 탭의 '숫자'의 소수 자릿수는 '1'을 선택, '1000 단위 구분 기호(,) 사용'에 체크하고 [확인]을 클릭한다.

⑥ [A5:A14] 영역을 범위 지정한 후 '이름 상자'에 **어린이회원명단**을 입력하고 Enter를 누른다.

| 어린이회원명단 | | |
|---|---|---|
| | A | B | C |
| 1 | | *성장클리* |
| 2 | | | |
| 3 | 성명 | 나이 | 성별 |
| 4 | | | |
| 5 | 하태선 | 9 | 남 |
| 6 | 유연선 | 8 | 남 |
| 7 | 전지윤 | 12 | 남 |
| 8 | 김문선 | 10 | 남 |
| 9 | 권경복 | 8 | 남 |
| 10 | 김대현 | 9 | 남 |
| 11 | 손신애 | 12 | 여 |
| 12 | 박선영 | 13 | 여 |
| 13 | 공병구 | 10 | 남 |
| 14 | 이종칠 | 9 | 남 |
| 15 | | | |

### 03 조건부 서식('기본작업-3' 시트)

① [A5:I13] 영역을 범위 지정한 후, [홈]–[스타일] 그룹의 [조건부 서식]–[새 규칙]을 클릭한다.

② [새 서식 규칙]에서 '▶ 수식을 사용하여 서식을 지정할 셀 결정'을 선택하고, =AND($H5>0, $I5>0)을 입력한 후 [서식]을 클릭한다.

③ [글꼴] 탭에서 글꼴 스타일 '굵게', 색은 '표준색 – 파랑'을 선택하고 [확인]을 클릭한다.

④ [새 서식 규칙]에서 [확인]을 클릭한다.

## 문제 ② 계산작업('계산작업' 시트)

### 01 세금공제액[E3:E9]

[E3] 셀에 =TRUNC(D3*VLOOKUP(D3,$A$13: $D$15,3)–VLOOKUP(D3,$A$13:$D$15,4),–1)를 입력하고 [E9] 셀까지 수식을 복사한다.

### 02 경품내역[M3:M9]

[M3] 셀에 =CHOOSE(RANK.EQ(L3,$L$3:$L$9), $I$13,$I$14,$I$15,"","","","")를 입력하고 [M9] 셀까지 수식을 복사한다.

### 03 도착예정시간[F21:F28]

[F21] 셀에 =TIME(HOUR(C21),MINUTE(C21)+ (D21*E21),0)를 입력하고 [F28] 셀까지 수식을 복사한다.

### 04 초과근무시간[I31:I33]

[I31] 셀에 =SUMIF($H$20:$H$28,H31,$K$20: $K$28)를 입력하고 [I33] 셀까지 수식을 복사한다.

### 05 제품식별번호[E33:E39]

[E33] 셀에 =UPPER(C33)&"-"&UPPER(D33)&" -"&RIGHT(B33,1)를 입력하고 [E39] 셀까지 수식을 복사한다.

---

**문제 ❸  분석작업**

### 01 부분합('분석작업-1' 시트)

① [A4] 셀을 클릭한 후 [데이터]-[정렬 및 필터] 그룹에서 [정렬](📊)을 클릭하여 다음과 같이 지정하고 [확인]을 클릭한다.

② [A4] 셀을 클릭한 후 [데이터]-[개요] 그룹의 [부분합](🎟)을 클릭한다.

③ [부분합]에서 그림과 같이 지정하고 [확인]을 클릭한다.

- **그룹화할 항목** : 거래처
- **사용할 함수** : 합계
- **부분합 계산 항목** : 지급액

④ [데이터]-[개요] 그룹의 [부분합](🎟)을 클릭한다.

⑤ [부분합]에서 그림과 같이 선택하고 '새로운 값으로 대치' 체크를 해제한 후 [확인]을 클릭한다.

- **그룹화할 항목** : 도착지
- **사용할 함수** : 개수
- **부분합 계산 항목** : '수량'
- '새로운 값으로 대치' 체크를 해제

⑥ [A4:I39] 영역을 범위 지정한 후 [홈]-[스타일] 그룹의 [표 서식]을 클릭하여 '녹색, 표 스타일 보통7'을 선택한다.

⑦ [표 서식]에서 [확인]을 클릭한다.

### 02 시나리오('분석작업-2' 시트)

① [D13] 셀을 클릭하고 '이름 상자'에 **연평균성장률**을 입력하고 Enter 를 누른다.

② 같은 방법으로 [D14] 셀은 **원가비율**, [D15] 셀은 **기타경비**, [G10] 셀은 **순이익평균**으로 이름을 정의한다.

③ [D13:D15] 영역을 범위 지정한 후 [데이터]-[예측] 탭의 [가상 분석]-[시나리오 관리자]를 클릭하여 [시나리오 관리자]에서 [추가]를 클릭한다.

④ [시나리오 추가]에서 '시나리오 이름'은 **이익증가**를 입력하고, '변경 셀'은 [D13:D15] 영역을 지정한 후 [확인]을 클릭한다.

⑤ [시나리오 값]에서 '연평균성장률'에 6%, '원가비율'에 35%, '기타경비'에 8%를 입력한 후 [추가]를 클릭한다.

⑥ [시나리오 추가]에서 '시나리오 이름'은 **이익감소**를 입력하고, '변경 셀'을 확인한 후 [확인]을 클릭한다.

⑦ [시나리오 값]에서 '연평균성장률'에 4%, '원가비율'에 55%, '기타경비'에 12%를 입력한 후 [확인]을 클릭한다.

⑧ [시나리오 관리자]에서 [요약]을 클릭하고, [시나리오 요약]에서 '결과 셀'에 [G10] 셀을 지정하고 [확인]을 클릭한다.

⑨ '시나리오 요약' 시트를 드래그하여 '분석작업-2' 시트 뒤로 드래그한다.

**문제 ④ 기타작업**

**01 매크로('매크로작업' 시트)**

① [개발 도구]-[코드] 그룹의 [매크로 기록](🔲)을 클릭한다.

② [매크로 기록]에서 매크로 이름에 **가족수당**을 입력하고 [확인]을 클릭한다.

③ [H6] 셀에 =G6*100000을 입력하고 [H14] 셀까지 수식을 복사한다.

④ [개발 도구]-[코드] 그룹의 [기록 중지](🔲)를 클릭한다.

⑤ [삽입]-[일러스트레이션] 그룹의 [도형]-[기본도형]의 '타원'(◯)을 클릭하여 [F19:G23] 영역에 Alt를 누른 채 드래그하여 그린다.

⑥ 도형에 **가족수당**을 입력한 후, 도형의 경계라인에서 마우스 오른쪽 버튼을 눌러 [매크로 지정]을 클릭한다.

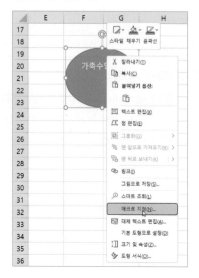

⑦ [매크로 지정]에서 '가족수당'을 선택하고 [확인]을 클릭한다.

⑧ [개발 도구]-[코드] 그룹의 [매크로 기록](🔲)을 클릭한 후, '매크로 이름'에 **서식지정**을 입력하고 [확인]을 클릭한다.

⑨ [I4:I15] 영역을 범위 지정하고 [홈]-[글꼴] 그룹에서 '기울임꼴'을 클릭하고, [채우기 색](🖌)도구에서 '표준 색 – 노랑'을 선택한다.

⑩ [개발 도구]-[코드] 그룹의 [기록 중지](🔲)를 클릭한다.

⑪ [삽입]-[일러스트레이션] 그룹의 [도형]-[사각형]의 '직사각형'(▢)을 클릭하여 [H19:I23] 영역에 Alt를 누른 채 드래그하여 그린다.

⑫ 도형에 **서식지정**을 입력한 후, 도형의 경계라인에서 마우스 오른쪽 버튼을 눌러 [매크로 지정]을 클릭한다.

⑬ [매크로 지정]에서 '서식지정'을 선택하고 [확인]을 클릭한다.

## 02 차트('차트작업' 시트)

① '종가' 계열을 선택한 후 마우스 오른쪽 버튼을 눌러 [삭제]를 클릭한다.

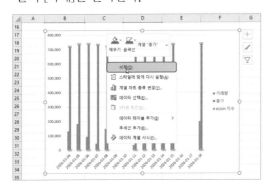

② 차트에서 마우스 오른쪽 버튼을 눌러 [차트 종류 변경]을 클릭한다.

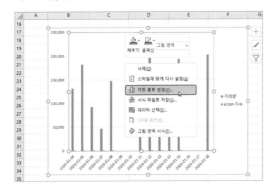

③ [차트 종류 변경]에서 '혼합'을 선택하고 'KOSPI 지수'의 차트 종류를 '표식이 있는 꺾은선형'을 선택한다.

④ 'KOSPI 지수' 계열에 '보조 축'을 체크하고 [확인]을 클릭한다.

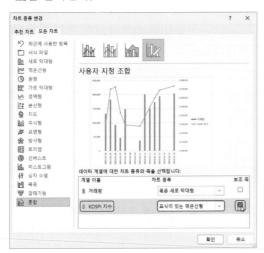

⑤ 차트를 선택한 후 [차트 요소](⊞)에서 '차트 제목'을 체크한 후 **주식거래현황**을 입력한다.

⑥ 차트 제목을 선택한 후 [홈]-[글꼴] 그룹에서 '궁서체', 크기 '14', '굵게', '기울임꼴', '밑줄'로 지정한다.

⑦ '거래량' 계열의 '2026-01-12' 데이터 요소를 선택한 후 다시 한번 클릭하여 하나의 요소만을 선택한다.

⑧ 하나의 요소만 선택된 상태에서 마우스 오른쪽 버튼을 눌러 [데이터 레이블 추가]를 클릭한다.

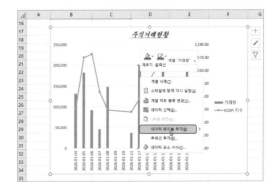

⑨ 세로(값) 축에서 마우스 오른쪽 버튼을 눌러 [축 서식]을 클릭한다.

⑩ [축 서식]의 '축 옵션'에서 표시 단위를 '천'을 선택하고, '차트에 단위 레이블 표시'를 체크한다.

⑪ 표시 단위 '천'을 선택한 후 [표시 단위 레이블 서식]의 '맞춤'에서 텍스트 방향 '가로'를 선택한다.

⑫ 범례를 선택한 후 [범례 서식]의 '범례 옵션'에서 '위쪽'을 선택하고, '그림자'에서 '미리 설정'을 클릭하여 '바깥쪽(오프셋 : 오른쪽 아래)'를 선택한다.

⑬ '채우기'에서 '단색 채우기'를 선택하여 '색'에서 '흰색, 배경1'을 선택하고 [닫기]를 클릭한다.

▶ 합격 강의

작업파일 [2025컴활2급₩기출유형문제] 폴더의 '기출유형문제8회' 파일을 열어서 작업하시오.

---

**문제 ❶** **기본작업** | 주어진 시트에서 다음 과정을 수행하고 저장하시오. **20점**

**01** '기본작업-1' 시트에 다음의 자료를 주어진 대로 입력하시오. (5점)

| | A | B | C | D | E | F | G | H | I |
|---|---|---|---|---|---|---|---|---|---|
| 1 | 유럽 청소기 분석 | | | | | | | | |
| 2 | | | | | | | | | |
| 3 | 브랜드 | 모델명 | 본사 | 가격 | 무게 | 소비전력 | 먼지통 용량 | A/S 기간 | |
| 4 | 닐피스크 | 익스트림 X300C | 덴마크 | 960000 | 7.7kg | 2100W | 3.2L | 5년 | |
| 5 | 다이슨 | DC22 New Allergy | 영국 | 858000 | 7.3kg | 1100W | 1.2L | 5년 | |
| 6 | 밀레 | S5481 | 독일 | 730000 | 7.7kg | 2200W | 4.5L | 2년 | |
| 7 | 일렉트로룩스 | 울트라원 Z8861P | 스웨덴 | 775000 | 8.2kg | 2000W | 5L | 2년 | |
| 8 | 지멘스 | Z6 VSZ61240 | 독일 | 980000 | 6.3kg | 1200W | 5L | 1년(모터 5년) | |
| 9 | 카처 | VC6300 | 독일 | 693000 | 7kg | 2000W | 4L | 1년 | |
| 10 | | | | | | | | | |

**02** '기본작업-2' 시트에 대하여 다음의 지시사항을 처리하시오. (각 2점)

① [A1:G1] 영역은 '병합하고 가운데 맞춤', 글꼴 '굴림체', 크기 '16', 글꼴 스타일 '굵게', '밑줄'로 지정하시오.

② [A3:G16] 영역은 '모든 테두리'(⊞)를 적용하고, [C16], [E16] 셀에는 테두리를 '×' 모양으로 채우시오.

③ [A16:B16] 영역은 '병합하고 가운데 맞춤'으로, [A16] 셀의 '합계'는 '合計' 한자로 변환하시오.

④ [A4:A15] 영역의 이름을 '비품명'으로 정의하시오.

⑤ [E4:E15] 영역은 사용자 지정 셀 서식을 이용하여 숫자 뒤에 '년'이 추가로 표시되도록 지정하시오.

**03** '기본작업-3' 시트에 대하여 다음의 지시사항을 처리하시오. (5점)

[A4:F12] 영역에 대해 구분이 '수입'이면서 총교역액이 '20,000' 이상인 행 전체의 글꼴 색을 '표준 색 - 파랑', 글꼴 스타일을 '굵게'로 지정하는 조건부 서식을 작성하시오.

▶ AND 함수 사용

▶ 단, 규칙 유형은 '수식을 사용하여 서식을 지정할 셀 결정'을 사용하고, 한 개의 규칙으로만 작성하시오.

---

**문제 ❷** **계산작업** | '계산작업' 시트에서 다음 과정을 수행하고 저장하시오. **40점**

**01** [표1]의 점수에 순위를 구하여 반배치표[E3:F5]를 참조하여 배정반[C3:C8]에 표시하시오. (8점)

▶ VLOOKUP, RANK.EQ, COLUMN 함수 사용

② [표2]에서 평점 계산식을 참조하여 계산하여 평점[L3:L8]을 구하시오. 단, 점수에 오류가 있을 때에는 '입력오류'라고 표시하시오. (8점)

▶ 평점 계산식 = 근태점수×40%+실적점수×30%+연수점수×30%

▶ IFERROR 함수 사용

③ [표3]에서 학년이 1학년이고, 구분이 '과탐'인 평균점수의 최대점수와 최저점수를 구하여 [E13] 셀에 표시하시오. (8점)

▶ [A11:B12] 영역의 조건 이용
▶ DMAX, DMIN 함수와 & 연산자 사용

▶ [표시 예 : 90.05(최저70.26)]

④ [표4]에서 현재 행의 번호를 이용하여 1, 2, 3, 4, 5로 번호[H12:H16]를 표시하시오. (8점)

▶ ROW 함수 사용

⑤ [표5]에서 대출금액이 300,000 이상이고 500,000 이하인 대출금액의 합계를 [K20] 셀에 표시하시오. (8점)

▶ SUMIFS 함수 사용

---

**문제 ❸** | **분석작업** | 주어진 시트에서 다음 작업을 수행하고 저장하시오. **20점**

① '분석작업-1' 시트에 대하여 다음의 지시사항을 처리하시오. (10점)

[부분합] 기능을 이용하여 '전국 연합학력평가'표에 〈그림〉과 같이 선택과목별로 모든 과목의 최대값과 모든 과목의 최소값을 계산하시오.

▶ '선택과목'에 대한 정렬 기준은 오름차순으로 하시오.
▶ 최대값과 최소값은 위에 명시된 순서대로 처리하시오.

| | A | B | C | D | E | F | G | H | I | J |
|---|---|---|---|---|---|---|---|---|---|---|
| 1 | | | | 전국 연합학력평가 | | | | | | |
| 2 | | | | | | | | | | |
| 3 | 수험번호 | 성명 | 선택과목 | 언어 | 수리 | 외국어 | 선택1 | 선택2 | 선택3 | 총점 |
| 4 | 200205 | 박준수 | 과탐 | 91 | 68 | 79 | 20 | 15 | 13 | 286 |
| 5 | 200202 | 신재호 | 과탐 | 84 | 74 | 88 | 19 | 18 | 17 | 300 |
| 6 | 200203 | 이동수 | 과탐 | 69 | 70 | 69 | 12 | 14 | 13 | 247 |
| 7 | 200204 | 전준영 | 과탐 | 74 | 69 | 62 | 16 | 14 | 15 | 250 |
| 8 | 200201 | 황효진 | 과탐 | 68 | 57 | 40 | 15 | 14 | 16 | 210 |
| 9 | | | 과탐 최소 | 68 | 57 | 40 | 12 | 14 | 13 | |
| 10 | | | 과탐 최대 | 91 | 74 | 88 | 20 | 18 | 17 | |
| 11 | 100101 | 최동명 | 사탐 | 55 | 45 | 62 | 19 | 18 | 17 | 216 |
| 12 | 100102 | 김승일 | 사탐 | 42 | 32 | 39 | 16 | 13 | 14 | 156 |
| 13 | 100103 | 김현식 | 사탐 | 46 | 54 | 45 | 14 | 16 | 15 | 190 |
| 14 | 100104 | 박상수 | 사탐 | 98 | 88 | 92 | 20 | 19 | 17 | 334 |
| 15 | 100105 | 이승훈 | 사탐 | 85 | 86 | 75 | 20 | 18 | 16 | 300 |
| 16 | | | 사탐 최소 | 42 | 32 | 39 | 14 | 13 | 14 | |
| 17 | | | 사탐 최대 | 98 | 88 | 92 | 20 | 19 | 17 | |
| 18 | 300302 | 이명우 | 직탐 | 65 | 67 | 68 | 17 | 12 | 15 | 244 |
| 19 | 300303 | 조승구 | 직탐 | 57 | 62 | 58 | 15 | 17 | 16 | 225 |
| 20 | 300301 | 조인호 | 직탐 | 77 | 78 | 78 | 17 | 15 | 16 | 281 |
| 21 | 300304 | 강수호 | 직탐 | 67 | 55 | 54 | 12 | 11 | 12 | 211 |
| 22 | 300305 | 김호철 | 직탐 | 75 | 65 | 36 | 11 | 12 | 15 | 214 |
| 23 | | | 직탐 최소 | 57 | 55 | 36 | 11 | 11 | 12 | |
| 24 | | | 직탐 최대 | 77 | 78 | 78 | 17 | 17 | 16 | |
| 25 | | | 전체 최소값 | 42 | 32 | 36 | 11 | 11 | 12 | |
| 26 | | | 전체 최대값 | 98 | 88 | 92 | 20 | 19 | 17 | |
| 27 | | | | | | | | | | |

02 '분석작업-2' 시트에서 대하여 다음의 지시사항을 처리하시오. (10점)

데이터 통합 기능을 이용하여 [표1]에서 1월, 2월, 3월의 '전기', '수도', '난방', '온수'의 평균을 계산하여 [표2]의 관리비내역(1/4분기 평균)[G4:H7] 영역에 표시하시오.

**문제 ❹ 기타작업** | 주어진 시트에서 다음 작업을 수행하고 저장하시오. **20점**

01 '매크로작업' 시트의 [표1]에서 다음과 같은 기능을 수행하는 매크로를 현재 통합 문서에 작성하고 실행하시오. (각 5점)

① 평균[D15:E15] 영역에 대하여 '판매수량', '매출액'의 평균을 계산하는 매크로를 생성하여 실행하시오.
  ▶ 매크로 이름 : 평균계산
  ▶ AVERAGE 함수 사용
  ▶ [도형]-[기본 도형]의 '해'(⚙)를 동일 시트의 [G4:H7] 영역에 생성한 후, 텍스트를 '평균'으로 입력하고, 도형을 클릭할 때 '평균계산' 매크로가 실행되도록 설정하시오.
② [A4:E4] 영역은 글꼴 스타일 '굵게', 채우기 색 '표준 색 – 파랑', 글꼴 색은 '흰색, 배경1'을 적용하는 매크로를 생성하여 실행하시오.
  ▶ 매크로 이름 : 서식지정
  ▶ [도형]-[기본 도형]의 '하트'(♡)를 동일 시트의 [G9:H12] 영역에 생성한 후, 텍스트를 '서식'으로 입력하고, 도형을 클릭할 때 '서식지정' 매크로가 실행되도록 설정하시오.
  ※ 셀 포인터의 위치에 상관없이 현재 통합문서에서 매크로가 실행되어야 정답으로 인정됨

02 '차트작업' 시트에서 다음 그림과 같이 차트를 작성하시오. (각 2점)

① '보험계약자'별로 '책임보험', '자기차량손해', '대인/대물'이 표시될 수 있도록 '누적 세로 막대형'으로 [A14:G30] 영역에 차트를 작성하시오.
② 차트 제목은 그림과 같이 표시되도록 하고, 글꼴은 '궁서체', 글꼴 스타일은 '굵게', 글꼴 크기는 '14'로 설정하시오.
③ 세로(값) 축 제목은 그림과 같이 표시되도록 하고, 기본 단위를 '200'으로 설정하시오.
④ 범례는 '위쪽'으로 표시하고, 차트 영역의 테두리 스타일은 '둥근 모서리'를 설정하시오.
⑤ '대인/대물' 계열만 데이터 레이블을 '값'으로 표시되도록 설정하시오.

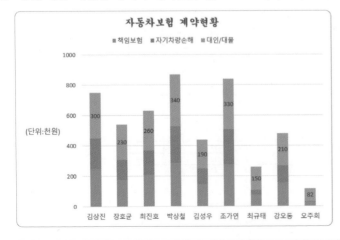

## 문제 ① 기본작업

### 01 자료 입력

| | A | B | C | D | E | F | G | H | I |
|---|---|---|---|---|---|---|---|---|---|
| 1 | 유럽 청소기 분석 | | | | | | | | |
| 2 | | | | | | | | | |
| 3 | 브랜드 | 모델명 | 본사 | 가격 | 무게 | 소비전력 | 먼지통 용량 | A/S 기간 | |
| 4 | 닐피스크 | 익스트림 X300C | 덴마크 | 960000 | 7.7kg | 2100W | 3.2L | 5년 | |
| 5 | 다이슨 | DC22 New Allergy | 영국 | 858000 | 7.3kg | 1100W | 1.2L | 5년 | |
| 6 | 밀레 | S5481 | 독일 | 730000 | 7.7kg | 2200W | 4.5L | 2년 | |
| 7 | 일렉트로룩스 | 울트라원 Z8861P | 스웨덴 | 775000 | 8.2kg | 2000W | 5L | 2년 | |
| 8 | 지멘스 | Z6 VSZ61240 | 독일 | 980000 | 6.3kg | 1200W | 5L | 1년(모터 5년) | |
| 9 | 카처 | VC6300 | 독일 | 693000 | 7kg | 2000W | 4L | 1년 | |
| 10 | | | | | | | | | |

### 02 서식 지정

| | A | B | C | D | E | F | G | H |
|---|---|---|---|---|---|---|---|---|
| 1 | | | | 비품관리대장 | | | | |
| 2 | | | | | | | | |
| 3 | 비품명 | 사용부서 | 수량 | 구입가 | 내용년수 | 잔존가격 | 감가상각비 | |
| 4 | 승용차(K) | 기획팀 | 1 | 20,000,000 | 10년 | 2,000,000 | 1,800,000 | |
| 5 | 승용차(H) | 영업팀 | 2 | 15,000,000 | 10년 | 600,000 | 1,440,000 | |
| 6 | 서버 Rack | 전산운용팀 | 1 | 1,000,000 | 10년 | 100,000 | 90,000 | |
| 7 | 구내 교환기 | 전산운용팀 | 1 | 3,800,000 | 8년 | 800,000 | 375,000 | |
| 8 | Switch 허브(24) | 전산운용팀 | 1 | 3,200,000 | 6년 | 500,000 | 450,000 | |
| 9 | LPB 프린터 | 인력관리팀 | 1 | 4,800,000 | 5년 | 450,000 | 870,000 | |
| 10 | Sun-Server | 전산운용팀 | 1 | 4,200,000 | 5년 | 1,000,000 | 640,000 | |
| 11 | Switch 허브(8) | 영업팀 | 1 | 1,500,000 | 5년 | 100,000 | 280,000 | |
| 12 | HP-Server | 전산운용팀 | 2 | 7,500,000 | 4년 | 1,800,000 | 1,425,000 | |
| 13 | 노트북[S] | 인력관리팀 | 3 | 5,400,000 | 3년 | 600,000 | 1,600,000 | |
| 14 | 노트북[C] | 기획팀 | 2 | 5,000,000 | 3년 | 500,000 | 1,500,000 | |
| 15 | InkJet 프린터 | 기획팀 | 1 | 250,000 | 2년 | 0 | 125,000 | |
| 16 | 합計 | | ✕ | 71,650,000 | ✕ | 8,450,000 | 10,595,000 | |
| 17 | | | | | | | | |

### 03 조건부 서식

| | A | B | C | D | E | F | G |
|---|---|---|---|---|---|---|---|
| 1 | | | 한국-칠레 간 교역동향 | | | | |
| 2 | | | | | | (단위 : 만달러) | |
| 3 | 품목 | 구분 | 2023년 | 2024년 | 2025년 | 총교역액 | |
| 4 | 구리 | 수입 | 61,772 | 89,200 | 78,812 | 229,784 | |
| 5 | 펄프 | 수입 | 32,566 | 49,742 | 63,740 | 146,048 | |
| 6 | 자동차 | 수출 | 13,515 | 21,326 | 27,295 | 62,136 | |
| 7 | 통신기기 | 수출 | 2,354 | 8,247 | 7,751 | 18,352 | |
| 8 | 포도주 | 수입 | 1,009 | 1,200 | 620 | 2,829 | |
| 9 | 폴리에스터 직물 | 수출 | 5,980 | 6,810 | 7,501 | 20,291 | |
| 10 | 광석 | 수입 | 5,083 | 8,715 | 12,016 | 25,814 | |
| 11 | 안경테 | 수출 | 1,500 | 1,800 | 1,980 | 5,280 | |
| 12 | 포도 | 수입 | 1,366 | 1,524 | 850 | 3,741 | |
| 13 | TOTAL | | | | | 514,275 | |
| 14 | | | | | | | |

## 01 배정반

| | A | B | C | D | E | F |
|---|---|---|---|---|---|---|
| 1 | [표1] 반배정 결과 | | | | 반배치표 | |
| 2 | 성명 | 점수 | 배정반 | | 순위 | 반배정 |
| 3 | 김민주 | 98 | A반 | | 1 | A반 |
| 4 | 이도원 | 75 | C반 | | 3 | B반 |
| 5 | 김현정 | 88 | B반 | | 5 | C반 |
| 6 | 이승주 | 79 | B반 | | | |
| 7 | 우혜련 | 65 | C반 | | | |
| 8 | 한정수 | 99 | A반 | | | |
| 9 | | | | | | |

[C3] 셀에 「=VLOOKUP(RANK.EQ(B3,$B$3:$B$8), $E$3:$F$5,COLUMN()–1)」를 입력하고 [C8] 셀까지 수식 복사

## 02 평점

| | H | I | J | K | L | M |
|---|---|---|---|---|---|---|
| 1 | [표2] 사원 승진 심사표 | | | | | |
| 2 | 성명 | 근태점수 | 실적점수 | 연수점수 | 평점 | |
| 3 | 강선우 | 50 | 50 | 45 | 48.5 | |
| 4 | 김세준 | 가 | 88 | 70 | 입력오류 | |
| 5 | 나영림 | 62 | 76 | 39 | 59.3 | |
| 6 | 마수연 | 83 | 56 | 나 | 입력오류 | |
| 7 | 박찬우 | 65 | 50 | 55 | 57.5 | |
| 8 | 김준규 | 80 | 90 | 75 | 81.5 | |
| 9 | | | | | | |

[L3] 셀에 「=IFERROR(I3*40%+J3*30%+K3*30%,"입력오류")」를 입력하고 [L8] 셀까지 수식 복사

## 03 1학년 과탐 최대최저

| | A | B | C | D | E | F |
|---|---|---|---|---|---|---|
| 10 | [표3] 선택과목 평균 | | | | | |
| 11 | 학년 | 구분 | 과목명 | 평균 | | |
| 12 | 1 | 과탐 | 물리 | 80.05 | 1학년 과탐 최대최저 | |
| 13 | 2 | 과탐 | 물리 | 79.45 | 80.05(최저71.26) | |
| 14 | 3 | 과탐 | 물리 | 75.81 | | |
| 15 | 1 | 사탐 | 국사 | 85.61 | | |
| 16 | 2 | 사탐 | 국사 | 90.74 | | |
| 17 | 3 | 사탐 | 국사 | 74.64 | | |
| 18 | 1 | 과탐 | 화학 | 71.26 | | |
| 19 | 2 | 과탐 | 화학 | 60.54 | | |
| 20 | 3 | 과탐 | 화학 | 65.32 | | |
| 21 | 1 | 과탐 | 생물 | 75.46 | | |
| 22 | 2 | 과탐 | 지구과학 | 89.51 | | |
| 23 | 3 | 과탐 | 지구과학 | 65.71 | | |
| 24 | 1 | 사탐 | 윤리 | 95.41 | | |
| 25 | 2 | 사탐 | 윤리 | 87.64 | | |
| 26 | 3 | 사탐 | 윤리 | 58.89 | | |
| 27 | | | | | | |

[E13] 셀에 「=DMAX(A11:D26,D11,A11:B12)&"(최저"&DMIN(A11:D26,D11,A11:B12)&")"」를 입력

## 04 번호

| | H | I | J | K |
|---|---|---|---|---|
| 10 | [표4] 체육대회 팀배정 | | | |
| 11 | 번호 | 이름 | 부서 | |
| 12 | 1 | 박인규 | 기획부 | |
| 13 | 2 | 서지혜 | 생산부 | |
| 14 | 3 | 정보석 | 영업부 | |
| 15 | 4 | 김은혜 | 인사부 | |
| 16 | 5 | 성시경 | 생산부 | |
| 17 | | | | |

[H12] 셀에 「=ROW()–11」을 입력하고 [H16] 셀까지 수식 복사

## 05 300000~500000원 대출금액의 합계

| | H | I | J | K | L | M | N |
|---|---|---|---|---|---|---|---|
| 18 | [표5] 대출금 내역 | (단위 : 천원) | | | | | |
| 19 | 이름 | 날짜 | 대출금액 | 300000~500000원 대출금액의 합계 | | | |
| 20 | 강미란 | 05월 02일 | 350,000 | 1,220,000 | | | |
| 21 | 김연희 | 05월 06일 | 120,000 | | | | |
| 22 | 박태원 | 05월 08일 | 420,000 | | | | |
| 23 | 김세연 | 05월 14일 | 450,000 | | | | |
| 24 | 강우찬 | 05월 20일 | 290,000 | | | | |
| 25 | 황찬희 | 05월 24일 | 570,000 | | | | |
| 26 | 최윤서 | 05월 30일 | 740,000 | | | | |
| 27 | | | | | | | |

[K20] 셀에 「=SUMIFS(J20:J26,J20:J26,">=300000", J20:J26,"<=500000")」를 입력

**01 부분합**

| | A | B | C | D | E | F | G | H | I | J | K |
|---|---|---|---|---|---|---|---|---|---|---|---|
| 1 | | | | 전국 연합학력평가 | | | | | | | |
| 2 | | | | | | | | | | | |
| 3 | 수험번호 | 성명 | 선택과목 | 언어 | 수리 | 외국어 | 선택1 | 선택2 | 선택3 | 총점 | |
| 4 | 200205 | 박준수 | 과탐 | 91 | 68 | 79 | 20 | 15 | 13 | 286 | |
| 5 | 200202 | 신재호 | 과탐 | 84 | 74 | 88 | 19 | 18 | 17 | 300 | |
| 6 | 200203 | 이동수 | 과탐 | 69 | 70 | 69 | 12 | 14 | 13 | 247 | |
| 7 | 200204 | 전준영 | 과탐 | 74 | 69 | 62 | 16 | 14 | 15 | 250 | |
| 8 | 200201 | 황효진 | 과탐 | 68 | 57 | 40 | 15 | 14 | 16 | 210 | |
| 9 | | | 과탐 최소 | 68 | 57 | 40 | 12 | 14 | 13 | | |
| 10 | | | 과탐 최대 | 91 | 74 | 88 | 20 | 18 | 17 | | |
| 11 | 100101 | 최동명 | 사탐 | 55 | 45 | 62 | 19 | 18 | 17 | 216 | |
| 12 | 100102 | 김승일 | 사탐 | 42 | 32 | 39 | 16 | 13 | 14 | 156 | |
| 13 | 100103 | 김현식 | 사탐 | 46 | 54 | 45 | 14 | 16 | 15 | 190 | |
| 14 | 100104 | 박상수 | 사탐 | 98 | 88 | 92 | 20 | 19 | 17 | 334 | |
| 15 | 100105 | 이승훈 | 사탐 | 85 | 86 | 75 | 20 | 18 | 16 | 300 | |
| 16 | | | 사탐 최소 | 42 | 32 | 39 | 14 | 13 | 14 | | |
| 17 | | | 사탐 최대 | 98 | 88 | 92 | 20 | 19 | 17 | | |
| 18 | 300302 | 이명우 | 직탐 | 65 | 67 | 68 | 17 | 12 | 15 | 244 | |
| 19 | 300303 | 조승구 | 직탐 | 57 | 62 | 58 | 15 | 17 | 16 | 225 | |
| 20 | 300301 | 조인호 | 직탐 | 77 | 78 | 78 | 17 | 15 | 16 | 281 | |
| 21 | 300304 | 강수호 | 직탐 | 67 | 55 | 54 | 12 | 11 | 12 | 211 | |
| 22 | 300305 | 김호철 | 직탐 | 75 | 65 | 36 | 11 | 12 | 15 | 214 | |
| 23 | | | 직탐 최소 | 57 | 55 | 36 | 11 | 11 | 12 | | |
| 24 | | | 직탐 최대 | 77 | 78 | 78 | 17 | 17 | 16 | | |
| 25 | | | 전체 최소값 | 42 | 32 | 36 | 11 | 11 | 12 | | |
| 26 | | | 전체 최대값 | 98 | 88 | 92 | 20 | 19 | 17 | | |
| 27 | | | | | | | | | | | |

**02 통합**

| | E | F | G | H | I |
|---|---|---|---|---|---|
| 1 | | | | | |
| 2 | | [표2] 관리비내역(1/4분기 평균) | | | |
| 3 | | 항목 | 사용량 | 사용요금 | |
| 4 | | 전기 | 354 | 48,683 | |
| 5 | | 수도 | 16 | 10,403 | |
| 6 | | 난방 | 1,000 | 92,667 | |
| 7 | | 온수 | 16 | 29,467 | |
| 8 | | | | | |

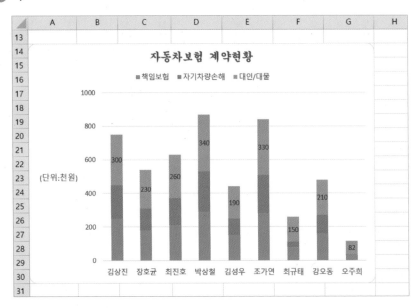

## 01 매크로

| | A | B | C | D | E | F | G | H | I |
|---|---|---|---|---|---|---|---|---|---|
| 1 | | | | | | | | | |
| 2 | [표1] 중식음식점 일일 매출현황 | | | | | | | | |
| 3 | | | | | | | | | |
| 4 | 구분 | 식사종류 | 판매단가 | 판매수량 | 매출액 | | | | |
| 5 | 면류 | 자장면 | 3500 | 150 | 525,000 | | | | |
| 6 | 면류 | 삼선자장면 | 5000 | 100 | 500,000 | | | | |
| 7 | 면류 | 울면 | 4000 | 50 | 200,000 | | | | |
| 8 | 면류 | 짬뽕 | 3000 | 90 | 270,000 | | | | |
| 9 | 밥류 | 잡채덮밥 | 5000 | 100 | 500,000 | | | | |
| 10 | 밥류 | 볶음밥 | 5000 | 150 | 750,000 | | | | |
| 11 | 요리류 | 탕수육 | 18000 | 60 | 1,080,000 | | | | |
| 12 | 요리류 | 양장피 | 21000 | 25 | 525,000 | | | | |
| 13 | 요리류 | 팔보채 | 25000 | 30 | 750,000 | | | | |
| 14 | 요리류 | 라조기 | 25000 | 25 | 625,000 | | | | |
| 15 | 평균 | | | 78 | 572,500 | | | | |
| 16 | | | | | | | | | |

## 02 차트

## 문제 ① 기본작업

### 01 자료 입력('기본작업-1' 시트)

[A3:H9] 셀까지 문제를 보고 오타 없이 작성한다.

### 02 서식 지정('기본작업-2' 시트)

① [A1:G1] 영역을 범위 지정한 후 [홈]-[글꼴] 그룹에서 '굴림체', 크기 '16', '굵게', '밑줄', [홈]-[맞춤] 그룹에서 [병합하고 가운데 맞춤](圖)을 클릭한다.

② [A3:G16] 영역을 범위 지정한 후 [홈]-[글꼴] 그룹에서 [테두리](田 ▾) 도구에서 [모든 테두리](田)를 클릭한다.

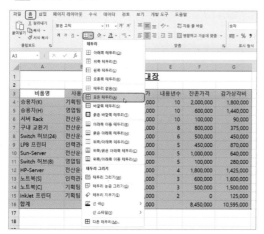

③ [Ctrl]을 이용하여 [C16], [E16] 셀을 선택한 후 [Ctrl]+[1]을 눌러 [테두리] 탭에서 대각선(◿, ◺) 도구를 클릭한 후 [확인]을 클릭한다.

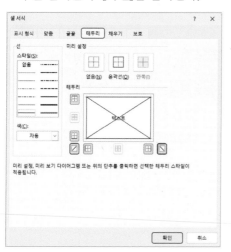

④ [A16:B16] 영역을 범위 지정한 후 [홈]-[맞춤] 그룹에서 [병합하고 가운데 맞춤](圖)을 클릭한다.

⑤ [A16] 셀의 '합계'를 범위 지정한 후 [한자]를 눌러 '合計'를 선택하고 [변환]을 클릭한다.

⑥ [A4:A15] 영역을 범위 지정한 후 '이름 상자'에 **비품명**을 입력하고 [Enter]를 누른다.

⑦ [E4:E15] 영역을 범위 지정한 후 [Ctrl]+[1]을 눌러 [표시 형식] 탭의 '사용자 지정'에 **#년**을 입력하고 [확인]을 클릭한다.

### 03 조건부 서식('기본작업-3' 시트)

① [A4:F12] 영역을 범위를 지정한 후, [홈]-[스타일] 그룹의 [조건부 서식]-[새 규칙]을 클릭한다.

② [새 서식 규칙]에서 '▶ 수식을 사용하여 서식을 지정할 셀 결정'을 선택하고, =AND($B4="수입",$F4>=20000)을 입력한 후 [서식]을 클릭한다.

③ [글꼴] 탭에서 글꼴 스타일 '굵게', 색은 '표준색 – 파랑'을 선택하고 [확인]을 클릭한다.

④ [새 서식 규칙]에서 [확인]을 클릭한다.

문제 ② **계산작업('계산작업' 시트)**

### 01 배정반[C3:C8]

[C3] 셀에 =VLOOKUP(RANK.EQ(B3,$B$3:$B$8),$E$3:$F$5,COLUMN()-1)를 입력하고 [C8] 셀까지 수식을 복사한다.

### 02 평점[L3:L8]

[L3] 셀에 =IFERROR(I3 * 40%+J3 * 30%+K3 * 30%,"입력오류")를 입력하고 [L8] 셀까지 수식을 복사한다.

### 03 1학년 과탐 최대최저[E13]

[E13] 셀에 =DMAX(A11:D26,D11,A11:B12)&"(최저"&DMIN(A11:D26,D11,A11:B12)&")"를 입력한다.

### 04 번호[H12:H16]

[H12] 셀에 =ROW()-11을 입력하고 [H16] 셀까지 수식을 복사한다.

### 05 300000~500000 대출금액의 합계[K20]

[K20] 셀에 =SUMIFS(J20:J26,J20:J26,">=300000",J20:J26,"<=500000")를 입력한다.

문제 ③ **분석작업**

### 01 부분합('분석작업-1' 시트)

① [C3] 셀을 클릭한 후 [데이터]-[정렬 및 필터] 그룹의 [텍스트 오름차순 정렬](흥↓)을 클릭한다.

② 데이터 안쪽에 커서를 두고 [데이터]-[개요] 그룹의 [부분합](⊞)을 클릭한다.

③ [부분합]에서 그림과 같이 지정하고 [확인]을 클릭한다.

• 그룹화할 항목 : 선택과목
• 사용할 함수 : 최대
• 부분합 계산 항목 : 언어, 수리, 외국어, 선택1, 선택2, 선택3

④ 다시 [데이터]-[개요] 그룹의 [부분합](⊞)을 클릭하여 그림과 같이 지정하고 [확인]을 클릭한다.

• 사용할 함수 : 최소
• '새로운 값으로 대치' 체크를 해제

② **통합('분석작업-2' 시트)**

① [F4:F7] 영역에 추출할 조건을 그림과 같이 입력한 후 [F3:H7] 영역을 범위 지정하여 [데이터]-[데이터 도구] 그룹의 [통합]을 클릭한다.

② [통합]에서 그림과 같이 지정하고 [확인]을 클릭한다.

- **함수** : 평균
- **참조 영역** : [B3:D18]
- **사용할 레이블** : 첫 행, 왼쪽 열 체크

---

**문제 ④ 기타작업**

① **매크로('매크로작업' 시트)**

① [개발 도구]-[코드] 그룹의 [매크로 기록](📷)을 클릭한다.

② [매크로 기록]에서 '매크로 이름'에 **평균계산**을 입력하고 [확인]을 클릭한다.

③ [D15] 셀에 **=AVERAGE(D5:D14)**를 입력하고 [E15] 셀까지 수식을 복사한다.

④ [개발 도구]-[코드] 그룹의 [기록 중지](□)를 클릭한다.

⑤ [삽입]-[일러스트레이션] 그룹의 [도형]-[기본 도형]의 '해'(⚙)를 클릭하여 [G4:H7] 영역에 [Alt]를 누른 채 드래그하여 그린다.

⑥ 도형에 **평균**을 입력한 후, 도형의 경계라인에서 마우스 오른쪽 버튼을 눌러 [매크로 지정]을 클릭한다.

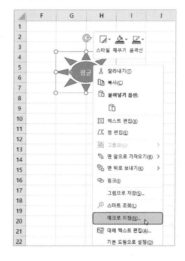

⑦ [매크로 지정]에서 '평균계산'을 선택하고 [확인]을 클릭한다.

⑧ [개발 도구]-[코드] 그룹의 [매크로 기록](📷)을 클릭하여 '매크로 이름'에 **서식지정**을 입력하고 [확인]을 클릭한다.

⑨ [A4:E4] 영역을 범위 지정하고 [홈]-[글꼴] 그룹에서 '굵게'를 클릭하고, [채우기 색](🎨▾) 도구에서 '표준 색 - 파랑', [글꼴 색](🅰▾) 도구에서 '흰색, 배경 1'을 선택한다.

⑩ [개발 도구]-[코드] 그룹의 [기록 중지](□)를 클릭한다.

⑪ [삽입]-[일러스트레이션] 그룹의 [도형]-[기본 도형]의 '하트'(♡)를 클릭하여 [G9:H12] 영역에 [Alt]를 누른 채 드래그하여 그린다.

⑫ 도형에 **서식**을 입력한 후, 도형의 경계라인에서 마우스 오른쪽 버튼을 눌러 [매크로 지정]을 클릭한다.

⑬ [매크로 지정]에서 '서식지정'을 선택하고 [확인]을 클릭한다.

## ⑫ 차트('차트작업' 시트)

① [A3:A12], [D3:F12] 영역을 범위 지정한 후 [삽입] 탭의 [차트]-[세로 또는 가로 막대형 차트 삽입]-[2차원 세로 막대형]에서 '누적 세로 막대형'을 클릭하여 차트를 작성한다.

② 차트를 선택한 후 Alt 를 누른 채 [A14] 셀로 이동한 후 [A14:G30] 영역에 위치할 수 있도록 크기를 조절한다.

③ 차트 제목을 **자동차보험 계약현황**을 입력하고, [홈] 탭의 [글꼴] 그룹에서 '궁서체', 크기 '14', '굵게'로 지정한다.

④ 차트를 선택한 후 [차트 요소](⊞)에서 [축 제목]-[기본 세로]를 체크한 후 **(단위:천원)**을 입력한다.

⑤ 세로(값) 축 제목 '(단위:천원)'을 선택한 후 마우스 오른쪽 버튼을 눌러 [축 제목 서식] 메뉴를 클릭한다.

⑥ [축 제목 서식]-[제목 옵션]-[크기 및 속성]의 '맞춤'에서 '텍스트 방향'을 '가로'를 선택한다.

⑦ 세로 값(축)을 선택한 후 [축 서식]의 '축 옵션'에서 단위 '기본'에 200을 입력한다.

⑧ 범례를 선택한 후 [범례 서식]의 '범례 옵션'에서 '위쪽'을 선택한다.

⑨ 차트 영역을 클릭한 후 [차트 영역 서식]에서 [채우기 및 선]을 클릭하여 [테두리]의 '둥근 모서리'를 체크한다.

⑩ '대인/대물' 계열을 선택한 후 마우스 오른쪽 버튼을 클릭한 후 [데이터 레이블 추가]를 선택한다.

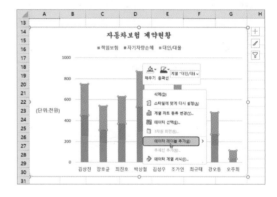

**작업파일** [2025컴활2급₩기출유형문제] 폴더의 '기출유형문제9회' 파일을 열어서 작업하시오.

---

**문제 ❶** **기본작업** | 주어진 시트에서 다음 과정을 수행하고 저장하시오. **20점**

**01** '기본작업-1' 시트에 다음의 자료를 주어진 대로 입력하시오. (5점)

| | A | B | C | D | E | F | G | H | I |
|---|---|---|---|---|---|---|---|---|---|
| 1 | 사랑의 이웃돕기 회원 명단 | | | | | | | | |
| 2 | | | | | | | | | |
| 3 | 회원ID | 성명 | 세례명 | 나이 | 전화번호 | 주소 | 월회비 | 이체방법 | |
| 4 | park123 | 박민지 | Francis | 52세 | 010-2233-5555 | 서울시 서초구 | 10000 | 지로용지납부 | |
| 5 | lee345 | 이수현 | Lucius | 41세 | 010-6456-9870 | 서울시 마포구 | 12000 | 국민은행 자동이체 | |
| 6 | kim987 | 김현지 | Peter | 45세 | 010-2234-6545 | 경기도 수원시 | 3000 | 농협 자동이체 | |
| 7 | kang8776 | 강지연 | Antonius | 50세 | 010-3344-0807 | 경기도 안산시 | 50000 | 지로용지납부 | |
| 8 | choi256 | 최삼재 | Marcian | 65세 | 010-6789-1587 | 대구시 수송구 | 100000 | 국민은행 자동이체 | |
| 9 | jung397 | 정말자 | Maximian | 45세 | 010-4555-6666 | 대전시 중구 | 15000 | 농협 자동이체 | |
| 10 | lim398 | 임숙자 | Gordianus | 48세 | 010-9333-7777 | 부산시 수영구 | 30000 | 지로용지납부 | |
| 11 | kun879 | 권남순 | Columba | 42세 | 010-3699-8745 | 강원도 태백시 | 5000 | 지로용지납부 | |
| 12 | han246 | 한국영 | Stephen | 53세 | 010-2578-9634 | 인천시 서구 | 9000 | 국민은행 자동이체 | |
| 13 | kuk278 | 국자운 | Justina | 41세 | 010-2987-1254 | 경기도 남양주시 | 40000 | 농협 자동이체 | |
| 14 | | | | | | | | | |

**02** '기본작업-2' 시트에 대하여 다음의 지시사항을 처리하시오. (각 2점)

① [A1:F1] 영역은 '셀 병합 후 가로, 세로 가운데 맞춤', 글꼴 '궁서체', 크기 '16', 글꼴 스타일 '굵게'로 지정하시오.

② 제목 '추석 과일 선물 세트 판매 현황' 앞뒤에 특수 문자 '◆'을 삽입하고, [A12:C12], [A13:C13] 영역은 '셀 병합 후 가로, 세로 가운데 맞춤'으로 지정하시오.

③ [A4:B11] 영역은 복사하여 [A17:H18] 영역에 '행/열 바꿈' 기능으로 '선택하여 붙여넣기'를 하시오.

④ [F5:F11] 영역은 셀 서식 '백분율' 서식에서 소수 자릿수 '2'로 지정하고, [C5:E11], [D12:E13] 영역은 쉼표 스타일(,)을 적용하시오.

⑤ [A4:F13] 영역에 '모든 테두리'(⊞)를 적용하여 표시하고, [F12], [F13] 셀에는 ▨ 모양의 괘선으로 채우시오.

**03** '기본작업-3' 시트에 대하여 다음의 지시사항을 처리하시오. (5점)

'출장비 지급 내역서' 표에서 직위가 '과장'이거나 지급금액이 '300,000' 이상인 데이터 값을 고급 필터를 이용하여 검색하시오.

▶ 고급 필터 조건은 [B15:I18] 범위 내에 알맞게 입력하시오.

▶ 고급 필터 결과 복사 위치는 동일 시트의 [B20] 셀에서 시작하시오.

**문제 ❷** **계산작업** | '계산작업' 시트에서 다음 과정을 수행하고 저장하시오.  **40점**

**01** [표1]에서 폐기물 비율[B3:B7]에 대한 순위를 구하여 아래 조건과 같이 상태[C3:C7]에 표시하시오. (8점)

  ▶ 상태는 1~2위에 '높음', 3~4위에 '중간', 5위는 '낮음'으로 표시하시오.

  ▶ 순위는 폐기물 비율이 높은 업종이 1위    ▶ CHOOSE와 RANK.EQ 함수 사용

**02** [표2]에서 1일차에서 4일차까지의 출석한 일자의 '○'가 3개 이상이면 '이수', 그 외는 공백으로 이수여부[J3:J7] 영역에 표시하시오. (8점)

  ▶ IF, COUNTBLANK 함수 사용

**03** [표3]에서 전화번호[B11:B16]의 앞의 3자리를 이용하여 지역명[C11:C16]을 구하시오. (8점)

  ▶ 지역번호 표[B18:D19]를 이용    ▶ HLOOKUP과 LEFT 함수 사용

**04** [표4]에서 점수표[I11:I15]를 참조하여 점수에 따른 등급을 구하여 [G11:G16] 영역에 표시하시오. (8점)

  ▶ 점수가 280~241은 1등급, 240~211은 2등급, 210~181은 3등급, 180~151은 4등급, 150 이하는 5등급

  ▶ [표시 예 : 1등급]    ▶ MATCH 함수와 & 연산자 사용

**05** [표5]에서 고용형태[B23:B28]가 '비정규직'인 인원수[C23:C28]의 합계를 구하여 [E27] 셀에 표시하시오. (8점)

  ▶ 비정규직의 인원수 합계에 '명'이라고 붙임[표시 예 : 100 → 100명]

  ▶ [E22:E23] 영역에 조건을 입력    ▶ DSUM 함수와 문자열 연산자(&) 사용

---

**문제 ❸** **분석작업** | 주어진 시트에서 다음 작업을 수행하고 저장하시오.  **20점**

**01** '분석작업-1' 시트에 대하여 다음의 지시사항을 처리하시오. (10점)

'출장비 현황' 표를 이용하여 부서는 '필터', 성명은 '행', 출장지는 '열'로 처리하고, 값은 총 출장비의 합계를 계산하고 행과 열의 총합계가 나타나지 않도록 피벗 테이블을 작성하시오.

  ▶ 피벗 테이블 보고서는 동일 시트의 [B21] 셀에서 시작하시오.

  ▶ 보고서 레이아웃은 '개요 형식으로 표시'로 지정하시오.

  ▶ 피벗 테이블 보고서의 빈 셀에 '＊' 기호가 자동으로 표시되도록 옵션을 설정할 것('＊'는 자판 입력 사용)

**02** '분석작업-2' 시트에 대하여 다음의 지시사항을 처리하시오. (10점)

'추석 특별 상여금' 표에서 기본상여율[C13]이 다음과 같이 변동하는 경우 수당합계[G11]의 변동 시나리오를 작성하시오.

  ▶ 셀이름 정의 : [C13] 셀은 '기본상여율', [G11] 셀은 '수당합계'로 정의하시오.

  ▶ 시나리오1 : 시나리오 이름은 '기본 상여율 인상', 기본 상여율을 15%로 설정하시오.

  ▶ 시나리오2 : 시나리오 이름은 '기본 상여율 인하', 기본 상여율을 5%로 설정하시오.

  ▶ 시나리오 요약 시트는 '분석작업-2' 시트의 바로 앞에 위치시키시오.

  ※ 시나리오 요약 보고서 작성 시 정답과 일치하여야 하며, 오자로 인한 부분 점수는 인정하지 않음

**문제 ④** **기타작업** | 주어진 시트에서 다음 작업을 수행하고 저장하시오. **20점**

**01** '매크로작업' 시트의 [표1]에서 다음과 같은 기능을 수행하는 매크로를 현재 통합 문서에 작성하고 실행하시오. (각 5점)

① 금액[E4:E9] 영역에 대하여 '수강생 × 수강료'로 계산하는 매크로를 생성하여 실행하시오.
  ▶ 매크로 이름 : 금액계산
  ▶ [도형]–[기본 도형]의 '육각형'(⬡)을 동일 시트의 [G3:G5] 영역에 생성한 후, 텍스트를 '금액'으로 입력하고, 도형을 클릭할 때 '금액계산' 매크로가 실행되도록 설정하시오.

② [A3:E3] 영역은 글꼴 스타일 '굵게', 채우기 색 '표준 색 – 노랑'을 적용하는 매크로를 생성하여 실행하시오.
  ▶ 매크로 이름 : 서식지정
  ▶ [도형]–[사각형]의 '사각형: 둥근 모서리'(⬭)를 동일 시트의 [G7:G9] 영역에 생성한 후, 텍스트를 '서식'으로 입력하고, 도형을 클릭할 때 '서식지정' 매크로가 실행되도록 설정하시오.

  ※ 셀 포인터의 위치에 상관없이 현재 통합문서에서 매크로가 실행되어야 정답으로 인정됨

**02** '차트작업' 시트의 차트를 지시사항에 따라 아래 그림과 같이 수정하시오. (각 2점)

※ 차트는 반드시 문제에서 제공한 차트를 사용하여야 하며, 신규로 작성 시 0점 처리됨

① 차트의 종류는 '3차원 원형'으로 변경하고, 차트 제목은 '2월 우수 기업 시장 점유 구성'으로 수정하시오.

② 차트 제목의 글꼴 스타일은 '굵게', 글꼴 '굴림체', 크기 '16'으로 지정하시오.

③ 범례는 표시하지 않고, 각 데이터의 계열의 항목 이름과 백분율을 바깥쪽 끝에 표시하고, 데이터 레이블은 글꼴 '굴림', 크기 '10'으로 지정하시오.

④ 데이터 계열은 첫째 조각의 각도를 45로 회전하시오.

⑤ 가장 많이 점유하고 있는 계열(대한 18%)을 3차원 효과의 원형 차트에서 분리하시오.

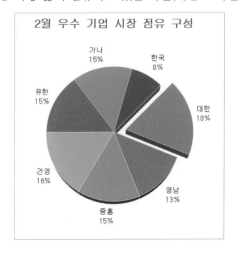

## 01 자료 입력

| | A | B | C | D | E | F | G | H | I |
|---|---|---|---|---|---|---|---|---|---|
| 1 | 사랑의 이웃돕기 회원 명단 | | | | | | | | |
| 2 | | | | | | | | | |
| 3 | 회원ID | 성명 | 세례명 | 나이 | 전화번호 | 주소 | 월회비 | 이체방법 | |
| 4 | park123 | 박민지 | Francis | 52세 | 010-2233-5555 | 서울시 서초구 | 10000 | 지로용지납부 | |
| 5 | lee345 | 이수현 | Lucius | 41세 | 010-6456-9870 | 서울시 마포구 | 12000 | 국민은행 자동이체 | |
| 6 | kim987 | 김현지 | Peter | 45세 | 010-2234-6545 | 경기도 수원시 | 3000 | 농협 자동이체 | |
| 7 | kang8776 | 강지연 | Antonius | 50세 | 010-3344-0807 | 경기도 안산시 | 50000 | 지로용지납부 | |
| 8 | choi256 | 최삼재 | Marcian | 65세 | 010-6789-1587 | 대구시 수송구 | 100000 | 국민은행 자동이체 | |
| 9 | jung397 | 정말자 | Maximian | 45세 | 010-4555-6666 | 대전시 중구 | 15000 | 농협 자동이체 | |
| 10 | lim398 | 임숙자 | Gordianus | 48세 | 010-9333-7777 | 부산시 수영구 | 30000 | 지로용지납부 | |
| 11 | kun879 | 권남순 | Columba | 42세 | 010-3699-8745 | 강원도 태백시 | 5000 | 지로용지납부 | |
| 12 | han246 | 한국영 | Stephen | 53세 | 010-2578-9634 | 인천시 서구 | 9000 | 국민은행 자동이체 | |
| 13 | kuk278 | 국자운 | Justina | 41세 | 010-2987-1254 | 경기도 남양주시 | 40000 | 농협 자동이체 | |
| 14 | | | | | | | | | |

## 02 서식 지정

| | A | B | C | D | E | F | G | H | I |
|---|---|---|---|---|---|---|---|---|---|
| 1 | ◆추석 과일 선물 세트 판매 현황◆ | | | | | | | | |
| 2 | | | | | | | | | |
| 3 | | | | | | 2026-09-21 | | | |
| 4 | 상품코드 | 상품명 | 단가 | 판매총액 | 목표총액 | 달성율 | | | |
| 5 | 10023 | 사과 | 35,000 | 700,000 | 1,050,000 | 66.67% | | | |
| 6 | 10024 | 배 | 20,000 | 560,000 | 600,000 | 93.33% | | | |
| 7 | 10025 | 곶감 | 70,000 | 230,000 | 2,100,000 | 10.95% | | | |
| 8 | 10026 | 포도 | 15,000 | 200,000 | 270,000 | 74.07% | | | |
| 9 | 10027 | 감 | 25,000 | 950,000 | 750,000 | 126.67% | | | |
| 10 | 10028 | 메론 | 13,000 | 234,000 | 351,000 | 66.67% | | | |
| 11 | 10029 | 딸기 | 24,000 | 40,000 | 54,000 | 74.07% | | | |
| 12 | | 합계 | | 2,914,000 | 5,175,000 | | | | |
| 13 | | 평균 | | 416,286 | 739,286 | | | | |
| 14 | | | | | | | | | |
| 15 | | | | | | | | | |
| 16 | | | | | | | | | |
| 17 | 상품코드 | 10023 | 10024 | 10025 | 10026 | 10027 | 10028 | 10029 | |
| 18 | 상품명 | 사과 | 배 | 곶감 | 포도 | 감 | 메론 | 딸기 | |
| 19 | | | | | | | | | |

## 03 고급 필터

| | A | B | C | D | E | F | G | H | I | J |
|---|---|---|---|---|---|---|---|---|---|---|
| 14 | | | | | | | | | | |
| 15 | | 직위 | 지급금액 | | | | | | | |
| 16 | | 과장 | | | | | | | | |
| 17 | | | >=300000 | | | | | | | |
| 18 | | | | | | | | | | |
| 19 | | | | | | | | | | |
| 20 | | 사원코드 | 성명 | 직위 | 출발일 | 도착일 | 지급일 | 지급금액 | 출장지 | |
| 21 | | AS-0255 | 운인향 | 과장 | 2026-05-10 | 2026-05-12 | 2026-06-01 | 300,000 | 제주도 | |
| 22 | | FD-2378 | 최승은 | 사원 | 2026-07-12 | 2026-07-22 | 2026-08-11 | 330,000 | 제주도 | |
| 23 | | GF-1612 | 조선영 | 과장 | 2026-05-12 | 2026-05-14 | 2026-06-03 | 270,000 | 부산 | |
| 24 | | | | | | | | | | |

## 01 상태

| | A | B | C | D |
|---|---|---|---|---|
| 1 | [표1] 폐기물 배출 조사 | | | |
| 2 | 업종 | 비율 | 상태 | |
| 3 | 1차금속 | 8.1 | 중간 | |
| 4 | 석유정제 | 10.5 | 높음 | |
| 5 | 섬유제품 | 3.5 | 낮음 | |
| 6 | 통신장비 | 9.4 | 중간 | |
| 7 | 화학제품 | 62.7 | 높음 | |
| 8 | | | | |

[C3] 셀에 「=CHOOSE(RANK.EQ(B3,$B$3:$B$7),"높음","높음","중간","중간","낮음")」을 입력하고 [C7] 셀까지 수식 복사

## 02 이수여부

| | E | F | G | H | I | J |
|---|---|---|---|---|---|---|
| 1 | [표2] 교육 출석 현황 | | | | | |
| 2 | 사원명 | 1일차 | 2일차 | 3일차 | 4일차 | 이수여부 |
| 3 | 임경숙 | O | | O | O | 이수 |
| 4 | 한종수 | O | | O | O | 이수 |
| 5 | 지숙경 | | O | | O | |
| 6 | 전수호 | O | | | | |
| 7 | 우민구 | O | O | | O | 이수 |
| 8 | | | | | | |

[J3] 셀에 「=IF(COUNTBLANK(F3:I3)<=1,"이수","")」를 입력하고 [J7] 셀까지 수식 복사

## 03 지역명

| | A | B | C | D |
|---|---|---|---|---|
| 9 | [표3] 부서 직원 현황 | | | |
| 10 | 이름 | 전화번호 | 지역명 | |
| 11 | 김운경 | 054-344-3245 | 경북 | |
| 12 | 오민송 | 031-233-2435 | 경기도 | |
| 13 | 오기택 | 032-657-0035 | 인천 | |
| 14 | 김성묵 | 031-655-9975 | 경기도 | |
| 15 | 허창환 | 054-792-3890 | 경북 | |
| 16 | 박지연 | 031-583-4551 | 경기도 | |
| 17 | <지역번호 표> | | | |
| 18 | 지역번호 | 054 | 031 | 032 |
| 19 | 지역 | 경북 | 경기도 | 인천 |
| 20 | | | | |

[C11] 셀에 「=HLOOKUP(LEFT(B11,3),$B$18:$D$19,2,0)」를 입력하고 [C16] 셀까지 수식 복사

## 04 등급

| | E | F | G | H | I |
|---|---|---|---|---|---|
| 9 | [표4] 영어학원 점수현황 | | | | |
| 10 | 이름 | 점수 | 등급 | | 점수표 |
| 11 | 임인정 | 273 | 1등급 | | 280 |
| 12 | 탁민송 | 250 | 1등급 | | 240 |
| 13 | 한대수 | 234 | 2등급 | | 210 |
| 14 | 최민자 | 200 | 3등급 | | 180 |
| 15 | 이택용 | 180 | 4등급 | | 150 |
| 16 | 최승은 | 134 | 5등급 | | |
| 17 | | | | | |

[G11] 셀에 「=MATCH(F11,$I$11:$I$15,-1)&"등급"」을 입력하고 [G16] 셀까지 수식 복사

## 05 비정규직의 인원수합계

| | A | B | C | D | E | F | G | H |
|---|---|---|---|---|---|---|---|---|
| 21 | [표5] 문화산업별 고용현황 | | | | | | | |
| 22 | 문화산업 | 고용형태 | 인원수 | | 고용형태 | | | |
| 23 | 애니메이션 | 정규직 | 2,761 | | 비정규직 | | | |
| 24 | 애니메이션 | 비정규직 | 2,624 | | | | | |
| 25 | 캐릭터 | 정규직 | 5,586 | | | | | |
| 26 | 캐릭터 | 비정규직 | 671 | | 비정규직의 인원수합계 | | | |
| 27 | 인터넷/모바일 | 정규직 | 8,531 | | 6117명 | | | |
| 28 | 인터넷/모바일 | 비정규직 | 2,822 | | | | | |
| 29 | | | | | | | | |

[E27] 셀에 「=DSUM(A22:C28,C22,E22:E23)&"명"」을 입력

**문제 ❸  분석작업**

**① 피벗 테이블**

| 성명 | 강릉 | 대전 | 부산 | 전주 | 제주도 | 포항 |
|------|------|------|------|------|--------|------|
| 강나루 | * | * | * | 400000 * | | * |
| 김미현 | * | * | * | * | 180000 * | |
| 김우리 | * | 328000 * | * | * | | * |
| 김태은 | * | 426000 * | * | * | | * |
| 박소영 | * | * | * | * | 210000 * | |
| 송나라 | * | * | 247000 * | * | | * |
| 장만익 | 154000 * | * | * | * | | 366000 |
| 정민우 | * | * | 647000 * | * | | * |
| 최명민 | * | * | 170000 * | * | | * |
| 황지선 | * | * | * | 161000 * | | 290000 |

(부서 (모두), 합계 : 총 출장비  출장지)

**② 시나리오**

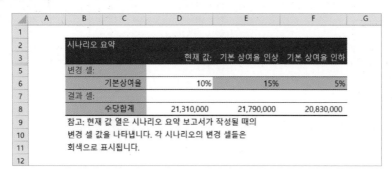

| 시나리오 요약 | | 현재 값: | 기본 상여율 인상 | 기본 상여율 인하 |
|---------------|---|----------|------------------|------------------|
| **변경 셀:** | | | | |
| 기본상여율 | | 10% | 15% | 5% |
| **결과 셀:** | | | | |
| 수당합계 | | 21,310,000 | 21,790,000 | 20,830,000 |

참고: 현재 값 열은 시나리오 요약 보고서가 작성될 때의
변경 셀 값을 나타냅니다. 각 시나리오의 변경 셀들은
회색으로 표시됩니다.

**01 매크로**

| | A | B | C | D | E | F | G | H |
|---|---|---|---|---|---|---|---|---|
| 1 | [표1] 수강신청현황 | | | | | | | |
| 2 | | | | | | | | |
| 3 | 과목 | 강사 | 수강생 | 수강료 | 금액 | | | |
| 4 | 영어회화 | 문경주 | 20 | 90,000 | 1,800,000 | | | |
| 5 | 토플 | 이찬혁 | 53 | 140,000 | 7,420,000 | | | |
| 6 | 청취 | 우기만 | 29 | 110,000 | 3,190,000 | | | |
| 7 | 토익 | 권정아 | 48 | 88,000 | 4,224,000 | | | |
| 8 | AFKN 듣기 | 김지윤 | 12 | 90,000 | 1,080,000 | | | |
| 9 | 무역영어 | 문정황 | 7 | 90,000 | 630,000 | | | |
| 10 | | | | | | | | |

금액

서식

**02 차트**

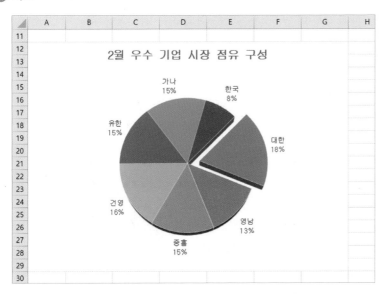

2월 우수 기업 시장 점유 구성

가나 15%
한국 8%
유한 15%
대한 18%
건영 16%
영남 13%
중흥 15%

### 문제 ① 기본작업

**01 자료 입력('기본작업-1' 시트)**

[A3:H13] 셀까지 문제를 보고 오타 없이 작성한다.

**02 서식 지정('기본작업-2' 시트)**

① [A1:F1] 영역을 범위 지정하고 Ctrl + 1 을 눌러 [맞춤] 그룹에서 가로 '가운데', 세로 '가운데', 텍스트 조정 '셀 병합'을 체크한다.

② [글꼴] 탭에서 '궁서체', '굵게', 크기는 '16'을 선택하고 [확인]을 클릭한다.

③ [A1] 셀의 '추석 과일 선물 세트 판매 현황'의 앞부분에서 더블 클릭하고 ㅁ을 입력한 후 [한자]를 누른다.

④ 화면에 특수문자 목록이 활성화되면 [보기 변경](⊞)을 클릭하여 '◆'를 찾아서 클릭한다.

⑤ [A1] 셀의 '추석 과일 선물 세트 판매 현황'의 뒷부분에도 ◆를 입력한다.

⑥ Ctrl 을 이용하여 [A12:C12], [A13:C13] 영역을 범위 지정한 후 Ctrl + 1 을 눌러 [맞춤] 탭에서 가로 '가운데', 세로 '가운데'를 선택하고, 텍스트 조정 '셀 병합'을 체크한 후 [확인]을 클릭한다.

⑦ [A4:B11] 영역을 범위 지정하고 마우스 오른쪽 버튼을 눌러 [복사] 메뉴를 클릭한다.

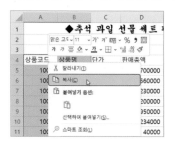

⑧ [A17] 셀을 선택하고 마우스 오른쪽 버튼을 눌러 [선택하여 붙여넣기]를 클릭한 다음, '행/열 바꿈'을 체크한 후 [확인]을 클릭한다.

⑨ [F5:F11] 영역을 범위 지정한 후 Ctrl + 1 을 눌러 [표시 형식] 탭에서 '백분율'을 선택한 후, '소수 자릿수'는 2를 입력하고 [확인]을 클릭한다.

⑩ Ctrl 을 이용하여 [C5:E11], [D12:E13] 영역을 범위 지정한 후 [홈]-[표시 형식] 그룹의 [쉼표 스타일](🔳)을 클릭한다.

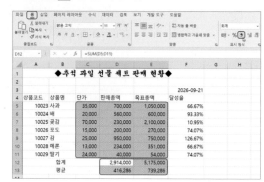

⑪ [A4:F13] 영역을 범위 지정하고 [홈]-[글꼴] 그룹에서 [테두리](⊞ ▾) 도구의 [모든 테두리](⊞)를 선택한다.

⑫ [F12:F13] 영역을 범위 지정하고 Ctrl + 1 을 눌러 [테두리] 탭에서 대각선(◌)을 선택한 후 [확인]을 클릭한다.

**03 고급 필터('기본작업-3' 시트)**

① 다음 같이 조건을 [B15:C17] 영역에 입력한다.

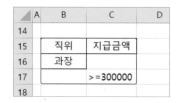

② [B4:I12] 영역을 범위 지정하고 [데이터]-[정렬 및 필터] 그룹에서 [고급](📧)을 클릭한다.

③ [고급 필터]에서 그림과 같이 지정하고 [확인]을 클릭한다.

- **결과** : 다른 장소에 복사
- **목록 범위** : [B4:I12]
- **조건 범위** : [B15:C17]
- **복사 위치** : [B20]

---

### 01 상태[C3:C7]

[C3] 셀에 =CHOOSE(RANK.EQ(B3,$B$3:$B$7), "높음", "높음", "중간", "중간", "낮음")를 입력하고 [C7] 셀까지 수식을 복사한다.

### 02 이수여부[J3:J7]

[J3] 셀에 =IF(COUNTBLANK(F3:I3)<=1, "이수", "")를 입력하고 [J7] 셀까지 수식을 복사한다.

### 03 지역명[C11:C16]

[C11] 셀에 =HLOOKUP(LEFT(B11,3),$B$18:$D$19,2,0)를 입력하고 [C16] 셀까지 수식을 복사한다.

### 04 등급[G11:G16]

[G11] 셀에 =MATCH(F11,$I$11:$I$15,-1)&"등급"를 입력하고 [G16] 셀까지 수식을 복사한다.

### 05 비정규직의 인원수합계[E27]

① [E22:E23] 영역에 다음 그림과 같이 조건식을 입력한다.

| | D | E | F |
|---|---|---|---|
| 21 | | | |
| 22 | | 고용형태 | |
| 23 | | 비정규직 | |
| 24 | | | |

② [E27] 셀에 =DSUM(A22:C28,C22,E22:E23)&"명"를 수식을 입력한다.

---

### 01 피벗 테이블('분석작업-1' 시트)

① [B3:J15] 영역을 지정하고 [삽입]-[표] 그룹의 [피벗 테이블](📊)을 클릭한다.

② [피벗 테이블 만들기]에서 '표/범위'는 [B3:J15], '기존 워크시트' [B21]을 지정하고 [확인]을 클릭한다.

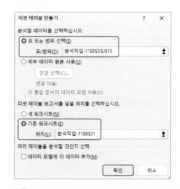

> 🔆 **버전 TIP**
>
> [표 또는 범위의 피벗 테이블]에서 '기존 워크시트'를 클릭한 후 [B21] 셀을 지정한 후 [확인]을 클릭한다.

③ 다음 그림과 같이 필드를 드래그하여 배치한다.

④ [디자인]-[레이아웃] 그룹에서 [보고서 레이아웃]-[개요 형식으로 표시]를 클릭한다.

⑤ 피벗 테이블 안에서 마우스 오른쪽 버튼을 눌러 [피벗 테이블 옵션]을 클릭한다.

⑥ [레이아웃 및 서식] 탭에서 '빈 셀 표시'에 *을 입력한다.

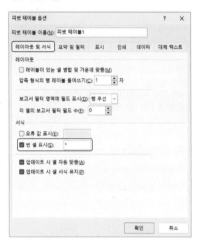

⑦ [요약 및 필터] 탭에서 '행 총합계 표시', '열 총합계 표시' 체크를 해제하고 [확인]을 클릭한다.

## 02 시나리오('분석작업-2' 시트)

① [C13] 셀을 클릭하고 '이름 상자'에 **기본상여율**을 입력한다.
② 같은 방법으로 [G11] 셀을 클릭하고 **수당합계**로 이름을 정의한다.
③ [C13] 셀을 선택하고 [데이터]-[예측] 그룹의 [가상 분석]-[시나리오 관리자]를 클릭한다.
④ [시나리오 관리자]에서 [추가]를 클릭한다.
⑤ [시나리오 추가]에서 '시나리오 이름'은 **기본 상여율 인상**을 입력하고, 변경 셀은 [C13] 셀을 지정한 후 [확인]을 클릭한다.

⑥ [시나리오 값]에서 기본상여율에 15%를 입력하고 [추가]를 클릭한다.

⑦ 같은 방법으로 [시나리오 추가]에서 시나리오 이름은 **기본 상여율 인하**를 입력하고, 변경 셀은 [C13] 셀을 선택한 후 [확인]을 클릭한다.
⑧ [시나리오 값]에서 '기본상여율'에 5%를 입력하고 [확인]을 클릭한 후 [시나리오 관리자]에서 [요약]을 클릭한다.

⑨ [시나리오 요약]에서 '시나리오 요약'을 선택하고, '결과 셀'에 [G11] 셀을 지정한 후 [확인]을 클릭한다.

---

문제 ❹  기타작업

**01 매크로('매크로작업' 시트)**

① [개발 도구]-[코드] 그룹의 [매크로 기록](🔘)을 클릭한다.

② [매크로 기록]에서 '매크로 이름'은 **금액계산**을 입력하고 [확인]을 클릭한다.

③ [E4] 셀에 **=C4＊D4**를 입력하고 [E9] 셀까지 수식을 복사한다.

④ [개발 도구]-[코드] 그룹의 [기록 중지](□)를 클릭한다.

⑤ [삽입]-[일러스트레이션] 그룹의 [도형]-[기본 도형]의 '육각형'(⬡)을 선택하고 [G3:G5] 영역에 드래그하여 그린다.

⑥ **금액**을 입력하고, 도형에서 마우스 오른쪽 버튼을 눌러 [매크로 지정]을 클릭한다.

⑦ [매크로 지정]에서 '금액계산'을 선택하고 [확인]을 클릭한다.

⑧ [개발 도구]-[코드] 그룹의 [매크로 기록](🔘)을 클릭한다.

⑨ [매크로 기록]에서 **서식지정**을 입력하고 [확인]을 클릭한다.

⑩ [A3:E3] 영역을 범위 지정한 후 [홈]-[글꼴] 그룹에서 '굵게', [채우기 색](🅰▾) 도구에서 '표준 색 – 노랑'을 선택한다.

⑪ [개발 도구]-[코드] 그룹의 [기록 중지](□)를 클릭한다.

⑫ [삽입]-[일러스트레이션] 그룹의 [도형]-[사각형]의 '사각형: 둥근 모서리'(▢)를 선택하고 [G7:G9] 영역에 드래그하여 그린다.

⑬ **서식**을 입력하고 도형에서 마우스 오른쪽 버튼을 눌러 [매크로 지정]을 클릭하여 '서식지정'을 선택하고 [확인]을 클릭한다.

**02 차트('차트작업' 시트)**

① 차트 안에서 마우스 오른쪽 버튼을 눌러 [차트 종류 변경]을 클릭한다.

② [차트 종류 변경]에서 '원형'의 '3차원 원형'을 선택하고 [확인]을 클릭한다.

③ 차트 제목을 **2월 우수 기업 시장 점유 구성**으로 수정한 후 [홈]–[글꼴] 그룹에서 '굴림체', 크기 '16', '굵게' 지정한다.

④ 범례에서 마우스 오른쪽 버튼을 눌러 [삭제]를 선택한다.

🅑 기적의 TIP

범례를 선택하고 [Delete]를 눌러도 삭제된다.

⑤ 원형 차트를 선택한 후 [차트 요소]( )–[데이터 레이블]–[기타 옵션]을 선택한다.

⑥ [데이터 레이블 서식]의 [레이블 옵션]에서 '항목 이름'과 '백분율'을 체크하고, '바깥쪽 끝에'를 선택한다.

⑦ 데이터 레이블을 선택한 후 [홈] 탭에서 글꼴은 '굴림', 크기는 '10'으로 지정한다.

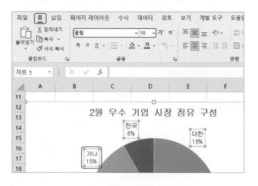

⑧ '대한 18%'를 선택한 후 [데이터 계열 서식]의 '계열 옵션'에서 첫째 조각의 각을 '45'로 입력한다.

⑨ '대한 18%'의 요소만을 다시 한번 클릭하여 하나의 요소만이 선택된 상태에서 바깥으로 드래그하여 분리한다.

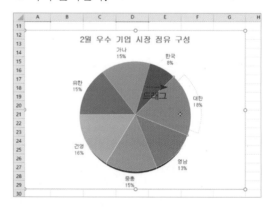

| 시험 시간 | 풀이 시간 | 합격 점수 | 내 점수 |
|---|---|---|---|
| 40분 | 분 | 70점 | 점 |

▶ 합격 강의

작업파일 [2025컴활2급₩기출유형문제] 폴더의 '기출유형문제10회' 파일을 열어서 작업하시오.

---

**문제 ❶** **기본작업** | 주어진 시트에서 다음 과정을 수행하고 저장하시오. **20점**

**01** '기본작업-1' 시트에 다음의 자료를 주어진 대로 입력하시오. (5점)

| | A | B | C | D | E | F | G |
|---|---|---|---|---|---|---|---|
| 1 | 도서구입목록 | | | | | | |
| 2 | | | | | | | |
| 3 | 도서코드 | 책제목 | 저자 | 출판사 | 출판년도 | 구입일 | 정가 |
| 4 | ttq-901 | 가장 왼쪽에서 가장 오른쪽까지 | 김규항 | 알마 | 2010 | 2025-10-05 | 13000 |
| 5 | xuy-659 | Dear John | Nicholas Sparks | Warner | 2009 | 2024-12-09 | 11460 |
| 6 | mng-002 | 마시멜로 이야기 | 호아킴 데 포사다 | 한국경제신문사 | 2005 | 2023-04-01 | 9000 |
| 7 | psy-523 | 오만과 편견 | 제인 오스틴 | 민음사 | 2003 | 2026-03-22 | 10000 |
| 8 | mng-091 | 긍정의 힘 | 조엘 오스틴 | 두란노 | 2005 | 2023-04-22 | 12000 |
| 9 | psy-725 | 스키너의 심리상자 열기 | 로렌 슬레이터 | 에코의 서재 | 2005 | 2025-03-14 | 13500 |
| 10 | nov-264 | 세상은 한 권의 책이었다 | 소피 카사뉴 | 마티 | 2006 | 2026-03-05 | 18000 |
| 11 | lan-183 | Grammar in Use Intermediate ~ | Murphy raymond | Cambridge University | 2000 | 2024-01-17 | 17000 |
| 12 | stp-854 | Outliers | Gradwell, Malcolm | Time Warner | 2009 | 2025-03-05 | 11160 |
| 13 | | | | | | | |

**02** '기본작업-2' 시트에 대하여 다음의 지시사항을 처리하시오. (각 2점)

① [A1:G1] 영역은 '병합하고 가운데 맞춤', 글꼴 '굴림체', 크기 '16', 글꼴 스타일 '굵게', '밑줄'로 지정하시오.

② [F2] 셀은 사용자 지정 형식을 이용하여 '2025년 05월 05일 (월요일)' 형식으로 표시되도록 지정하시오.

③ [I3:I11] 영역을 [A3:A11] 영역의 왼쪽으로 이동하시오.

④ 정가[D4:D11] 영역을 복사하여 [A14:A21] 영역에 '연산 곱하기' 기능으로 '값'만 선택하여 붙여넣기를 하시오.

⑤ [A3:H11] 영역은 '모든 테두리'(⊞)를 적용하시오.

**03** '기본작업-3' 시트에 대하여 다음의 지시사항을 처리하시오. (5점)

'컴퓨터 경진대회' 표에서 '부서'가 '대리점팀'이고 '평점'이 80점대인 데이터 값을 고급 필터를 이용하여 검색하시오.

▶ 고급 필터 조건은 [A17:F20] 영역 내에 알맞게 입력하시오.
▶ 고급 필터 결과 복사 위치는 동일 시트의 [A21] 셀에서 시작하시오.

**문제 ❷** | **계산작업** | '계산작업' 시트에서 다음 과정을 수행하고 저장하시오. **40점**

**01** [표1]에서 '실적'이 전체 영업팀의 평균 실적 이상이면 '실적우수', 그렇지 않으면 '부진'으로 평가[D3:D9]에 표시하시오. (8점)

▶ IF와 AVERAGE 함수 사용

**02** [표2]에서 국가[G3:G8]에 대해 전체 문자를 대문자로 변환하고, 수도[H3:H8]에 대해 첫문자를 대문자로 변환하여 국가(수도)[I3:I8]에 표시하시오. (8점)

▶ 표시 예 : 국가가 'Georgia', 수도가 'Tbilisi'인 경우 'GEORGIA(Tbilisi)'로 표시

▶ UPPER, PROPER 함수와 & 연산자 사용

**03** [표3]에서 '유형'이 '수입'인 거래처의 최대금액과 최소금액의 차이값을 구하여 [C25] 셀에 표시하시오. (8점)

▶ 차이값은 십의 자리에서 절사하여 표시 [예 : 2,754 → 2,700]

▶ ROUNDDOWN과 DMAX, DMIN 함수 사용

**04** [표4]에서 응시번호를 이용하여 응시교실[H13:H21] 영역에 표시하시오. (8점)

▶ 응시교실은 응시번호를 3으로 나눈 나머지가 0이면 'A반', 1이면 'B반', 2이면 'C반'으로 표시

▶ CHOOSE, MOD 함수 사용

**05** [표4]에서 점수가 가장 높은 학생명을 찾아 [I22] 셀에 표시하시오. (8점)

▶ INDEX, MATCH, MAX 함수 사용

---

**문제 ❸** | **분석작업** | 주어진 시트에서 다음 작업을 수행하고 저장하시오. **20점**

**01** '분석작업-1' 시트에 대하여 다음의 지시사항을 처리하시오. (10점)

'제품 판매 현황 보고서' 표에서 '판매일자'는 '행(항목)', 구분은 '열(계열)'로 처리하고, 값은 '금액'의 합계를 계산하는 피벗 테이블과 피벗 차트(묶은 세로 막대형)를 작성하시오.

▶ 피벗 테이블 보고서는 동일 시트의 [B20] 셀에서 시작하고, 피벗 차트 시트는 '분석작업-1' 시트 앞에 위치시키시오.

▶ 보고서 레이아웃은 '개요 형식으로 표시'로 지정하시오.

▶ 피벗 테이블 보고서에서 판매일자는 '분기'로 그룹으로 표시하시오.

**02** '분석작업-2' 시트에 대하여 다음의 지시사항을 처리하시오. (10점)

데이터 통합 기능을 이용하여 도서 입고 상황(1월), 도서 입고 상황(2월), 도서 입고 상황(3월)에 대하여 '소설'로 끝난 품목, '간지'로 끝난 품목, '도서'로 끝난 품목의 입고, 재고, 계에 대한 평균을 구하여 [G16:J18]에 표시하시오.

**01** '기타작업' 시트의 [표1]에서 다음과 같은 기능을 수행하는 매크로를 현재 통합 문서에 작성하고 실행하시오. (각 5점)

① [E10:G10] 영역에 1분기수출내역, 2분기수출내역, 수출액의 최대값을 계산하는 매크로를 생성하여 실행하시오.

  ▶ 매크로 이름 : 최대값
  ▶ MAX 함수 사용
  ▶ [도형]─[기본 도형]의 '다이아몬드'(◇)를 동일 시트의 [B12:C15] 영역에 생성한 후, 텍스트를 '최대값'으로 입력하고, 도형을 클릭할 때 '최대값' 매크로가 실행되도록 설정하시오.

② [B3:G3] 영역은 글꼴 스타일 '굵게', 셀 음영색을 '표준 색 − 노랑'으로 적용하는 매크로를 생성하여 실행하시오.

  ▶ 매크로 이름 : 서식
  ▶ [도형]─[기본 도형]의 '정육면체'(⬜)를 동일 시트의 [E12:E15] 영역에 생성한 후, 텍스트를 '서식'으로 입력하고, 도형을 클릭할 때 '서식' 매크로가 실행되도록 설정하시오.

**02** '기타작업' 시트의 차트를 지시사항에 따라 아래 그림과 같이 수정하시오. (각 2점)

※ 차트는 반드시 문제에서 제공한 차트를 사용하여야 하며, 신규로 작성 시 0점 처리됨

① '대출이자' 데이터 계열의 차트 종류를 '표식이 있는 꺾은선형'으로 변경하고, 축은 '보조 축'으로 지정하시오.

② 차트 제목은 그림과 같이 입력하고, 글꼴 '굴림체', 글꼴 스타일 '굵게', 크기 '14'로 지정하시오.

③ 축 제목은 그림과 같이 입력하고, 텍스트의 방향 '세로 방향', 글꼴 '굴림', 크기 '11', '굵게'로 지정하시오.

④ 범례의 위치는 '아래쪽', 범례 테두리에 '그림자(오프셋 : 오른쪽 아래)', 채우기에 '흰색, 배경1', 테두리는 '실선'을 설정하시오.

⑤ '대출이자' 계열의 '김윤재'만 데이터 레이블을 '값'으로 지정하고, 글꼴 '굴림체', 크기 '10'으로 지정하시오.

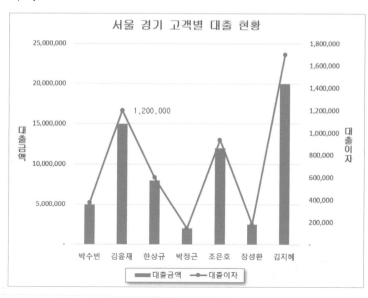

## 문제 ❶ 기본작업

### 01 자료 입력

| | A | B | C | D | E | F | G | H |
|---|---|---|---|---|---|---|---|---|
| 1 | 도서구입목록 | | | | | | | |
| 2 | | | | | | | | |
| 3 | 도서코드 | 책제목 | 저자 | 출판사 | 출판년도 | 구입일 | 정가 | |
| 4 | ttq-901 | 가장 왼쪽에서 가장 오른쪽까지 | 김규항 | 알마 | 2010 | 2025-10-05 | 13000 | |
| 5 | xuy-659 | Dear John | Nicholas Sparks | Warner | 2009 | 2024-12-09 | 11460 | |
| 6 | mng-002 | 마시멜로 이야기 | 호아킴 데 포사다 | 한국경제신문사 | 2005 | 2023-04-01 | 9000 | |
| 7 | psy-523 | 오만과 편견 | 제인 오스틴 | 민음사 | 2003 | 2026-03-22 | 10000 | |
| 8 | mng-091 | 긍정의 힘 | 조엘 오스틴 | 두란노 | 2005 | 2023-04-22 | 12000 | |
| 9 | psy-725 | 스키너의 심리상자 열기 | 로렌 슬레이터 | 에코의 서재 | 2005 | 2025-03-14 | 13500 | |
| 10 | nov-264 | 세상은 한 권의 책이었다 | 소피 카사뉴 | 마티 | 2006 | 2026-03-05 | 18000 | |
| 11 | lan-183 | Grammar in Use Intermediate ~ | Murphy raymond | Cambridge University | 2000 | 2024-01-17 | 17000 | |
| 12 | stp-854 | Outliers | Gradwell, Malcolm | Time Warner | 2009 | 2025-03-05 | 11160 | |
| 13 | | | | | | | | |

### 02 서식 지정

| | A | B | C | D | E | F | G | H | I |
|---|---|---|---|---|---|---|---|---|---|
| 1 | | | 도서 판매 현황 | | | | | | |
| 2 | | | | | | 2026년 12월 10일 (목요일) | | | |
| 3 | 도서코드 | 도서명 | 저자 | 정가 | 할인율 | 주문수량 | 판매금액 | 주문처 | |
| 4 | E-850 | 엑셀 2021 활용 | 박윤정 | 18000 | 0.3 | 50 | 270000 | 주아대학 | |
| 5 | P-120 | 파워포인트 디자인 | 김현정 | 22000 | 0.2 | 35 | 154000 | 희아학원 | |
| 6 | A-980 | 액세스 2021 초급 | 우혜련 | 21000 | 0.15 | 15 | 47250 | 경기학원 | |
| 7 | E-540 | 엑셀 VBA | 한정수 | 23000 | 0.25 | 25 | 143750 | 제일대학 | |
| 8 | PT-623 | 포토샵 | 김인숙 | 25000 | 0.3 | 20 | 150000 | 전문교육원 | |
| 9 | I-712 | 인터넷 활용 | 최창순 | 15000 | 0.2 | 10 | 30000 | 강원학원 | |
| 10 | W-691 | 윈도우 11 | 강현주 | 16000 | 0.15 | 5 | 12000 | 서림대학 | |
| 11 | H-670 | 한글 실무 활용 기술 | 이현진 | 17000 | 0.3 | 12 | 61200 | 경아교육원 | |
| 12 | | | | | | | | | |
| 13 | 교재 단가 | | | | | | | | |
| 14 | 12600 | | | | | | | | |
| 15 | 17600 | | | | | | | | |
| 16 | 15750 | | | | | | | | |
| 17 | 14950 | | | | | | | | |
| 18 | 17500 | | | | | | | | |
| 19 | 12000 | | | | | | | | |
| 20 | 13600 | | | | | | | | |
| 21 | 11900 | | | | | | | | |
| 22 | | | | | | | | | |

### 03 고급 필터

| | A | B | C | D | E | F | G | H | I |
|---|---|---|---|---|---|---|---|---|---|
| 16 | | | | | | | | | |
| 17 | 부서 | 평점 | 평점 | | | | | | |
| 18 | 대리점팀 | >=80 | <90 | | | | | | |
| 19 | | | | | | | | | |
| 20 | | | | | | | | | |
| 21 | 부서 | 성명 | 나이 | 워드 | 엑셀 | 파워포인트 | 인터넷 | 평점 | |
| 22 | 대리점팀 | 남도식 | 45 세 | 88 | 68 | 90 | 80 | 82 | |
| 23 | 대리점팀 | 서연경 | 28 세 | 94 | 74 | 88 | 84 | 85 | |
| 24 | 대리점팀 | 서미련 | 36 세 | 94 | 74 | 88 | 84 | 85 | |
| 25 | | | | | | | | | |

## ⑪ 평가

| | A | B | C | D | E |
|---|---|---|---|---|---|
| 1 | [표1] | 팀별 영업 실적 현황 | | | |
| 2 | 팀명 | 팀장 | 실적 | 평가 | |
| 3 | 서울영업팀 | 이민형 | 50 | 부진 | |
| 4 | 인천영업팀 | 한찬희 | 90 | 실적우수 | |
| 5 | 광주영업팀 | 유전희 | 100 | 실적우수 | |
| 6 | 대구영업팀 | 김성수 | 79 | 실적우수 | |
| 7 | 부산영업팀 | 오안국 | 50 | 부진 | |
| 8 | 울산영업팀 | 성경용 | 90 | 실적우수 | |
| 9 | 포항영업팀 | 이광식 | 51 | 부진 | |
| 10 | | | | | |

[D3] 셀에 「=IF(C3>=AVERAGE($C$3:$C$9),"실적우수","부진")」를 입력하고 [D9] 셀까지 수식 복사

## ⑫ 국가(수도)

| | F | G | H | I |
|---|---|---|---|---|
| 1 | [표2] | 세계 국가별 수도 리스트 | | |
| 2 | 순위 | 국가 | 수도 | 국가(수도) |
| 3 | 1 | Georgia | Tbilisi | GEORGIA(Tbilisi) |
| 4 | 2 | Nepal | Kathmandu | NEPAL(Kathmandu) |
| 5 | 3 | East Timor | Dili | EAST TIMOR(Dili) |
| 6 | 4 | India | New Delhi | INDIA(New Delhi) |
| 7 | 5 | Saudi Arabia | Riyadh | SAUDI ARABIA (Riyadh) |
| 8 | 6 | Laos | Vientiane | LAOS(Vientiane) |
| 9 | | | | |

[I3] 셀에 「=UPPER(G3)&"("&PROPER(H3)&")"」를 입력하고 [I8] 셀까지 수식 복사

## ⑬ 수입의 금액 차이

| | A | B | C | D | E |
|---|---|---|---|---|---|
| 11 | [표3] | 거래처 매출/매입현황 | | | |
| 12 | 거래처명 | 유형 | 주소 | 거래금액 | |
| 13 | 경진상사 | 수출 | 서울 | 127,540 | |
| 14 | 회사무역 | 수입 | 경기도 | 121,245 | |
| 15 | (주)하늘 | 제조 | 서울 | 13,450 | |
| 16 | 해피무역 | 매입 | 대구 | 24,578 | |
| 17 | 거성무역 | 매입 | 부산 | 11,244 | |
| 18 | A 백화점 | 수출 | 서울 | 26,550 | |
| 19 | 현대웅 | 수입 | 대구 | 112,526 | |
| 20 | 한성상사 | 수입 | 부산 | 18,800 | |
| 21 | 우성무역 | 수출 | 인천 | 54,260 | |
| 22 | 정성무역 | 수입 | 이천 | 19,088 | |
| 23 | | | | | |
| 24 | 유형 | | 수입의 금액 차이 | | |
| 25 | 수입 | | | 102,400 | |
| 26 | | | | | |

[C25] 셀에 「=ROUNDDOWN(DMAX(A12:D22,D12,A24:A25)-DMIN(A12:D22,D12,A24:A25),-2)」를 입력

## ⑭ ～ ⑮ 응시교실, 점수가 가장 높은 학생명

| | F | G | H | I | J |
|---|---|---|---|---|---|
| 11 | [표4] | 경시대회 결과 | | | |
| 12 | 학생명 | 응시번호 | 응시교실 | 점수 | |
| 13 | 손지우 | 91001 | C반 | 91 | |
| 14 | 김수환 | 91002 | A반 | 90 | |
| 15 | 기소영 | 91003 | B반 | 85 | |
| 16 | 강옥희 | 91004 | C반 | 70 | |
| 17 | 김수현 | 91005 | A반 | 92 | |
| 18 | 이주아 | 91006 | B반 | 89 | |
| 19 | 최민서 | 91007 | C반 | 79 | |
| 20 | 최현정 | 91008 | A반 | 71 | |
| 21 | 박채원 | 91009 | B반 | 83 | |
| 22 | 점수가 가장 높은 학생명 | | | 김수현 | |
| 23 | | | | | |

4. [H13] 셀에 「=CHOOSE(MOD(G13,3)+1,"A반","B반","C반")」를 입력하고 [H21] 셀까지 수식 복사

5. [I22] 셀에 「=INDEX(F13:I21,MATCH(MAX(I13:I21),I13:I21,0),1)」를 입력

## ① 피벗 테이블

| | A | B | C | D | E | F | G |
|---|---|---|---|---|---|---|---|
| 19 | | | | | | | |
| 20 | | 합계 : 금액 | 구분 ▾ | | | | |
| 21 | | 판매일자 ▾ | PT-102 | SP-103 | TS-213 | TS-214 | 총합계 |
| 22 | | 1사분기 | 15300 | | | 7500 | 22800 |
| 23 | | 2사분기 | 16275 | 66550 | | | 82825 |
| 24 | | 3사분기 | | 72000 | 167700 | | 239700 |
| 25 | | 4사분기 | | | 13500 | | 13500 |
| 26 | | 총합계 | 31575 | 138550 | 181200 | 7500 | 358825 |
| 27 | | | | | | | |

## ② 통합

| | F | G | H | I | J |
|---|---|---|---|---|---|
| 13 | | | | | |
| 14 | | [표4] 도서 입고 상황(1/4분기 월평균) | | | |
| 15 | | 품목 | 입고 | 재고 | 계 |
| 16 | | *소설 | 5,691 | 196 | 5,887 |
| 17 | | *잡지 | 4,755 | 640 | 5,181 |
| 18 | | *도서 | 2,660 | 275 | 2,904 |
| 19 | | | | | |

## ① 매크로

| | A | B | C | D | E | F | G | H |
|---|---|---|---|---|---|---|---|---|
| 1 | | [표1] | 상반기 수출 내역 | | | | | |
| 2 | | | | | | | | |
| 3 | | 제품코드 | 단가(달러) | 단가(원) | 1분기수출내역 | 2분기수출내역 | 수출액 | |
| 4 | | A012 | 50 | 55,000 | 5,500,000 | 7,150,000 | 12,650,000 | |
| 5 | | A004 | 70 | 77,000 | 6,160,000 | 9,240,000 | 15,400,000 | |
| 6 | | A005 | 65 | 71,500 | 7,150,000 | 9,295,000 | 16,445,000 | |
| 7 | | A010 | 80 | 88,000 | 11,440,000 | 21,120,000 | 32,560,000 | |
| 8 | | A009 | 90 | 99,000 | 12,375,000 | 31,680,000 | 44,055,000 | |
| 9 | | A008 | 150 | 165,000 | 26,400,000 | 26,400,000 | 52,800,000 | |
| 10 | | | 최대값 | | 26,400,000 | 31,680,000 | 52,800,000 | |
| 11 | | | | | | | | |
| 12 | | | | | | | | |
| 13 | | | 최대값 | | | 서식 | | |
| 14 | | | | | | | | |
| 15 | | | | | | | | |
| 16 | | | | | | | | |

## ② 차트

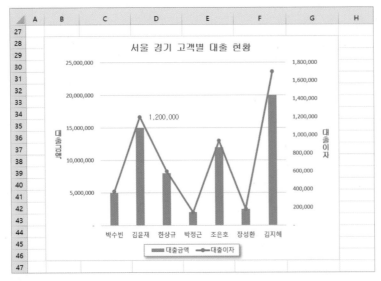

## 기출 유형 문제 10회 / 해설

문제 ① **기본작업**

### ① 자료 입력('기본작업-1' 시트)

[A3:G12] 셀까지 문제를 보고 오타 없이 작성한다.

### ② 서식 지정('기본작업-2' 시트)

① [A1:G1] 영역을 범위 지정한 후 [홈]-[맞춤] 그룹에서 [병합하고 가운데 맞춤](▣), [홈]-[글꼴] 그룹에서 '굴림체', 크기 '16', '굵게', '밑줄'을 클릭한다.

② [F2] 셀을 클릭한 후 Ctrl+1을 눌러 [표시 형식] 탭에서 '사용자 지정'을 선택하고 **yyyy년 mm월 dd일 (aaaa)**를 입력하고 [확인]을 클릭한다.

③ [I3:I11] 영역을 범위 지정한 후 Ctrl+X를 눌러 잘라내기를 한 후 [A3] 셀에서 마우스 오른쪽 버튼을 눌러 [잘라낸 셀 삽입]을 클릭한다.

④ [D4:D11] 영역을 범위 지정한 후 Ctrl+C를 눌러 복사한 후 [A14:A21] 영역을 범위 지정한 후 마우스 오른쪽 버튼을 눌러 [선택하여 붙여넣기]를 클릭한다.

⑤ 붙여넣기 '값', 연산 '곱하기'를 선택하고 [확인]을 클릭한다.

⑥ [A3:H11] 영역을 범위 지정한 후 [홈]-[글꼴] 그룹에서 [테두리](⊞ ▾) 도구의 [모든 테두리](⊞)를 클릭한다.

### ③ 고급 필터('기본작업-3' 시트)

① 다음 그림과 같이 조건을 입력한다.

|  | A | B | C | D |
|---|---|---|---|---|
| 16 |  |  |  |  |
| 17 | 부서 | 평점 | 평점 |  |
| 18 | 대리점팀 | >=80 | <90 |  |
| 19 |  |  |  |  |

② [데이터]-[정렬 및 필터] 그룹의 [고급](▽)을 클릭하여 그림과 같이 지정하고 [확인]을 클릭한다.

- 결과 : '다른 장소에 복사'
- 목록 범위 : [A3:H14]
- 조건 범위 : [A17:C18]
- 복사 위치 : [A21]

문제 ② **계산작업('계산작업' 시트)**

### ① 평가[D3:D9]

[D3] 셀에 **=IF(C3>=AVERAGE($C$3:$C$9),"실적우수","부진")**를 입력하고 [D9] 셀까지 수식을 복사한다.

### ② 국가(수도)[I3:I8]

[I3] 셀에 **=UPPER(G3)&"("&PROPER(H3)&")"**를 입력하고 [I8] 셀까지 수식을 복사한다.

### ⑩ 수입의 금액 차이[C25]

[C25] 셀에 =ROUNDDOWN(DMAX(A12:D22, D12,A24:A25)-DMIN(A12:D22,D12,A24:A25), -2)를 입력한다.

### ⑭ 응시교실[H13:H21]

[H13] 셀에 =CHOOSE(MOD(G13,3)+1,"A반","B반", "C반")를 입력하고 [H21] 셀까지 수식을 복사한다.

### ⑮ 점수가 가장 높은 학생명[I22]

[I22] 셀에 =INDEX(F13:I21,MATCH(MAX(I13: I21),I13:I21,0),1)를 수식을 입력한다.

### 문제 ❸ 분석작업

### ⑩ 피벗 테이블('분석작업-1' 시트)

① 데이터 안쪽에 커서를 두고 [삽입]-[표] 그룹의 [피벗 테이블](圖)을 클릭한다.

② [피벗 테이블 만들기]에서 '표/범위'는 [B3:G15], '기존 워크시트' [B20]을 지정하고 [확인]을 클릭한다.

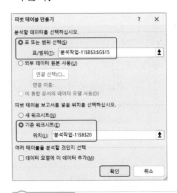

#### 버전 TIP

[표 또는 범위의 피벗 테이블]에서 '기존 워크시트'를 클릭한 후 [B20] 셀을 지정한 후 [확인]을 클릭한다.

③ 다음 그림과 같이 필드를 드래그한다.

#### 버전 TIP

피벗 테이블 작성 시 날짜 데이터가 있을 경우 필드 이름이 다르게 표시됩니다.

④ 피벗 테이블을 선택하고 [디자인]-[레이아웃] 그룹의 [보고서 레이아웃]-[개요 형식으로 표시]를 클릭한다.

⑤ [B21] 셀에서 마우스 오른쪽 버튼을 눌러 [그룹]을 클릭한다.

⑥ [그룹화]에서 '일'과 '월'의 선택을 해제하고 '분기'를 선택한 후 [확인]을 클릭한다.

⑦ [피벗 테이블 분석] 탭에서 [도구] 그룹의 [피벗 차트]를 클릭한다.

⑧ [세로 막대형]-[묶은 세로 막대형]을 선택하고 [확인]을 클릭한다. 피벗 차트를 선택한 후 마우스 오른쪽 버튼을 눌러 [차트 이동] 메뉴를 클릭한다.

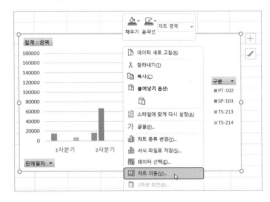

⑨ [차트 이동]에서 '새 시트'를 선택하고 [확인]을 클릭한다.

## 02 통합('분석작업-2' 시트)

① [G16:G18] 영역에 조건을 그림과 같이 입력한다.

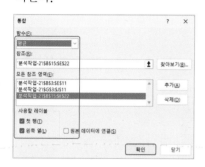

| | F | G | H | I | J | K |
|---|---|---|---|---|---|---|
| 13 | | | | | | |
| 14 | | [표4] 도서 입고 상황(1/4분기 월평균) | | | | |
| 15 | | 품목 | 입고 | 재고 | 계 | |
| 16 | | *소설 | | | | |
| 17 | | *간지 | | | | |
| 18 | | *도서 | | | | |
| 19 | | | | | | |

② [G15:J18] 영역을 범위 지정한 후 [데이터]-[데이터 도구] 그룹의 [통합](📊)을 클릭한다.

③ [통합]에서 그림과 같이 지정하고 [확인]을 클릭한다.

• **함수** : 평균
• **참조 영역** : [B3:E11], [G3:J11], [B15:E22]
• **사용할 레이블** : 첫 행, 왼쪽 열

---

문제 ④ 기타작업

## 01 매크로('기타작업' 시트)

① [개발 도구]-[코드] 그룹의 [매크로 기록](📄)을 클릭한다.

② [매크로 기록]에서 '매크로 이름'은 **최대값**을 입력하고 [확인]을 클릭한다.

③ [E10] 셀에 **=MAX(E4:E9)**를 입력하고 채우기 핸들을 이용해 수식을 [G10] 셀까지 복사한다.

④ [개발 도구]-[코드] 그룹의 [기록 중지](□)를 클릭한다.

⑤ [삽입]-[일러스트레이션] 그룹의 [도형]-[기본 도형]의 '다이아몬드(◇)'를 선택하고 [B12:C15] 영역에 드래그하여 그린다.

---

⑥ 도형에 **최대값**을 입력하고, 도형에서 마우스 오른쪽 버튼을 눌러 [매크로 지정]을 클릭한다.

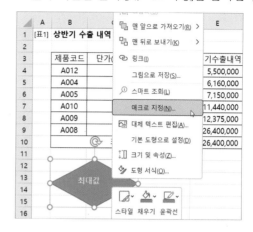

⑦ [매크로 지정]에서 '최대값'을 선택하고 [확인]을 클릭한다.

⑧ [개발 도구]-[코드] 그룹의 [매크로 기록](📄)을 클릭한다.

⑨ [매크로 기록]에서 '매크로 이름'은 **서식**을 입력하고 [확인]을 클릭한다.

⑩ [B3:G3] 영역을 범위 지정한 후 [홈]-[글꼴] 그룹에서 '굵게', [채우기 색](◇▾) 도구에서 '표준 색 – 노랑'을 선택한다.

⑪ [개발 도구]-[코드] 그룹의 [기록 중지](□)를 클릭한다.

⑫ [삽입]-[일러스트레이션] 그룹의 [도형]-[기본 도형]의 '정육면체(⬜)'를 선택하고 [E12:E15] 영역에 드래그하여 그린다.

⑬ 도형에 **서식**을 입력하고 도형에서 마우스 오른쪽 버튼을 눌러 [매크로 지정]을 클릭하여 '서식'을 선택한 후 [확인]을 클릭한다.

## 02 차트('기타작업' 시트)

① '대출이자' 계열에서 마우른 오른쪽 버튼을 클릭하여 [계열 차트 종류 변경]을 클릭한다.

② [차트 종류 변경]에서 '대출이자' 계열을 선택한 후 '꺾은선형'의 '표식이 있는 꺾은선형'을 선택한다.

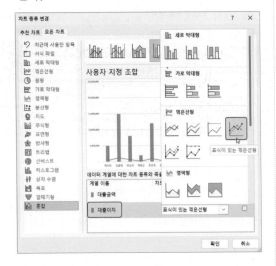

③ '대출이자' 계열에 '보조 축'을 체크하고 [확인]을 클릭한다.
④ 차트를 선택한 후 [차트 요소](⊞)에서 '차트 제목'을 체크한다.
⑤ 차트 제목 **서울 경기 고객별 대출 현황**을 입력하고, [홈]-[글꼴] 그룹에서 '굴림체', 크기 '14', '굵게'로 지정한다.
⑥ 차트를 선택한 후 [차트 요소](⊞)에서 [축 제목]-[기본 세로]를 체크한 후 **대출금액**을 입력한다.
⑦ 축 제목 '대출금액'을 선택한 후 마우스 오른쪽 버튼을 눌러 [축 제목 서식] 메뉴를 클릭한 후 [축 제목 서식]-[제목 옵션]-[크기 및 속성]의 '맞춤'에서 '텍스트 방향'을 '세로'를 선택한다.
⑧ 차트를 선택한 후 [차트 요소](⊞)에서 [축 제목]-[보조 세로]를 체크한 후 **대출이자**를 입력한 후 [축 제목 서식]-[제목 옵션]-[크기 및 속성]의 '맞춤'에서 '텍스트 방향'을 '세로'를 선택한다.
⑨ 세로(값) 축 제목이 선택된 상태에서 [홈]-[글꼴] 그룹에서 '굴림', 크기 '11', '굵게'로 지정한다.

⑩ 같은 방법으로 보조 세로(값) 축 제목도 '굴림', 크기 '11', '굵게'로 지정한다.
⑪ 범례를 선택한 후 [범례 서식]의 '범례 옵션'에서 '아래쪽'을 선택한다.
⑫ '그림자'에서 '미리 설정'을 클릭하여 '바깥쪽(오프셋: 오른쪽 아래)'을 선택한다.

⑬ '채우기'에서 '단색 채우기'를 선택하여 '색'에서 '흰색, 배경1'을 선택하고, '테두리'는 '실선'을 선택한 후 [닫기]를 클릭한다.
⑭ '대출이자' 계열의 '김윤재' 요소를 천천히 두 번을 클릭한 후 마우스 오른쪽 버튼을 눌러 [데이터 레이블 추가]를 선택한다.

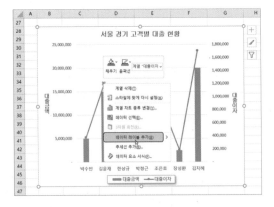

⑮ 데이터 레이블을 선택한 후 [홈]-[글꼴] 그룹에서 '굴림체', 크기 '10'으로 지정한다.